边疆高原山区旅游循环经济的发展战略及对策研究

BIANJIANG GAOYUAN SHANQU
LÜYOU XUNHUAN JINGJI DE
FAZHAN ZHANLÜE JI DUICE
YANJIU

明庆忠　等著

人民出版社

目　录

绪　　论

第一节　边疆高原山区旅游循环
经济研究的目的与意义

一、国内外研究现状述评及研究意义

（一）国内外研究现状述评

1.国外研究奠定了循环经济的思想基石

"循环经济"这一理念最早起源于西方。肯尼斯·鲍尔丁（Kenneth E. Boulding,1966）在《即将到来的地球宇宙飞船经济学》（*The Economics of the Coming Spaceship Earth*）中提出,对于生活于物质上封闭、能量来源上有限的地球系统中的经济系统而言,未来人类经济系统必然在物质流动、利用方式上类似于宇宙飞船的封闭状态。未来的人类经济系统需要采取一种与生态系统相类似的物质循环战略。未来人类经济系统的可持续性取决于能否成功地组织和管理地球宇宙飞船上的物质流动,并像自然生态系统那样,在外来能量——太阳能的推动下,以循环的方式实现系统内有限物质的无限利用[1]。尤金·奥德姆（Eugene Odum）和霍华德·奥德姆（Howard Odum）兄弟提出了具备以下四个特征的"成熟生态系统":互惠共生与协同合作;高度的生物多样性;稳定性;系统内物质的充分利用,开创了系统生态学理论,再次凸显了"物质循环"这一理念的重要性[2]。1989 年,罗伯特·艾尔斯（Robert U. Ayres）提出了"产业代谢"理论。"产业代谢"是在一个基本稳定的状态下,原

料和能量通过劳动转化为最终产品和废物的一系列线性的物质过程。这种线性的产业利用形式没有对进入该系统内的营养物质进行循环利用,而是一个以高质量的物质使用为开端和退化了物质形式返还自然界为结果的线性过程,故产业系统从长远看是不可持续的[3]。随后,格里戴尔(T.E.Graedel,1993)和阿伦比(Braden R.Allenby,1993)提出了产业系统演化发展的三个阶段的设想:在自然生态系统中,物质和能量的流动与转化大致经历了线性流动、不完全循环和完全循环三个阶段的进化历程,才成为今天比较完善和稳定的自然生态系统。要实现理想状态的完全循环,未来的产业系统也要像自然生态系统那样,建立起包括生产者、加工者、消费者以及分解者在内的四个基本功能单元这样一个思路和途径[4]。由此可见,国外对于健康的、持续的产业发展形式的探讨,循环思想一直是贯穿其中的主线,无论是对线性经济的批判,还是理想的产业系统构想,都暗含了循环经济思想。

2.国内研究进展

在国内,随着社会经济的不断发展,人们逐渐认识到了"高投入、高污染、低效益"的线性经济对人类社会发展造成的严重威胁,学术界从不同角度加紧了循环经济的研究。最初国内的循环经济研究是在工业生态系统基础上发展起来的,其核心是工业物质的循环,因此研究多见于工业生产领域。后循环经济思想被逐步迁移至环境依托型的旅游产业。

国内旅游循环经济的研究和实践始于20世纪90年代末,2004年首届中国循环经济发展论坛的举办,推动了国内学者对旅游循环经济的深入研究。来自大学、研究机构和旅游管理部门的专家学者采用了概念性、描述性、建构模式等方法对循环经济进行研究。张琼霓(2005)注意到循环经济是顺应时代潮流,协调旅游发展与生态环境保护的有效途径,指出循环经济是我国旅游业可持续发展的必然选择[5];杨美霞(2006)从开发前期注重循环经济体系的构建到开发后期绿色消费的主张构建了旅游循环经济的体系[6]。但他们并未道明旅游循环经济的内涵与要义。2006年,云南师范大学的专家学者开始关注旅游循环经济,对旅游循环经济的发展战略进行了探讨,并以丽江旅游区为例,基于循环经济理念对旅游区的管理体系构建进行了实证研究[7][8]。

明庆忠、舒小林(2007)进一步指出发展旅游循环经济应树立系统观、新经济观、新价值观、新生产观和新消费观,构建起发展旅游循环经济的动力系统、支持保障系统、参与层面系统等,促进旅游循环经济的模式系统良性发展,达到旅游循环经济的目标系统。同年,明庆忠、李庆雷等出版了《旅游循环经济发展研究》《旅游循环经济学》《发展旅游循环经济的科技支撑研究》等专著,将旅游循环经济推向了新的系统化的高度。谢朝武认为,旅游业循环经济是一种发展观、伦理观与产业范式[9]。此后,不断有学者投入到旅游循环经济的理论与应用研究中来。有学者将国内旅游循环经济的研究内容总结为以下几个方面(见表0.1):旅游循环经济基础性研究、旅游循环经济构成体系及运行模式研究、专项旅游与循环经济结合研究、旅游循环经济实证研究、旅游循环经济支撑和保障体系研究[10]。

虽然从旅游循环经济研究的初期就有学者关注旅游循环经济的运行模式,但多数模式的构建只停留在对策性或理想化的描述阶段。王华(2006)曾提出几种构建旅游循环经济的模式,概括起来分别是:政府主导型循环经济模式;规范的旅游可持续发展的模式;"绿色旅游"模式;资源友好型、环境友好型的旅游循环经济模式;以高新技术为依托的旅游循环经济发展模式[11]。王迎涛(2011)讨论过乡村旅游循环经济的"主体—驱动—乡村"运行模式[12]。张晴(2011)总结的洞庭湖旅游循环经济发展模式在旅游产品开发上包含了湿地景观旅游、湿地休闲旅游,模式有合理利用立体空间循环发展模式、形成产业系统循环发展模式、立足废弃物循环利用发展模式[13],关注了空间与产业链条的问题。张瑾(2011)在明庆忠、李庆雷的"推—拉系统运行模式、政策—科技—环境模式"的基础上通过跨产业和旅游产业内部提出了四种产业组合模式——农业、生态整合型旅游模式;工业、旅游联结型旅游模式;旅游企业集群模式;旅游业循环型网络组织结构模式[14]。郑燕(2011)以云南抚仙湖为例,构建了滨湖旅游区生态旅游循环经济发展模式[15]。这些模式大多依托案例进行总结,或是纯粹的理想构建,虽然为旅游循环经济发展模式提供了一定思路,但尚未上升为普适性的模式,科学的发展范式尚未形成。这也是本项目需要深入探讨的问题。

在中国知网以"旅游循环经济"为主题词在核心期刊展开检索,检索到的文章有221篇。这些文章覆盖了理论与实践层面,既有宏观理论探讨,也有微观实证研究。表0.1选取部分核心期刊,将旅游循环经济按理论研究与实证研究在内容上进一步做了细分。

表0.1　旅游循环经济研究内容与学者

基础性研究		旅游循环经济战略(舒小林、明庆忠、李庆雷,2006)
		旅游循环经济体系(杨美霞,2006;周彬,2010)
		旅游循环经济发展模式(王华,2006)
		旅游循环经济的发展理念与运行体系(明庆忠、舒小林,2007)
		旅游循环经济支撑体系(胡东林,2011)
实证应用研究	地区研究	四川旅游业循环经济体系的构建(邓学芬,2007)
		长株潭旅游循环经济发展思路(龚艳、杨华峰、陈灿,2010)
		海南国际旅游岛建设循环经济特区思考(黄振达,2011)
		民族地区旅游循环经济支撑体系的建立(达哇吉,2012)
		中原经济区旅游循环经济体系构建研究(王迎涛,2012)
	类型研究	基于循环经济理念丽江古城旅游区管理体系的构建(李庆雷、廖春花、明庆忠,2006)
		循环经济引导下的生态旅游区建设(林高瑞、鱼晓惠,2011)
	景区研究	洞庭湖湿地循环旅游经济发展模式(张晴,2011)
		抚仙湖滨湖旅游区生态旅游循环经济发展模式(郑燕,2011)
		乡村旅游循环经济运行模式(王迎涛,2011)

可见,当前旅游循环经济的研究虽然成果较多,但仍然存在很多不足,最主要的问题包括:(1)基础理论研究进展缓慢;(2)研究方法不够成熟,实证研究还不够充分。研究方法多数还处在探索阶段,虽有洞庭湖、抚仙湖、丽江等实证研究,但微观层面的研究类型还不够多样,总体还略微不足;(3)研究理论基础较为单一,基本是对循环经济原有思想及相关理论的引介与应用;(4)交叉研究内容较少,应用研究还有待拓宽。对旅游循环经济的探讨主要集中在宏观理念层面,具体关涉本质性的应用研究还有待深入,相关的地理学、生

态学、生物学、管理学等学科的交叉研究还不足。本项目试图通过扩大实证研究范围、增强对系统性、相关性的高度关注,构建起具有一定普适价值的边疆地区旅游循环经济发展模式及保障体系。

（二）研究意义

在产业结构调整和构建和谐社会的时代背景下,生态的原生性、旅游业的关联带动性等因素决定了旅游业在边疆高原山区经济发展和社会进步中具有战略地位。受生态脆弱性等环境因素约束,旅游循环经济成为边疆高原山区旅游可持续发展从理论走向实践的必然路径。对于旅游循环经济发展模式与对策的研究成果可以为政府推进旅游循环经济提供决策依据、为旅游企业循环经济的运行提供实践指导、向其他地区提供典型案例和成功经验,同时,该研究还可以丰富循环经济学的内容、推动旅游循环经济学这一新兴交叉学科的发展。

1.边疆高原山区生态原生性优势和环境脆弱性劣势的矛盾亟须探索良性发展模式

边疆高原山区幅员辽阔,纵跨多个纬度带,地质构造复杂,地貌类型多样,江河湖泊众多,生物资源丰富,自然景观多姿多彩,形成了高山草甸、高原湖泊、低纬高原雪山、冰川以及相伴而生的特有的自然动植物生物景观,加之众多少数民族各具特色的民俗风情、源远流长的文明轨迹,组成了根深叶茂、丰富多彩、无与伦比的旅游资源总体优势。

另一方面,边疆高原山区又是我国生态系统异常脆弱的地区。作为我国生态链的主要源头区,其自然生态环境及资源的再生力对我国整个国民经济可持续发展也起着至关重要的作用。目前,边疆高原山区生态环境仍在不断恶化,存在河流径流量锐减、土地沙漠化、草原退化、植被覆盖率不断下降等问题。同时,边疆高原山区资源依托型产业大规模开发浪潮将加剧这一趋势,边疆高原山区旅游业开发严重依赖本底资源,大规模的游客造访和接待设施的建设势必加剧原本脆弱的生态环境破坏。

受各种因素的制约,边疆高原山区大多处于偏僻落后、交通不便、信息不畅、工业化和城市化水平低的状况,解决贫困问题、发展经济的任务非常艰巨。

在这种背景下,探索区域经济和生态保护良性互动的发展模式,选择和生态环境保护能够相辅相成、相互促进的产业作为支撑性产业予以优先发展,是关系到边疆高原山区经济发展和社会进步的重大问题,也是关系到全国生态稳定、可持续发展的重大问题,更是关系到民族团结、社会稳定、国家安全的重大问题。本项目借鉴起源于工业生产的循环经济这一理念,结合旅游及边疆高原山区实际,以期探索出可以实现旅游开发、经济发展及生态保护三元良性互动的旅游循环经济发展模式。

2.旅游循环经济是科学发展观下边疆高原山区产业结构调整和构建和谐社会的战略选择

在边疆高原山区蕴藏的各种资源中,旅游资源恢宏博大、丰富深邃、原始奇特、古老珍稀、特色鲜明、品位绝佳,具有较强的垄断性,是边疆高原山区大部分地区普遍的优势资源,相对来说较为容易开发和凸显成效,具有很好的开发价值和市场潜力。同时,旅游业相对工业而言,是与环境保护冲突较小、环境代价较小的产业,其发展对环境要求比较高,其自身对生态环境的不良影响比较小,因此成为边疆高原山区经济发展的首选产业。

旅游业具有特殊的低重心启动经济的先导性和高度关联的辐射带动功能。优先开发旅游资源、加快旅游业发展,可以促进边疆高原山区第三产业的发展,并较好地为第一、二产业发展服务,在治理贫困、城乡建设与环境保护、促进就业和劳动力转移、改善投资环境和生产经营条件、加快小康社会建设步伐等方面,也将发挥非常显著的作用。对边疆高原山区而言,旅游业是经济腾飞的"切入点",是变输血功能为造血功能的产业,是产业结构调整的优化产业,是特色经济、生态经济、绿色经济的最佳结合产业,是未来发展的战略产业。从现实来看,旅游业已经被边疆高原山区各级政府列为优势产业、支柱产业、龙头产业加以大力发展。我国旅游业发展规划把香格里拉生态旅游区、澜沧江—湄公河国际旅游区、青藏铁路沿线旅游区、丝绸之路旅游区列入优先规划和建设的十二个重点旅游区,并指出:"要依托高品位的旅游资源和边境区位优势,把旅游业作为生态优势向生态经济转化的重要载体……成为我国旅游业发展新的战略基地。"总而言之,旅游业是科学发展观下边疆高原山区发展第三产业、带动第一产业第二产业、优化和调整产业结构的战略选择。

同时需要注意的是,作为生态系统异常脆弱的地区,边疆高原山区旅游资源也存在粗放开发利用的现象,如开山辟路、索道上雪山、大规模接待设施的随意兴建、娱乐设施的随意使用、"三废"未经处理直接排放、景区环保监管力度薄弱等,不仅影响了旅游产品的质量,还影响生态系统的安全与稳定。同时,若旅游开发当中的利益关系协调不力,还易引发各类社会矛盾。旅游循环经济的大系统观、大生态观不仅关注旅游与环境的关系,还关注旅游开发中人与人、人与环境的整体关系协调,作为旅游资源保护与旅游经济发展良性互动的适宜路径,对促进边疆高原山区和谐社会建设有着一定的战略指导意义。

3.旅游循环经济是边疆高原山区旅游可持续发展从理论走向实践的必然路径

可持续发展是人类面对日益损耗的资源问题和日趋恶化的环境问题而提出的一种解决人—地关系矛盾的发展模式和指导思想。我国国民经济和社会发展"十二五"规划纲要明确指出:"要转变方式,开创科学发展新局面。加快转变经济发展方式,是推动科学发展的必由之路。并且要坚持把建设资源节约型、环境友好型社会作为加快转变经济发展方式的重要着力点。应深入贯彻节约资源和保护环境基本国策……促进经济社会发展与人口资源环境相协调,走可持续发展之路。"旅游业的系统性和复合性客观上要求实施可持续发展战略,这是中国旅游业发展的必然选择,更是面临着新一轮旅游开发的浪潮、生态脆弱的边疆高原山区的必然选择。

但是,可持续发展的理念过于理想,对于具体条件和要求又过于简单和模糊,容易演化出不同的实施结果,导致诸多"非持续"的旅游开发或运营现象,引起人们对旅游产业可持续发展的误解。因此,必须寻找实现可持续旅游目标的现实路径,旅游循环经济提供了旅游可持续发展的重要选择路径。

循环经济是运用生态学规律来指导人类社会的经济活动、建立在物质不断循环利用基础上的一种新型经济发展模式。循环经济是绿色旅游需求的内在要求,是旅游业作为资源环境依托型产业的本质要求,也是旅游企业提高经济效益、实践社会责任的客观要求。旅游业的广泛关联性、发展目标的多维性决定了旅游业是推进循环经济实践的重要载体。旅游循环经济以生态效率为目标,按照生态规律进行旅游资源的保护与利用、旅游企业的运营与管理、旅游市场的培育与开拓,是建立在旅游资源与环境持续利用、物质与能源循环利用基础上的新型旅游经济发展方式,它的实质是以尽可能少的资源消耗(包括物质、能源、旅游资源)和尽可能小的环境影响实现旅游可持续发展。因此,旅游循环经济是人类社会、经济系统的结构和运行模式与生态系统相协调的深化措施,是实现旅游可持续发展的最为现实的必由之路。对于生态脆弱的边疆高原山区而言,旅游循环经济是旅游业可持续发展的最佳途径和战略选择。

4.旅游循环经济发展模式与对策研究是政府决策依据和企业操作指南,可供其他地区借鉴且益于学科建设

本项目通过分析边疆高原山区发展旅游循环经济的优势条件与制约因素,确定旅游循环经济的发展战略和实现路径、重点领域和关键技术、评价体系和操作方法,提出实施对策,并选取典型地区进行案例研究。项目研究成果将为旅游循环经济的主导者——各级政府制定专项规划、出台激励政策、完善相关法律法规、推行评估认证制度等工作提供依据,以减少决策失误,提高决策的科学性;同时,为旅游循环经济的实践者——各类旅游企业提出了明确的发展模式、规章制度的制定、应用关键技术提供了操作指南,以便其提高运行效率。

云南是边疆旅游大省和强省,以其为依托的典型案例研究经验可为其他边疆高原山区的旅游循环经济发展提供可资借鉴的经验和案例素材,共同推进旅游循环经济实践层面的健康、持续和快速发展。此外,该项目研究还将丰富循环经济的理论内涵,为构建旅游循环经济学的学科理论体系创造条件,推动旅游学与循环经济学这一新兴交叉学科的发展。同时,本项目的研究成果还将对生态旅游、可持续旅游、绿色旅游以及新兴的低碳旅游、全域旅游等相关学术研究领域和实践层面产生积极的推动作用。

第二节　边疆高原山区旅游循环
经济的主要研究内容

一、主要研究内容

1.旅游循环经济的概念体系与特征表达

探讨旅游循环经济与工农业循环经济的区别与联系,尝试构建旅游循环经济的概念体系,厘清旅游循环经济的特征,为推动旅游循环经济学这一新兴学科奠定基础。

2.旅游循环经济的发展要义与可能

结合科学发展观、生态经济、生态文明建设等现实需求阐明旅游循环经济的发展要义,并分析旅游系统与自然系统、工业系统的异同,说明旅游业实现循环经济的可能。

3.边疆高原山区旅游循环经济发展的优势条件与制约因素

运用态势分析法(SWOT)分析法且以云南为案例研究点,分析边疆高原山区各层面发展旅游循环经济的优势、劣势、机遇和挑战,为探讨旅游循环经济的发展战略与对策提供依据。

4.边疆高原山区旅游循环经济发展的典型案例研究

选取香格里拉(青藏高原东南部、新兴旅游目的地、中国大香格里拉生态旅游区的核心片区)、大理(云贵高原山区、旅游二次创业中的传统旅游热点地区)、普者黑(云贵高原过渡带、新兴旅游目的地、滇东南喀斯特生态旅游区的重要支撑)、西双版纳(高原边缘、提质增效中的传统旅游目的地、澜沧江—湄公河旅游圈中的重要节点)分别就发展条件、发展现状、战略选择和支持系统进行案例研究,以筛选出一般性的发展条件和存在的问题,为具体的策略和对策的制定提供实践依据。

5.边疆高原山区旅游循环经济发展的发展战略与路径选择

根据旅游循环经济的内涵和特征,提出旅游循环经济的发展原则和指导思想;依循边疆高原山区的实际条件,制定边疆高原山区旅游循环经济发展战略,并在此基础上构建旅游循环经济的实现途径与发展模式。

6.边疆高原山区旅游循环经济发展的重点领域与关键技术

按照"重点突破、逐步推进"的思路,遴选边疆高原山区旅游循环经济发展的重点领域及建设内容,寻找并运用生物学、生态学、环境资源学等相关学科可供借鉴的关键技术构建旅游循环经济的技术支撑体系和指标体系。

7.边疆高原山区旅游循环经济发展的评价体系与操作方法

从经济、社会、制度、资源和环境等方面系统构建旅游循环经济的总体评价指标体系及各类旅游企业评价指标体系,并明确各指标的量化计算方法,研究具有可操作性的评估认证方法。

8.边疆高原山区旅游循环经济发展的策略和对策

分别从政府政策引导与法律规制、科技研发与应用、人才培育与吸引、公众宣传与教育及科学规划角度探寻推进旅游循环经济政策体系框架和技术、人才等保障体系,从而保障旅游循环经济在实践层面的落实。

二、主要观点

(1)旅游业是科学发展观下边疆高原山区产业结构调整和构建和谐社会的战略选择,在边疆高原山区经济发展和社会进步中具有无法替代的重要作用,是未来的战略产业。

(2)旅游循环经济是协调旅游经济发展和生态环境保护的最佳模式,是边疆高原山区旅游可持续发展从理论走向实践的必然路径,是旅游业持续发展的战略选择。

(3)旅游经济系统与一般工业系统生产性质和生产模式不尽相同,旅游循环经济具有自己的特点。旅游循环经济概念体系与特征表达是真正认识旅游循环经济的战略起点。

(4)边疆高原山区应树立新系统观、新经济观、新环境伦理观、新生产观、新消费观,构建由动力系统、运行系统、支持保障系统、目标实现系统等组成的旅游循环经济系统。

（5）边疆高原山区旅游循环经济的发展必须坚持政府主导、企业运作、公众参与，构建政策激励体系、法规保障体系、科技支撑体系、评估认证体系，坚持整体推进、重点突破、示范带动、逐步实施。

第三节　边疆高原山区旅游循环经济研究的技术路线及特色

一、基本思路

（1）从旅游经济与工农业经济的比较入手，综合运用环境经济学、制度经济学、景观生态学、可持续发展等相关理论，分析旅游循环经济的内涵及特征；

（2）以系统论为指导，根据旅游循环经济的内涵构建包括动力、运行、保障等子系统在内的旅游循环经济系统；

（3）运用SWOT分析法分析边疆高原山区发展旅游循环经济的有利条件与制约因素以制定科学的发展战略；

（4）选取边疆高原山区典型旅游区（香格里拉、大理、西双版纳、普者黑等）进行实证分析以为策略及对策的制定作准备；

（5）总结规范性的旅游循环经济发展战略、路径及模式；

（6）对重点领域与关键技术、评价体系与操作方法、政策引导与社会参与进行重点研究。

研究思路框架见图0.1。

二、研究方法

主要运用系统法、比较法、分类法、规范研究法、实证研究法、SWOT分析法、文献分析法等研究方法。

1.系统法与比较法

循环经济的主要思想是构建一个开放且闭合的物质循环系统，因此系统分析思想是整个项目研究不可或缺的主导思想。再者，由于旅游产业系统与

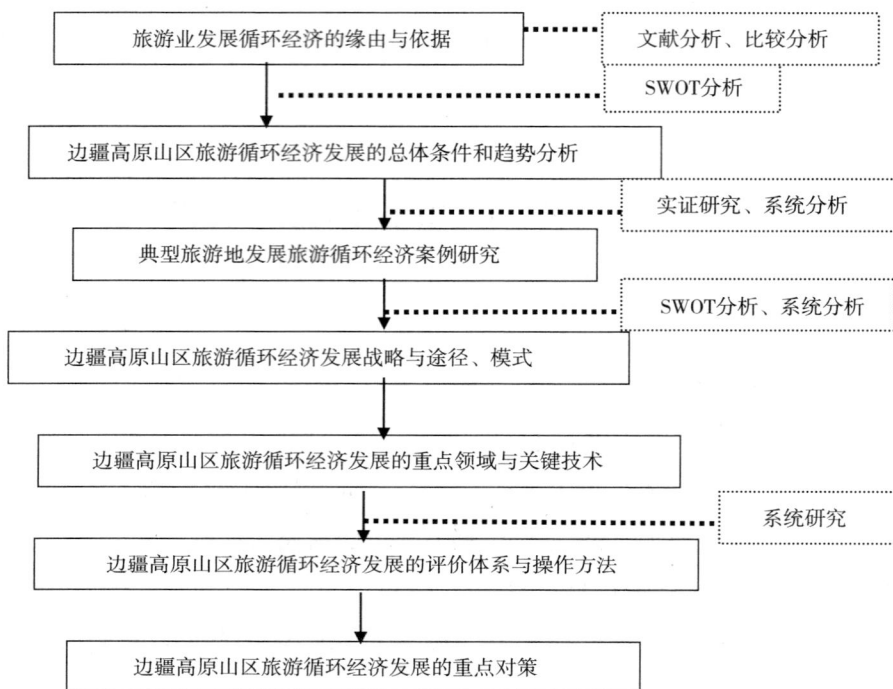

图 0.1 项目研究的思路框架示意图

自然生态系统相似性与差异性并存,因此需要使用比较分析法,参照自然生态系统来解构旅游循环经济的系统特征,以在此基础上提出针对性策略和建议。

2.规范研究法和实证研究法

在系统综合分析的基础上通过规范研究法探寻出"应然"的旅游循环经济的运行模式与实现路径,同时选取以香格里拉为代表的高山峡谷区、以丘北普者黑为代表的高原湿地区、以大理为代表的高山湖泊区、以西双版纳为代表的高原边缘区等具有发展旅游循环经济条件的案例点进行实证研究,一为夯实旅游循环经济的理论支撑,二为理论研究提供丰富多样的实践经验。

3.SWOT 分析法

SWOT 分析法主要用于边疆高原山区开展旅游循环经济的条件分析与战略研究层面,以找出边疆高原山区开展旅游循环经济的优势、劣势、机遇和条件,从而为科学制定旅游循环经济的发展战略提供选择依据。

4.文献分析法

文献分析法主要用于把握循环经济的研究基础和研究动向,学习循环经济成熟的理论方法体系,以期为旅游循环经济寻找较好的理论支撑和方法指导。

三、项目的创新点及特色

(一)创新点

在对旅游循环经济的概念起源与发展理念进行研究的基础上,对边疆高原山区发展旅游循环经济的基础条件、基本战略、重点领域、关键技术、评价体系进行了探讨,并选取香格里拉、丘北普者黑、大理、西双版纳四个有代表性的地区进行了个案研究,总结出边疆高原山区发展旅游循环经济的策略与对策。

运用产业生态学、生态经济学、旅游学、政策学等相关学科的思想、理论与方法对边疆高原山区旅游循环经济的发展战略及对策进行了系统、深入的研究,取得了突破性进展。提出了"旅游循环经济是实现旅游可持续发展的必由之路"、"旅游产业生态学是旅游循环经济研究的理论基础"、"旅游循环经济生态系统是发展旅游循环经济的基石"、"旅游生态学的研究核心是旅游产业生态学"、"发展旅游循环经济的 6R 原则"、"发展旅游循环经济的新思维与系统模式"等新观点。对边疆高原山区发展旅游循环经济的战略与对策进行了系统分析和总结,首次构建了旅游循环经济学的理论体系和旅游循环经济的科技支撑体系,初步形成了旅游产业生态学的研究框架,丰富和发展了旅游可持续发展和旅游经济学等的理论与方法。

(二)特色

(1)构建学科体系,提升学科发展的理论水平。对旅游循环经济的产生背景、发展历程、概念起源、理论基础、分析方法、基本理念、战略思路、运行框架、基本模式、规划设计、运营管理、评价体系进行了深入而系统的研究,构建了旅游循环经济学的学科体系,初步构思并提出了旅游产业生态学,为边疆高原山区旅游循环经济的发展战略及对策研究提供了可靠的理论基础。

(2)开展了全面的分层分类因地制宜的系统研究。划分不同的层面(企业层面、区域层面和社会层面),针对重点问题(科学技术、重点领域、政策制度等),结合不同类型,按照自然地理地区(以香格里拉为代表的高山峡谷区、以丘北普者黑为代表的高原湿地区、以大理为代表的高山湖泊区、以西双版纳为代表的高原边缘区),分为不同的专题进行了深入分析,为总结边疆高原山区旅游循环经济的发展战略及对策奠定了坚实的工作基础。

(3)理论与实证、宏观指导与实践应用相结合的系统研究。遵循系统性、针对性、实用性的原则,对上述研究成果进行集成,总结边疆高原山区发展旅游循环经济的战略思想、战略目标、战略重点、战略模式、战略部署、战略对策、实施策略,并就其地域应用、类型应用、科技运用等作了实证研究,以指导边疆高原山区旅游循环经济的发展与旅游可持续发展目标的实现。

(4)旅游循环经济研究与拓展性的旅游产业生态学研究拓宽了旅游产业与生态学的交叉研究平台,并为其延伸性研究提出发展的新方向。在完成任务同时,对旅游生态产业集群、旅游区循环经济产业生态系统、旅游产业生态学、旅游产业生态系统等与旅游循环经济紧密相关、对于旅游科学研究内容创新具有重要价值的前沿性问题进行了拓展性研究,为后续研究和旅游产业发展提供了富有学术价值的重要线索。

本书较为全面地回答了边疆高原山区如何发展旅游循环经济这一现实问题,从观念、政策、法律、资金、科技、人才、宣传、教育等方面提出了发展旅游循环经济的战略与对策,对促进边疆高原山区制定科学的发展战略、发挥民族生态文化的现代价值、运用先进适用的科学技术、出台激励与约束政策以发展旅游循环经济、实现旅游可持续发展具有重要的指导作用,对全国其他地区发展旅游循环经济具有较高的借鉴价值。可为旅游地建设资源节约型、环境友好型社会提供可借鉴的系统实现模式及途径,为自然保护区、世界遗产地等生态敏感型旅游地的环境保护提供管理策略,为建立绿色旅游品牌、增强核心竞争力提供可资借鉴的范式。对于保障边疆高原地区生态安全、推进经济发展方式转变、落实党中央提出的"建设生态文明"的发展理念与现实任务有重要的现实价值。

参考文献

［1］Kenneth E. Boulding. *The Economics of the Coming Spaceship Earth*. In：Kenneth E. Boulding, H. Jarrett, eds. *Environment Quality in A Growing Economy*. Balti-more：Johns Hopkins Press, 1966.

［2］Eugene P. Odum. *The strategy of ecosystem development*. Science, 1969, Vol. 164, No. 3877, pp. 262-270.

［3］R. Ayres. *Industrial Metabolism*. In：J. H. Ausubel, H. E. Slavonic, Eds. *Technology and environment*. Washington, DC：National Academy Press, Washington, DC, 1989.

［4］T. E. Gradel, B. R. Allenby, and P. B. Linhart. Imple-menting industrial ecology. IEEE Tethnology and Society Magazine, Spring 1993, pp. 18-26.

［5］张琼霓：《循环经济：旅游业可持续发展的必然选择》,《中国财政》2005 年第 11 期。

［6］杨美霞：《略论旅游循环经济体系的构筑》,《经济论坛》2006 年第 3 期。

［7］舒小林、明庆忠、李庆雷：《旅游循环经济发展战略初探》,《经济问题探索》2006 年第 10 期。

［8］李庆雷、廖春花、明庆忠：《基于循环经济理念的旅游区管理体系的构建——以丽江古城旅游区为例》,《生态经济》2006 年第 5 期。

［9］谢朝武：《旅游业循环经济：发展观、伦理观与产业范式》,《人文地理》2009 年第 5 期。

［10］王淑华、张春：《国内旅游循环经济研究综述》,《江苏商论》2012 年第 3 期。

［11］王华：《我国旅游循环经济发展模式研究》,《经济纵横》2006 年第 12 期。

［12］王迎涛：《乡村旅游循环经济运行模式探讨》,《广西社会科学》2011 年第 3 期。

[13]张晴:《洞庭湖湿地循环旅游经济发展模式研究》,《中国商贸》2011年第19期。

[14]张瑾:《旅游循环经济发展新模式——产业组合模式》,《中国商贸》2011年第34期。

[15]郑燕:《滨湖旅游区生态旅游循环经济发展模式探析——基于云南省抚仙湖禄充景区的个案研究》,《安徽农业科学》2011年第19期。

第一章　旅游循环经济的概念起源与发展理念

第一节　旅游业中发展循环经济的地位与作用

一、国内外旅游业发展概况及趋势

（一）世界旅游业的发展

旅游业是在世界范围内迅速发展的一个新兴现代产业。二战以后，现代旅游业迅速崛起，20 世纪 60 年代以来进入加速发展、高速增长阶段，到了 1992 年，世界国际、国内旅游收入已经超过了石油、汽车工业，成为世界上第一大产业。20 世纪后半叶，随着世界的主题从战争与革命转向和平与发展，科技革命日新月异，人类文明突飞猛进，经济文化迅速发展，国际交往日益频繁，人们物质文化生活水平不断提高，世界旅游业也随之取得空前的发展。目前，世界旅游业正朝着区域化、多样化趋势发展。有以下几方面的变化趋势：

（1）在总体发展趋势上，保持持续发展的势头。虽然近年来遭受到世界经济不振和国际恐怖事件等种种打击，但旅游业发展的市场基础依然坚实，总体发展速度仍高于全球经济总体增长速度。根据世界旅游组织（WTO）、世界旅游理事会（WTTC）和世界银行公布的数据显示，全球国际游客到访量从 1950 年的 2500 万人，到 1980 年的 2.78 亿人次，1995 年 5.27 亿人次，到 2014 年达到 11.33 亿人次。全球范围内旅游目的地的国际旅游花费在 1950 年为 20 亿美元，1980 年增加到 1040 亿美元，1995 年增长至 4150 亿美元，在 2014 年全球国际游客到访量达到 11.33 亿人次，旅游收入达到 12450 亿美元。据世界旅游组织的预测,2020 年全球国际旅游人次将达到 16 亿人次,到 2030 年会达到 18 亿。

(2)市场格局的变化明显。世界旅游业划分为六大区:欧洲、美洲、东亚及太平洋(简称"东亚太")地区、非洲、南亚以及中东。按照世界旅游组织的预测,在未来 10 年里,东亚太地区将超过美洲,成为世界第二大国际旅游接待地。世界旅游市场将由过去传统的"北美到西欧,欧洲到美洲"两大主流逐渐转移到欧洲、东亚太和美洲三足鼎立的市场格局。

(3)在发展模式上,更加注重可持续发展。目前各国已达成了以下共识:旅游业比任何部门都更依赖自然、人文环境的质量,精心保护好生态环境是发展旅游业的生命线;实现旅游可持续发展,政府必须发挥主导作用,旅游与环保部门必须密切配合,制定切实可行的法规制度和行动计划;实现旅游业可持续发展,必须强调规划先行,管理跟进,同时要依靠投资者与社区在开发建设与管理中的积极合作,依靠旅游者素质的提高与自觉配合;实现旅游业可持续发展,必须以实现经济效益、社会效益和环境效益的统一为目标,进行制度创新和管理创新,大力发展绿色产品和绿色经营,使旅游可持续发展成为各有关方面的共同行动,并长期坚持下去。

(4)在旅游产品开发和经营上,更加注重多元化、特色化和硬软件的配套发展,以适应不同人群的不同旅游需求和总体上不断提高的旅游需求。就一个国家一个地区来说,必须注重旅游产品的"多元化";就一个旅游城市、一个旅游区(点)和一个旅游项目来说,必须注重旅游产品的"特色化";就发展旅游产业的全部工作来说,必须处处注重硬软件的"配套发展"。

(5)在旅游目的地的选择上,旅游者更加关注安全和健康保障。珍惜生命是人的本能。旅游目的地吸引力再大,如果旅游者的安全没有保障,健康没有保障,除了能够吸引极少数冒险者外,一般旅游者是不敢光顾的。正因为如此,现在世界各国都更加重视本国的旅游安全保障和旅游健康保障建设。

(6)旅游模式的多样化。散客旅游逐渐多于团体旅游;短线旅游多于长线旅游;地区性旅游和中程旅游将成为旅游的主体;自助、半自助旅游将代替包价旅游;商务、会议旅游将成为团体旅游的主体;人们外出旅游的次数将增多。除一些传统旅游项目外,文化旅游、商务旅游、生态旅游和网络旅游等特色旅游,将以其新颖、别致、时代性强和内容丰富多彩等特点成为新亮点。

(7)在旅游促销上,投入越来越大,手段越来越新,都以能有效吸引客人前来旅游为现实目标。世界旅游业已经形成"买方市场",市场竞争日趋激烈,这就迫使各国不得不投入比以往更多的资金、运用比以往更多的手段来推销本国旅游,特别是在本国发生了重大灾害性事件后,促销更需特别加强。同时,随着电脑与网络技术的不断普及、完善和提高,利用网络工具传递旅游信息和进行交易的活动将更受重视。旅游业与电子商务的结合促使世界旅游业健康蓬勃发展。

(8)在旅游服务上,更加注重规范化、个性化和情感化。"规范化服务"的实施,能把各个服务环节上的动作协调起来,使复杂的服务系统化、程序化、制度化、日常化,从而有效地保证基本服务质量。"个性化服务",包括癖好服务、灵活服务、心理服务、自选服务、意外服务和委托服务等方面。"情感化服务",包括语言沟通和情感沟通,核心是要把对客人的尊重、关切、体贴全部融化在谦恭随和、善解人意、机灵麻利、办事稳妥、随机应变的服务之中。

(9)在应对国际竞争上,地区合作加强,"合作—竞争"的新态势进一步增强。未来国际范围内的竞争将会进一步激烈,尤其是针对长距离市场的多种竞争将会更加明显和激烈。而且这种竞争不仅仅表现在价格上,而更多的是如何在最大限度满足特定细分市场需求产品和旅游相关服务质量方面。为了应对日趋激烈的国际竞争,寻求区域内旅游业的持续健康发展,近年来,世界各地区都进一步加快了区域内旅游合作的步伐,形成一种既竞争又合作的新态势。

总之,旅游业已经成为国民经济的一个重要产业和组成部分;旅游活动已经成为一种有组织、大规模的社会性活动和经济文化交流的一个重要领域,是人类文明生活方式的一个组成部分,人类已进入了全球的大众旅游时代。

(二)我国旅游业的发展

近30年来,中国的旅游业从无到有,从小到大,从接待型的事业发展成为经济型的产业、新的经济增长点,从新的经济增长点又发展成为第三产业的重点产业甚至一些地方的支柱产业,成为国民经济中发展速度最快的行业之一,同时也是具有明显国际竞争优势的产业之一。据世界旅游组织(WTO)预测,到 2020 年,世界国际旅游人数将达到 16 亿人次,全球旅游外汇收入将达到 2 万亿美元。届时,中国将成为世界第一旅游目的地。中国将从世界旅游资源大国发展成为世界旅游强国。

1.旅游经济规模不断扩大,产值不断增长

随着人们对日益增多的闲暇时间和可支配收入的利用,以及新技术对便捷、廉价交通运输的促进,我国旅游经济规模在不断扩大,国内和入境旅游均持续增长。旅游经济的产值不断增长,其增长速率略快于国民经济的增长速率,从而在国内生产总值中所占的比重逐步提高。预计"十二五"期间旅游收入年均增长 12%以上。到 2020 年,旅游业总收入达到 25000 亿元人民币以上,年均增长 7%,占 GDP 的比重提高到 8%左右。

表 1.1　1996—2014 年中国入境旅游者人数和旅游外汇收入情况

年份	入境旅游者人数(万人次)	旅游外汇收入(亿美元)
1996	5113	102.00
1997	5759	120.74
1998	6348	126.02
1999	7280	140.99
2000	8344	162.24
2001	8901	177.92
2002	9790	203.85
2003	9166	174.06
2004	10903	257.39
2005	12029	292.96
2006	12494	339.5
2007	13187.33	419.19
2008	13002.74	408.43
2009	12647.59	396.75
2010	13376.22	458.14

续表

年份	入境旅游者人数（万人次）	旅游外汇收入（亿美元）
2011	13542.40	484.64
2012	13240.53	500.28
2013	12907.78	517.0
2014	12849.83	1053.8

资料来源：据各年的中国旅游业统计公报和国家旅游局政策法规司数据整理。

表 1.2　1996—2014 中国国内旅游者人数和旅游收入情况

年份	国内旅游者人数（亿人次）	旅游收入（亿元）
1996	6.39	1638.4
1997	6.44	2112.7
1998	6.94	2391.2
1999	7.19	2831.9
2000	7.44	3175.5
2001	7.84	3522.4
2002	8.78	3878.4
2003	8.70	3442.3
2004	11.00	4710.7
2005	12.10	5286.0
2006	13.90	6229.7
2007	16.10	7770.6
2008	17.12	8749.3
2009	19.02	10183.7
2010	21.03	12579.8
2011	26.00	19000.0
2012	29.6	22706
2013	32.6	26276
2014	36.11	30311.87

资料来源：据各年的中国旅游业统计公报和国家旅游局政策法规司数据整理。

表 1.3　1996—2014 年旅游经济在国民经济中所占的比重

年份	国内生产总值（亿元）	旅游总产出（亿元）	所占比重（%）
1996	71177	2487	3.66
1998	78345	3438	4.32
2000	89442	4519	4.55
2001	95933	4995	5.20
2002	120333	5530	4.60
2003	135823	4874	3.59
2004	159878	5600	3.50
2005	183217	7686	4.20
2006	209407	8935	4.27
2007	216314	10957	5.07
2008	314050	11600	3.69
2009	340903	12900	3.78
2010	473104	14400	3.04
2011	519322	22500	4.33
2012	534123	25900	4.85
2013	588019	29500	5.02
2014	635910 —	338—00 —	5.32 平均增长速度 4.38

资料来源:据各年的中国旅游业统计公报和国家旅游局政策法规司数据整理。

2.旅游业发展经验逐渐丰富

我国旅游业发展虽起步较晚,但发展速度举世瞩目。在发展的过程中,我们逐渐摸索、总结出了一套适合国情、行之有效、符合旅游经济发展内在规律的经验。主要经验有:根据国际国内旅游市场融合互促的趋势,树立"大旅游、大市场、大产业"的指导思想;坚持把旅游业当作经济产业来发展,多方面探索旅游经济发展的内在规律;坚持在市场作用基础之上的"政府主导型"发展战略;根据国际国内旅游市场的需求和世界旅游业发展的新形势,规划和策划旅游产品开发和旅游设施配套建设,积极实行"国家、地方、部门、集体、个人一起上,自力更生和利用外资一起上"的方针;根据旅游市场促销需要一定提前、一定规模和声势的客观规律,狠抓市场促销的超前性和实效性;积极拓展国际旅游合作与交往,开辟国际旅游工作的新局面;综合运用行政的、经济的、法律的手段进行行业管理,使行业管理的力度和科学性有一定提高。

3.旅游业国际竞争力不断提升

培育一批享誉世界的旅游精品、名牌、绝品和具有国际竞争力的骨干企业集团。遍布神州大地的自然风光资源、历史文化资源和现代社会资源将得到精心保护,各类各地有代表性的旅游资源得到科学、有序的开发,形成一批世界一流的名品、精品和绝品;同时,在国内外市场经济浪潮的搏击中,成长了一大批跨国经营、跨所有制成分、跨行业生长、现代化管理、信息化经营、集行游住食购娱于一体的骨干旅游集团。

造就一批高素质的产业队伍、建立现代科技教育支撑体系和形成与国际接轨的旅游经营管理机制。旅游产业是集资源、资金和智力于一体的现代文化性、服务性经济产业。在知识经济时代,现代科技教育是旅游创新的智能动力和旅游强国立国的智力支持。经过二十多年的发展,逐步形成了一批具有较高素质的产业队伍、较为现代的科技教育支撑体系。

二、旅游业发展对环境的影响分析

随着时间的累积,旅游业的发展与自然环境之间的矛盾日益加深,譬如:由于景区旅游车辆、摩托、船舶以及餐饮尾气和烟气的大量排放等造成的大气环境污染;旅游活动过程中产生的各种生活污水和生活垃圾,造成水环境污染和垃圾污染;景区游客、商业、汽车、餐饮的混杂声音带来的噪音污染;旅游活动和旅游经营过程中对资源、能源的浪费;旅游开发建设项目与旅游区整体环境不协调等。

造成旅游区环境破坏、环境质量下降的原因是多方面的,概括起来,有如下几种:

(一)人类经济行为的不当破坏了旅游环境

人类经济活动对旅游区环境的影响与破坏可以分为三方面:(1)在经济发展过程中,工业生产排放的废物及产生的噪音污染了旅游区的自然环境,扰乱了旅游区应有的宁静。结果一方面旅游区丧失了以往清新的空气、透明的水体、静谧的氛围;另一方面游客游览的兴致因环境污染而降低。(2)不合理的资源利用与生产方式破坏旅游区的自然生态平衡,旅游资源直接受到影响,例如森林砍伐、过度开采地下水、开山炸石等活动造成水土流失、游览水体水位下降、奇山丽景惨遭破坏等。(3)在经济结构、生产力布局、城市发展规划中忽视旅游资源的存在,使得区域经济结构类型、生产力布局方式、城市发展方向与旅游业正常、持续发展对环境条件的要求不相适应。如在云南石林旅游区建设大型水泥厂,在北京周口店猿人遗址区内建设灰窑、煤窑等。

(二)旅游开发和建设破坏旅游区环境

在旅游资源开发利用过程中,有关设施建设与旅游区整体不协调,造成旅游资源、旅游区生态环境、特别是旅游气氛环境的破坏。主要表现为:古迹复原处理不当,新设项目与旅游区景观不协调,改变或破坏了旅游区所有的且应当保留的历史、文化、民族风格和气氛。对于具体的旅游对象,其旅游价值主要表现在其本身所蕴含的独特历史、文化、民族风格。在开发利用旅游资源时,这些无疑是应当保留且极力保护并充分予以表现的,忽视旅游区的整体协调及其所蕴含的内涵,盲目开发,只会造成景点的不伦不类,进而丧失其旅游价值,使游客的兴致减退。

(三)旅游活动对旅游区环境影响

旅游活动对旅游区环境的影响主要在于旅游过程产生的垃圾对景点环境的污染以及旅游活动本身对景点自然生态平衡及旅游意境的影响。由于旅游区本身设施的不完善和部分游客素养不高,随着旅游活动规模的扩大,景点垃圾量日益增加。旅游区内大量垃圾随意抛洒堆积,破坏了自然景观,污染了景点水体,使旅游区水体富营养化。我国许多旅游区水体都遭到了不同程度的污染,其中相当一部分旅游水体的透明度、色度、嗅味等指标均超过国家规定的旅游水体标准,漂浮物、悬浮物、油迹污染物已经影响游客感官,使其旅游兴致降低。

超过景点容量的超规模接待破坏了旅游区自然生态系统平衡。构成自然景观的生态系统对旅游活动本身存在一定的承载能力,这种承载能力由生态系统的结构所确定,超过其承载能力的旅游活动将使旅游区生态系统结构发生变化,旅游区旅游功能丧失。主要表现在大量游人将旅游区土地踏实,使土壤板结,树木死亡;大量游人在山地爬山登踏,破坏了自然条件下长期形成的稳定落叶层和腐殖层,造成水土流失,树木根系裸露,从而对旅游区生态系统带来危害。

不当的旅游活动本身所带来的问题是严重的,忽视这种影响,只注重短期效益,盲目扩大规模,无限制地接待游客,将对旅游业未来的可持续发展带来严重损害。

三、旅游业中应大力发展循环经济

（一）旅游环境与旅游业

一般意义上的旅游环境,指对于具体的旅游客体—旅游区,影响旅游活动的主体—游客的旅游行为的各种外部因素,包括社会环境、自然生态环境、旅游气氛环境和旅游资源等。这里仅指旅游区的旅游资源、自然生态及相应的旅游气氛。与之相联系,旅游环境问题也就指由于外界作用使上述因素受到影响和破坏,使游客旅游活动的满足程度受到影响。

旅游区的旅游资源是游客观赏、体验的对象。对于游客而言,旅游资源本身蕴含的各种美学特征及其历史、文化、科学价值是旅游行为的直接激发者,资源的破坏将直接影响旅游者的满足程度。

旅游区的自然生态环境是旅游区地貌、空气、水和动植物等生态因子的总称,这些生态的有机结合形成了旅游区环境的优美与愉悦。从人类审美的心理需求来看,自然景观美是基础,在一个空气污浊、水体污染、四周嘈杂的环境中,游客是无法去领略、欣赏、体会具体游览对象的各种美学特征的。特别是随着生产的发展和科技的进步,人们的闲暇时间逐步增加,城市居民进行旅游、回归自然,借洁净的自然环境达到锻炼和疗养身心的愿望正日益高涨。由此看来,旅游区的自然生态环境从某种意义上来说也是一种旅游资源。

旅游气氛环境指旅游区所特有的地方特色、历史、民族风情及与之相适应的外部氛围。旅游环境美是形象与意境的双重美,而每一具体的游览对象,其对游客旅游行为的激发，很大程度上是它反映出的特殊的历史、地方、民族特点或一种异国、异地的特殊情调。

所以，旅游区环境状况的好坏对旅游者旅游效果的影响是不容忽视的，游客旅游的满足程度与旅游区环境条件息息相关，直接影响旅游业持续发展，必须充分认识到保护旅游区环境的必要性与重要性。

（二）旅游业中发展循环经济的本质要求

1.循环经济是绿色旅游市场的内在要求

随着可持续发展战略在世界各国的深入实施，绿色科技和工艺的广泛应用、绿色产品的大量生产和消费，人们的绿色意识逐渐增强。目前，作为国际重要旅游客源市场的欧洲、北美洲、日本、澳大利亚等地区和国家都普遍推行清洁生产，开展了环境管理体系的实施和环境标志认证工作。传统产业及生产厂家日益重视绿色生产，消费者绿色意识越来越强。一些预测和调查显示：目前，世界范围内绿色食品销量仅占整个食品销量的 2%—3%，预计这一比例到 21 世纪二三十年代将达到 10%。同时，77% 的美国人、94% 的意大利人、82% 的德国人和 67% 的荷兰人曾表示在选购商品时会考虑绿色因素。在我国，80% 左右的消费者希望购买绿色食品。

这一趋势反映在旅游业中，最突出的表现就是旅游市场也开始变"绿"，绿色旅游者越来越多。绿色旅游市场的规模与产出效益尚缺乏权威的统计资料，一般比较著名的个案研究也主要集中在发达国家，但绿色旅游市场已经具有相当规模、呈现上升趋势、具有巨大的潜力却是公认的事实。绿色旅游者具有较强的消费理性，关注生态效益，自觉抵制和不消费那些破坏环境或大量浪费资源的旅游产品，减少非必要消费，讲究实用、有效、节约、自然和环保。厦门市旅行社按照循环经济和绿色标准选择景点、酒店、餐饮、车辆、购物、娱乐等合作企业，例如，安排游览行程要优先选择节约型、环保型、生态型的旅游区（点），安排游客住宿要优先选择获得"绿色饭店"称号的酒店，安排旅游交通要优先选择符合绿色环保要求的旅游车辆等做法就是顺应绿色旅游市场需求特点而提出的。这些需求特点实质上体现了循环经济的本质特征，因此，绿色旅游市场要求在旅游业中实施循环经济的发展模式,运用循环经济的理念指导旅游资源的利用、旅游环境的保护、旅游设施的建设和旅游服务。

2.循环经济是旅游业作为资源环境依托型产业的本质要求

旅游业是资源和环境依托型产业。旅游资源与环境是旅游业持续、快速、健康发展的基础,是为游客塑造丰富、独特的旅游体验的依托。正如《关于旅游业的 21 世纪议程——实现与环境相适应的可持续发展》第一章"旅游:开路的先锋"中所说的:"旅游产品的组合与出售都完全依靠洁净的海水、原始的山坡、未受污染的水域、干净的街巷、保护完好的建筑物与考古现场以及多彩的文化传统。"旅游资源与环境具有脆弱性和不可再生性,一旦破坏就很难恢复其原来价值。这一特点本质上要求对旅游资源进行合理利用,对旅游环境进行严格保护。在这个意义上,旅游业与循环经济存在着天然的耦合性。旅游业应当而且可以成为循环经济的先锋产业。

另一方面,旅游业号称"无烟工业",但并不是说旅游是无污染产业。游览活动本身所产生的污染物质及其污染量都不及农业、工业,但是工业、农业所用的资源不是以环境的美学价值和文化价值为审美对象的环境资源,而这些价值对旅游活动而言却是极为敏感的。从这个角度讲,旅游被认为是"污染性"产业,这种污染表现为旅游资源美学价值和文化价值的降低、旅游环境质量的退化等,还涉及破坏性建设、景观污染、异质文化侵入造成的土著文化变异等等。

循环经济本质上是一种生态经济,它要求运用生态学规律来指导人类社会的经济活动。循环经济的这种要求与以旅游资源与环境为依托的旅游业发展模式是一致的。1989 年 6 月 2 日,世界旅游组织秘书长在向联合国大会和经社理事会第二届常委会就《海牙宣言》的有关原则作总结说明时就曾强调,旅游业与环境"应并重兼顾",对旅游资源的利用"不能不加控制,否则将可能造成质量下降,甚至造成毁灭","旅游业的已知影响大都是地方性和区域性的,对全球环境的累积影响还是未知数"。所以,作为资源环境依托型产业,旅游业要求通过循环经济理念与技术以环境友好的方式利用自然资源和合理调控环境容量,实现旅游资源合理利用、旅游环境保护。

3.循环经济是旅游企业提高经济效益、承担社会责任的客观要求

旅游需求具有综合性,包括食、住、行、游、购、娱等方面,相应地,旅游业涉及多个部门。而大众旅游者具有追求舒适的特点,这就导致旅游业某些部门的能源消耗并不小,如豪华旅游饭店、桑拿服务项目、旅游交通等。我国一家中型酒店每日经营所需能耗和废气的排放量,竟然与同规模的工矿企业相当。酒店一次性用品造成的浪费和环境污染问题也不容忽视,据有关方面测算,深圳全市酒店业每年花在一次性用品上的成本高达5000万元以上。而且,由于一次性用品及其包装袋大多以塑料为原料,环保部门还要投入巨资对其进行处理,这同样是一笔不小的开支。由于旅游产业规模越来越大,总体计算起来,旅游企业所产生的资源、能源消耗十分惊人。

在不影响产品及服务质量的前提下,按照减量化、再使用、再循环的原则,尽量用较少的原料和能源投入,减小产品体积、减轻产品重量、简化产品包装,减少一次性用品的适用范围和用量,尽可能实现多次使用或调剂使用,并将物品在使用后回收处理变为可利用的再生资源,可以达到降低成本、减少垃圾的目的,从而实现既定的经济效益和环境效益。如全国开展的"绿色饭店"创建活动中,上海花园酒店将原来45克的肥皂,改为30克的包装;广西漓江大瀑布饭店改造中央空调系统后,节电达22%;北京西苑饭店不主动提供一次性消耗品……通过减少环境污染、节能降耗提高了经济效益,同时又发挥了环境效益。

(三)循环经济在旅游业中大有可为

毋庸置疑,旅游的发展给环境资源带来了一定程度的负面影响,但旅游循环经济发展理念的提出和实践的意义并不亚于建立循环经济城市、循环经济工业示范区、循环经济农业示范区等,它将为建设资源节约型社会和环境友好型社会的旅游发展探索出一条最佳途径。在规模日益宏大的旅游产业中,强调建立区域旅游循环经济模式、建立循环经济型企业(如循环经济型旅游区、酒店等),显然是对发展循环经济、建立节约型社会、支持可持续发展有着重要作用。

1.实现资源的可持续利用、缓解资源约束程度和减轻环境污染

由于我国旅游是在"旅游业是无烟工业"的理念指导下发展起来的,因此

在进行旅游开发时缺乏保护环境的意识。在这种理念的指导下,开发商对旅游资源进行掠夺性开发、对旅游目的地实行粗放式管理,从而破坏了旅游赖以存在的自然环境。我国人与生物圈国家委员会的调查资料显示,我国开展旅游的自然保护区中,有44%的保护区存在垃圾公害,12%出现水污染,11%有噪音污染,3%有空气污染。其他类型的旅游目的地环境保护状况更是不容乐观:世界自然遗产武陵源被联合国教科文组织亮了黄牌,跨世纪的拆迁耗费了相当于景区自1990年到2001年底的全部门票收入总和;四川都江堰为申报世界遗产不惜拆掉价值2亿多元的建筑;青岛崂山太清宫因超规模接待而导致"绛雪"花树濒临死亡;敦煌莫高窟的壁画慢慢褪色、粉化……而循环经济理念要求投入的资源或能源最小化、旅游资源可持续利用最大化、资源或能源的使用效率最大化、整个物质循环过程排出的废弃物最小化以及对环境损伤进行再修复,这在我国旅游目的地整体环境恶化、资源损耗居高不下的形势下,无疑为旅游目的地的可持续发展注入了新的生机。

2.降低生产成本,提高经济效益,增强旅游企业的竞争力

目前,随着旅游产业快速发展,产品开发层次低、产业结构性矛盾和经济效益不高等问题,已成为制约我国旅游发展的重要因素。其中一个重要的影响因素是传统的旅游形式对资源、能源的消耗大,利用率不高,综合利用水平低,导致企业成本高、经济效益差等问题。旅游循环经济是一种依靠科技、有利环境的产业形态,随着科技的不断创新,资源和能源的减量化、再使用和再循环,实现能源和旅游资源利用的最大化,提高企业的经济效益,增强旅游企业的竞争力。

3.促进循环经济理念深入人心

由于休闲和旅游已经成为人们生活中的重要组成部分,是物质和精神文化消费,所以社会公众参与旅游活动者多,在旅游业宣传循环经济思想、推广循环经济的科学技术、强化旅游消费者绿色或循环型消费行为,无疑会起到潜移默化、加速建立环境伦理道德、构建文明健康生活的作用,使循环经济和可持续发展思想更好地深入人民的心中。

4.促进其他产业发展循环经济

旅游业是一个关联度强、带动作用明显的产业。旅游业的发展不仅包括

起到真正核心支柱作用的旅游景观地域系统(旅游地域吸引力系统),而且还包括通常被人们称作"三大支柱"的酒店、旅行社、旅游交通及餐饮、娱乐等企业,同时还涉及为旅游区或旅游业提供物质供应的农业、工业以及建筑业等,甚至对于城镇建设、自然和文化遗产地、风景名胜区等地域,在旅游业中发展循环经济也可起到对其他产业发展循环经济的促进作用。

5.为落实科学发展观和构建和谐社会提供重要支撑

科学发展观的提出和实施,对于中国和平崛起和实现全面建设富裕型小康社会、构建和谐社会具有重大的战略意义。在实施可持续发展战略的当代,国民经济和社会发展,正从规模扩张型的粗放式发展向着质量效益型的集约化、节约化、精致化方向发展,正从 GDP 增长速度向绿色 GDP 过渡,把经济和社会的发展、生活质量和幸福指数提升等正效应和资源损耗、环境损伤等负效应统一计算在内。旅游作为国民经济的重要产业,在全面建设小康社会和构建和谐社会、树立和落实科学发展观中必将发挥重要的作用。实施旅游循环经济战略作为旅游可持续发展战略、大生态旅游战略的重要步骤,必然会进一步促进 PRED(人口、资源、环境、发展)相协调,促进新世纪的"天人合一"和"天地和谐"。

6.推进旅游业实现可持续发展

发展旅游循环经济应是旅游可持续发展中不可或缺的内容。1995 年,在西班牙加那利群岛的兰萨罗特岛召开了"可持续旅游发展世界会议",通过了《可持续旅游发展宪章》和《可持续旅游发展行动计划》。1996 年 5 月,世界旅游理事会(WTTC)、世界旅游组织(WTO)、地球理事会联合制定并公布了《关于旅游业的 21 世纪议程》,在第三章的优先领域中专门论述了"废弃物最小化、能源的保护与管理、净水资源的管理以及为可持续性而设计"等。随后《桂林宣言》(1998)、《关于旅游政策主张的声明》(1999)、《全球旅游环境伦理》、《魁北克声明》(2002)等均强调了资源的节约化使用、对环境影响最小化发展旅游、强化资源环境管理等措施。2004 年联合国世界旅游组织编制完成旅游目的地可持续发展指标体系项目,制定了旅游目的地可持续发展指数。2008 年联合国世界旅游组织、环境规划署编制完成全球可持续旅游标准项目,制定了全球可持续旅游标准。2009 年在哥斯达黎加召开了国际旅游可持续发展工作会议和 2011 年在拉斯维加斯召开了第 11 届世界旅游旅行大会,探讨了生物多样性、气候变化、地区发展可持续旅游方式、全球旅游新趋势、旅游业可持续发展等前沿问题。2012 年在张家界召开了第 7 届中部博览会旅游投融资合作洽谈会,发行了中文版《旅游目的地可持续发展指标使用指南》,促进旅游业的可持续发展。

第二节　旅游循环经济概念的缘由与内涵

一、我国旅游循环经济的产生与发展

（一）循环经济的产生与发展

"循环经济"一词是美国经济学家鲍尔丁（K.E.Boulding）1966 年提出的,他强调人们应该自觉地意识到,地球如同一艘在茫茫宇宙中航行的飞船,资源储备和环境容量有限,且相对封闭,为此,必须建立循环型生产和消费体系,提倡一种"宇宙飞船"体系。鲍尔丁的"宇宙飞船"经济思想提出后在当时并未引起足够的反响。直到 20 世纪 90 年代,人类环境意识进一步强化,人们在不断探索和总结的基础上,以资源利用最大化和污染排放最小化为主线,逐渐将清洁生产、生态工业和可持续发展消费等融为一套系统的循环经济战略。在日本、德国、美国等发达国家,循环经济的发展已取得了可喜的成就。20 世纪90 年代后期,循环经济发展的浪潮传到了中国,立即引起了学术界和政界的关注。中国政府很快采取措施,积极推进循环经济的发展。中国是世界上循环经济发展走在前列的几个国家之一。1999 年以来,国家环保总局将发展循环经济、建设生态工业园作为提高区域环境质量、促进区域可持续发展、促进区域经济和环境"双赢"的重要举措,积极试点,稳步推广,在宣传、技术研究、理论探索、政府引导和试点等方面做了大量的工作,循环经济理念得到各级政府的高度重视。

（二）我国旅游循环经济的产生与发展

改革开放30多年来的发展，旅游业已经成为中国国民经济体系中发展最快、最具活力的新兴产业和新的经济增长点，并越来越得到各级政府和社会各界的广泛重视，对国民经济和社会发展的贡献日趋显著。特别是1998年中央把旅游业确定为新的经济增长点以来，各地纷纷把旅游业作为龙头产业、支柱产业或重要的经济产业来发展，旅游业已成为中国重要的经济产业。因此，在各地发展循环经济的过程中，旅游业成为无法避开的重要一环，这突出反映在各地编制的国民经济和社会发展第十二个五年规划，循环经济发展规划中，如江苏吴县、浙江温州、辽宁等。在以旅游为支柱产业的地区，旅游业在旅游循环经济的地位更加突出，被列为循环经济发展的重要领域，如厦门鼓浪屿、江苏周庄、广东深圳等。各地相当比例的循环经济试点工作就是直接在景区、酒店等行业内展开的，如云南省从2005年8月起全力推进循环经济建设，将普者黑旅游区确定为首批循环经济试点；深圳确立的37个循环经济示范项目中有3个是有关旅游业的，即：深圳市园博园管理处（太阳能光伏发电展示系统）、深圳南海酒店有限公司（酒店移动供热和节水示范）、富苑置地（深圳）有限公司富苑酒店（酒店循环经济综合改造）。

二、国内学者对旅游循环经济的基本认识

根据文献检索，国内有少数学者在研究中直接使用"旅游循环经济"一词，还有人使用了相近的"旅游业循环经济"、"循环型旅游"等表达方式，国外未见相关论述。在这些文献中，绝大部分认为旅游循环经济是循环经济在旅游业中的应用或体现，在分析循环经济的由来、内涵、实质、特征、原则等的基础上对旅游业发展循环经济的意义、途径等进行研究；部分文献涉及了旅游循环经济的内涵、思想（理念）等。

（一）国内学者对"旅游循环经济"一词的基本认识

李伟、黄远水在《基于旅游循环经济的旅游资源开发与保护》一文中使用了旅游循环经济一词，认为旅游循环经济就是循环经济在旅游资源开发与保护中的应用："旅游资源的开发应该充分协调旅游发展与环境的关系，在充分考虑环境容量的基础上,做到合理循环可持续地利用资源,从而保护同样是有限资源的旅游资源"[1]。

邹统钎指出,循环经济的观念(包括经济观、系统观、价值观、生产观、消费观)应用于旅游业就构成了旅游循环经济[2]。后来,他又结合蟹岛的案例阐述了循环经济要求把经济发展活动组织成闭环式流程,所有的原料和能源要在这个不断进行的经济循环中得到最合理的利用[3]。在接受《经济》采访时,他又指出:旅游循环经济是按"3R"原则来进行要求的,即:资源利用的减量化原则、产品的再使用原则、废弃物的再循环原则[4]。

邓念梅、魏卫认为,旅游循环经济的基本思想是:根据生态效率的理念,推行生态旅游,提高资源的利用率,减少污染物产生与排放,通过千方百计地改善利用旅游资源的技术水平,使有限的旅游资源得到最大限度充分合理的利用[5]。

隋春花认为,旅游的可持续发展要求旅游资源的开发必须遵循可持续发展的最佳模式——循环经济模式,发展过程遵循"3R"原则,以自然资源的节约、保护、有价和循环利用为指导思想,使尽可能多的物质和能源在这个不断进行的旅游经济循环中得到合理和持久的利用,以把旅游活动对自然环境的影响降到最低程度[6]。

杨美霞认为,"只有构筑旅游循环经济体系,在旅游发展中遵循循环经济理论、履行循环经济实践,以生态效率为目标,把旅游资源纳为一种稀缺性资源,按照生态规律,利用自然资源、环境容量和生态技术来组合和设计旅游产品,以减少旅游环境污染,从根本上解决旅游、环境之间的矛盾,保护旅游资源、环境,实现旅游业持续发展"[7]。

明庆忠指出:"实施旅游循环经济战略实质上是要切实转变过度消耗旅游资源、破坏旅游生态环境的传统旅游方式,促进旅游地社会经济系统对物质性资源在时间、空间、数量等方面的最佳运用。……通过以上几方面努力,最终实现投入物质减量化,资源再利用、废弃物资源化等,增强资源的可持续利用程度,促进旅游生态环境良性循环"[8]。

舒小林、明庆忠、李庆雷指出:旅游循环经济是涵盖旅游的开发活动、旅游活动六大要素和旅游区的工业、农业等各类社会活动,并应用各种新型的技术作为支持,用法律法规作保障,实现再思考、减量化、再利用、资源化和再修复五原则的旅游发展模式[9]。

邱腾扬在论述循环经济的基本理念之后认为,旅游循环经济的内涵必须体现循环经济的基本主题,主要表现在发展思想、协调思想、持续思想等方面[10]。

王岩指出:旅游资源的开发与保护必须考虑到旅游资源及其环境的容量,应该基于循环经济的"3R"原则,在其容量允许的范围内对旅游资源进行开发利用,系统地减少和避免过多的旅游资源破坏,进行合理的规划,从根本上减少和避免旅游废弃物的排放,实现旅游资源的循环利用,从而实现环境的生态平衡以及代际平衡,最终实现旅游业的可持续发展[11]。

杨敏、李庆雷、张晓辉等指出,旅游循环经济就是运用生态理论、可持续发展理论及其基本规律来指导旅游业健康运转的一种经济活动,按"3R"原则要求人们在旅游生产和消费领域都能做到物尽其用,把旅游经济活动对环境的危害降到尽可能小的程度,甚至不对环境造成危害[12]。

宋松(2009)等把"5R"新理念(吴季松.新循环经济学 2005)应用到旅游循环经济的发展研究中,并把原"3R"的理念进行延伸与拓展为"5R"[13]。

王淑华认为旅游循环经济是从循环经济延伸而来,它与循环经济理论一脉相承,又与旅游业可持续发展和社会和谐密切相关,因此虽然研究起步较晚,但也取得了一定的进展,为以后的研究提供了一些基础,并指出了旅游循环经济理论体系的构建发展需要引入多学科理论知识[14]。

(二)国内学者使用的"旅游循环经济"相关概念

由于旅游循环经济尚处于探索阶段,还有不少学者使用了其他的表达方式,如"循环型旅游业"、"循环旅游经济"、"旅游业循环经济"等,从不同角度进行论述。

黄贤金、陆海、龚艳、胡晓晶、李舟、谢晖等使用了"循环型旅游"。黄贤金指出:循环型旅游是运用循环经济和清洁生产的核心思想,把旅游活动组织成一个"资源、产品、再生资源"的反馈式流程,实现"合理开采、高效利用,最低污染"的目的,在最大限度地增加旅游者享受到的旅游乐趣以及给当地带来经济效益的同时将旅游开发对当地造成的各种消极影响减小到最低程度[15]。陆海、李升峰、窦贻俭指出,循环型旅游业是将循环经济的理念运用到旅游中,从而实现旅游资源的循环利用与旅游环境的可持续发展模式[16]。龚艳认为,循环型旅游就是遵循清洁生产的"3R"原则,运用生态规律,在旅游活动中实现"资源—产品—再生资源"的反馈式流程,以达到"合理开发、高效利用、最低污染"目标的旅游[17]。胡晓晶、喻继军、李江风认为,循环型旅游是一种可持续的绿色旅游发展模式,是循环经济在旅游中的具体体现[18]。李舟指出,循环型旅游产业是以资源高效利用和环境友好为特征的旅游生产消费和再生产活动,是新的生产方式[19]。谢晖认为,循环型旅游就是一种带有责任的旅游,包括对旅游资源的保护责任、旅游过程的清洁化责任、对旅游业可持续发展的责任,尊重旅游目的地的经济、文化、社会、环境并促进目的地持续发展的责任,循环型旅游业以"3R"原则为其核心思想[20]。

逯宝峰、刘艳红、刘晓庆等使用了"循环旅游经济"一词。逯宝峰认为循环旅游经济是"在传统环境经济理论基础上向前伸出资源采集这一环节,并从周期上升到循环,强调市场导向,包含生态再造和经济再生产的统一"[21]。刘艳红、逯宝峰、石莹指出:循环旅游经济本质上是一种生态经济,它运用生态学原理及其基本规律而不是机械论规律来指导旅游经济活动,要求将旅游业中的各项经济活动与自然环境和社会环境的各种资源要素视为一个密不可分的整体加以考虑,以实现旅游经济数量的增长和整体环境质量的改善协调一致,实现GDP(GNP)的"绿化",从而成为一种崭新的发展途径和模式[22]。胡晓晶、喻继军、李江风认为,循环旅游经济是指将旅游业涵盖到清洁生产中的经济模式[18]。

颜庭干、李晖、邓芬、谢朝武等使用了"旅游业循环经济"的说法。颜庭干认为,旅游业循环经济是"以循环经济理念为指导,是循环经济思想与可持续发展思想在旅游业中的具体体现,主要是指根据执行服务来创造价值的第三产业的特点从旅游服务产品与设施的设计与开发,到整个旅游过程,都要考虑消除或使之尽可能地减少旅游企业、旅游者对旅游环境的直接与间接的负面影响,从而实现旅游业的可持续发展"[23]。李晖、刘静江指出,"发展旅游业循环经济主要是指旅游业服务产品与设施的设计与经济,在其整个服务周期过程中都要考虑和进行减少服务主体、服务对象和服务途径的直接与间接环境影响,并通过翔实资料和创造有效途径让服务对象积极参与,从而实现旅游业的可持续发展"[24]。邓芬认为,旅游业循环经济就是在合理利用自然资源和环境容量、充分考虑自然界的承载能力和净化能力,模拟生态系统中"生产者—消费者—分解者"的循环路径和食物链,将旅游经济活动组织成为"旅游资源—旅游产品—旅游消费—旅游再生资源"的封闭式流程[25]。谢朝武从环境观、资源观、社会观、科技观等层次对旅游业循环经济的伦理观进行了阐述。提出旅游业循环经济包括单体企业层次、企业群落层次、旅游业产业群落层次和国民经济的大生产群落层次等四个结构层次,总结了旅游六要素的循环经济运作观[26]。

(三)结论

从上述分析中可以得出以下结论:

其一,国内学者对旅游循环经济的界定多采用演绎的方法,把循环经济的特征、原则和理念应用到旅游业中来,其表现是大多数界定中出现了"循环经济理论(理念)"、"3R/5R 原则",或表达出了"闭环流动(闭环式流程)"的意思。

其二,由于出发点不同,加之对于循环经济的认识尚未统一,国内学者从清洁生产、环境保护、经济理念、产业形态、发展模式等多个方面去理解旅游循环经济,导致旅游循环经济的界定呈现出综合化的趋势。

其三,由于旅游循环经济是一个新事物,对于其内涵和外延的研究还不深入,对于其独特的行业特点也未加以考虑。"旅游循环经济"这一概念的科学界定对于推进旅游循环经济的理论研究和实践发展显得十分必要。

三、旅游循环经济的基本内涵

(一)旅游循环经济的概念

在分析循环经济的产生、我国旅游循环经济的发展、前人对于旅游循环经济认识的基础上,本书认为:旅游循环经济是循环经济理念在旅游产业中的体现,是以可持续发展为指导思想、以生态学原理为理论基础,涵盖旅游资源与环境保护、旅游区(点)的规划与设计、旅游产品的策划与创新、旅游服务的组织与提供、旅游企业运营与管理等的旅游经济活动,是建立在旅游资源持续利用、旅游环境保护、物质与能源高效利用基础上的旅游经济发展方式。它的实质是在减量化、再利用、再循环、再修复、再思考、再整合等"6R"原则指导下,通过清洁生产、耦合共生、资源再造、环境修复途径,以尽可能少的资源消耗(包括物质、能源、旅游资源)和尽可能小的环境影响实现旅游可持续发展。

(二)旅游循环经济的基本内涵

作为一种新型的旅游经济发展方式,它的根本目标是可持续发展,核心理念是环境友好,基本原则是"6R"原则。

1.旅游循环经济概念的内涵

旅游循环经济有广义和狭义之分。广义的旅游循环经济是围绕资源高效利用和环境友好进行的一切旅游经济活动,旅游住宿企业、旅游餐饮企业、旅游景区(点)、旅游购物企业、旅游娱乐企业、旅游交通企业所进行的节水、节电、垃圾分类、使用清洁能源等均属于旅游循环经济的范畴。狭义的旅游循环经济主要是指废弃物的再利用、再循环等生产活动,主要包括三种类型:第一类是旅游资源的培育与再生,如将废弃生产场所改造为休闲场所;第二类是旅游企业内部物质要素的循环如中水、泔水等的循环利用;第三类是旅游企业与旅游企业或其他行业之间的耦合所形成的物质在更大层面的循环,如农家乐中以沼气为纽带的循环。由于旅游业从根本上属于服务业,旅游产品也具有无形性的特点,不会像传统的工业那样产生类型固定、数量巨大的废弃物,从狭义上研究和实践旅游循环经济将受到很大限制,不符合旅游循环经济这一概念产生的背景和原因。因此,旅游循环经济更多的是广义上的概念。

2.旅游循环经济是一种新型的旅游经济发展方式

旅游循环经济是对传统旅游发展方式的革新,它摒弃了传统的旅游经济运行中不计生态成本、盲目追求数量增长和经济效益、先污染后治理的做法,代之以旅游资源和环境的保护为前提、全程考虑旅游发展对环境的影响、兼顾三大效益的理念。作为可持续的旅游经济发展模式,旅游循环经济具有三大特征,即:新环境伦理观、新生产观、新消费观。新环境伦理观要求培养旅游经营与管理人员、旅游者、旅游社区居民尊重自然、爱护生态、保育环境的伦理情操,并将环境伦理运用于节约资源、生态恢复、环境整治、清洁生产、减少污染、护育自然、绿色消费等之中;新生产观要求采用梯度开发、清洁生产、节能生产、节约型生产、再生型生产、绿色生产等生产发展形式,在材料的选择、活动的方式、资源的利用、废弃物的处理等方面均要按生物链发展要求、遵循生态系统平衡原理;新消费观要求旅游者自觉、主动地进行理性消费、清洁消费、绿色消费,通过税收和行政等手段限制可再生资源为原料的一次性产品的生产与消费。

3.旅游循环经济的根本目标是可持续发展

旅游循环经济的出现是人类不断探索可持续发展的现实途径的结果,其基本出发点和根本目标是旅游可持续发展。旅游循环经济实质上是要切实转变过度消耗旅游资源、破坏旅游生态环境的传统旅游方式,促进旅游地社会经济系统对物质性资源在时间、空间、数量等方面的最佳运用,即在资源减量化优先前提下的资源利用的有效化、最优化;对旅游资源环境利用方式和程度上是环境友好型,力求影响最小化;旅游经济发展与所在的区域生态环境建立协调共生的关系,旅游业既是生态环境与旅游资源的利用者,又是生态环境建设者和资源持续利用的维护者;旅游经济发展依托清洁能源、能耗最小化进行发展,促进物质循环过程废弃物最小化;最终实现投入物质减量化,资源再利用、废弃物资源化等,增强资源的可持续利用程度,促进旅游生态环境良性循环。旅游循环经济不仅促进旅游资源可持续利用、生态环境美化优化,促进旅游产业链深化延伸,而且会促进旅游管理者、旅游开发经营者、旅游者的思想观念的转变,极力推进生态旅游的发展,倡导绿色消费,从而从诸多方面促进人与自然的和谐共处,统筹旅游经济发展与资源环境保护的关系,在资源和能量利用上既"开源"又"节流",开源与节流并重,建立节约型社会,构建三大效益统一和最优化及代内、代际、区际间的公平发展,最终实现可持续发展。因此,旅游循环经济是旅游业实现可持续发展的重要支撑和举措,是实现旅游可持续发展的最为现实的必由之路。

4.旅游循环经济的核心理念是环境友好

旅游循环经济的核心理念是环境友好。环境友好理念的基本含义是旅游活动对环境不产生负面影响,在此基础上,尽量通过各种方式来改善环境质量,也包括了旅游资源持续利用、旅游环境保护、能源高效利用、降低环境污染等含义;其具体表现方式有旅游企业节能降耗减排、旅游容量的控制、旅游资源的再培育、旅游环境的修复等。这一理念不仅表现在旅游资源利用、旅游环境保护、旅游活动"食、住、行、游、购、娱"六大环节、相关产业等方面,而且贯穿旅游区(点)的规划与设计、旅游产品的策划与创新、旅游服务的组织与提供、旅游企业运营与管理等全过程。从产品的角度而言,旅游循环经济的一条主线是环境友好型旅游产品,在旅游循环经济中,旅游企业生产、旅游者消费所围绕的中心就是环境友好型旅游产品。环境友好型旅游产品的生产涉及很多旅游企业,这些不同类型的环境友好型旅游企业就是旅游循环经济运行的细胞,包括绿色饭店、旅游景区、绿色餐饮企业、绿色旅游交通企业、绿色旅游购物场所、绿色旅游娱乐企业等。

5.旅游循环经济的基本原则是"6R"原则

由于旅游业不同于一般产业,不同类型旅游企业的运行特点亦各不相同,旅游循环经济的实现方式具有特殊性和多样性,如清洁生产、耦合共生、资源再造、环境修复等,但其基本原则可以概括为"6R",即:再思考(Rethink)、减量化(Reduce)、再利用(Reuse)、再循环(Recycle)、再修复(Repair)、再整合(Reorganize)。

再思考原则。改变传统旅游方式,倡导生态旅游理念,维系生态系统平衡,使人口、资源、环境和发展协调发展。以生态学原理和可持续发展原则为指导,以保护资源特别是保护生态的多样性、维持资源利用的可持续性、促进环境保护与宣传教育、提高资源与环境的管理水平为基本特征,寻求旅游业发展与自然、文化和人类生存环境和谐统一。

减量化原则。尽可能减少包括能源、土地、水、生物等资源的使用,合理地利用自然的过程如光、风、水等,并应用节能节水等先进技术;发挥旅游资源的多种功能,设计多种旅游产品,提高旅游资源的利用效率;科学划定功能分区,轮流开放和恢复;合理确定旅游环境容量,控制游客人数;教育和引导游客合理地减少物质需求。

再利用原则。利用废弃的土地、原有材料(包括植被、土壤、砖石等)、生产场所等服务于新的功能,如将废弃的工厂进行生态恢复后成为市民的休闲地;考虑到产品修复的简便性以及易于升级换代,充分利用生态设计原则,延长景区旅游产品的生命周期;在确保不降低设施和服务的标准的前提下,物品尽可能地变一次性使用为多次使用或调剂使用,减少一次性用品的使用范围和用量;建立中水回用系统等。

再循环原则。要求旅游产品生产流程具有闭合性,因地制宜采用新技术回收处理使用后的物品,使其成为可利用的再生资源,避免将废物转化为污染物,并将其变成资源,减少对原始自然材料的需求。

再修复原则。在旅游生态系统遭到损害甚至破坏的情况下,首先考虑依靠自身的环境自净能力和自我恢复能力予以解决;若受损严重则应采取人工治理措施,人工地补给大量物质、能量和信息等来促使生态旅游环境尽快恢复。同时,再修复原则要求从生态修复入手,变单纯的恢复治理生态环境为经营生态环境,修复生态系统与自然和谐。这一原则还包括利用智力资源产生的科技水平和旅游活动所带来的资金对废弃旅游环境资源进行重新规划开发,产生新的旅游资源。

再整合原则。充分发挥旅游业的关联带动作用,在旅游业内部资源循环再利用的同时关注旅游业与农业、工业等其他产业的耦合共生,譬如发展基于生态链的休闲农业,将旅游区内外旅游业、农业的资源重新整合为新的系统,使整个系统既体现了生态循环又实现物质多级利用的目的,提高了经济效益的同时又创造了生态环境。

第三节　旅游循环经济的特征

一、旅游循环经济与传统旅游经济的区别

循环经济本质上是一种生态经济。它运用生态学原理及其基本规律而不是机械论规律来指导旅游经济活动,要求将旅游业中的各项经济活动与自然

环境和社会环境的各种资源要素视为一个密不可分的整体加以考虑,以实现旅游经济数量的增长和整体环境质量的提高,实现 GDP 的"绿化",从而成为一种崭新的发展途径和模式。旅游循环经济是实现旅游地社会系统、经济系统对物质资源在时间、空间、数量上的最佳运用,即在资源减量化优先前提下的资源最有效利用;旅游环境资源的开发利用方式和程度对环境影响尽可能小,至少与生态环境的承载力相适应;实现旅游业和区域发展的同时,建立与生态环境协调、和谐、互动的关系;旅游循环经济是一种旅游发展模式,合理利用资源和降低环境消耗,实现保护环境和追求利润的结合,把旅游发展、环境保护、社会就业三者统一起来,从三维分离的发展走向三维整合的发展;促进旅游发展模式的根本性变革,实现旅游经济增长的减物质化,实现从数量型的物质增长到质量型的服务增长的变革等。通过发展旅游循环经济实现经济、社会、环境"三赢",最终实现旅游地可持续发展目标。

与循环旅游经济相反,传统旅游经济虽然也重视环境保护和可持续发展,但就其本质而言是一种"资源—产品—污染排放/资源闲置"的单程线性型经济。在此种旅游经济行为中,人们以经济数量的高增长为驱动力,无计划、无节制、高强度、单向的利用旅游资源。同时将大量的"废弃物"排放到自然环境中或者造成大量经济资源闲置,无法退出或转为他用。因而,传统旅游经济本质上是不断地损耗资源、使部分资源变为废弃污染物,是以反向增长的自然代价来实现旅游经济在数量上的短期增长,其对资源利用是粗放型、一次性的,是以资源损耗为代价的资本积累过程。由此导致不仅在经济数量上的不可持续增长,同时也严重影响了旅游业在发展水平和质量上的改善,是一种不可持续性的发展。循环旅游经济倡导的是一种与地球资源和自然环境相协调、互为依存,既有资源入口又有资源退出或者再利用途径的整合经济发展模式,它要求把旅游经济活动建立在旅游经济数量的增长、旅游产业结构的优化、旅游业与国民经济其他行业协调发展等社会环境指标与生物多样性、土地承载力、环境质量、旅游资源的保护和利用、可供使用的资源数量等自然环境指标综合在一起进行分析、合理规划、协调发展,并把实现协调发展作为追求旅游业进步的极致,即要求把旅游经济活动组成一个"资源—产品—再生资源/转移使用资源"的反馈式非线性经济,所有的物质和资源在这个不断进行的经济循环过程中得到最大限度的、合理的和持久的利用,从而使旅游经济活动对自然资源的破坏和环境污染等不利影响降到尽可能低的程度。因而,循环旅游经济和传统旅游经济的根本区别在于循环旅游经济要求在旅游业各生产、流通、消费等子系统内部及其他不同行业部门之间以互联的方式进行物质和能量的交换与传递,实现最大限度地利用进入系统的物质和能量。

综上,本书将旅游循环经济和传统旅游经济的区别进行总结,见表 1.4。

表 1.4 旅游循环经济与传统旅游经济的区别

	传统旅游经济	循环旅游经济
理念	征服自然,改造自然(人类中心主义)	创造性地适应自然(人与自然相和谐)
物质流动方式	资源—产品—污染排放/资源闲置	资源—产品—再生资源/转移使用资源
资源利用方式	粗放式、一次性	集约式、循环性
环境政策	末端治理	全过程控制
技术范式	线性式	反馈式
主要特征	"三高一低"(高开采、高消耗、高排放、低利用)	"三低一高"(低开采、低消耗、低排放、高利用)
发展目标	旅游经济数量的增长	旅游经济数量的增长、旅游产业结构的优化、旅游业与其他行业的协调发展

二、旅游循环经济特征

作为可持续的旅游经济发展模式,旅游循环经济具有四大特征,即低消耗、低排放、高利用和生态化。

(一)低消耗

这一特征主要体现在物质输入端,符合循环经济的"减量化"原则。减量化,即减物质化,是旅游循环经济发展最重要和最本质的原则。它要求减少进入生产和消费流程的物质量,即用较少的原料和能源投入满足既定的生产或消费需求,在经济活动的源头就做到节约资源和减少污染。该原则以不断提高资源生产率和能源利用率为目标,在经济运行的输入端,最大限度地减少对不可再生资源开采和利用,尽可能多地开发利用替代性的可再生资源,减少进入生产和消费过程的物质流和能源流。

旅游循环经济的低消耗特征主要体现在以下几个方面:

1.低投入

减少投入是低消耗特征在生产领域的体现,常表现为生产过程中的节能、节材、节约资源及土地利用,所生产产品的体积小型化和轻量化,并要求产品包装追求简单朴实而不是豪华浪费以及产品功能增大化,从而达到减少废弃物排放的目的。

旅游区(点):在旅游资源开发建设及经营阶段,都要遵循减量化原则,对旅游开发中的土地、旅游资源、旅游基础设施等进行有效性控制,应尽可能减少包括能源、土地、水、生物等资源的使用,提高使用效率。如旅游区(点)的绿化系统中的树种选择,采用乡土树种取代外来园艺品种,可以减少灌溉用水、少用或不用化肥和除草剂,并能自身繁衍,还可以强化地方特色。积极引进和推广应用新技术、新设备,减少进入旅游生产与消费及旅游区开发建设过程的物质量,改进旅游资源的开发利用方式,提高旅游资源的利用率。具体在能源管理方面,包括节约使用能源、提高能源使用的效率、开发使用可再生能源、普及能源知识、培养能源意识等,合理地利用自然的过程如光、风、水等,也可大大节约能源和资源的耗费。如深圳东部华侨城内的风力发电站,云南等地旅游区(点)采用太阳能等清洁能源,还有的旅游区(点)在展示水车的原理、功能的同时巧妙地利用它们作为提水工具。在旅游设施的设计和建造方面,必须和设施的维护与运作一体化地进行考虑,用适当的新技术来满足设施的功能要求,选择不危及地区和公众健康的材料;坚持安全和易获得的原则,避免以后修正或重新设计和建造。另外,要注重生态旅游区自身循环、净化再生系统的建立。

旅游饭店:倡导使用绿色建筑技术,充分考虑土地和材料的节约使用,选用无毒无害的绿色建材、节能降耗的设备设施以及清洁能源,节约各类物资。例如:实行绿色采购,减少物品包装材料的使用;在建材方面选用新型墙体材料和环保装饰材料;在空调设备方面使用环保型空调并区分设计客房和公用房(餐厅、宴会厅、会议室、多功能厅等)的空调系统;对于自建锅炉房供热的宾馆饭店,可考虑并入城市大网或采取已成熟的"地热中央空调系统"或"中央液态冷热源"的新型取暖设备供热供冷;节约用纸;按规定量使用清洁剂等。

餐饮企业:在不影响产品及服务质量的前提下,尽量用较少的原料和能源投入,提倡绿色采购,采用生态有机的食品原材料并尽可能综合利用材料的各个部分,在照明、通风等方面合理地利用自然过程,如光、风、水等,积极采用新技术,如节能灶、节能灯、节水马桶等。

旅游商品:指多节约原材料和能源、少用昂贵和稀缺原料、多用一次资源(即由废物转化来的资源),商品在使用过程中以及报废丢弃后不会危害环境和人体健康,易于回收、复用和再生,简化商品包装和确定合理的使用寿命,易在环境中自然降解。具体体现在产品的体积小型化和轻量化,采用当地可再生原料,基于当地文化传统的制造工艺以及绿色包装(包括取消或简化不必要的包装)等方面。例如云南大理白族扎染工艺的主要染料来自板蓝根,体现了绿色制造的理念;傣族的竹筒饭、竹筒酒用竹子做器皿,体现了绿色包装的理念。

旅游交通:设计人力交通方式,如自行车、三轮车、轿子等;设计畜力交通方式,如马匹、大象、毛驴、牛车等骑乘;使用以清洁能源(电力、太阳能等)驱动的车辆,如电瓶车;还有徒步等。

2.低消费

这是低消耗特征在消费领域的体现,即旅游者改变消费至上的观念,进行适度消费和绿色消费,反对使用一次性用品。同时,作为旅游消费品的提供方也应引导旅游者合理地减少过度需求。目前餐饮业的粮食浪费严重,应在点菜时主动提醒客人避免浪费并提供打包服务、存酒服务等。旅馆业的一次性用具浪费程度同样惊人,可以停止提供一次性用具;此外,卧具与毛巾的天天更换也浪费了大量的水,对于同一位顾客使用的房间用具不必要天天洗涤和更换。

（二）低排放

低排放主要体现在终端控制环节,与旅游循环经济的"再循环"原则是相契合的。"再循环"的目的是使在生产和消费过程中产生的废物通过资源化的手段,将其再加工为可重新使用的原材料或产品,并使其重新返回到生产和消费领域。资源化通常包括原级资源化和次级资源化。原级资源化是指废物资源化后形成与原来相同的新产品,次级资源化是指废物资源化后变成不同类型的新产品,循环经济提倡将废物原级资源化和次级资源化相结合,以充分实现资源的再循环利用。

在旅游循环经济发展中,要求旅游产品生产流程具有闭合性,以实现两个方面的生态目标:一是它将废物变成资源,减少对原始自然材料的需求;二是避免废物转化为污染物。

旅游循环经济的低排放特征主要体现在以下几个方面:

1.在旅游区(点)中的体现

由于旅游循环经济的物质流动方式为"资源—产品—再生资源"的反馈循环模式,使得所有的物质、资源能在景区、旅游社区中不断地进行经济循环并合理持久地使用,不生产或者只生产很少的废弃物,把游客活动对自然环境的影响降低到最小程度。如:旅游区(点)可通过"中水回收"方式对污水进行无害化处理,实现水资源的循环利用;在旅游区(点)建立垃圾分类系统,将可利用的生物垃圾连同人体排泄物、动物粪便输入沼气池,经过微生物的分解作用,产生的清洁沼气分别可输往餐厅作燃料使用同时给整个区(点)供暖;而沼渣和沼液可以运送到景区附近温室大棚和林地作肥料使用,而农业大棚生产的绿色蔬菜、水果供应给餐厅和各种娱乐场所,突出绿色、安全、无污染的特色,满足游客的需求,为游客提供绿色、生态食品。同时,生态农业区本身也是很有吸引力的旅游资源甚至是旅游产品。这样,将景区内外旅游业、农业连为一体,使整个系统既体现了生态循环又实现了物质多级利用的目的,提高了经济效益又创造了生态环境。

2.在旅游饭店中的体现

确定固体废物的分选工作,对各部门排放的固体废弃物必须进行分类管理,哪些是可降解的、哪些是不可降解的、哪些是可以回收利用的,实施"分类—回收—处置—资源化"的方式;实施中央空调余热回收,即利用空调制冷过程中产生的热量,通过热交换器将余热回收,产生50—60℃的热水,将热水储存后供客房及各个区域使用。

3.在餐饮企业中的体现

餐饮业应因地制宜,采用新技术回收处理使用后的物品,使其成为可利用的再生资源,避免其废物转化为污染物,并将其变成资源,减少对原始自然材料的需求。对于废弃物的处理,乡村餐饮场所可以与养殖业、种植业、林业、渔业等结合,充分利用餐饮业废弃物特别是厨余垃圾,形成物质循环流动。餐饮业集聚的地方(如旅游小镇)也可以考虑利用人工湿地技术处理污水,同时还起到营造景观、培育旅游资源的作用。

(三)高利用

高利用主要体现在过程控制中,表现在尽可能多次、尽可能多种方式的使用人们所买的东西,目的是提高产品和资源的利用效率,要求产品和包装容器等以初始形式多次使用,防止物品过早成为废物。在生产领域,常要求制造商使用标准尺寸进行设计,以便于更换部件而不必更换整个产品,同时鼓励发展再制造产业;在消费领域,提倡消费者购买耐用的商品,减少一次性用品的使用,强调通过强化服务等手段,尽可能延长产品的使用寿命而不废弃。

旅游循环经济的高利用特征主要体现如下:

1.在旅游区(点)中的体现

在旅游区(点)的规划开发阶段,要考虑到商品的修复的简便性以及易于升级换代。充分利用生态设计原则,延长景区旅游产品的生命周期。同时,要求丰富旅游产品,完善旅游产品体系,优化旅游产品结构。例如,利用废弃的土地、原有材料(包括植被、土壤、砖石等)服务于新的功能,可以大大节约资源和能源的耗费。广东省中山市在这方面进行了大胆的探索,一个始建于20世纪五六十年代的粤东造船厂,不是被彻底拆掉和推平用于地产开发,而是利用现有榕树、厂房和机器设计成一个开放的市民休闲场所。

在旅游区(点)的经营阶段,建立旅游区的宣传教育系统,积极转变旅游者的消费观念,提高旅游者和当地居民对旅游资源和环境的保护意识,提高旅游物品的使用频率和利用效率。在旅游商品生产和消费过程中实现对旅游资源的循环利用,延长旅游物品使用寿命,防止旅游资源的过快消耗以及相关的旅游物品过早地转化为废物,造成环境污染和破坏。

2.在旅游饭店中的体现

实施绿色采购,对于采购余物加强管理,物尽其用;对于排放的污水,可经简单的处理,如沉淀后作为中水回用,游泳、洗浴污水可用于冲厕、冲地;严重污染的水应考虑降低污染,达标排放进入市政下水道或处理系统,特别是建立"中水回用处理系统",如北京新世纪饭店等;减少客房各类棉织品洗涤次数;客用品减量使用、多次使用;取消、改变或简化客房生活、卫生用品的包装。

3.在餐饮企业中的体现

餐饮业在确保不降低设施和服务的标准的前提下,物品要尽可能地变一次性使用为多次使用或调剂使用,减少一次性用品的使用范围和用量,不要轻易丢弃,尽量利用废弃的原有材料服务新的功能,节约资源和能源的耗费。如使用可充电电池、布制手提袋、灌装瓶等;合理利用食品加工中边角料的有效部分,减少浪费;大型餐饮企业可以考虑采用中水利用技术对水资源进行重复使用。

(四)生态化

生态化体现在全过程中,从旅游区(点)的整体规划设计到单体建筑的施工建设再到旅游企业的运营管理,都体现了生态化的特征。

1.在规划设计中的体现

在旅游区(点)的规划开发阶段,充分利用生态设计原则,注意地方性原理和保护与节约自然成本原理的应用。地方性原理是指旅游区(点)的规划设计应根植于所在的地方,应是设计者在对自然深刻了解的基础上进行的与自然过程相和谐的创造性设计。而保护与节约自然成本原理则是指要实现旅游发展的可持续,必须对不可再生资源加以保护和节约使用,即使是可再生资源,其再生能力也是有限的,因此对它们的使用也需要采用保本取息的方式而不应该是杀鸡取卵的方式。同时,生态化还应体现在旅游活动的设计中。

2.在施工建设中的体现

生态化的施工建设要求采取合理的建设政策和理念、根据"绿色"环保资质合理选择承建商、尽量减少建设过程中产生的废弃物、注意建设过程中的资源保护、选择合理规范的建设体系、控制建设活动在土壤、空气、水资源以及噪声等方面的影响、尽量减少对当地社会经济的负面影响,促进当地经济和社区发展(如使用当地原材料和劳动力)等。

3.在运营管理中的体现

运营管理的生态化着重强调建筑施工过程中科学合理的组织、规划、实施、评价和人员安全等五大方面的管理以及建筑施工完成后投入使用时科学的保养方法。

第四节　旅游循环经济发展的理念

旅游循环经济发展需要强化和建立新的发展理念,包括新系统观、新经济观、新环境伦理观、新生产观、新消费观。以这样的理念指导旅游资源开发、旅游区(点)运营、旅游企业经营,将有助于旅游可持续发展目标的实现。

一、旅游循环经济发展的新系统观

循环是指在一定系统内的运动过程。循环经济的系统观要求人将自己作为大系统的一部分来对待,让人类意识到自己是旅游循环经济生态系统中的一分子,将"退田还湖"、"退耕还林"、"退牧还草"等生态系统建设作为维持大系统可持续发展的基础性工作来抓。

旅游业不仅涉及吃、住、行、游、购、娱六大要素及相关产业,还涉及旅游管理者、开发经营者、当地社区居民、旅游者等利益相关者的行为,也涉及资源、环境、社会、经济、科技等自然与人文要素。旅游循环经济运行系统是旅游业、社会、经济、资源、环境和人协调发展的系统,是一个多系统、多要素且各系统之间、各要素之间有着复杂的、有机联系的大系统,是旅游业系统、资源环境生态系统和社会系统的交集和统一体,并涉及旅游业、资源环境生态和社会各个领域,可以说是一个复杂的巨系统,必须在科学发展观指导下,以大旅游思想为基础,建立起系统控制、系统优化的系统观。

二、旅游循环经济发展的新经济观

传统旅游方式多是依其旅游业的经济性"外壳",按传统经济发展模式来发展旅游经济的。可持续发展观强调:生态环境的承载力和自然资源是有限的,经济和社会的发展不可能长期超越自然生态环境的承载力,只有建立在生态环境平衡、稳定基础上的经济发展才具有可持续性。因此,发展旅游循环经济要按照产业生态学、生态经济学、环境经济学、文化经济学的原理与方法,充分发挥知识经济、体验经济、技术经济的作用,最大限度地优化配置资源、提高资源环境的利用率和利用效益,充分考虑旅游资源承载力、旅游环境承载力、旅游社区承载力、旅游者心理承载力等旅游承载力体系,在承载力允许的范围内对旅游资源进行开发利用,从而实现在资源承载力之内的良性经济循环,以保证旅游业科学有效地发展。

另外,在可持续发展理论指导下,在现有生态技术、资金条件以及人们的环保意识还达不到利用某些生态环境资源的情况下,必须将这些宝贵的生态环境资源留给子孙后代,而不是开发殆尽。对文化旅游资源,尤其是古文化遗址、文物古迹等旅游区的环境容量问题,应加强研究,在旅游区的环境容量未确定之前,必须控制旅游业的发展速度。对一些重点保护的景区,必须防止太多的游人进入,即使是一般旅游区,也应严格限制超容量接待游人。因为,环境容量是有限的,破坏容易修复难,一旦旅游超过了环境容量,造成了巨大的环境破坏,再治理就十分困难,甚至是不可能的。

三、旅游循环经济发展的新价值观

循环经济的价值观要求把自然环境视为人类赖以生存的基础,是需要维持良性循环的生态系统,而不是"取料场"、"垃圾场"或仅仅是可利用的资源。在发展旅游循环经济过程中应将"天人合一"的理念贯穿始终,维持生态系统的良性循环。在考虑科学技术时,不仅考虑其对旅游资源的开发能力,而且要充分考虑科技对生态系统的修复能力,使之成为有益于旅游环境的技术;在考虑人自身发展时,不仅要考虑人对自然的征服能力,而且更重视人与自然和谐相处的能力,促进人的全面发展;在考虑资源环境利用时,不仅要考虑其被利用的价值,而且要充分重视资源环境自身的价值,即要树立"资源有价"、"环境有价"的观念;在进行 GDP 核算时,要把必要的环境成本、资源消耗成本计算在内,实施绿色 GDP 的统计和考核。

四、旅游循环经济发展的新环境伦理观

发展旅游循环经济就是要建立人与自然和谐、环境友好型的旅游业。利奥波德(H.Leopold)主张用整体有机论的观点来对待大自然,认识大自然的整体性和内在关联性,他所提出的大地伦理的价值标准要求人们能真正从超越自身利害的高度来审视自然、善待自然。认识到人类应与自然保持和谐相处、协调共生的关系,人以外其他生物、物种、生态系统以及自然界所有的存在物,除具有对人类的工具价值外,还具有其内在价值,生态系统和自然界还有其系统价值,有继续存在下去的权利;人类属于自然,作为自然界进化的最高产物,人类是"自然权利"的代言人,对其他生命和生命支持系统负有伦理责任。环境伦理的核心,是建立真正平等、公正的人与人、人与自然的关系,倡导和谐发展与共存共荣。发展旅游循环经济亦应培养尊重自然、爱护生态、保育环境的伦理情操,并将环境伦理运用于节约资源、生态恢复、环境整治、清洁生产、减少污染、护育自然、绿色消费等之中。

五、旅游循环经济发展的新生产观

循环经济的生产发展观要求遵循"6R"原则,其中,资源利用的减量化(Reduce)原则,即在生产的投入端尽可能少地输入自然资源;产品的再使用(Reuse)原则,即尽可能延长产品的使用周期,并在多种场合使用;废弃物的再循环(Recycle)原则,即最大限度地减少废弃物排放,力争做到排放的无害化,实现资源再循环。

在发展旅游业过程中同样要遵循"6R"原则,在发展旅游业过程中采用梯度开发、清洁生产、节能生产、节约型生产、再生型生产、绿色生产等生产发展形式,树立起新的生产发展观,在旅游开发建设和产品设计过程中,在旅游产业吃、住、行、游、购、娱六要素配置过程,无论是材料的选择、活动的方式、资源的利用、废弃物的处理等方面均要遵循生态系统平衡原理,按生物链发展要求,采用新的生产发展观来运行,以求经济、社会、生态的统筹和谐发展。

六、旅游循环经济发展的新消费观

循环经济的消费观要求走出传统工业经济"拼命生产、拼命消费"的误区,提倡物质的适度消费、层次消费,在消费的同时就考虑到废弃物的资源化,建立循环生产和消费的观念。

发展旅游循环经济要求人们改变消费观念,提倡绿色消费观,提倡旅游的精神文化消费、适度的物质消费,尽力做到消费文明化、减量化和无害化,提倡合理、健康、有限量的消费行为。绿色消费的概念有三层含义:一是倡导消费未被污染或者有助于公众健康的绿色旅游产品;二是在消费过程中注重对垃圾的处置,不造成旅游环境污染;三是引导消费者转变消费观念,注重环保,节约旅游资源和能源,改变公众对环境不利的消费方式。

旅游者在进行旅游消费时选择未被污染或有助于公众健康的绿色产品,自觉、主动地进行理性消费、清洁消费、绿色消费,努力使旅游消费行为不破坏生态系统的良性循环,使人类与自然之间建立起亲密的伙伴关系。同时,循环经济观要求通过税收和行政等手段,限制以可再生资源为原料的一次性产品的生产与消费,如宾馆的一次性用品、餐馆的一次性餐具和豪华包装等;在旅游目的地在设计旅游产品时应引导消费,并通过产品设计和旅游目的地管理制度保证消费的适度性和合理性;旅游企业应通过旅游经营服务引导健康消费和绿色消费,提高产品质量,不生产、提供、倡导媚俗性的旅游产品,旅游企业工作人员通过分发、介绍旅游循环经济的资料引导旅游者纠正旅游时的一些认识和行为上的偏差,导游人员通过监督和规范旅游者的消费行为帮助旅游者形成绿色消费观念和实施绿色消费行为。

参考文献

[1]李伟、黄远水：《基于旅游循环经济的旅游资源开发与保护》，《桂林旅游高等专科学校学报》2003 年第 6 期。

[2]邹统钎：《旅游景区开发与管理》，清华大学出版社 2004 年版。

[3]邹统钎：《基于生态链的休闲农业发展模式——北京蟹岛度假村的旅游循环经济研究》，《北京第二外国语学院学报》2005 年第 1 期。

[4]郑立捷：《循环经济:旅游发展新动力》，《经济》2007 年第 11 期。

[5]邓念梅、魏卫：《试论发展旅游业循环经济》，《青海社会科学》2005 年第 1 期。

[6]隋春花：《基于循环经济理论的韶关旅游可持续发展对策探讨》，《商场现代化》2006 年第 6 期。

[7]杨美霞：《略论旅游循环经济体系的构筑》，《经济论坛》2006 年第 3 期。

[8]明庆忠：《旅游循环经济发展的新理念与运行的系统模式》，《云南师范大学学报(哲学社会科学版)》2006 年第 5 期。

[9]舒小林、明庆忠、李庆雷：《旅游循环经济发展战略初探》，《经济问题探索》2006 年第 10 期。

[10]邱膑扬：《基于旅游循环经济的生态旅游区运行》，云南师范大学硕士学位论文,2006 年。

[11]王岩：《旅游产业中的循环经济理论》，《财经界》2007 年第 1 期。

[12]杨敏、李庆雷、张晓辉：《发展旅游循环经济的制度建设研究》，《昆明大学学报》2007 年第 2 期。

[13]宋松、张建新、温丽娟、肖波：《基于"5R"理念的旅游循环经济评价指标体系初探——以中山陵景区为例》，《经济地理》2009 年第 6 期。

[14]王淑华、张春：《国内旅游循环经济研究综述》，《江苏商论》2012 年第 3 期。

[15]黄贤金：《循环经济:产业模式与政策体系》，南京大学出版社 2004

年版。

　　[16]陆海、李升峰、窦贻俭:《循环型旅游景区规划研究——以南京中山陵园风景区为例》,《环境保护科学》2006年第5期。

　　[17]龚艳:《循环经济在生态旅游中应用的研究》,《中南林业调查规划》2005年第4期。

　　[18]胡晓晶、喻继军、李江风:《资源型城市发展循环型旅游业的模式及对策》,《安徽农业科学》2007年第22期。

　　[19]李舟:《构建循环型旅游产业的思路与途径》,《环境保护》2007年第5B期。

　　[20]谢晖:《基于循环经济的云南旅游业可持续发展研究》,昆明理工大学硕士学位论文,2006年。

　　[21]逯宝峰:《循环旅游经济发展中的政府主导战略研究》,《燕山大学学报(哲学社会科学版)》2005年第8期。

　　[22]刘艳红、逯宝峰、石莹:《中国循环经济的发展战略》,《河北科技师范学院学报》2005年第3期。

　　[23]颜庭干:《论旅游景区循环经济的策略》,《四川环境》2006年第1期。

　　[24]李晖、刘静江:《关于发展旅游业循环经济的思考》,《内蒙古农业大学学报》2005年第1期。

　　[25]邓芬:《四川旅游业循环经济体系的构建探讨》,《安徽农业科学》2007年第15期。

　　[26]谢朝武:《旅游业循环经济:发展观、伦理观与产业范式》,《人文地理》2009年第5期。

第二章　边疆高原山区发展旅游循环经济条件分析

第一节　边疆高原山区特点

　　"边疆、山区、民族"是边疆高原山区典型的特点。本项目在设计时,即拟以云南为解剖的案例点分析研究边疆高原山区发展旅游循环经济的问题。由于历史、地理、经济及交通等原因,云南基础设施薄弱,生产条件差,生产水平低,产业结构单一,科技水平落后,交通闭塞,人口素质普遍较低,经济相对落后。因此,在制定经济发展战略的时候,要立足边疆高原山区的实际情况,充分利用边疆高原山区的自然资源优势和民族文化优势,把发展旅游业作为边疆高原山区主要的经济发展战略,在创造经济效率的同时,充分利用不可再生资源,保持我们赖以生存的地球生态环境,从可持续发展战略的高度,强化政府行为,加强旅游规划和管理,使旅游进入良性循环的轨道。

一、边疆高原山区自然环境特点

(一)地质地貌复杂多样

　　边疆高原山区的云南地处中国西南边陲,位于东经97°31′至106°11′、北纬21°8′至29°15′之间,北回归线横贯南部,属低纬内陆地区。云南属山地高原地形,地势波状起伏,山地高原约占全省总面积的94%。地形以元江谷地和云岭山脉南端宽谷为界,分为东西两部。东部为滇东、滇中高原,系云贵高原的组成部分,平均海拔在 2000 米左右,表现为起伏和缓的低山和浑圆的丘陵,发育各种类型的喀斯特地形。有被誉为"天下第一奇观"的云南石林世界地质公园和"高原明珠"滇池,以及众多的溶洞瀑布等景观。西部高山峡谷相间,地势险峻,山岭和峡谷相对高差超过 1000 米。在 5000 米以上的高山顶部,常年有永久性积雪,形成奇异、雄伟的山岳冰川地貌。高黎贡山、碧罗雪山、云岭纵列;金沙江、澜沧江、怒江三江并流蔚为壮观。有着世界上最长峡谷之一的怒江大峡谷、世界最深峡谷之一的虎跳峡和令人神往的"香格里拉"。

(二)气候多样,立体气候明显

云南地处低纬高原,冬季受干燥的大陆季风控制,夏季盛行湿润的海洋季风,气候主要属低纬山原季风气候。云南气候类型丰富多样,有北热带、南亚热带、中亚热带、北亚热带、南温带、中温带和高原气候区七个气候带。由于地形复杂和垂直高差大等原因,立体气候特点显著。澜沧江的西当铁索至梅里雪山的卡格博峰顶,直线距离约 12 千米,高差竟达到 4760 米,在 10 余千米的狭小范围内,呈现出亚热带干热河谷和高山冰雪世界的奇异景观,自然景观相当于广东至黑龙江所跨纬度的景观,这为全国所罕见。因此,"一山分四季,十里不同天"就成为云南山地气候及多样性的生动写照,构成云南旅游资源的又一重要特色和优势。

(三)自然资源丰富

云南复杂多样的气候和地貌类型,为各种动植物的生长创造了良好条件。云南素有"植物王国"、"天然花园"、"动物王国"的美称,外来的、衍生的、古老的植物种类和类群很多。云南省有高等植物 1.8 万种,占全国种类的一半以上,特种树种也很多。各种树木为野生动物提供了良好的栖身之所。云南动物种类处于全国之冠,珍稀保护动物较多,有许多动物在国内仅分布在云南。如:蜂猴、滇金丝猴、野象、野牛、长臂猿、印支虎、犀牛、白尾稍红雉等 46 种属国家一类保护动物;雄猴、猕猴、灰叶猴、穿山甲、麝、小熊猫、绿孔雀、蟒蛇等 154 种属国家二类保护动物。

(四)自然旅游资源类型多,分布广

云南素有"彩云之南,万绿之宗"的美誉。这里山河壮丽,自然风光优美,拥有北半球最南端终年积雪的高山,茂密苍茫的原始森林,险峻深邃的峡谷,发育典型的喀斯特地貌,使云南成为自然风光的博物馆,再加上云南众多的历史古迹、多姿多彩的民俗风情、神秘的宗教文化,更为云南增添了无限魅力。

云南山川秀美,旅游资源构成复杂多样、丰富多彩。自然景观和人文景观都十分丰富,有明显的立体气候;有雄伟壮丽的山川地貌;有古老悠久的历史文化遗存及近现代革命历史纪念物;还有各具特色的多民族文化;有多种奇异典型的地质现象、丰富的矿产矿床及动植物群落;有大量高峰绝壁、洞穴和急流险滩可供攀登、漂流探险;众多的高原湖泊为水上运动提供了优良的场所;还有数量和品种多样的矿泉供人闲逸疗养。海拔 76.4—6740 米的巨大的高差,加上特殊的地理位置,使云南几乎囊括了从海南岛到黑龙江中国大地上所有气候类型和风景景观:既有热带雨林景致,又有雪域和草原风光,还有北半球纬度最低的雪山冰川,而雄奇壮伟的石林和"三江并流"更是世界上独一无二的。另外,特殊的区位,更使云南成为中国大陆联结东南亚、南亚的桥梁,成为中原文化、藏文化、东南亚文化、西方文化的交汇点。这些共同构成了云南旅游资源组合的多样性。

二、边疆高原山区民族文化特点

云南有 52 个少数民族,是我国少数民族最多的省份。民族人文生态景观神奇美丽,令人神往,构成了云南更深层次的旅游文化内涵。全省辖 16 个州、市,其中有 8 个民族自治州,8 个省辖市。2011 年末全省人口 4631 万人,少数民族人口 1545.18 万,居全国第二位,人口在 5000 人以上的世居少数民族有25 种,其中白、哈尼、傣、傈僳、佤、拉祜、纳西、景颇、布朗、普米、怒、德昂、独龙、基诺、阿昌 15 个民族为云南所特有。

(一)民族风俗特色鲜明

云南少数民族众多,各民族的历史传统、民族风情又各具特色,同时,受社会经济发展、所处地理环境、自然条件的制约,而形成了多种多样的风俗习惯。如"对歌"是云南许多少数民族青年传统的恋爱方式,也是节日的庆贺方式。如苗族的"游方",瑶族的"唱风流",布依族的"浪哨"、"赶表",拉祜族、哈尼族、白族的唱调子,藏族的唱山歌等,都是少数民族青年男女通过对歌交流感情,寻觅情侣,选择配偶。对歌内容根据当地流行的词曲,视环境和对象临时编出对歌内容,歌声抑扬顿挫,对答妙趣横生。在云南彝、傣、白、阿昌、傈僳、景颇、瑶等民族都有"抢亲"抢婚习俗,通常是在男女自由恋爱婚姻受到阻拦的情况下发生。事先得到女方的默许,由男方邀约伙伴佯作抢亲或约伙伴抢走暗中选好的姑娘,姑娘即使愿意,也必须佯作反抗,大喊大叫。"树叶信"是在景颇、傈僳族中流行过的"实物信",利用树叶表达感情,传递信息,每种树叶都代表不同的含义。如男子用两片嫩叶加上蜂蜜等物,表达对女子的喜爱;女方有意则回赠草烟、芦子等,如表示拒绝则把两片树叶翻成背靠背送还给男方。

（二）民族节庆众多,独具一格

民族节庆活动是云南民族人文生态景观的集中表现形式之一,如傣族的"泼水节"、彝族的"火把节"、白族的"三月街"、傈僳族的"刀杆节"、哈尼族的"阿玛突"、苗族的"花山节"、侗族的"木鼓节"、瑶族的"盘王节"、拉祜族的"库扎节"、独龙族的"卡雀哇"、景颇族的"目瑙纵歌"等。民族体育和歌舞则从不同侧面和角度反映了各民族社会、历史、政治、经济、文化、宗教、风俗、审美、生产等,如洱源的赛马、大理的霸王鞭、藏族的热巴舞,哈尼族的荡秋千,傣族的赛龙舟、象脚舞、孔雀舞,彝族的三跺脚以及"有一个美丽的地方"和"远方的客人请您留下来"等民族歌舞极大地吸引着游人。云南民族生态旅游资源异彩纷呈,内涵丰富,并与云南自然生态旅游资源相互融合,构成了云南生态旅游的独特优势。

（三）民族民居风格独特

云南各民族的住宅,也是因自然环境、社会历史条件和从事的生产活动不同形成各自的传统风格,傣族的"竹楼"、拉祜族的"掌楼"、普米族的"木楞房"等等,这些各具特色的民居建筑形式,也是旅游活动观赏的一项重要内容。

总之,作为一个多民族边疆高原省份,云南旅游业的蓬勃发展为相对落后的经济注入了强大的活力。云南省特殊的地理环境、独特的气候类型、丰富的自然资源及特有的民族文化氛围,形成了十分丰富而又特色鲜明的旅游资源,对国际国内都有很强的吸引力,为云南旅游业提供了得天独厚的发展条件,促进了边疆民族地区的发展。但是,在云南旅游业发展取得很大成绩的同时,也出现了只顾眼前利益而忽视旅游资源的可持续开发利用;只顾局部利益而忽视旅游资源的整体利益;只注重经济利益而忽视社会利益、生态环境的问题。这些问题影响到云南旅游业的整体形象和深度开发、进一步发展。旅游业作为一个涉及经济、社会、文化、环境等多部门的综合性行业,无论在理论研究还是在实践工作中,我们必须坚持可持续发展的模式来开发旅游资源,把包括人在内的整个自然界看成是高度相关的有机统一体,充分肯定人与自然有着共同的利益和命运,倡导人类应该在保护环境和生态平衡的基础上改造和利用自然,实现旅游资源环境与社会协调发展。

第二节　边疆高原山区社会经济发展与产业选择

一、边疆高原山区社会经济发展状况

边疆高原山区是少数民族聚居最多的地区,所以边疆高原山区的社会发展在某种意义上也就是民族地区的社会发展的历程。

（一）民族经济发展的滞后性

各民族生存发展的历史、环境等条件的不同,决定了各少数民族生产力水平的不同。新中国成立前,我国边疆高原地区少数民族大体可划分为四种社会经济形态:封建地主经济社会形态,以汉族和与汉族混杂居住的民族地区为主;封建农奴制社会形态,西藏全部及新疆、青海一部分、滇黔川边缘交界地域;农奴制,集中分布在发展更为滞后的少数民族地区;原始公社末期,如内蒙古黑龙江大森林中的达斡尔族、云南西双版纳的基诺族等。这种多层次的社会经济形态以云南少数民族最为典型。由于云南地处横断山脉,境内峰峦叠嶂,江河切割,交通特别艰难,信息及交流特别闭塞,这既加固了原本由血缘、地缘关系而形成的社会生产方式和生产力的稳定性、落后性,也突出了其社会

经济形态的保守性、多层次性、低水平性和不平衡性。云南边疆高原山区处于原始社会末期向阶级社会过渡的有独龙族、怒族、基诺族、佤族、傈僳族、景颇族、崩龙族、布朗族及部分拉祜族；处于奴隶制社会的有小凉山彝族；处于封建领主制或封建农奴制的有傣族、藏族、哈尼族、拉祜族、普米族及部分彝族、傈僳族、纳西族；进入封建地主经济的有白、回、壮、纳西及部分彝族[1]。

20世纪50年代初期，中国共产党对云南省还处在原始社会末期或已经进入阶级社会，但阶级分化不明显、土地占有不集中、生产力水平低下的一些边疆高原落后民族地区采取特殊的"直接过渡"方式，即不进行土地改革，以"团结、生产、进步"为方针，通过党的特殊帮扶政策，保证他们直接但却是逐步地过渡到社会主义，实现历史性的跨越。这些地区被称为民族"直接过渡区"[2]。

1956年后，在云南许多少数民族地区推行了"民族补课"。强制人为拔高生产关系，确立了全国大一统的社会政治经济形态及上层建筑，把几个世纪才能完成的社会形态发展仅仅用几个月就实现了"质态飞跃"。但是，社会形态的跳跃式发展不等于经济和生产力的跳跃式发展，人为拔高的生产关系带来的社会"质态飞跃"形成不了生产力的飞跃。边疆少数民族地区的生产力滞后仍然存在，显示出其社会经济的滞后性。

依靠行政手段促成的社会"质态飞跃"虽然打破了社会发展的顺序性而大大缩短了社会发展的进程，但是，社会经济形态的性质归根结底还是由生产方式和生产力水平所决定。从云南少数民族和民族地区所处的边疆高原地区来看，由于所处地理区位和地理环境的不同，通过其经济结构性质、产业发展梯度和技术发展水平，其社会经济发展不平衡性显现出四种类型：市场经济型经济结构，如大理市周围的白族，个旧市周围的回族、哈尼族、彝族和昆明、曲靖、玉溪、景洪、保山等市周围的少数民族；市场经济有所发展但未完全形成市场经济结构，如各民族自治区首府及历史上较为发达的少数民族县城、集镇；自然经济结合为主类型，如怒江等比较闭塞的贫困山区县和边远集镇地带；原始迁徙农业向传统粗放型农业过渡、商品经济属萌芽阶段，其产业结构的基本格局是原始型农业为主体产业，其农业生产方式仍以刀耕火种、轮歇游耕等为主，如在高山、深山等聚居的少数民族。可以看到，边疆高原山区各少数民族生产力水平有所不同。

(二)社会经济发展的多样性

随着经济生产方式的转型,在政府引导下,边疆高原地区引进了一些先进的技术和设备,科技观念逐渐得到接受,传统农业逐渐向现代农业转型,提高了生产效率;市场意识带动下现代生产方式的应用,使农业产业化经营有了突破性进展,搞多种经营,提高产业化水平,形成生产、加工、销售有机结合的机制,推动了特色种植业、畜牧业、农产品深加工业的发展,经济效益大幅度提升;同时,生态意识的提高,也使农村生态状况有了显著改善,实行封山育林,水土得到保护,实现了生态效益和经济效益的结合。另外,民族文化资源利用也在一定程度上促进了经济的发展。随着市场观念、产业意识的增强,少数民族文化产业得到发展,利用民族文化资源发展文化产业,把自身的居住、饮食、服饰、歌舞等文化传统,转化为民族文化产品,实现产业化发展。

地理环境是民族生存的条件,也是民族生产、生活和经济、社会、文化发展的基础和前提。边疆高原地区总体概貌是边疆、山地、坝子、峡谷。这一自然地理与复杂的民族构成和特殊的社会经济形态结合,形成了与边疆发展的多种资源优势和复杂的地域分异。

山地、坝子、峡谷等地貌在云南分布广泛,这些地区的地貌组合是很值得重视的,云南八个民族自治州位于横断山脉中南端部分,因其地势地貌、地质构造的特殊,加上多个气候带的作用,并与多民族、多层次的社会经济形态和位居边陲的地理位置相互结合,组合成一种特殊类型地理单元系统,深刻影响了整个云南省社会经济的发展。三种地貌组合功能各异:一是横断山高山峡谷地貌,包括怒江峡谷的怒江州和横断山中端的迪庆州及丽江的宁蒗县,是著名的世界自然遗产"三江并流"所在地,有着丰富的旅游资源(如泸沽湖、摩梭母系社会)和矿产资源(如兰坪铅锌矿)。二是横断山系南部的无量山区和怒山山区的中山宽谷低丘地貌,包括西双版纳州全部,澜沧江水系既有丰富的水能资源,又是著名的大湄公河黄金水道,更有优越的区位优势,毗邻缅甸、老挝两国,靠近泰国,是发展大湄公河次区域合作和"10+1"自由贸易区的桥头堡之一。三是横断山系南端中山峡谷地貌,包括红河州和普洱市若干县,有的县市与越南、缅甸、老挝毗邻,绿色经济资源和水能资源丰富,区位优势有利于发展边境贸易和跨国合作[1]。

二、边疆高原山区的产业发展与选择

(一)边疆高原山区的产业发展

改革开放以来,沿边地区加快了发展的步伐,国民经济和社会发展都有了长足的进步。沿边地区的对外开放,不但在战略上保持了国家的平衡发展,也给沿边地区带来了发展机遇。沿边地区以其地缘优势、资源优势和人文优势,坚持了对内、对外两个开放,利用国内、国外两个市场,促进了自身的发展。2000年以来,随着西部大开发战略和振兴东北等老工业基地战略的逐步实施,国家在政策、资金等各个方面对沿边地区进行了大力支持,使沿边地区经济焕发出勃勃生机,经济发展速度明显加快。但是,沿边地区与全国特别是沿海地区的差距依然很大。东西部经济长期的非均衡发展,也具有了一定的惯性作用,使得沿边地区与沿海地区的差距呈现出扩大的趋势。我们只有正视自身的发展现状,明晰这些差距及其原因,明确自身发展的不利因素和所存在的问题,才能更好地促进边疆地区的产业发展和经济进步。

任何区域经济的发展都必须首先进行区域产业的选择,区域产业的选择是对区域进行全面系统分析和研究之后作出的科学性决策,总体来说,产业选择的关键是是否符合自身的发展之路。云南省委、省政府于2000年就确定了以大力培育优势特色产业发展为基础的发展思路。目前,云南五大特色优势产业实现的增加值已占全省生产总值的50%以上,这五大特色优势产业包括烟草产业、生物资源开发创新产业、以有色金属和磷化工为主的矿产业、以水电为主的能源产业以及旅游业。其中,烟草产业创造的税收占全省财政收入的60%以上,有力地推动了全省经济社会的发展。旅游业则以迅猛的发展速度和吸纳更多的就业人员成为最有活力的朝阳产业。

(二)边疆高原山区的产业选择

1.特色产业选择上的不足

虽然边疆高原山区培育优势特色产业取得了一定成效,但由于边疆高原

山区很多特色产业尚处于发展的初级阶段,还面临着以下困难和问题:

(1)资源型特色产业发展面临新的挑战。首先,随着科技快速发展,新材料、新能源不断得到丰富,原材料的替代性、多用性特点日益突出,对资源型产业发展提出了挑战。其次,随着加工业的快速发展,矿山接替资源不足的情况日益突出。

(2)交通基础设施落后。按国家国道建设规划,如在 2007 年完成的 2313 公里国道主干线改造任务中,云南就有 1314 公里,占全国的 56.8%。云南人均拥有铁路仅 5.35 厘米,铁路出省运力满足率仅为 18%。公路运输占全省货运量的 90.9%,单位运价为 0.42 元/(吨·公里),是铁路运价的 6 倍,运输不便,运费昂贵,增加了产品的交易成本,削弱了特色产业的市场竞争力。

(3)产业链条短,配套能力差。边疆高原山区拥有丰富的生物、能源和矿产资源,但围绕这些优势资源形成的特色产业,大都加工深度不够,产业链条较短,资源综合开发利用能力较低,产业配套能力差。在这些资源型的特色产业中,初级产品、中低档产品比重过大。如云南有色金属加工能力仅为全国平均水平的 50%,产品附加值不高,资源优势没有真正转化为产业优势,没有发挥应有的经济效益。

2.旅游产业选择的优势

作为边疆高原山区,在产业的发展和选择上面临以上问题是可以预见的,虽然边疆高原山区特殊的地理环境、落后的经济和基础设施等给边疆高原山区工业产业的发展带来诸多不便,但边疆高原山区丰富的自然资源和绚丽多姿的民族文化也为我们提供了发展旅游业的广阔天地。因此云南省政府把旅游业作为新的支柱产业来抓。

纵观国内外和云南自身的发展都证明:选准并培育支柱产业,以其帮助整个经济的发展,是一项十分重要的经济发展战略,对一个国家和地区的经济发展至关重要。云南省确定通过支柱产业带动发展,使云南省经济持续、快速、健康的向前发展。之所以把旅游业选为云南的支柱产业主要有以下依据:(1)旅游业是当今世界最具活力的产业;(2)云南边疆高原地区具备把旅游业发展成为支柱产业的独特优势;(3)迅速完善的基础设施将为云南旅游业提供强有力的支持;(4)建设旅游支柱产业将加速云南边疆经济发展和扩大对外开放。

特别需要指出的是,旅游业的发展对加快贫困地区脱贫致富有着重要的作用,因为丰富的旅游资源大多分布在边疆、民族、贫困的山区,虽然这些地区经济基础薄弱,产业结构单一,但拥有千姿百态的自然景观和千百年来孕育的民族文化,这对国内外旅游者具有强大的吸引力,在这些地区发展旅游业,鼓励、支持国家、集体一起上,不仅使相当一部分劳动力进入旅游业和与旅游业相关的服务行业,并带动第一、第二产业的发展,而且还能使广大群众在亲身实践中感受树立市场经济观念,加快脱贫步伐。

第三节　边疆高原山区旅游业发展与旅游循环经济

一、边疆高原山区旅游业发展的现状

云南地处我国西南边陲、高原山区。在这片边疆高原上,从海拔仅 76 米的南溪河河口溯至高达 6740 米的德钦梅里雪山卡格博峰,云贵高原以平均每公里 6 米的节律抬升着,恰是一座绿葱葱的九百里天梯。闻名于世的金沙江、怒江、澜沧江几乎并排地经这里流向远方,险峰峡谷纵横交错,江河溪流源远流长,湖泊温泉星罗棋布,造就了这块神奇美丽的乐土。独特的地理环境形成了云南独特的气候条件。"一山分四季,十里不同天",一省兼有寒、温、热三带气候,实为世间罕见。得天独厚的地理环境和气候条件,使得云南动、植物种类异常丰富,有高等植物 15000 多种,动物 250 多种类,鸟类总数达 766 种,"植物王国"、"动物王国"的美名成了云南的代称。在这块神奇、美丽的红土地的怀抱中,聚居着 26 个民族,各族人民勤劳勇敢、自强不息、能歌善舞、朴实热情。各民族因所处的自然环境和历史发展的不同而呈现不同的社会文化形态,创造出无数特色鲜明、丰富多彩的民族文化,并以其独特、奇异的生活习俗和传统流下了形态各异、灿烂丰富的民族文化遗产。从 1999 年世界园艺博览会举办地的省城昆明,到"风花雪月"的大理名胜;从高原水城丽江、神奇的

"香格里拉",到孔雀曼舞的西双版纳;从"天下第一奇观"的石林、千姿百态的元谋土林,到世所罕见的"三江并流",江狭水激的虎跳峡……这些迥然相异的山川景色,如一个天然的自然博物馆,每一位来到这里的游客,都会深深地感受到这是一块博大而充满激情、深邃而富有魅力的神奇之地。丰富的自然、人文景观使云南的旅游业具有了得天独厚的优势。旅游业是第三产业的一个重要组成部分,云南边疆高原山区旅游业的发展必将带动云南产业经济的发展。

二、边疆高原地区旅游业的发展对生态环境的影响

传统认为旅游业是"无烟工业",与传统工业相比,这个概念相对有一定的道理。同时,旅游业自身是一柄双刃剑。在使旅游目的地居民获得经济与社会效益的同时,也付出了空间拥挤、社会污染与环境污染等一系列代价,旅游业对环境的污染主要表现在:

(一)固体废弃物污染

每天成千上万的游客带给旅游景区大量垃圾,包括塑料袋、易拉罐、快餐盒、电池、胶卷筒、水果皮、烟头等。有些地方为了给游人增添乐趣,还增加马戏表演,但表演一结束,工作人员不得不花费大量人力时间清扫游人留下的垃圾。

1.旅游区生活垃圾的特点

(1)旅游是高强度排放垃圾的活动:由于旅游是高消费活动,消费多,排放的垃圾也多,两者呈正相关关系。据泰安统计,国外游客比本城居民多排放废弃物9.8倍,国内游客比本城居民多2.5倍。

(2)旅游区废弃物分散,清扫收集困难:游人活动范围广,丢弃的废弃物很分散,收集和清扫都很麻烦。特别是范围较大的自然风景区就更加突出。

(3)废弃物中包装占相当大比例:在我国尤以塑料包装物最为突出,由于其适用面广,使用方便近年来增长很快,但是它难以分解,在环境中可维持几十年甚至更长时间,造成日益严重的白色污染问题。

(4)类型多样,成分复杂。

2.旅游活动中生活垃圾的分类

(1)比重较大的旅游有机垃圾,如餐厨垃圾、人畜粪便。

（2）酒店消耗较大的一次性用品，如一次性牙刷、梳子、易拉罐、啤酒瓶、废报纸和厕所用纸。

（3）不能降解的白色垃圾如泡沫餐盒、塑料袋。

（二）水体污染

1.旅游服务设施产生的水体污染：旅游服务设施主要包括宾馆、饭店、商店、疗养院，还有一些旅游度假村以及公共厕所等。旅游活动中污水主要有两个部分：一部分来自厨房、洗涤室、浴室排出的污水，这些污水中含有大量的有机物（食物残羹、人畜排泄污水）、胶体及高分子物质（合成洗涤剂、肥皂、油类等）、各种营养物质（铵盐、磷酸盐、硝酸盐等）、各种微生物（病菌、细菌和寄生虫等），还携带了不少泥沙，在水体环境容量较小、游人又多的地方这些污水不经过处理直接排放，很容易引起水体污染，特别容易使水体富营养化。另一部分为游客的粪便污水，是一种有机废水，粪便中含有大量有机物及各种寄生虫卵和病源菌，因此必须进行妥善处理。

2.旅游活动产生的水体污染：水上游览娱乐活动有游泳、冲浪、滑水等身体与水直接接触的运动，也有划船、游艇、钓鱼等身体不与水直接接触的运动。燃油的游船会由于油的泄漏和排气而污染水体。身体与水直接接触则可能将各种水媒介传染病和病毒带入水中。

（三）大气污染

由于客流的增多，旅游车辆所排放的汽车尾气也相应增多。另外，酒店、餐馆饮食、洗浴等燃烧燃料排放的气体也会增加大气的污染。大气是自由运动的，无论是旅游区内还是旅游区附近的大气污染源均会影响到旅游区的大气质量。以下是旅游区大气污染源的几个来源：

（1）旅游服务设施产生的污染。主要是指宾馆饭店供水、供热、供能的烟囱和饭店的炉灶排放的废气。

（2）交通工具产生的污染。以汽车的尾气污染为主。其主要污染物是一氧化碳、氮氧化物、碳氢化合物和铅的化合物。

（3）固体垃圾存放不当产生的恶臭。旅游区宾馆饭店和游人聚居场所都会产生大量垃圾，而且其中有机垃圾的含量很高，特别是底层的堆积物更容易产生恶臭,增加大气中病菌数量。

（四）噪声污染

在边疆高原山区,如果游客密集,声音嘈杂,景区的噪声是很普遍的现象,加上导游和汽车此起彼伏的喇叭声,给原本宁静的景区一定程度的不适感,使游人无法体会舒适宁静的旅游氛围。旅游区噪声污染主要来自于以下方面:

1.交通噪声

大多数旅游区,交通噪声是主要污染源。由于从事旅游活动的车流量增多,特别是穿过旅游地的公路,其影响范围大、噪声等级高。交通噪声主要来自于交通工具的振动、行驶和喇叭的使用。

2.社会生活噪声

旅游区的社会生活噪声多与旅游活动有关。主要是旅客本身游览、观光和娱乐的噪声污染。还有宣传活动、商业、文化娱乐活动及游客的嘈杂声。

（五）生态干扰与破坏

云南省生态环境十分脆弱,生态脆弱区类型多、分布广,见表2.1。在全国省区生态环境脆弱度排名中,云南属于强度脆弱省份,128个县中,生态环境脆弱县数达55个。目前在很多地区自然生态环境的恶化已十分严重,危及云南旅游强省的建设,随着旅游业的发展旅游活动引起的生态干扰和破坏也不断凸显。

表2.1　云南生态环境脆弱区分布

生态脆弱区	分布
干热河谷生态脆弱区	1.元江河谷生态脆弱区 2.元谋金沙江干热河谷生态脆弱区
石漠化生态脆弱区	主要集中在滇东北,文山州大部及滇中部分县市,面积3.84万km^2,占国土面积的8.8%
高原湖盆生态脆弱区	主要集中在昆明大部分区域和澄江、通海、红塔、江川的全部及峨山的部分地区
土壤侵蚀生态脆弱区	金沙江、小江高山峡谷水土保持区 横江流域中山峡谷水土保持区 宁蒗金沙江干流高山峡谷水土保持区

在云南,旅游活动对生态的干扰和破坏主要有:对地表形态的改变和植被的破坏;对土壤性质的影响进而影响植物、动物生境和旅游景观的整体性和和谐性;对水体产生污染进而影响水生动植物的繁殖和生长;对局部小范围天气的改变及空气质量;引起物种消失、变异和外来物种入侵;对原生态生境的破坏进而降低生物多样性等。

三、边疆高原地区发展旅游循环经济的必要性

基于边疆高原地区旅游业的快速发展对生态环境存在着上述不利影响和诸如环境承载力负荷过重、旅游资源开发不当、生态环境破坏严重等问题,需要改进旅游业发展方式,发展旅游循环经济。这种旅游方式有助于促进人与自然、人与人、人自身身心和谐,不仅给旅游者带来高品位的精神享受,促进当地经济发展和人民生活水平的提高,同时,在保护环境的前提下使旅游目的地资源环境达到最优。表 2.2 是云南重点风景名胜区环境质量现状。

表 2.2 云南重点风景名胜区环境质量现状

项目	数量	生态环境质量				
		优	良	中	差	劣
位于风景名胜区内的县、市(个)	44	5	22	12	3	2
十个国家级风景名胜区(处)	10	2	6	2	—	—
位于风景名胜区内的湖泊(个)	10	7个有机污染严重,其中5个水质超过Ⅲ类标准				
与旅游业关系较大的城镇(个)	14	空气质量处于二级标准的只有1个				

通过表 2.2 可以看出,云南在旅游发展的同时,环境质量却有不同程度的降低,这必将影响云南旅游发展。为了使这些宝贵的资源更合理更有效地得到利用,走旅游循环经济的道路是云南旅游发展最好的选择。

(一)是提升旅游业的绿色形象,满足旅游者绿色消费的需要

旅游企业推行循环经济可以削弱或避免对环境的负面影响,提高环境质

量和效率,营造优美的景区环境,这将获得社会的赞誉,形成良性循环,从而为旅游企业的发展带来新的契机,从而带动整个旅游业形象的提升。旅游循环经济运用"6R"原则,满足消费者绿色消费的需要,将旅游活动对环境的破坏减少到最小[6]。在广义上可以理解为,自然的、无害的旅游。这也完全符合我国倡导的"和谐社会"的理念。

(二)是发展科技旅游的需要

随着经济的发展,人们对旅游的要求越来越高。单纯的观光旅游已经不能满足现代人对旅游更高层次的需求。在这种形式下科技旅游便应运而生。科技旅游既寓教于乐,让游客增长见识开阔眼界,又使科研机构获利。循环经济以"6R"为其核心思想,其中非常强调资源的减量化,强调最少的消耗能源和资源,同时实现旅游资源利用的最大化[6]。在这个过程中,必然会用到许多高新技术。对废气、垃圾、污水的处理和再利用流程一旦成熟,还可以吸引游客,既向他们传达了环保的观念,又可以增加旅游特色和亮点,让游客觉得他们的旅游也是为环保做了贡献。

(三)是促进边疆高原地区旅游业可持续发展、协调人与自然发展的需要

世界银行环境部和生态旅游学会给生态旅游下的定义是:"有目的地前往自然地区去了解环境的文化和自然历史,它不会破坏自然,而且它会使当地社区从保护自然资源中得到经济收益"[7]。生态旅游是一种绿色的旅游循环经济。这种旅游给人们提供一种直接体验原始的自然区域的独特自然与文化资源。它具有以下优点:保护自然生态环境;增强旅游者的环保意识;鼓励和发展当地的独特文化和习俗;带动当地政府部门、企业、居民成为旅游业的参与者。就是要用极低的环境代价和较少的游客换取大的经济产出。发展旅游循环经济,是可持续发展思想的体现。通过对各种资源的监控和管理,保持了良好的环境和生物多样性,可以在保持和增强未来发展机会的同时,满足游客和旅游地居民的需要,从而取得经济、社会和环境效益,实现旅游业的可持续发展。

第四节　边疆高原山区旅游循环
经济发展的 SWOT 分析

一、优势（strength）

（一）旅游资源的多样性和奇特性

边疆高原山区山川秀美,资源构成复杂多样,丰富多彩,自然景观和人文景观都十分丰富。有寒、温、亚热、热带等多类型气候;有雄伟壮丽的山川地貌;多种奇异典型的地理现象;古老悠久的历史文化遗存;还有各具特色的民族文化。如边疆高原山区的云南:

——依托"三江并流"世界自然遗产,把滇西北开发建设成中国一流、世界知名的"香格里拉"生态旅游基地。

——依托西双版纳、高黎贡山等国家级和省级自然保护区,开发建设热带雨林及森林生态旅游基地。

——依托独特的地质地貌和种类齐全的地貌景观,开发建设以石林、溶洞、峰丛、沙林、土林、火山、泥石流等为重点的地质科考科普生态旅游基地。

——充分发挥丰富的动植物资源优势,开发建设以西双版纳植物园和野象谷、云南野生动物园、维西萨马阁(观滇金丝猴)、昭通大山包(观黑颈鹤)等为重点的动植物生态旅游基地。

（二）多民族融合性

边疆高原山区的民族旅游资源特色鲜明、丰富多样。全国共有 55 个少数民族,云南就有 52 个,人口超过 5000 人的少数民族有 25 个。其中白、哈尼、傣、佤、拉祜、纳西、景颇、布朗、阿昌、普米、独龙、怒、德昂、基诺 15 个民族为云南特有。一县之内言语有别,一山之邻服饰不同已成为解读云南的常识之一。在别处罕见的少数民族风情,在这里以高密度铺排开来,足以成为云南独特的风情。而原住民族在不断的交融发展和现代化进程中,却依然坚守着本民族的传统文化固化为人类文明和民俗的样本和活化石,更吸纳着无数迷醉于此的人群。云南文化旅游资源异彩纷呈,内涵丰富,并与云南自然生态旅游资源相互融合协调,成为云南更深层次的旅游内涵。位于滇西北的香格里拉生态旅游示范区,更是充分体现了人与自然和谐相处、"天人合一"的主题,成为云南一大文化生态旅游景观。各民族在长期的生产生活中形成了风格各异、类型多样的民族服饰,其风俗习惯、节日、服饰、村舍建筑构成了云南边疆地区旅游资源的一大优势。

（三）跨境性

边疆高原山区地处我国边陲,与许多国家接壤。以云南为例,云南有8个地州、27个县与外国接壤,边境线总长4060千米。有出境公路20多条,国家级口岸10多个,省级口岸10多个,还有86个边境和边境互市点。全省少数民族中有16个民族跨境而居。具备边境旅游、跨国旅游的良好条件,也具备沟通太平洋、印度洋两大洋,沟通中国、东南亚、南亚三大市场的良好条件。云南与东南亚、南亚这种地相接、山相连、水相通、人相往的区位优势形成极大的区位优势,使云南边疆成为民俗风情和边境旅游的最佳去处。此外,世界旅游业向亚太地区转移,使东南亚成为正在兴起的旅游热区之一。东南亚地区还是世界上华人分布最多、最集中的地区之一。加之云南省与东南亚各国有着很强的互补性和不可替代性。

（四）生态性

边疆高原山区生态旅游景观极为丰富独特。云南素有"植物王国"、"动物王国"、"花卉王国"的美誉,不少动植物观赏价值极高,生态保存系统完好,是全国国家级自然保护区数量最多的省份之一。据统计全省有3万多种植物,其中高等植物17000多种,占全国高等植物的一半以上;动物中脊椎动物已知1704种,约占全国的55%,在中国公布的335种重点保护野生动物中,云南就有199种,像亚洲象、野牛、绿孔雀、赤颈鹤等23种是云南所独有的。此外,作为中国鲜花的主要生产基地,新近云南又提出将滇中建设成为名副其实的"中国春城"和"世界花都"。在香港,每10朵鲜花就有4朵来自云南。一到情人节,云南的玫瑰更是成捆地通过飞机运往内地。西双版纳热带生态系统原始而典型,被誉为北回归线上的一颗"绿宝石";位于滇西北的香格里拉生态旅游示范区,充分体现了人与自然和谐相处。

（五）潜力性

边疆高原山区旅游资源极其丰富,但是绝大多数未加利用,可利用和挖掘的潜力还很大。例如:位于德钦县境内的梅里雪山,冰峰相连,雪峦绵亘,气势非凡,到如今还处于半封闭状态;位于怒江西岸的高黎贡山是国家级自然保护区,蕴藏着丰富的动植物资源;景物雄奇壮观,是一块有待开发的处女地;素有"东方多瑙河"之称的澜沧江,是流向东南亚一条著名的国际河流,现在正处于开发状态;而大理、西双版纳等许多已开发或正在开发的旅游资源也需要进行深度开发,不断补充其内涵,赋予其新的生命力,充分挖掘其潜力。

（六）新卖点不断推出

边疆高原山区旅游业发展不仅仅在于拥有这些资源优势,还在于善于利用这些优势,不断推出新的旅游卖点。比如,2006 年是云南的观鸟游推广年,昆明城区越冬的红嘴鸥、昭通大山包的黑颈鹤、丽江拉市海在专业范围内都是赫赫有名的观鸟地。观鸟游作为一个新概念,对于绝大多数生态旅游爱好者来说却是陌生的,陌生的不是"观鸟"这个词,也不是观什么鸟、怎么观的问题,观鸟旅游的体验性和价值性就在于把健身、旅游、感悟自然生命都融入生态环境当中。通过观鸟提升生态环保意义和旅游循环经济,及可持续发展意识[8]。

二、劣势(weakness)

（一）资源总体开发程度不高

除昆明以外,云南的旅游设施建设较差。如以溶洞、湖泊为主体的旅游线路,景区建设覆盖面积较大,旅游线路长,景区开发差,服务设施还不配套,造成了资源特色浪费,开发缺乏系统性和整体性[9]。云南的一些边远山区,具有生物多样性的优势,环境仍然保持较好,旅游业发展的前景也好,但是这些区域的经济和社会发展一般都较缓慢;这些地方的发展就应该多引导其解放思想,并提供政策支持促进其发展。只要是有利于发展自然保护事业,对当地的自然、社会和经济发展起促进作用的活动,在国土和管辖主权不丧失的前提下,不论组织或个人,都应鼓励开展以生态旅游为特色的旅游项目及活动。

(二)行业管理水平较差

边疆高原山区旅游的开发还缺乏统一的规划和管理。各管理部门各自为政,各行其是,盲目开发的现象时有发生[9]。相当部分质量高、历史艺术价值上乘的旅游资源没有得到深层开发,利用效率不高。还有一些地区,由于管理上的混乱造成资源的错误翻新改造和资源的重复建设,造成旅游资源的极大浪费。管理水平不高、管理措施不到位造成旅游行业管理混乱、旅游市场无序竞争、旅游从业人员素质低。有的交通、景区(点)和服务区也缺乏必要的安全标识。如景区景点缆车安全措施不落实,骑马游道路面太差,因建筑技术原因,架空游道风险过高,游道扶栏缺失,危险场点无警示标志,无紧急救援系统等。

(三)资源、环境保护意识薄弱

边疆高原山区旅游资源品位高、吸引力大,像一些山岳景观、喀斯特景观等都是具有一定市场垄断性的世界级旅游资源。但是这些自然资源本身具有一定的脆弱性和不可再生性,一旦遭到人为的破坏会改变原来的状态,难以恢复原貌。而人文资源的抗干扰性也很弱。旅游资源赖于资源环境,同时也是旅游业生存之本。旅游资源的可持续利用是实现旅游业长远发展的根本保证。尽管造成旅游生态环境恶化的因素是多方面的,但其中最主要的原因是没有科学指导的盲目性开发、人为的破坏,盲目乐观、沉醉于旅游经济高速增长的喜悦之中,在生态旅游开发中缺乏统一规划,精品意识不强,只顾地方利益,不顾全局利益,盲目开发旅游项目,给生态旅游带来负面影响。边疆高原地区许多旅游景区特别是自然保护区设施建设和管理水平不高,科学开展旅游的能力较差。在旅游中如不注意生态资源保护,逢年过节、长大假期间,大量旅游者拥入生态旅游地区,造成大规模的资源破坏。像这种把生态消费摆在首位,不惜以生态资源的消耗为代价来获取利润的做法,必须引起高度重视。

（四）开发资金不足

边疆高原山区旅游资源的开发资金来源不稳定。旅游资源的发展建设本身就具有建设周期长、资金消耗大的特点。以云南为例，发展旅游基本上是靠政府拨款，但也是杯水车薪。好多旅游项目因资金问题搁浅。其开发速度远不能与迅速增长的游客需求相适应。另外由于资金不足，其他旅游配套设施如交通、能源等的发展得不到保障，从而严重制约着云南旅游业的发展。许多美好的资源由于资金、交通的不到位而荒置，相当可惜，旅游目的地的可通达性受到制约，旅游接待设施薄弱，特别是饭店住宿设施数量有限、质量不高，大多数旅游景区（点）和接待设施，特别是公共设施的卫生状况不佳。

（五）宣传力度不够

边疆高原山区旅游景区由于宣传力度不够，多年以来一直鲜为人知，其发展比其他旅游发达地区整整晚了几十年。有些较原始的地区，还存在捕猎野生动物及采摘某些物种用作食物或医药，自然环境受到破坏。许多自然景区的野生动植物种类丰富，然而景区的过度开发和大量游客的拥入，破坏了它们的生态环境也造成了动植物物种濒危或减少。有的宾馆饭店甚至以野生动植物作为美食招揽游客，这些都是宣传力度不够造成的后果。

宣传教育的主题是认识自然、热爱自然、保护环境。宣传教育的对象既包括旅游区的居民又包括旅游者。发展旅游循环经济的一个重要特点就是提倡人与环境的自然与和谐，因此应大力传播自然知识，倡导科学文明，加强人们的环境保护意识，逐渐形成生态集约型发展方式。同时也要采取多种形式把宣传教育的内容融入旅游、参观和娱乐活动中。这项工作不仅是全范围的而且也是全天候的，从政府机构到新闻媒体、从开发商到从业人员、从旅行社到导游人员都有责任和义务重视起来，并在各自的工作中认真落实，努力做好[10]。

三、机遇（opportunities）

（一）市场需求变化带来的机遇

中国加入世界贸易组织给旅游业带来了极大的发展空间。客源和资本来源将增大，开放的市场无疑对边疆高原山区旅游循环经济的发展提供好的大环境。20世纪末,"香格里拉"品牌的适时推出,在国内引起了极大的反响,香格里拉探秘吸引了大量国内外游客。探索大自然是这些游客的主要动机之一,因此生态旅游市场潜力大,而且云南省五彩缤纷、四季如春、彩云之南、度假胜地的印象已经逐步渗透到人们的脑海。这是一笔巨大的财富。另外,20世纪90年代初期,在云南的西双版纳州发展起来的以珍稀动植物、热带雨林为主的生态旅游产品,不仅成为人们向往的地方,而且带动了全省生态旅游业的蓬勃发展。

在西双版纳州景洪召开的"中国首届生态旅游研讨会"是云南省绿色旅游、循环经济大发展的起点[11]。自此,云南的生态旅游业经历了一个快速发展的时期。特别是1999年云南承办了以"人与自然——迈向21世纪"为主题的"中国'99昆明世界园艺博览会",在这次为期180天的博览会期间,有近1000万人次参观昆明世博园,把云南的生态旅游大大地推进了一步。昆明世博会的成功举办,不仅让人们了解和体验了绿色生态旅游,而且进一步推动了旅游循环经济的发展。近几年来,云南建设绿色旅游产品已达到了一定的数量,共拥有10个国家级风景名胜区、49个省级风景名胜区,26个国家级森林公园、7个省级森林公园,6个国家级自然保护区、43个省级自然保护区。已建立的1个国家级旅游度假区和8个省级旅游度假区中都有大量的生态旅游产品。有石林世界地质公园、丽江古城世界文化遗产、"三江并流"世界自然遗产、梅里雪山、腾冲地热温泉、帽天山世界自然遗产、元阳哈尼梯田世界自然遗产等,还有大批农业观光、农家乐等生态旅游产品。云南省自然资源极其丰富并具多样性及高质量的特点,其通达性良好,且与文化价值有密切联系,十分有利于发展生态旅游。

(二)政府的支持

自1999年昆明世界园艺博览会以来,云南的生态旅游业得到了迅猛的发展,进入了新的发展阶段。1995年起,云南开始将旅游业作为支柱产业来培植,抓住世博会在昆明举办的机遇,加大生态旅游发展力度,并以此为契机,加快全省旅游业的发展。云南对省内区域机场建设的推进,以及对部分高速公路的建设,缩短了游客云南旅行时间,促进了旅游市场的发展[12]。1995年到

2014 年的 18 年间,全省年接待的海外旅游者从 60 万人次增加到 531.06 万人次;旅游外汇收入从 1.7 亿美元增加到 21.04 亿美元;接待国内游客从 1622 万人次增加到 28100 万人次;旅游总收入从 61 亿元增加到 2665.74 亿元。其中:2014 年云南全年接待海外旅游者 531.06 万人次,比上年同期下降 0.46%;旅游外汇收入 21.04 亿美元,比上年同期增长 0.63%;接待国内旅游者 28100 万人次,比上年同期增长 17.29%;旅游总收入为 2665.74 亿元,比上年同期增长 26.32%。①

（三）未来的旅游业发展的要求

如果旅游地环境质量不高,污染严重势必影响旅游业的发展。未来的旅游业将以"绿色旅游"、"旅游循环经济"为主流。发展旅游循环经济,不仅使现有的资源得以充分利用,还使资源可持续利用,使旅游对环境的破坏降低到最小化。

（四）国家对绿色、环保等的大力宣传与促进

随着相关部门的宣传,建设资源节约型与环境友好型社会理念得到大力推广,人们选择对环保旅游的要求成为体现公民素质的重要内容。旅游循环经济在这样的宣传背景下应运而生,使人们更容易了解和接受。

四、威胁（threats）

（一）对旅游业的发展存在认识上的误区

"旅游循环经济"在中国提出的时间还不长,目前还没有深入人心,对旅游循环经济的减量化、再使用、再循环等"6R"原则很多人都还不太了解,不少人对旅游业认识还存在几大误区,比如认为旅游是"无烟工业",或者认为旅游为无资源耗竭型产业,从而导致旅游资源的破坏和旅游生态环境的污染。可见克服认识障碍是边疆高原山区未来旅游循环经济发展的一大挑战。

（二）旅游开发对环境的威胁加大

要发展旅游循环经济,首先要面对的就是旅游开发和旅游资源的破坏和

---

① 此数据来源于云南旅游政务网:http://www.ynta.gov.cn。

保护问题。由于最近几年边疆高原山区旅游业的飞速发展,边疆高原已不再是一尘不染的净土,它也同样受到了旅游带来的环境污染。比如,已被中央台曝光的泸沽湖垃圾事件;高原湖泊的不同程度的污染,如滇池的富营养化。减少对这些已受到污染环境的进一步污染是摆在我们面前的一个严峻的问题。

（三）旅游的不平衡发展使经济虚高度化

边疆高原山区由于旅游业的发展使这些区域的经济在产业上呈现出发达地区的"321"状态,造成经济的虚高度化,而实际上,由于第一、第二产业没有发展起来,工农业发展的基础差,这些地区的经济实际上是很落后的。如果只看到旅游带来的一段时间利益就不能客观地看清自身的不足。

参考文献

［1］罗崇敏:《中国边政学新论》,人民出版社 2006 年版。

［2］王元辅:《云南民族"直过区"经济社会发展调查》,《云南社会科学》2007 年第 1 期。

［3］王敏正:《特色产业——云南区域经济发展的根本选择》,《云南社会科学》2007 年第 2 期。

［4］冉涛、揭水利:《云南旅游业优势及其发展前景初探》,《云南农村经济》2004 年第 4 期。

［5］明庆忠、李庆雷:《旅游循环经济学》,南开大学出版社 2007 年版。

［6］朱甜甜、尹庆:《生态设计与生态旅游的关系初探》,《河北农业科技》2009 年第 4 期。

［7］余菡、梁永宁:《浅析云南省生态旅游业的核心优势及其发展建议》,《云南地理环境研究》2005 年第 3 期。

［8］匡丽虹:《浅谈对云南旅游资源开发的认识》,《现代教育教研》2011 年第 9 期。

［9］明庆忠、管宁生:《云南旅游业可持续发展障碍及对策》,《热带地理》1998 年第 12 期。

[10]李庆雷:《边疆民族地区旅游循环经济发展的战略、模式与对策研究——以云南省西双版纳傣族自治州为例》,《旅游研究》2009 年第 9 期。

[11]晏刚:《中国'99 昆明世界园艺博览会——云南旅游业发展的机遇与挑战》,《桂林旅游高等专科学校学报》1999 年第 1 期。

第三章　边疆高原山区旅游循环
经济发展战略研究

第一节　边疆高原山区旅游循环经济发展的原则

要实现旅游业的持续稳定发展,旅游循环经济是必由之路,而旅游循环经济的发展必须遵循一些基本原则。

一、减量化原则

减量化原则属于源头控制方法,要求用较少的原料和能源投入来达到既定的生产目的或消费目的,从而在经济活动的源头注意节约资源和减少污染。在生产中,减量化原则常常表现为要求产品体积小型化和产品重量轻型化。此外,要求产品包装追求简单朴实而不是豪华浪费,从而达到减少废弃物排放的目的;在消费领域,减量化原则要求改变消费至上的生活方式,推崇政府绿色采购,倡导适度消费和绿色消费,反对使用一次性用品。

边疆高原山区可利用土地少、旅游资源丰富、生态环境脆弱,在旅游开发的过程中更应注意遵循减量化原则,对旅游开发中的土地利用、旅游资源、旅游基础设施等进行有效性控制,引进和推广应用新技术、新设备,提高资源的利用效率,尽量减少在各环节上资源浪费,促使边疆高原山区的旅游业可持续发展。

二、再循环原则

再循环原则属于终端控制方法,目的是使生产和消费过程中产生的废物,通过资源化的手段,将其再加工为可重新使用的原材料或产品,并使其重新返回到生产和消费领域中[1]。资源化通常包括原级资源化和次级资源化。原级资源化是指废弃物资源化后形成与原来相同的新产品,次级资源化是指废弃物资源化后变成不同类型的新产品,循环经济提倡将废弃物原级资源化和次级资源化相结合,以充分实现资源的再循环利用。

在边疆高原山区发展旅游循环经济,再循环原则能使旅游业的发展形成"资源—产品—再生资源"的反馈循环模式,让其物质、资源不断地进行循环使用,不产生或少产生废弃物,把游客活动对自然环境的影响降到最低程度。而且,对于边疆高原山区而言,再循环原则还能大大降低发展旅游业的运营成本,让旅游业为边疆高原山区的经济发展作出更大的贡献。

三、生态化原则

生态化原则是指旅游循环经济的发展应以旅游区的生态环境保护、自然资源的保护和生物多样性、资源利用的可持续性的保护为前提;同时,旅游者也应增强环境保护意识,在参与旅游活动的过程中不破坏生态系统的完整性;在管理上也可以采取绿色核算体系,即用特定的指标反映发展旅游时的资源消耗和环境污染破坏的损失,从而更为全面地评价旅游业产生的效益[2]。

对于边疆高原山区生态环境保护不仅关系到该区域,而是关涉一些河流水系的中下游区域、沿线城镇,以及山地自然灾害,乃至国家的生态安全和水资源安全等,所以生态化原则是发展旅游循环经济的前提条件之一。

四、经济性原则

旅游循环经济作为一种新型的经济增长模式,强调的是通过对资源的高效利用来促进经济发展,也必然体现经济性这一特征。同时,对于边疆高原山区欠发达地区而言,经济的发展是解决问题的关键性因素之一,只保护不开发会造成资源的浪费。只有当地人民看到了旅游循环经济给他们带来的利益,才能更为主动地参与其中,才能使旅游循环经济具有强大的生命力。

由于边疆高原山区在地理环境、区位条件、生态特征等方面,有自己的特点,所以在发展旅游循环经济,除了要遵守上述基本原则外,还有其特殊的原则。边疆高原山区只有在遵循这些原则的前提下发展旅游循环经济,才能因地制宜。

五、循序渐进原则

循序渐进原则是指在旅游业的发展,应按照一定的顺序或步骤,逐渐地前进或提高。对于边疆高原山区而言,其旅游资源及生态环境是脆弱的,一旦盲目开发,造成破坏就很难恢复。所以,边疆高原山区的旅游发展规划就成为其旅游循环经济发展的基础。边疆高原山区的旅游开发必须按照其规划逐步完善。除此以外,还应认识到边疆高原山区发展旅游业的经济条件和区位条件。由于这些条件的限制,使得边疆高原山区对旅游资源的开发必须坚持循序渐进的原则。应该优先开发旅游价值较高、收效较快、且在现有条件下能够充分保护的旅游资源,那些暂时无法在保护的前提下开发的旅游资源应该暂缓开发。

六、保护为主原则

保护为主原则是指在旅游业的发展过程中,任何项目的开发都必须以保护为前提,保护现有旅游区的生态环境与资源,为开展旅游循环经济奠定良好的环境基础。边疆高原山区不仅生态环境脆弱、资源有限,而且它是大江大河的发源地,也是中国境内为数不多的受人类活动影响较小的区域,对江河下游的生态环境乃至全国的生态安全都有着直接的影响,所以对于边疆高原山区的旅游开发应以保护为主。由于边疆高原山区在全国生态安全中所占有的重要地位,在开发过程中当经济性原则与保护性原则相冲突时,保护对开发拥有绝对的否决权,这样可以避免短期利益所造成的长期经济和生态损失。

七、政府主导原则

政府主导原则要求政府强化政策导向,坚持鼓励与限制相结合,形成循环旅游经济发展的激励机制。具体而言,政府应该完善法制建设,建立促进循环经济发展的法律法规体系,依法推动循环旅游经济发展。同时,也对参与到旅游循环经济建设的各企业起到监督的作用。并且,政府也应加大投入力度,组织人员对关键技术进行研究,为循环旅游经济发展提供有力的技术支撑。边疆高原山区在发展旅游循环经济时必须遵循保护为主的原则和循序渐进的原则,这两项原则都要求在特定条件下牺牲短期利益,对于旅游开发商而言是很难遵守的,所以政府主导原则在边疆高原山区旅游循环经济的发展中就显得尤为重要。

八、以人文资源开发为核心、自然资源为背景原则

边疆高原山区发展旅游循环经济应遵循人文资源开发为核心,自然资源开发为背景的原则。因为边疆高原山区所处的地理环境决定了其生态环境的脆弱性,如果大力开发自然旅游资源,使人类活动过多地影响自然,势必会加重边疆高原山区生态环境的负担。然而,也正是因为边疆高原山区的地理环境,决定了边疆高原山区的另一个特点——民族文化旅游资源丰富,而这些少数民族文化在发展过程中需要旅游业对其进行合理地利用,使本民族的人民对自己的文化产生认同感,同时也使外界真正认识到少数民族文化的价值。在进行旅游开发时,以人文旅游资源开发为核心、自然旅游资源开发为背景,不仅可以减少人类旅游活动对自然界产生的影响,还可以促进少数民族文化的保护。

第二节　边疆高原山区旅游循环
经济发展的指导思想

边疆高原山区地理环境的复杂性和多样性,使自然旅游资源多表现为山脉、峡谷、湖泊、草原等景观类型,旅游资源赋存的生态环境脆弱、抗干扰能力弱、可恢复原状机会小、变化速度快等特点。由于山区生态系统的脆弱性,不

合理的经济活动造成资源破坏、环境恶化现象仍然严重,部分地区水土流失和石漠化问题十分突出,自然灾害频繁发生;河流、湖泊水量减少,水质不断下降,江河湖库污染造成的水质性缺水日益突出;城乡生活污水治理效率低下,城市垃圾、废水污染向农村转移势头加剧,对生存环境和人民健康造成了极大威胁。边疆高原山区生态环境亟待加强保护,用循环经济理念来指导边疆高原山区的旅游活动,可以避免"先污染、后治理"的模式,走出一条旅游发展与生态保护兼顾的路子。边疆高原山区发展旅游循环经济不仅具有天然优势,而且也是实施可持续发展战略的必然选择。

一、边疆高原山区发展旅游循环经济的指导思想

紧紧围绕边疆高原山区旅游业发展战略目标,把握近年来国家大力推进循环经济发展的战略机遇,以科学发展观为指导,以转变传统经济增长方式为主线,坚持开发与保护并重、把保护放在首位,以缓解资源约束和加强环境保护为目标,以优化资源利用方式为核心,以科技创新和制度创新为动力,以法制建设和加强监管为保障,建立健全有利于发展旅游循环经济、建设节约型社会的有效体制和长效机制,引导边疆高原山区旅游业形成以循环经济方式为主体的、高效利用资源和有效保护环境为基础的可持续发展模式,以促进边疆高原山区旅游业的稳步快速发展。

二、边疆高原山区旅游循环经济发展思路

旅游循环经济的健康发展,应树立系统观、新经济观、新价值观、新生产观和新消费观的发展理念[3]。边疆高原山区发展旅游循环经济的总体思路是在摸清边疆高原山区旅游循环经济发展条件的基础上,以各地区旅游资源赋存及生态系统特征为前提,在旅游开发建设、经营管理和消费活动中切实贯彻循环经济理念和原则,以优化资源利用方式为核心,以提高资源利用率和降低废弃物排放为目标,形成政府大力推进、市场有效驱动、公众自觉参与的有效机制,突出边疆高原山区发展旅游循环经济的重点领域和优先发展的地区,集中力量解决发展旅游循环经济的突出问题和主要矛盾,由点到面,有计划、有

步骤地将循环经济理念贯穿于边疆高原山区旅游业的各个环节,使边疆高原山区旅游业走上一条资源循环利用、环境污染少、经济和生态效益好的可持续发展之路。

三、边疆高原山区旅游循环经济发展目标

(一)战略目标

首先,以探索实施试点为主,逐步创建一批旅游循环经济的景区(点)、绿色旅游企业和生态旅游城市,使资源生产率显著提高;积极倡导旅游循环经济理念,创建引导旅游循环经济发展的指标体系、政策体系,完善法治环境,营造公众参与氛围,提高社会参与能力。其次,全面建立较为完善的旅游循环经济发展机制,基本形成旅游循环经济框架体系,实现边疆高原山区经济增长方式的根本转变,使旅游业走上可持续发展之路。

(二)具体目标

一是建设一批旅游循环经济景区(点)。选择一批代表性强的景区(点)(如西双版纳、苍山洱海、香格里拉等生态旅游区)作为发展旅游循环经济试点单位,制定旅游景区循环经济发展规划和技术标准,建立旅游循环经济评价指标体系和绩效核算制度。旅游循环经济景区的创建工作应重点抓好资源高效利用、废弃物处理、再生资源形成和引导游客转变消费意识等环节。以点带面,全面推进旅游循环经济景区(点)的创建与普及。

二是建设一批旅游循环经济型绿色旅游饭店。按照《绿色旅游饭店》国家旅游行业标准要求选择一批高星级饭店(如西双版纳傣园酒店、西双版纳观光酒店、西双版纳大连酒店、大理漫湾大酒店、大理美登大酒店、大理凤凰温泉度假酒店、香格里拉天界神川酒店、香格里拉观光酒店、香格里拉扎西德勒大酒店、香格里拉悦榕仁安藏村等)作为绿色旅游饭店循环经济试点单位,按照试点先行、重点切入、先导示范的原则,逐步推进边疆高原山区绿色旅游饭店创建工作。

三是建设一批旅游循环经济工业园示范区。对边疆高原山区 AAAA 级及以上旅游景区关涉的工业园区逐步按循环经济理念进行改造,实现产业链

延伸、资源综合利用、土地集约使用、废物集中处理、热电能源共享,重点选择
一批不同类型旅游循环经济工业园示范区进行试点。

四是建设一批生态农业示范基地。依托边疆高原山区现有观光农业发展
基础,建设一批生态农业示范基地,使之成为效益农业的集聚区、安全农产品
的生产区、休闲农业的观光区和现代农业的先行区。

五是建设一批旅游循环经济城市(城镇)。选择一批代表性强的旅游城
市(城镇)(如景洪市、大理市、德钦县等)作为省级旅游循环经济城市(城镇)
试点,全面推进旅游循环经济产业发展。

六是制定一批促进旅游循环经济发展的技术及政策法规。围绕边疆高原
山区发展旅游循环经济的关键、共性技术,形成一批具有自主知识产权和产业
化前景的科研成果;研究制定促进能源、土地、水资源、原材料节约,再生资源
利用和清洁生产方面的地方性法规规章,出台关于能耗上限、取水定额、建筑
节能、土地集约利用等方面的标准规范和政策措施等。

四、边疆高原山区旅游循环经济发展的战略步骤

(一)逐步启动阶段

进一步推广完善已经开展旅游循环经济试点的普者黑生态旅游区和丽江
生态旅游循环经济城市(城镇);通过调查、研究、探索,建设一批发展旅游循
环经济的示范性工程,筛选西双版纳、苍山洱海、香格里拉等生态旅游区作为
开展旅游循环经济的重点项目,积极推进重点工程和试点示范工作。积极推
进旅游循环经济的宣传与实施,使其理念与行动在旅游产业发展的各个层面
上得到体现。建立领导机构,研究制定法规制度、产业政策和指标体系。初步
形成发展旅游循环经济的推进机制、基本框架和社会氛围。

(二)重点推进阶段

试点示范在重点领域向面上扩展,形成若干个符合旅游循环经济发展模
式的资源节约型、环境友好型生态园区、生态(绿色)社区和生态旅游城镇(城
市),将旅游活动涉及的食、住、行、游、购、娱等环节逐步纳入整个旅游循环经
济推广体系中,初步形成以地区中心城市为中心的旅游循环经济体系,初步建

立社会生产、消费大循环雏形,初步建立绿色国民经济指标核算体系,进一步完善政策法规保障体系,形成边疆高原山区发展旅游循环经济的推进机制和基本框架。逐步形成政府引导、社会参与为主的旅游循环经济投资体系。

（三）全面发展阶段

全面构建旅游循环经济发展的产业结构和运行体系,多层次、多模式全面推进边疆高原山区旅游循环经济的发展,形成旅游循环经济系统和资源再生利用体系,建立比较完善的旅游循环经济政策法规支持体系、技术创新体系、评价指标体系、推广服务体系和激励约束机制,争取以资源节约型、清洁生产型、利废环保型为重要特征的旅游循环经济产业发展取得明显成效。实现社会生产、消费和市场绿色化。完善旅游循环经济持续发展的投入、科技、核算、法规四大支撑体系。基本实现旅游产业的生态化运转和社区的生态化发展,实现经济增长方式根本转变。实现旅游业与第一、第二产业在循环经济上的良性互动,使资源发挥最大效用,实现经济、社会与生态效益的统一,促进边疆高原山区经济社会的健康持续发展。

第三节　边疆高原山区旅游循环经济发展的模式

旅游循环经济发展的模式可以从三个层面来认识:企业层面、区域层面和社会层面,每个层面都有其发展旅游循环经济的特殊模式。企业层面发展旅游循环经济,就是运用循环经济理论指导旅游企业运行,按旅游循环经济"6R"原则进行旅游企业经营管理,对旅游企业与环境之间的关系和旅游产品的生产和消费进行综合研究,使旅游企业实行清洁生产和资源的综合利用。区域层面发展旅游循环经济,主要是通过建立相对完整的生产、消费和循环体系,按照"6R"原则在区域范围和一、二、三产业各个领域构建各种产业生态链,形成共享资源和互换副产品的产业共生组合。与此同时,发挥区域资源优势,发展生态旅游,把区域的生产、消费、废弃物处理和区域管理统一组织为生态网络系统。同时还以污染预防为出发点,以物质循环流动为特征,以社会、经济、环境可持续发展为最终目标,最大限度地减少污染物排放[4]。社会层面发展旅游循环经济要求政府、经营者、公众共同参与旅游的发展,促进旅游循环经济理念的实现。根据这些现有模式,综合边疆高原山区的具体情况,构建边疆高原山区旅游循环经济发展的模式。

根据边疆高原山区发展旅游循环经济所依托的资源差异,初步划分出三种模式:一是依托自然景观的生态旅游景区发展模式;二是依托人文景观的民族村寨、城镇发展模式;三是依托农业景观的乡村生态旅游发展模式。

一、依托自然景观的生态旅游景区发展模式

由于边疆高原山区的垂直地带性,使其形成了独特的地理环境,从而决定了边疆高原山区特殊的气候条件和丰富的动植物资源,这些资源条件为旅游业的发展提供了本底资源。

但是,边疆高原山区生态环境脆弱,大多数资源,具有不可再生性,一旦遭到破坏就很难恢复。所以,在对边疆高原山区的资源进行开发利用时,必须考虑对资源的保护性利用。在这样的前提下,对于依托自然资源发展旅游业的旅游区,采取生态旅游景区的发展模式是十分可行的。目前,这种模式主要有三种类型,见图 3.1。

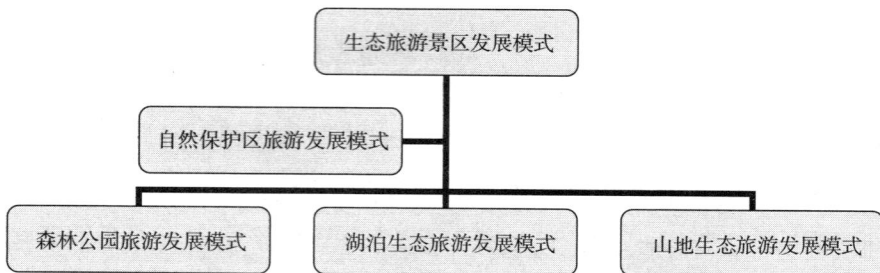

图 3.1 边疆高原山区生态旅游景区发展模式图

(1)森林公园旅游发展模式。森林公园是以大面积森林为基础,生物资源丰富,自然景观、人文景观相对集中的具有一定规模的生态郊野公园。森林公园的建立,标志着山区森林以开展森林生态旅游为主体的多种功能已经确

立,森林不再只是生产木材的基地。因此,有效地保护生态环境才对森林公园的发展具有真正的意义[5]。

(2)湖泊生态旅游发展模式。边疆高原山区湖泊众多,但高原湖泊共有的特点是自净能力弱,受人类活动影响退化现象严重。对于湖泊生态旅游的发展,关键是控制游客容量,建立完善的监测管理机制,加大对湖泊周边地区环境保护的力度。开展旅游等活动应严格实行功能的分区规划,对旅游资源进行切实有效的管理,保护核心资源和生态环境,使景区能够真正做到循环可持续。

(3)山地生态旅游发展模式。山地城镇因为有着独特的山地丘陵地貌、气候环境和丰富的自然景观资源、文化资源,成为这些休闲度假旅游的首选地[6]。山地旅游区是人类活动与自然环境碰撞最为激烈的地区,因此发展山地生态旅游是刻不容缓的。现在我国生态旅游仍处于起步阶段,对于山地生态旅游的开发应制定一套完整的适合我国国情的可操作体系,只有将保护生态环境资源作为生态旅游开发的根本,才能使生态旅游落到实处,实现生态旅游的可持续发展[7]。

二、依托人文景观的民族村寨、城镇发展模式

边疆高原山区相对封闭的自然环境和边疆这一特定区域,也形成了不同的民族,各民族因所处的自然环境和历史发展的不同而呈现不同的社会文化形态,创造出无数特色鲜明、丰富多彩的民族文化,并以其独特、奇异的生活习俗和传统留下了形态各异、灿烂丰富的民族文化遗产。

边疆高原山区可充分利用这一资源特色,大力发展民族村寨和城镇,推出民族村寨、城镇生态旅游项目,使民族文化得以发展和传播的同时,尽可能减少对生态环境的影响。目前,这种模式主要有3种类型,见图3.2。

(1)以文化为依托的古镇发展模式。由于边疆高原山区所处的边疆这一特殊区位,在历史上担负着商贸和文化交流纽带的作用,其中一些驿站最后发展成为城镇。对古镇的旅游开发不仅可以恢复古镇风貌、保护历史遗存,还能保护古镇周边环境,改善古镇居民生活质量。

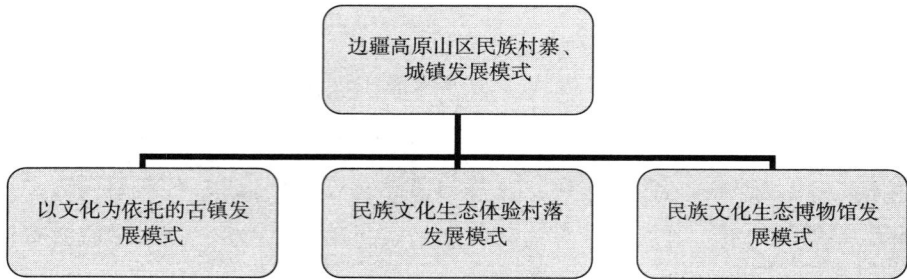

图 3.2 边疆高原山区民族村寨、城镇发展模式图

（2）民族文化生态体验村落发展模式。少数民族传统文化以及人文环境的保护是旅游实现可持续发展的前提。旅游并非"无烟工业"已形成共识，传统的文化旅游方式已对旅游地的文化、人文生态环境造成损害，众多传统文化在旅游的影响下面临消失的危险，在民族文化地区，发展文化生态体验旅游的意义在于使当地的民族风俗、传统文化得以完整保存，实现旅游的可持续发展。

（3）民族文化生态博物馆发展模式。为了有效地保护和开发以少数民族村镇为载体的少数民族文化，中国博物馆学界已将一种新型博物馆——生态博物馆用于少数民族文化的保护和开发中。生态博物馆是将整个社区作为博物馆空间，以期对社区的自然遗产和文化遗产进行整体保护，以各种方式记载、保护和传播社区的文化精华并推动社区向前发展[8]。生态博物馆作为一种发展模式，在社区文化遗产和文化价值方面，将增强人们的文化特性意识，使某些具有重大价值的文化得到抢救，所以，生态博物馆明显地具有某种社会功能，是联系过去、现在和未来的一条纽带。边疆高原山区就其地理环境而言，有建立生态博物馆的优势条件。1995 年中国和挪威两国政府已联合在贵州六枝特区梭嘎乡创建了梭嘎苗族生态博物馆，这是中国乃至亚洲的第一座生态博物馆。生态博物馆对于自然生态和人文生态的整体保护，是一种特别有效的博物馆形式，特别有利于科研价值和旅游价值的开发，为民族文化旅游开发与保护提供了一个符合可持续发展原则的持续旅游发展模式[9]。

三、依托农业景观的乡村生态旅游发展模式

我国是农业大国,边疆高原山区更是以农业生产为主,这就使乡村成为边疆高原山区的主导景观之一。乡村旅游的发展是时代发展的需求,业已引起社会对乡村发展、乡村景观、乡村遗产、乡村旅游的广泛关注,并感悟到乡村景观保护与乡村旅游发展的紧迫性,对落实我国新农村建设、推动边疆高原山区经济发展具有重要意义。

边疆高原山区可以充分利用全国乡村旅游发展的契机,深度挖掘边疆高原山区乡村旅游的内涵,发展边疆高原山区的乡村生态旅游,推动边疆地区第一产业与旅游业共同发展。目前,这种模式主要有 5 种类型,见图 3.3。

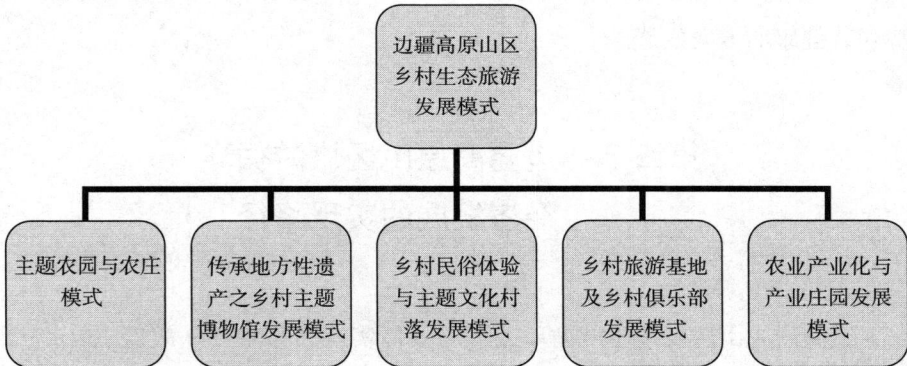

图 3.3　边疆高原山区乡村生态旅游发展模式图

（1）主题农园与农庄发展模式。形成教育农园、市民农园、租赁农园等多种形态,承载农旅结合的农事参与、自然教育和 DIY 创意空间等功能。

（2）传承地方性遗产之乡村主题博物馆发展模式。承载传统产品与传统工艺、传统生活与生产方式、非物质文化遗产展演和文化景观重现功能。

（3）乡村民俗体验与主题文化村落发展模式。承载古村落、新文化村落、新经济村落等不同阶段乡村整体人文生态系统的物化与意化的统一过程的认知和体验功能。

（4）乡村旅游基地及乡村俱乐部发展模式。不仅是乡村旅游的高级会所和信息中心,而且是乡村旅游的中介机构;不仅向乡村旅游者提供全方位的乡

村旅游服务,而且提供一种乡村旅游全过程的联程服务,旅游者可以在不同地方不同乡村俱乐部享受到一体化服务,并通过订购乡村旅游线路,向自驾车群体旅游提供自助式全程服务。

(5)农业产业化与产业庄园发展模式。集生产、研发、销售、交流、教育和旅游为一体的现代化农庄,比较成熟的有葡萄酒庄园、香料庄园、草莓庄园和西瓜庄园等,产业庄园既要体现产业化生产特点,又要满足服务性企业的需要[10]。

上述边疆高原山区旅游循环经济的发展模式在边疆高原山区的旅游循环经济建设中都不是孤立存在的,应该结合旅游循环经济的一般模式,使它们之间相互融合,共同运用在景区建设中,这样才能使边疆高原山区的旅游循环经济朝着健康的方向发展。

第四节　边疆高原山区旅游循环经济发展的实现路径

边疆高原山区发展旅游循环经济的具体实现路径主要从政府、旅游企业和社会公众三个层面进行。发展旅游循环经济是一项复杂的系统工程,需要强有力的政府推动,需要全社会的共同努力。应进一步制定和完善财政、税收、金融、投资等相关政策,形成有利于低投入、高产出、少排污、可循环的政策环境和发展机制;引导鼓励旅游企业发展循环经济;加强对公众环境意识的培养,提高公众发展旅游循环经济、保护生态环境的自觉性[11]。

一、政府层面:引导推动

旅游业的综合性特点决定了发展旅游循环经济必然要涉及方方面面,不仅涉及旅游部门、环保部门,而且涉及公安、交通、卫生等众多相关部门。要使边疆高原山区旅游循环经济稳步发展,实现旅游资源和环境保护的目标,就需要旅游者、旅游企业、当地居民、旅游开发商等齐心协力,共同努力。而要实现这方方面面的协调,政府的作用是至关重要的。由于旅游循环经济思想的前瞻性和长远性,并不是每个旅游企业和个人都能够理解并主动实施它。因此,政府在旅游循环经济发展战略中应该起引导推动作用。

(一)"五种手段"全面贯彻旅游循环经济理念

1.经济手段

边疆高原山区推动旅游循环经济发展的经济手段是指政府及各级主管部门,运用价格、利润、信贷、利息、税收、奖金、罚款等经济杠杆和价值工具,调整各方面的经济利益关系,把企业或个人的局部利益同社会的整体利益有机结合起来,制止损害旅游环境的活动,奖励保护旅游环境的行为,通过经济手段推进边疆高原山区旅游循环经济的发展。

边疆高原山区很多地区水土流失和环境退化问题严重,针对山区旅游资源及生态系统修复能力弱的特性,可以制定边疆高原山区"旅游环境保护执行鼓励金"制度,强制相关企业和个人恢复旅游资源开发后的生态环境,对未开发的旅游资源从开始就进行预防以控制生态环境恶化,从而减少旅游开发对生态环境的损坏。

征收旅游税:可以为旅游资源及环境的保护提供稳定而有保障的资金,重点投向边疆高原山区旅游业发展的薄弱环节,如交通系统、污水处理系统、旅游厕所等;利用有差别的旅游税率,鼓励、扶持旅游温、冷点地区的发展,调节旅游者的流向、流量,以减轻旅游热点地区和重点旅游城市的环境压力;可以增加或者减免有关部门或企业的税收,限制和禁止某些对旅游环境可能造成污染和破坏的建设项目,鼓励和支持那些有利于旅游环境保护的建设项目。

征收旅游资源税:针对边疆高原山区部分旅游资源的不可再生性,同时体现国有资源有偿使用的原则,对边疆高原山区旅游资源开发单位征收此税,同时可以调节开发单位因资源结构和开发条件的差异而形成的级差收入。

同时制定一系列优惠的价格、财政、税收、投资、土地、排污费返还政策和其他经济鼓励政策,调整资源使用费和废物处理费等[7]。在政策上鼓励边疆高原山区旅游循环经济工作的进行,利用各种经济手段和制度,形成边疆高原山区旅游循环经济发展的经济激励机制。

2.行政手段

行政手段是指各级政府根据国家和地方制定的循环经济及环境保护方针政策、法律法规和标准,依靠行政组织,运用行政力量,按照行政方式来管理旅游环境,鼓励利用发展旅游循环经济的方法。

各级政府应充分认识发展旅游循环经济对实现旅游可持续发展的重要意义,从意识、政策、行动上高度重视边疆高原山区发展旅游循环经济。

3.法律手段

旅游业的可持续发展必须要有切实可行的法律、法规作保障,才能做到"以法兴游"、"以法治游",才能杜绝一切破坏旅游资源与环境的现象。边疆高原山区发展旅游循环经济的法律手段,就是利用各种涉及循环经济、旅游资源与环境保护的有关法律、法规来约束旅游开发者、经营商和旅游者的行为,以达到对旅游环境进行保护的目的。法律手段的基本特点是权威性、强制性、规范性和综合性。基本要求是有法必依、执法必严、违法必究。所以,边疆高原山区发展旅游循环经济必须有法律基础作保障。

首先,认真贯彻落实国家相关法律法规。要认真贯彻执行有关服务业领域发展循环经济的相关法律法规及政策,如《清洁生产促进法》、《节约能源法》、《可再生能源法》、《水污染防治法》、《固体废弃物污染环境防治法》、《环境影响评价法》、《清洁生产审核暂行办法》、《中国 21 世纪初可持续发展行动纲要》等。

其次,加快制定地方性法规。在科学合理的规划基础上,有计划有步骤地开展旅游循环经济法规及政策制定工作。加快《旅游业发展循环经济促进条例》以及《包装废弃物再循环利用条例》、《生活垃圾再循环利用条例》、《产品废弃物再循环利用条例》、《绿色采购条例》等服务业开展循环经济的法规及政策工作,形成具有特色的发展旅游循环经济的地方性法规体系。

4.舆论宣传手段

政府应利用众多的媒体渠道,对旅游区开发经营者、当地居民、旅游从业人员、旅游者等进行发展旅游循环经济的重要意义以及相关知识的宣传教育,培养公众形成良好的环保意识并积极参与各种环境保护公益活动,在社会倡导一种节约资源和能源的消费方式与行为习惯。对旅游区开发经营者,要强调环保意识与管理能力教育;对当地居民,则应以环保参与教育和法制教育为重点;对旅游从业人员,应加强环保素质教育;对旅游者,应以旅游消费道德教育为主。

5.规划手段

科学的旅游循环经济规划可以遏制对旅游资源各自为政的盲目开发,杜绝不顾长远效益的竭泽而渔的愚蠢行为,使旅游资源的开发在渐进有序、统一和可持续的状态下进行。应坚持先规划后开发的原则。

云南省政府部门已用循环经济理念指导编制了规划,由各级财政安排专项经费,分别实行工业、农业和旅游业的循环经济试点,引导企业和社会更加重视发展循环经济。旅游行政主管部门应在此基础上单独编制《云南省旅游循环经济发展规划》,各级部门应根据各地旅游发展的实际情况,编制各地的《旅游循环经济发展规划》。在研究旅游资源特性以及旅游发展所带来的资源消耗和废物排放趋势的基础上,对各地自然生态环境的监测、垃圾和污水的处理、文物古迹的修复及保存、特殊及专项旅游资源的维护等方面进行规划,确立发展旅游循环经济的总体目标,制定系统的旅游循环经济发展战略、实施计划和长远的发展规划,建立相应的决策体制和管理模式以及科学的旅游循环经济评价指标体系,从而为边疆高原山区旅游循环经济发展提供基础和保障,把发展旅游循环经济同转变粗放型开发模式和调整产业结构逐步结合起来。

(二)"三种政策"指导规范边疆高原山区旅游循环经济建设

1.引导政策

加强旅游企业及旅游行业的引导尤为重要。加强旅游企业和旅游行业部门的循环经济意识的宣传,使整个旅游行业树立循环经济理念。引导旅游企业建立节约资源和能源的经营方式,建立低投入、高产出、低污染、高循环运行的生产系统和控制系统。对发展旅游循环经济"6R"原则较好的旅游景区、宾馆饭店及其他旅游企业给予鼓励支持,对资源再回收利用的旅游企业给予税收优惠、政府补贴或提供技术支持。

2.优惠政策

对发展旅游循环经济的旅游企业给予优惠政策,其目的是通过政策鼓励,使循环利用资源和保护环境的行为有利可图,使企业和个人对环境保护的外部效益内部化。按照"污染者付费、利用者补偿、开发者保护、破坏者恢复"的原则,大力推进生态环境的有偿使用制度。例如,通过税收优惠和政府补贴政策,使对旅游垃圾回收处理、污水处理、废旧物品回收利用等方面起领先带动作用的企业能够获得一定的政府优惠。

3.加强规制

加强制度建设,逐步形成边疆高原山区旅游循环经济规划制度、科技支撑、示范制度、绿色消费鼓励制度、产品回收利用制度、旅游循环经济发展激励制度、相关的中介组织服务制度和公共参与制度,逐步将边疆高原山区旅游循环经济发展工作纳入制度化的轨道。例如,政府应制定环境规制,对污染大、消耗高的企业限期要求整改,整改不合要求,给予一定的行政处罚,甚至责令关停。

(三)"三大机制"推动边疆高原山区旅游循环经济发展

1.监督机制

为了切实贯彻旅游循环经济的实施,建议由政府部门设立专门的监督机构,对发展旅游循环经济的各个企业、环节进行过程监督,以保证边疆高原山区旅游循环经济的顺利开展。

2.激励机制

采取奖励措施,如成立专门的基金会、科研部门或采用财政拨款等方式,对发展循环经济成效显著的旅游企业进行物质和精神层面的奖励,并鼓励相关的科研机构、高校和个人积极投入到对旅游循环经济的研究之中。

3.考核机制

对发展循环经济的旅游企业进行定期考核,不断监督其各方面的工作,促进旅游企业开展旅游循环经济评比争优活动,不断推动边疆高原山区旅游循环经济的发展。

二、企业层面：全面启动实施

旅游企业是资源消耗和产品形成的主体，实施旅游循环经济必须从每个企业入手。应在旅游产品生产企业（如旅游景区景点、旅游饭店等）推行循环经济，开展物质循环、清洁生产、环保包装、采用先进的生产工艺等措施，以减少对资源的破坏，减少在生产旅游产品和开展旅游服务过程中的物质和能源的消耗，实现污染物产生量的最小化。

（一）旅游景区（点）

旅游景区（点）是开展旅游循环经济的重要环节。边疆高原山区旅游资源与旅游环境具有脆弱性和不可再生性，景区的开发经营者在对其进行开发利用时应融入循环经济的原则，对旅游资源与旅游环境进行系统地、综合地开发与保护，并将其与旅游的可持续消费融为一体，从而使旅游经济系统和谐地纳入旅游系统的物质循环过程。循环经济要求以环境友好的方式利用自然资源和生态环境，要求旅游开发时应充分协调旅游发展与生态环境的关系，在充分考虑环境容量的基础上，做到合理、循环、可持续地利用旅游资源与环境，达到生态、社会、经济效益的完美统一。

转变旅游景区（点）开发设计思想和原则，把经济效益、社会效益和环境效益统一起来，充分注意物质资源的循环利用。而旅游景区（点）开发设计中应强调环保材料的使用。首先，环保材料自身必须具有环保性，即材料不存在危害自然环境的成分；其次，要注意材料的再生性，即材料可循环使用。总之，旅游景区（点）应运用相关循环经济技术（主要涉及旅游资源可持续开发利用技术、旅游资源可持续利用与环境保护技术、旅游环境监测技术等）指导旅游规划、旅游资源开发，形成旅游区保护型的循环开发规划模式，通过不断地利用与保护景区资源与环境，使旅游资源和环境利用可持续化，从而推进景区（点）旅游循环经济发展模式。

贯彻循环经济理念，避免过度开发景区旅游资源，防止超过景区的环境容量；通过对环境的监测，测算出旅游地生态环境的脆弱程度，判断旅游地是否适合开发，适合哪种形式的开发，适合开发的资源有哪些，开发旅游资源后是否会对生态环境造成破坏；通过对环境容量进行测算，在旅游经营过程中对旅游者数量进行控制,把旅游者数量控制在旅游环境容量范围内,以保护生态环境。通过对环境污染的防治和治理技术来处理旅游地的垃圾及其他污染物,从而维护生态环境;景区内废弃物的减量化和循环利用技术的应用使景区减少废弃物的产生,不可避免产生的废弃物要循环利用,对景区内产生的垃圾进行及时分类回收;利用污水处理技术,实现中水回用,提高绿化率等,更好地改善景区生态环境。另外,旅游景区(点)应建立绿色技术设计、开发与应用体系,从而形成旅游循环经济发展总体战略实施系统。政府通过坚持实行开发和节约并举的政策方针,鼓励旅游景区(点)开发和应用节能降耗的新技术,从而加快推进旅游资源综合利用和循环利用。

边疆高原山区的部分景区(点)由于管理和建设不当,一些旅游资源遭到不同程度的破坏,部分文化遗存得不到有效保护,部分高原湖泊的水质受到了不同程度的污染,少数旅游区开山采石、砍伐森林等现象屡禁不止,完全违背了循环经济中的资源循环利用原则。例如云南省著名的苍山洱海旅游区,为了修建全长 75 千米的苍山玉带路方便游客进入,仅修通 16.7 千米就爆破土石 10 万立方米,造成山石裸露,山体岩石稳定性受到破坏,局部地段山体大面积滑坡,造成水土流失;由于人类活动的急剧增加和旅游资源的不合理开发,苍山自然生态环境、森林植被破坏严重,再加上森林火灾,苍洱之间的森林覆盖率日益降低,森林涵养水源的功能大大减弱,水土流失严重,同时破坏了洱海湖滨带以及湿地自然生态系统,导致湖湾和沿岸水体水质恶化,土著穴居动物濒临灭绝[12]。1999 年大理州政府不得不投入 1.2 亿元用于疏浚洱海污染底泥和恢复湖滨带,以阻止湖泊富营养化进程并使其向好的方向转化,这项投入就占了当年大理州政府地方财政收入的 13.42%。由此可见,这种"先开发造成破坏而后治理恢复"的畸形发展模式需要投入大量的人力、物力、财力,应从根源上杜绝此种现象发生。

边疆高原山区旅游循环经济景区(点)的建立,需从建立旅游循环经济示范区开始,在边疆高原山区选择有代表性的旅游区发展旅游循环经济,运用旅游循环经济技术,并将成功经验不断地在其他旅游区进行推广,最终带动旅游循环经济产业的发展。

　　云南省发展和改革委员会组织开展了《云南省循环经济发展战略研究》和《云南省发展循环经济重点领域研究》，其中将建设以旅游业为主的生态城市（镇）作为循环经济发展的重要组成部分。"十一五"积极开展丽江市和丘北普者黑生态旅游区试点建设，形成生态化景区和生态化城市（镇）。《云南省丘北县普者黑旅游循环经济示范规划》已通过评审，云南省丘北县普者黑将在循环经济和生态学理论的指导下，以区域经济结构调整和产业优化布局为切入点，依托普者黑旅游区，以旅游业的可持续发展为重点，用10—15年时间，通过对生态环境的维护、水体环境的治理、资源的保护开发、环境污染问题的解决，建立示范区循环经济产业体系、城镇基础设施体系和生态保障体系，建立完善的循环经济法规、政策和科技支撑体系，扶持发展废弃物再生利用、资源回收产业，实施湖滨带建设与面源污染控制工程，建设环境友好型的民族文化旅游村，发展生态农业体系，逐步实现农业产业结构合理化、生产技术生态化、生产过程清洁化、生产产品无公害化，引导旅游区内旅游企业提高资源、能源利用率，实现节能、降耗、减污、增效，为丘北县建设和谐社会和节约型社会奠定良好基础，能够有效提升普者黑风景名胜区在全国景区中的地位，并为边疆高原山区旅游循环经济的开展起到先锋示范作用。

　　陆续将发展旅游循环经济条件较好的西双版纳、大理、迪庆、香格里拉生态旅游区和景洪市、大理市、德钦县等城市（镇）作为边疆高原山区开展旅游循环经济的示范工程。针对西双版纳生态系统特性及生物多样性优势，利用其资源利用循环性快、自我恢复能力强的特点，开展适合热带雨林生态系统运行的旅游循环经济发展模式；针对苍山洱海高山、湖泊相对独立的生态系统开展山体、湖泊、文化、民族融合的旅游循环经济发展模式；针对香格里拉高山峡谷山体上部自然环境恶劣、水循环能力弱、消除污染速度慢以及一旦破坏难以恢复的特点，开展以生态文化旅游为指导、以环境保护为导向的旅游循环经济发展模式。

　　(二)旅游饭店

　　旅游饭店的建设应有绿色开发设计理念，首先应采用节能省地的建筑模式，增加饭店建筑的采光效果，推广太阳能建筑，充分综合利用成熟的被动太阳能技术与现代光伏光热技术、保温隔热的围护结构技术与自然通风采光遮阳技术,植入生态效率设计理念,将传统建筑构造与现代技术和理念相融合等,从而减少电等资源的消耗;采用省地建筑模式,可以减少混凝土等建筑材料的使用。其次,加强使用绿色材料和无污染材料,减少有刺激性油漆、墙面起漆的使用等,注重开发设计绿色客房。

旅游饭店在经营过程中应注重科技的运用,充分利用节能技术、清洁生产技术,降低旅游饭店经营成本,减少旅游饭店经营过程中对周围环境产生的污染,为旅游者提供清洁、无污染的产品。另外,应充分利用资源、循环利用资源,将废弃物重新回收利用,如将餐饮剩余物用于饲养动物,减少一次性用品的使用等,一方面可以减少污染和垃圾的产生量,另一方面可以节约原材料和资源。

边疆高原山区在旅游饭店领域推行旅游循环经济,应先选择重点旅游饭店进行试点,按照《绿色旅游饭店》国家旅游行业标准要求选择一批高星级饭店,如西双版纳傣园酒店、西双版纳观光酒店、西双版纳大连酒店、大理漫湾大酒店、大理美登大酒店、大理凤凰温泉度假酒店、香格里拉天界神川酒店、香格里拉观光酒店、香格里拉扎西德勒大酒店、香格里拉悦榕仁安藏村等作为绿色旅游饭店循环经济试点单位,进行旅游饭店节能技术、循环利用技术的试行点,并逐步将旅游饭店循环经济理念和技术推广到整个饭店行业。

(三)旅行社

旅行社应在进行旅游线路设计时贯彻循环经济原则,重点开发推介生态旅游产品和低能耗的旅游产品,在旅游要素的组合中偏向注重开展循环经济的企业,如绿色饭店餐馆等;在接待服务的过程中通过导游员的宣传作用对游客施加影响,加强推广循环经济的理念,引导旅游者进行绿色消费。边疆高原山区发展旅游循环经济应在旅行社行业中选择一部分旅行社开展旅游循环经济试点,旅行社通过推出绿色旅游线路,提供绿色旅游产品,采用绿色交通方式或交通工具,采用节能降耗技术,节约能源,减少污染,带动整个旅行社业运用旅游循环经济技术,开展绿色旅游活动,引导绿色消费,为边疆高原山区旅游循环经济的发展奠定基础。

三、社会层面：营造发展旅游循环经济的氛围

旅游循环经济的实施是其运行模式在实践上的体现，需要调动社会各个层面积极参与。通过开展绿色教育，引导绿色消费，树立公众的旅游循环经济理念，营造良好的公众参与环境，实现社会共同参与实施旅游循环经济的发展。

（一）开展绿色教育，转变发展理念

建议成立旅游循环经济发展协会之类的组织，不定期开展旅游循环经济绿色宣传教育活动，并组织旅游从业人员、游客及公众广泛参与环保实践，定期举办环境污染案例听证会，加强环境案件的社会影响。

重点加强旅游企业的绿色教育工作，强化循环经济理念与意识。教育的主要内容包括：首先，旅游企业要从传统的单程式经济（资源—产品—废弃物）向循环型经济（资源—产品—废弃物—再生资源）的理念转变，使所有的能源原料都在不断进行的循环中得到合理利用，从而把经济活动对自然环境的影响控制在尽可能小的限度。其次，要从传统的高消耗高排放向"减量化"发展的理念转变，把提高资源利用效率作为实现增长的主要途径。最后，要从传统的废弃物处理向资源再生利用的理念转变，确立起"废弃物也是资源"应当进行再资源化的理念，要充分挖掘废弃物的价值，提高废弃物资源化利用程度，努力变废为宝、化害为利。

实现发展理念的转变，是树立和落实科学发展观的客观要求，是大力发展循环经济、建设节约型社会的重要保证。必须把循环经济的理念贯穿于边疆高原山区旅游发展中，积极引导广大旅游企业和社会公众转变观念、提高认识，推动走出一条低代价的旅游经济发展之路。

（二）引导绿色消费，实现消费驱动

绿色消费有三层含义：一是倡导消费未被污染或者有助于公众健康的绿色产品；二是在消费过程中注重对垃圾的处置，不造成环境污染；三是引导消费者转变消费观念，注重环保，节约资源和能源，改变公众对环境不宜的消费方式。

引导游客绿色消费。向游客倡导绿色消费观念，改变不合理的消费方式，

将循环经济的理念贯穿于旅游消费的全过程。具体表现在:倡导游客优先使用和购买再生利用产品、环境标志产品和通过清洁生产审计或通过 ISO14001 认证的"绿色"产品,为这些产品培育稳定市场;提倡游客在消费过程中选择包装较少或者可循环使用的物品,而不是一次性物品,以减少垃圾的产生;引导游客转变消费观念,使用"绿色"产品成为潮流,提倡理性消费和清洁消费,杜绝浪费,注重环保,节约资源和能源,改变对环境和资源不宜的消费方式。

促进绿色生产与消费的良性循环。通过引导游客绿色消费来刺激旅游企业绿色服务产品的生产,以绿色生产带动绿色消费,形成绿色生产与消费的良性循环。

(三)创建绿色社区,加强社区参与

积极开展绿色社区的创建工作,鼓励社区采用循环经济技术,充分利用太阳能等可再生资源,减少不可再生资源的使用,推广沼气的使用,将社区内产生的有机垃圾通过技术进行沼气化处理,从而达到节约能源、减少污染的目的。在社区内积极推广绿色建筑,采取无污染材料,减少对环境的破坏,节约资源,保护生态环境。

总之,边疆高原山区旅游循环经济发展战略,是一项系统性的工程,需要政府、企业以及社会各个层面的共同参与,需要调动全区力量,共同推动边疆高原山区旅游循环经济的发展。当人人谈旅游循环经济、人人重视旅游循环经济之日,将是边疆高原山区旅游循环经济蓬勃发展之时。

参考文献

[1]朱菲:《可再生能源技术在旅游循环经济发展中的应用研究》,云南师范大学硕士论文,2009 年。

[2]徐飞雄:《论生态旅游开发的基本原则及其实施》,《生态经济》2005 年第 10 期。

[3]明庆忠、舒小林:《旅游循环经济的发展理念与运行体系研究》,《人文地理》2007 年第 3 期。

[4]高远:《云南省乡村地区旅游循环经济发展模式研究》,云南师范大学硕士论文,2009年。

[5]邹平、杨永生:《云南服务业发展循环经济的对策研究》,《云南师范大学学报(哲学社会科学版)》2006年第3期。

[6]蒋英:《山岳型旅游地绿色旅游开发研究》,云南师范大学硕士论文,2008年。

[7]翟羽佳:《山地生态旅游规划研究》,www.hbcas.com.cn. 2013-1-16。

[8]余青、吴必虎:《生态博物馆:一种民族文化持续旅游发展模式》,《人文地理》2006年第6期。

[9]舒代宁:《旅游循环经济的实现途径》,《四川省情》2006年第6期。

[10]段刚:《对云南省发展循环经济的思考》,《云南社会科学》2005年第4期。

[11]王利朋、李茂青:《浅议循环经济理论下桂林旅游可持续发展的对策》,《嘉兴学院学报》2007年第2期。

[12]谢晖:《基于循环经济的云南旅游业可持续发展研究》,昆明理工大学硕士论文,2006年。

第四章 边疆高原山区旅游循环经济
发展的重点领域与关键技术

　　旅游循环经济是一个多学科、多产业、多行业交叉融合的新方向,涉及经济学、地理学、生态学、旅游学等,需要多学科、多行业、多产业协调发展;然而循环经济理念和实践的研究起步较晚,成果尚需检验,循环经济理念引入旅游业的研究则更少,因此研究实践中将循环经济在综合性极强的旅游业全面展开有一定难度,应该先确定一些重点领域或者行业作为试点发展,然后再逐渐推广。同时,在旅游循环经济重点领域的研究实践中,一些相关的技术作为旅游循环经济发展的科技支撑体系是必不可少的。本章主要探讨边疆高原山区旅游循环经济发展的重点领域遴选的原则、方法、体系,以及重点领域的发展思路和关键支撑技术。研究中倡导将这些技术充分应用到社会层面、区域层面、企业层面的实践中,根据目前发展的实际情况,项目研究侧重于重点领域的企业层面。

第一节 边疆高原山区旅游循环
经济发展的重点领域

一、遴选原则

　　边疆高原山区是指地处我国边疆的高原山地地区,主要由云南、新疆、西藏、内蒙古等省区组成。边疆高原山区的地理环境特殊性和生态脆弱性非常适合发展旅游循环经济,但在发展过程中仍因遵循循环利用、环境优先、效益最佳的原则。根据这一地域山地面积广阔,地质地貌复杂多样、气候多样,立体气候明显、生态环境脆弱、文化多样等特点,在进行旅游循环经济发展重点领域遴选中应遵循以下原则。

(一)可行性原则

可行性原则是边疆高原山区发展旅游循环经济最根本的指导原则。边疆高原山区地域广阔,气候复杂,具有地貌多样性等特点。在这一地区发展旅游循环经济,一定要适合本区域的实际情况,具有很强的针对性和可行性。要根据当地的旅游业发展水平和现状、当地的旅游空间组织情况、旅游业内部的行业间耦合情况以及当地的科技发展水平,确定的重点领域在本区域发展旅游循环经济具有实行的基础和可操作性,确保切实可行。

(二)实用性原则

实用性原则是发展旅游循环经济的基本出发点。对旅游循环经济发展领域的筛选,不但要有可行性,还要本着实用、对地方旅游业有最大效用的原则。以云南为代表的边疆高原山区要切实利用好旅游循环经济带来的好处,把其思想应用到旅游业的方方面面中,使当地的旅游资源、旅游环境、旅游基础设施、旅游服务设施有一个根本的改观。实用性原则的具体内涵是发展旅游循环经济的领域要能给当地旅游业带来效益和环境上的实惠,不能雷声大雨点小,华而不实,要击中旅游业存在的实质问题。

(三)多循环交叉原则

多循环交叉原则是发展旅游循环经济的基本思路。边疆高原的环境脆弱,物质循环链条短,在边疆高原山区发展旅游循环经济,要多点面、多层次地进行。按照旅游循环经济的要求,既要减量,又要循环再利用,循环的方式既有区域层面上的大循环,又有企业层面上的小循环,即大循环套小循环,小循环支撑大循环[1]。以能源领域为例,既可以发展以废料为原料的沼气技术,还可以发展地热能的梯度利用等。

(四)经济性原则

经济性原则是发展旅游循环经济的生命。任何东西要是不经济,就失去了存在的价值,发展旅游循环经济也是如此。经济性原则既要求有良好的经济产出,还要求低造价、低成本,这就需要对可供旅游循环经济利用的技术、方法、工艺、设备等进行选择,确定适合于本地区本领域的最优方案,以达到经济效益的最大化。应该根据边疆高原山区的地理环境特点、生产方式特点和文化特色,在资源利用、环境保护、旅游线路设计等方面进行综合考虑,把旅游业涉及的各个行业、领域都囊括进来,实现最优的经济效益。

二、遴选方法

（一）以相关政策法规为依据

2004 年以来,国务院加大了发展循环经济、建设节约型社会的工作力度,先后颁发了《关于做好建设节约型社会近期重点工作通知》和《关于加快发展循环经济的若干意见》两个纲领性文件,标志着我国循环经济工作进入新的阶段。一些企业清洁生产、节能等法律如《绿色旅游饭店》、《中国 21 世纪初可持续发展行动纲要》、《清洁生产促进法》、《节约能源法》、《可再生能源法》、《水污染防治法》、《固体废弃物污染环境防治法》、《环境影响评价法》、《清洁生产审核暂行办法》及一些地方性法规如《云南省旅游业发展循环经济促进条例》、《包装废弃物再循环利用条例》、《生活垃圾再循环利用条例》、《产品废弃物再循环利用条例》、《绿色采购条例》等也构成了旅游循环经济发展的法律基础。

循环经济是旅游循环经济构筑的基础,同样,循环经济的相关政策法规也适用于旅游循环经济领域。根据上述政策法规的精神及发展循环经济的内涵,结合边疆高原山区旅游业发展现状和存在的环境污染、资源破坏和无序利用等问题,按照循环经济"减量化、再循环、再利用、再思考、再修复、再构建"[2]的基本思想,制定适用于边疆高原山区发展旅游循环经济的政策法规体系,对旅游业涉及的住宿、餐饮、交通、娱乐各行业和旅游资源与环境保护领域等产业有一个宏观的指导。值得注意的是,政策法规的制定要有明确的指向和规定,如应该针对那些污染物排放较大、对环境影响较明显的行业;针对耗能量大、对常规能源需求高的产业;应该加强资源的综合利用;应该对违反的主体有明确的处罚条例和规定,同时有明确的执行部门等。

云南作为边疆高原的代表地区,也是本研究的案例点,应该从本区域实际情况出发,针对本地区以山地高原为主的地形特征、生物多样性、气候多样性、生产生活方式多样性、文化多样性以及旅游业目前的发展状况,制定出结合本区域情况的旅游循环经济发展体系,应该紧紧围绕旅游资源开发与保护、环境监测、旅游线路的设计、旅游产品设计和制造、旅游服务部门等实际情况制定。相关部门应该在制定旅游循环经济政策法规方面加强宏观指导、推动结构调整、推进重点工作、完善配套设施、组织重点示范、广泛开展宣传等工作。

(二)根据各地实际情况确定重点领域

我国的高原山区主要分布在西北和西南,代表性省区有云南、新疆、西藏、内蒙古等。由于各地区的地形、植被、光热组合、降水量以及旅游业的发展现况具有地区差异性,所以在具体确定发展旅游循环经济的重点领域也有差异。

项目实证研究区域为云南省,总面积39.4万平方千米,地势从西北向东南倾斜,全省海拔最高点6740米,最低点76.4米,相对高差6663.6米;地形以山地高原为主,其中山地占84%、高原占10%、盆地占6%;按地貌分有低山、中山、高山、山原、高原、丘陵、盆地和河谷等地貌类型;气候类型丰富多样,有北热带、南亚热带、中亚热带、北亚热带、南温带、中温带和高原气候区七个气候类型,由于地形和地势等原因,立体气候特征显著。在这样一个地形复杂、气候多样、生物多样性丰富的特殊区域发展旅游循环经济,重点应该在环境质量提高及其保护、污染物排放与治理、资源循环利用、废弃物资源化等方面推进。同时在推进的过程中还应当在发展旅游循环经济中考虑这些领域能够有效缓解对环境的负面影响,注意旅游业内部资源的循环和减轻对交通的压力等。

(三)重点考虑优势行业或企业

旅游活动是围绕旅游景区或旅游资源富集地来开展的,同时旅游活动的正常开展离不开旅游交通、旅游住宿、旅游饮食、旅游娱乐等活动的支撑。在旅游业所涉及的"游、住、行、食、购、娱"六要素中,以旅游交通、旅游住宿等产生的环境问题最为突出,对环境的影响最大。因而先确定重点行业和企业作为发展旅游循环经济的节点,使其产生的效益可以给整个旅游业带来一定的积极作用和起到示范效用。对于边疆高原山区,由于其地理特殊性和生态脆弱性等特点,在确定重点行业和企业时要考虑到行业或企业与其他产业的相关性和耦合性,在行业或企业内部是否可以进行多个资源循环利用链条,是否可以明显地改善旅游业环境和提高旅游产业的综合竞争力等等。

(四)注重产业之间的耦合性

旅游业是一个综合性很强的产业,涉及面广,产业内部行业类型多。然而旅游产业自身作为内因的健康发展起主导作用,因此对产业内部的重点领域进行有效遴选至关重要。项目组认为在发展旅游循环经济过程中,重点领域应具有以下内涵:一是要和产业内的其他行业具有紧密的联系;二是要有很强的关联带动作用;三是能够对旅游业产生明显的经济效益、社会效益和生态环境效益。以这三个方面作为确定边疆高原山区发展旅游循环经济重点领域的重要衡量杠杆。

针对边疆高原山区的实际情况和特点及产业构成情况,应该把旅游业所涉及的第一产业、第二产业和第三产业囊括到旅游循环经济的体系中来,根据特定区域的现况,设计出合理的资源利用和再利用循环链,组成一个合理的贯穿三大产业的旅游业物质循环闭合线路系统。在边疆高原山区组建这样一个庞大的系统,要注意农业旅游活动的生态性、旅游相关工业的无害化生产和环保技术的提升、第三产业对资源利用和环境影响度等问题,重点在于考虑如何把三大产业有机地结合起来形成一个完整的产业生态系统,更好地发挥对资源利用和环境整体优化的作用。

三、遴选体系构建

(一)体系构建

由于旅游业涉及第一、第二和第三产业,行业跨度大、范围广,且我国目前发展旅游循环经济还处于探索阶段,在这样一个宽广的领域发展旅游循环经济,不可能面面俱到,因而有必要对其所涉及的产业和行业进行遴选,确定重点领域进行针对性的发展。由于边疆高原山区地理位置的特殊性和生态环境的脆弱性,应该重点考虑产业的规模、资源的利用状况、对环境的影响、社会关联度等问题,这些是边疆高原山区应该重点考虑的方面,也是建立遴选指标体系的重要依据。根据旅游业的行业特点和基于对旅游循环经济的认识,项目组成员通过专家咨询法将旅游循环经济重点领域的遴选指标确定为一级指标、二级指标和基本指标,其中一级指标 4 项、二级指标 10 项、基本指标 34 项（见表 4.1）[3]。

表 4.1　发展旅游循环经济重点领域的遴选指标体系

一级指标	二级指标	基本指标
环境指标*	排放指标*	废水排放量*（吨）
		固体垃圾产生量*（吨）
		废气产生量*（立方米）
	环境状况指标*	环境影响度*（强、中、弱）
		大气质量状况*（优、良、一般、差）
		水环境质量*（优、良、一般、差）
		土壤环境质量*（优、良、一般、差）
	山地绿化状况指标*	山地裸露程度*（%）
		山地植被覆盖率*（%）
		坡地固化率*（%）
资源指标*	耗用指标*	单位 GDP 用水量（吨/万元）
		行业能源消耗量占旅游业的比例*（%）
		资源消耗量*（吨）
	人文旅游资源指标*	特色民族旅游资源保护比例*（%）
		民俗文化资源的保护和冲击程度*（强、中、弱）
		少数民族特色建筑完整性*（高、中、低）
	自然旅游资源指标*	旅游资源实际使用比例（%）
		旅游资源占有率*（%）
		旅游基础设施占有率（%）
		资源使用效率*（%）
		资源利用类型*（基础级、提高级、发展级）
		资源循环使用率*（%）

一级指标	二级指标	基本指标
经济指标	行业发展水平	行业人均 GDP(万元)
		行业年 GDP 增长率(%)
		财政收入占 GDP 比重(%)
	投入/产出比例	区域行业万元 GDP 平均能耗*(吨标准/万元)
		区域百万元国民生产总值的耗能量(吨标准/百万元)
		区域人均产出(万元/人)
社会指标	人力资源指标	人力资源占旅游业的比例(%)
		每万人拥有大中专学历人员比重(%)
		从业人员占旅游业比例(%)
		从业人员占旅游业总人数比例(%)
	社会影响指标*	社会关联度*(高、中、低)
		经济贡献率(%)

注:加*号的为核心指标。

重点领域遴选指标包括环境、资源、经济和社会指标四项。四个一级指标比较全面地涵盖了旅游产业所涉及的各个方面,是一个开放的、相互作用的系统,其中环境指标和资源指标是整个遴选体系的核心,是衡量的主要方面;经济指标和社会指标是其重要的补充。四个指标之间形成了一个重点突出、互补性强的发展旅游循环经济重点领域遴选体系。

环境指标包括三个二级指标(排放指标、环境状况指标、山地绿化状况指标)和 10 个基本指标。其中排放指标用来衡量旅游业内行业的环境污染物排放状况,包括废水排放量、固体垃圾产生量和废气产生量;环境状况指标包括环境影响度、大气质量状况、水环境质量和土壤环境质量,从这四个方面说明旅游业对环境产生的影响;山地绿化状况指标用来衡量坡地的受破坏程度,包括山地裸露程度、山地植坡覆盖率和山地固化率。资源指标包括耗用指标、人文旅游资源指标和自然旅游资源指标。耗用指标主要有单位 GDP 用水量、行业能源消耗量占旅游业的比例、资源消耗量等指标,用来衡量各行业或领域的资源消耗情况;人文旅游资源指标主要有特色民族旅游资源保护比例、民俗文化资源的保护和冲击程度、少数民族特色建筑完整性等三个指标,用来衡量边疆高原少数民族地区特色旅游资源及民俗风情、建筑类的使用和保护程度;自然旅游资源指标主要有旅游资源实际使用比例、资源使用效率、资源利用类型等6个基本指标,用来衡量各个行业对旅游资源的占有和利用状况。经济指标分为行业发展水平、投入/产出比例两个二级指标及所包括的行业人均GDP、财政收入占GDP比重、百万元国民生产总值的耗能量、区域人均产出等6个基本指标,用来衡量整个旅游业内各个行业或领域在整个旅游业经济和国民经济中所占的比例和发展状况,是对旅游行业一个综合性的衡量。社会指标包括人力资源指标和社会影响指标,主要从人力资源占旅游业的比例、社会关联度和经济贡献率等6个方面衡量各个行业和领域在旅游业中的社会效用和与整个社会的关联程度。

(二)遴选程序

遴选程序的构建是对遴选指标的重要应用,其目的在于说明对旅游业各个行业遴选的基本程序和应该把握的方向。其流程图为遴选原则→遴选指标→确定遴选方案→选取旅游业各领域典型企业→对企业展开调查→相关数据收集→整理数据→分析数据→确定重点领域(见图4.1)。

在利用流程图的各个环节中,应该考虑一些原则的应用,比如选取旅游业各领域典型企业的时候,要注意这些行业或领域的企业既要有区域代表性,又要具备行业代表性的特点;在数据的收集过程中,要确保其客观性、系统性和代表性。当然,流程图只是一个大的方向,在实际操作过程中,应该根据当地的实际情况需要作次序上的调整和内容上的取舍。

四、边疆高原山区发展旅游循环经济的重点领域

根据上述的遴选原则和遴选方法,确定边疆高原山区发展旅游循环经济的重点领域为旅游交通领域、旅游能源领域、旅游宾馆饭店、旅游资源可持续利用与保护领域。以这些领域作为突破口进行旅游循环经济的试点与示范,通过其带动作用,对于边疆高原山区的旅游业有着战略性的示范效应。

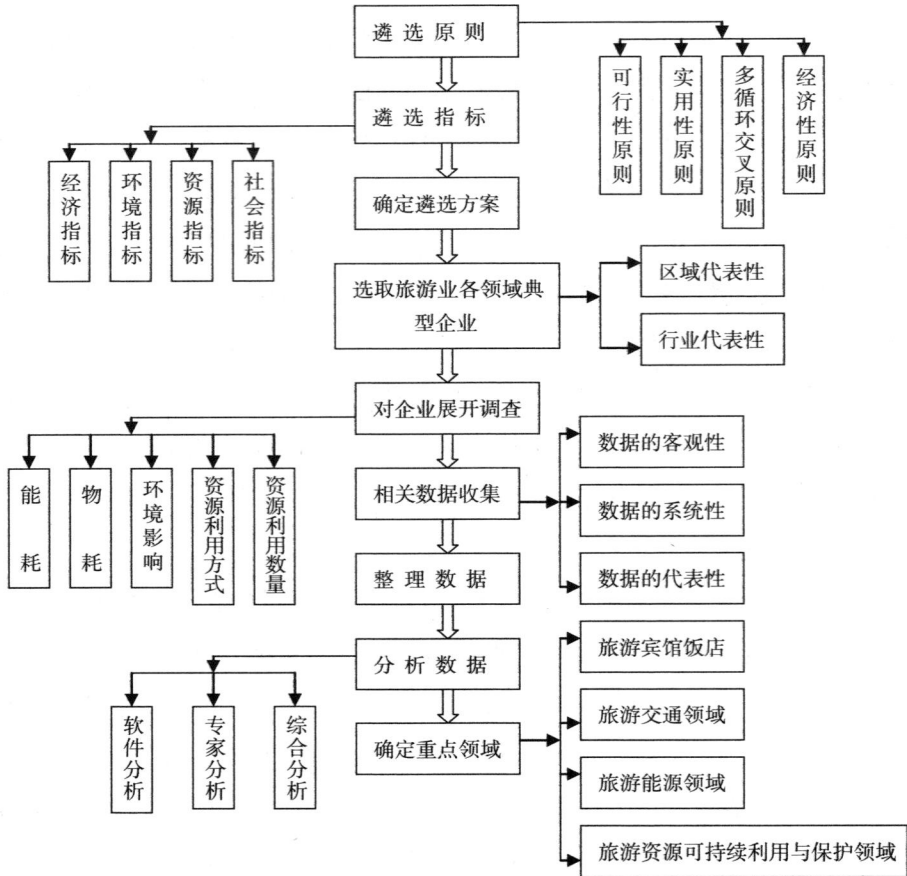

图 4.1　旅游循环经济重点领域确定流程图

(一)旅游宾馆饭店

宾馆饭店是旅游业重要的基础设施。作为一个综合性的旅游服务系统,宾馆饭店提供了住宿、餐饮、娱乐、购物等多项旅游服务,是旅游业中最大的服务提供实体,也是旅游业物质流和能量流最集中的领域,也是对环境污染较大的部门。

边疆高原山区的旅游宾馆饭店相对于东部发达地区,分布密度较小,规模不大,但是在旅游资源富集地区的集中程度很高,主要分布在旅游区(点)、旅游城镇周围。由于区位条件限制,处于经济欠发达地区,资金相对短缺,人力资源素质普遍偏低,从业人员的节能环保意识不强,对环保设施及其污染物处理率较低,设施也很少考虑到节能环保因素。因此,在边疆高原山区的宾馆饭店业中发展旅游循环经济,要从如下几个方面考虑:一是从源头上进行控制,即通过绿色建筑和节能技术从饭店宾馆的设计、用料、建筑形式、朝向、选址等来体现减量化的思想[4];二是在运行过程中进行有效地控制和改造,根据当地的实际情况通过应用新能源与可再生能源和节能设备节约电能,通过对一次性用品的控制来实现用量上的节约,通过对隔音实施来减小对周边环境的影响;三是对流出端的资源循环利用和处理,通过对中水的处理达到可利用的目的,通过对剩饭菜和垃圾处理使其转化为沼气等能源,通过对固体废弃物的分类处理达到资源的最优化利用方式。

同时,对宾馆饭店及餐饮业推行绿色认证和清洁生产,创建绿色宾馆饭店,实现水、能量和用品的减量与循环利用,特别是中水的循环利用,是旅游业循环经济发展的关键环节。

(二)旅游交通领域

交通运输业既是旅游业发展必不可少的设施,也是旅游业能量流和物质流比较集中的载体,还是对环境污染比较大的领域。边疆高原山区的旅游交通主要存在的问题有旅游线路不合理,没有合理利用原有的交通路线,作了一些重复性的建设,造成基础设施的浪费;旅游交通工具没有考虑到对生态、环境的影响,能源多为传统化石燃料;没有对交通工具排放的尾气进行有效的控制和处理。以云南省为例,主要旅游线路都是从地势平坦、人口集中的坝子边缘或中心位置穿过。由于坝子周围群山环绕,排放的废气得不到及时的空气对流稀释,对当地居民的健康产生了威胁,同时也破坏了生物生存环境。

针对边疆高原山区交通存在的问题,在交通领域发展旅游循环经济要考虑到如下几点:一是对运输线路的最优化设计,达到距离最短、通达最优、节约化石能源的目的;二是对交通工具的控制和改造,提倡使用电力交通工具,严格控制燃油类交通工具进入旅游区;三是对交通工具的尾气、噪音等进行有效的处理,通过消烟除尘装置对车辆的尾气进行有效的过滤和处理,通过消音设备对车辆的噪音进行控制,防止车辆渗漏的油污污染旅游区,对已经出现的要及时进行无害化处理。

因此,通过技术进步和相关的政策措施,控制和减少交通工具产生的尾气、噪声、油污等对环境的污染,在各个环节上进行积极有效的预防和控制,既是建设绿色交通线路也是旅游业循环经济发展的重要环节。

(三)能源领域

能源领域的范畴比较大,包括旅游区(点)、旅游饭店业、旅游交通业、旅游餐饮业、旅游娱乐业等。在这样一个宽广的领域里应用旅游循环经济理念去指导旅游活动,具有积极的现实意义。边疆高原山区能源领域存在诸多问题,以旅游业较为发达的云南省为例,规模旅游企业多使用锅炉、煤炭、天然气等,较小的农家乐、小型旅店、招待所等多采用柴薪作为主要燃料,尤其是其布局在旅游区(点)周围,对空气质量影响很大。

在这些行业里可以进行的措施主要有:一是节能,具体包括照明、动力、炊事、采暖、采光、制冷等方面,可以通过新型的同类节能设备进行替换或升级;二是积极地寻找新的绿色能源,比如太阳能、风能、地热能、水能、生物质能等等,利用这些绿色能源产生的能量有效地替换常规能源,达到经济、清洁的目的;三是在具体的管理上进行控制,避免无端的浪费。

在边疆高原山区进行能源升级替代要注意构筑一个良性循环链条,一个景区(点)周围的旅游宾馆饭店、餐饮行业、娱乐行业等旅游服务设施都可以进行能源上的统一规划,这样可以形成规模效应,降低成本,减轻对景区(点)周围环境和生物的压力。

(四)旅游资源可持续利用与保护领域

旅游资源是旅游业赖以生存和发展的基础,是旅游活动开展最重要的载体。对旅游资源进行有效地利用和保护,对于旅游业的可持续发展具有重要意义。边疆高原山区资源利用领域存在的主要问题有:大多数旅游资源没有经过详细的调查和规划就进行开发建设,导致资源利用产生很多问题,如资源的破坏、水土流失等;在进行资源开发的过程中没有考虑到对生物多样性的保护,导致对某些物种的破坏;在日常的经营活动中缺乏对资源的系统管理等,导致旅游区环境质量总体下降。

建议边疆高原山区旅游资源的可持续利用和保护可以从以下方面进行:首先在旅游资源开发时,要做到严格规划,对规划的方案进行专家评审,做到对资源的最小破坏。其次在开发的过程中,要考虑到对周边自然环境、水环境、土壤、大气环境、声环境、光环境的影响。最后要利用相关保护技术和成立专门部门对旅游资源进行系统的保护和修复,以实现其可持续利用与发展。

五、边疆高原山区重点领域发展旅游循环经济的思路

旅游循环经济发展战略应明确其战略思路和发展策略。项目研究认为旅游循环经济发展的战略思路为以可持续发展战略为核心,结合协调发展战略、节约型社会发展战略、环境友好型发展战略和国家、地区生态文明的战略思路。其发展策略有注重资源合理开发和有效利用,发展生态旅游;构建旅游循环经济产业链,发展低碳旅游;注重产业整合和生态规律,走旅游产业生态化之路。

(一)战略思路

1.可持续发展战略

旅游可持续发展战略的实质在于要求旅游的发展应实现与自然、社会、文化及生态环境的协调,在保持和增进旅游业发展的同时,使外来旅游者和接待地居民的需要都能得到满足。旅游业的可持续发展必须以旅游资源的可持续、循环开发利用为前提,其发展必须遵循循环经济发展的要求,必须对旅游资源的开发进行可持续规划,充分认识到旅游资源的经济价值,在确保投入足够之时,充分利用科技手段,保证资源及环境的高效利用和有效保护,完善旅游业的市场经济体系。边疆高原山区在旅游业过程中,由于过度地对当地资源的开发利用,导致自然、社会、文化及生态环境出现不协调,所以应该充分应用旅游循环经济理念,结合当地的发展现状,走旅游业可持续发展的路子,特别是在重点领域应格外重视。

2.协调发展战略

在旅游业发展初期,边疆高原地区粗放地利用其独特的自然资源和环境、

民族风情、文化遗产等迅速发展了旅游业,从而产生了一些突出的问题,比如过多地依赖当地的资源禀赋而未加以保护,导致人与自然的不协调;资金流过多流向了服务业,基础设施发展相对滞后等。根据边疆高原地区的实际情况,建议从以下四个方面协调:

第一,人与自然的协调。即在人与自然界的物质和能量交换中,要重视形成人与自然协调相处的能力,这样才能促进双方的健康发展。在边疆高原山区发展旅游循环经济,要考虑到人与自然的关系,建立起协调的人地关系系统。第二,社会经济循环与资源环境相协调。要从自然—经济大系统出发,对物质转化的全过程采取战略型、综合性、预防性措施,以降低经济活动对资源环境的过度使用及对人类造成的负面影响,使人类社会的循环和自然循环更好地融合起来,实现区域物质流、能量流、资金流的系统优化配置。第三,经济发展与资源利用相协调。经济活动要在生态环境可承受的范围内进行,超过资源环境承载力的恶性循环会造成生态系统退化,只有良性循环才能使生态系统平衡地发展。经济发展与资源利用的相协调是解决边疆高原山区旅游业可持续协调发展的一个关键,也是能否保证实现西部尤其是边疆高原山区旅游业生态化发展的一个重要方面。第四,旅游产业内部各部门之间的协调。游、住、行、食、购、娱六个方面是一个有机的协调的发展过程,任何一个超前发展或者资金流流入过大,都会制约其他行业的正常发展,对整个旅游资源造成极大浪费,阻碍旅游业的有序发展,只有建立起协调的各行业间的关系和发展方向,才能有效地促进边疆高原山区旅游产业的良性发展。

3."两型社会"战略

资源、能源的紧缺和生态环境不断恶化的背景下,国家提出了建设资源节约型社会和环境友好型社会,其中包含了探索集约用地方式、建设循环经济示范区、深化资源价格改革、生态补偿和环境约束政策等。因此在构建旅游循环经济示范区,发展循环经济过程中应将"两型社会"作为战略目标。最新研究中,有学者提出"环境友好型社会",为实施旅游循环经济提供了依托,并构建了保障体系(见图4.2)[5]。

根据"两型社会"的建设要求,在边疆高原山区发展旅游循环经济,实质

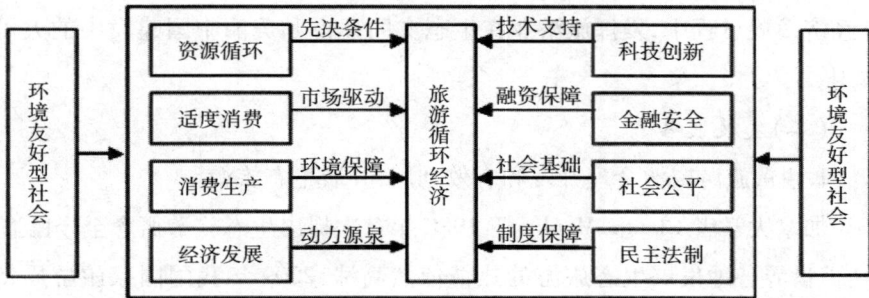

图4.2　环境友好型社会为旅游循环经济提供的保障体系图

上就是要切实转变过度消耗旅游资源、破坏旅游生态环境的传统旅游方式,促进旅游地社会经济系统对物质性资源在时间、空间、数量上的最佳运用,在资源减量化前提下的资源利用的有效化、最优化。同时,由于旅游业对环境的高依存度,在某种程度上说,旅游产业实质上就是环境产业,旅游循环经济是一种生态经济,其主要特征是低开采、低消耗、低排放、高利用。构建"两型社会"要求走生产发展、生活富裕、生态良好的文明发展方式,这也正是旅游循环经济的发展之路。因此发展旅游循环经济是实现"两型社会"的重要途径,而实现"两型社会"的战略思路,对于边疆高原山区的旅游业转型发展具有重要作用。

4.生态文明战略

党的十八大报告提出经济建设、政治建设、文化建设、社会建设和生态文明建设"五位一体"的总体布局,把生态文明建设放在突出地位,努力建设美丽中国。这是基于我国生态环境问题日益突出、资源环境保护压力不断加大的形势下作出的重大战略决策,预示着我国生态文明建设将进一步加速,这既给旅游业发展指明了方向,也提出了新的更高的要求。旅游业与生态文明密切相关,生态文明是旅游业可持续发展的重要前提,旅游业是生态文明建设的重要组成部分。一些学者提出要把生态文明作为旅游业发展的基本价值取向,在发展旅游经济和保护生态环境的良性互动中,实现旅游产业的长期可持续发展[6]。边疆高原山区旅游循环经济的发展也应将国家生态文明建设作为战略目标,把生态文明建设作为原则、目标等深刻融入和全面贯穿到旅游循环经济发展过程中,发挥旅游业在生态文明建设和美丽中国建设中的大可为作用。

(二)发展策略

1.注重旅游资源合理开发和有效利用,开展生态旅游

加拿大学者 Claude Moulin 于 1980 年首次提出生态旅游概念至今已逾 30 年,但世界各地发展生态旅游的热情依然高涨,2009 年我国国家旅游局将全国主题旅游年确定为"中国生态旅游年",主题口号为"走进绿色旅游、感受生态文明",旨在进一步加大生态旅游产品推广力度、广泛宣传环境友好型旅游理念、大力倡导资源节约型旅游经营方式,鼓励发展旅游循环经济,把我国旅游业建设成为遵循可持续发展原则的绿色产业。边疆高原山区旅游资源生态脆弱性强,在开发过程中应注重合理开发和有效利用,其实质是正确处理保护与开发的关系,具体要求以环境保护为前提,注重长远发展,积极探索在发展中保护、在保护中发展的旅游发展模式,遵循代价小、效益好、排放低、可持续的基本要求,发展生态旅游。历经 30 余年发展历程的生态旅游,其本质和内涵也有了新的特点:生态旅游的吸引物范畴从自然资源扩大到历史文化和民族风情,生态旅游是一种能实现经济与环境协调发展的新的、可持续的旅游活动,生态旅游通过对游客容量和承载力的控制和测算能保证旅游目的地的可持续发展能力,生态旅游还是一种能提高人口素质和普及生态环境知识的活动[7]。在边疆高原山区发展循环经济和生态旅游并不冲突,生态旅游是一种旅游活动、一种旅游方式也是一种理念,可以促进旅游循环经济的发展,本质上都是实现旅游业可持续发展的途径。

2.构建旅游循环经济产业链,发展低碳旅游

从循环经济的本质出发分析,旅游循环经济是以生态效率为目标,按照生态规律进行旅游资源保护与利用、旅游企业运营与管理、旅游市场的培育与开拓,建立在旅游资源与环境持续利用、物质与能源循环利用上的新型经济发展方式,它的实质是以尽可能少的资源消耗(包括物质、能源、旅游资源)和尽可能小的环境影响实现旅游可持续发展。旅游循环经济倡导的资源循环包括三

个层面的循环,即企业层面的微观循环、区域层面的中观循环、社会层面的宏观循环。企业层面要求进行清洁生产,提高资源利用效率;区域层面要求强化旅游企业之间的联系,构建行业之间的物质循环;社会层面要求全社会共同参与,延长资源循环链。2009 年 12 月《国务院关于加快发展旅游业的意见》中提出倡导低碳旅游方式,低碳旅游方式包括了旅游节能节水减排工程、减少温室气体排放、积极发展循环经济、创建绿色环保企业等,将循环经济与低碳旅游的发展同步开展。继低碳旅游之后,一些学者针对旅游者本身倡导"低调、简约"的 LOHAS 旅游(也叫"洛哈思")进行探讨[8—10],认为洛哈思旅游有利于产业链的开发和产业的联动与整合[11]。

边疆高原山区旅游资源本底脆弱,基础设施较差,旅游发展基础薄弱,在发展旅游循环经济过程中更应倡导低碳旅游和洛哈思旅游,强化培养绿色行为,实施"三绿工程",即绿色生产、绿色经营和绿色消费[6]。

3.注重产业整合和生态规律,走旅游产业生态化之路

边疆高原山区的典型区域——云南,也是项目研究的实证研究区域,自 2005 年提出旅游业"二次创业"战略,其目标之一就是将旅游产业与其他相关产业进行产业整合与融合,形成"大产业"。同时在产业整合的过程中以明庆忠教授为核心的一批学者以生态规律为指导,将旅游"大产业"当成一个完整的生态系统,提出了旅游产业生态系统的概念、组成,探讨旅游产业生态化之路[12—14]。旅游循环经济的核心思想要求改变传统旅游业经济"资源—产品—废弃物"的线性经济模式,建立起循环型的旅游资源利用模式:"资源—产品—再生资源"。旅游产业生态化基本要求是综合运用生态经济规律和系统工程的方法来经营和管理旅游产业系统,使旅游产业生态系统和各组分达到合理优化耦合,以实现旅游产业经济效益最大化、资源能源高效利用、生态环境损害最小和废弃物多层利用的产业生态体系过程。这样旅游循环经济和旅游产业生态化之间形成了部分交叉耦合关系,实质上旅游产业生态化也是实现旅游循环经济的一条重要途径,与生态旅游、低碳旅游是一脉相承的。

第二节　边疆高原山区旅游循环
经济发展的关键技术

发展旅游循环经济需要各种支撑体系,主要有技术引进与创新体系、金融支持体系、环境建设体系(绿色屏障、自然景观、自净系统)、利民工程体系和政策创新体系[15],每一种支撑体系都需要技术支持。在此,主要讨论技术引进与创新体系和环境建设体系中的关键技术。目前边疆高原山区发展旅游业存在的主要问题有:景区旅游车辆、摩托、船舶尾气以及餐饮烟气的排放等造成的大气环境污染;旅游活动过程中产生的各种生活污水和生活垃圾,造成水环境污染和垃圾污染;景区游客、商业、汽车、餐饮的混杂声音带来的噪音污染;旅游活动和旅游经营过程中对资源、能源的浪费;一些热点旅游区超规模接待游客,旅游区人满为患,拥挤不堪,旅游气氛减弱乃至丧失;旅游开发建设项目与旅游区整体环境不协调等。

针对这些问题和边疆高原山区地域的相对封闭性,较之平原地区更难以利用自然循环进行净化的现状,利用相关技术进行处理、促进系统的循环是必不可少的。旅游循环经济是先进生产技术支撑的经济,每一个原则的贯彻都需要先进的处理和转化技术,否则旅游循环经济的发展就会变成空谈。发展旅游循环经济技术主要有:规划与设计技术(可持续规划技术、生态设计技术),资源利用与保护技术(能源高效利用技术、新能源利用技术、旅游资源保护技术),环境技术(清洁生产技术、旅游环境监测技术、旅游废弃物无害化处理与资源化技术、旅游污染的生态防治技术),建筑、制造与生产技术(绿色建筑技术、绿色制造技术、清洁生产技术)等[16]。边疆高原山区发展旅游循环经济的重点领域为旅游资源可持续利用与保护领域、旅游能源领域(清洁能源)、旅游宾馆饭店等,因此主要是对这几方面的关键技术的探讨。

一、旅游资源可持续利用与保护领域可利用的技术

（一）自然旅游资源循环与可持续利用及保护技术

1.柔性防护技术

柔性防护技术是利用钢绳网作为主要构成部分来防止崩塌落石危害的柔性安全防护技术,其与以圬工结构为代表的传统方法的主要差别在于技术本身具有的柔性和高强度,更能适应于抗击集中荷载和高冲击荷载,且在大量的室内外试验和理论分析计算基础上建立的标准化部件形式,使技术的设计计算原理趋于科学化和标准化。此外,技术系统设置后的较小视觉干扰和最大限度的维持原始地貌和植被,同时可进行人工绿化,在美化环境方面的社会效益是其他方法无法比拟的。

柔性防护技术主动防护系统分为钢丝绳网、普通钢丝格栅（常称铁丝格栅）和TECCO高强度钢丝格栅三类,前两者通过钢丝绳锚杆或支撑绳固定方式,后者通过钢筋（可施加预应力）或钢丝绳锚杆（有边沿支撑绳时采用）、专用锚垫板以及必要时的边沿支撑绳等固定方式,将作为系统主要构成的柔性网覆盖在有潜在地质灾害的坡面上,从而实现其防护目的。

柔性防护技术是一种先进的危岩落石防护技术。其优点是施工周期短,对地形的适应性比较强,而且施工安装比较灵活,这种系统可以安装在坡面的任何需要位置。其柔性特征能使系统将局部集中荷载向四周均匀传递以充分发挥整个系统的防护能力,即局部受载、整体作用,从而使系统能承受较大的荷载并降低单根锚杆的锚固力要求。此外,由于系统的开放性,地下水可以自由排泄,避免了由于地下水压力的升高而引起的边坡失稳问题;该系统除对稳定边坡有一定贡献外,同时还能抑制边坡遭受进一步的风化剥蚀,且对坡面形态特征无特殊要求,不破坏和改变坡面原有地貌形态和植被生长条件,其开放特征给随后或今后有条件并需要实施人工坡面绿化保留了必要的条件,绿色植物能够在其开放的空间上自由生长,植物根系的固土作用与坡面防护系统结为一体,从而抑制坡面破坏和水土流失,反过来又保护了地貌和坡面植被,实现最佳的边坡防护和环境保护目的。

2.铆杆灌浆技术

自动灌浆技术是混凝土裂缝灌浆领域包括材料、机具、施工的一项综合技术。该技术研制了可对混凝土微细裂缝进行自动压力灌浆的新型机具和适应各种形态裂缝修复的灌浆树脂、配套材料,提供了混凝土缺损维修的聚合物砂浆和界面处理技术。在上述技术的基础上嵌入铆杆,进行主动加载改善岩体的应力状态,从而充分发挥岩体本身的自承能力和自稳能力,确保工程安全和长期稳定性。本技术综合运用于岩体、洞穴等的加固,不仅可以避免岩体、洞穴等的塌陷,还增强岩体、洞穴等抗大风、大雨、地震等的能力。而且,随着新材料的运用,不仅可以使岩体、洞穴等得到更好的加固,还能使材料与所修复的环境协调一致,达到景观保护的作用。

3.聚合物改性水泥混凝土技术

聚合物改性水泥混凝土,是一种将高分子材料和特殊助剂加入混凝土中所形成的改性水泥混凝土。应用这种材料筑路优点主要在于:一是聚合物改性水泥混凝土路面的抗压性、抗老化性、耐久性、路面的平整度以及行车舒适度均显著增强。二是路面材料多孔的特点使其具有更强透水、降噪功能。三是冷拌、摊铺工艺一次成形,施工工艺大大简化。四是薄层铺装(路面厚度通常在3—5厘米即可满足要求)以及相同施工里程条件下沥青使用量的减少所带来的明显的成本优势。五是可以根据背景环境需要来选择颜色,使公路与环境浑然一体。

柔性防护技术、铆杆灌浆技术、聚合物改性水泥混凝土技术对于边疆高原山区具有现实意义。这三项技术可应用于山区坡体、山区旅游路两侧和旅游区内的坡体的加固。需要注意的是,提倡在高原山区的坡体进行生物防护,因为生物除了达到防护的效果之外,还具有美化环境、消烟除尘的作用,只有在一些不易进行植物栽培的坡面适宜使用此项技术进行固化作用。

(二)人文旅游资源循环与可持续利用及保护技术

1.环境微振技术

环境微振技术是通过将工业震源、古建筑结构的动力特性、模态分析技术、建筑结构的受力现状、震源与古建筑结构的相互作用、容许振动的控制标准以及波动理论等应用于古建筑结构的防微振研究,解决隔振、防振等方面的关键技术。

工业环境振动对文物古迹(殿堂类、古塔类、石窟类)影响的研究,是一个全新、跨学科、难度很大的课题。通过对不同年代、不同类型的古建筑进行大量的测试、分析、研究工作,现场实测古建筑结构的动力特性;对货车、汽车等工业震源在各种土层中弹性波随距离的衰减进行样本采集。对取得的资料和数据,按文物古迹的景点进行整理和测试分析。

2.纳米技术

纳米技术是 20 世纪 90 年代出现的一门新兴技术,它是在 0.10—100 纳米(即十亿分之一米)尺度的空间内,研究电子、原子和分子运动规律和特性的新技术,作为一种度量单位,一纳米为一毫米的百万分之一,物质加工到一百纳米以下尺寸时,往往产生既不同于微观原子、分子,也不同于宏观物质的超常规特性。纳米结构通常是指尺寸在一百纳米以下的微小结构,在这种水平上对物质和材料进行研究处理的技术称为纳米技术。纳米技术的实质就是一种用单个原子、分子制造物质的科学技术。

根据保护对象的不同,可以用纳米技术对不同的材料进行加工,以达到保护的目的。如对纸质文物的保护主要是选取防潮、防微生物的纳米材料,而对石质文物的保护则要选取防水、防紫外线的纳米材料。

环境微振技术和纳米技术在边疆高原山区的旅游业中具有重要的用途。由于边疆高原山区是经济相对落后地区,又是少数民族相对集中地区,经济发展落后,保留了大量的古建筑、古村寨、古遗址等,这些都是重要的旅游吸引物。由于旅游业的需要,需要对其进行修复和保护,有效地保护已经遭到人为或自然原因破坏的建筑类遗址。

(三)其他旅游资源保护技术

1.原生态的保护

生态博物馆是将文化遗产、自然景观、建筑、可移动实物、居民的传统风俗的演示等原状地、自然地保护和保存在其所属社区和环境中。在贵州六枝特区梭嘎乡建立的我国第一处梭嘎苗族生态博物馆就是一个很好的事例。它最终成功地保护了当地苗族的文化环境、文化状态、生活及生产方式。这个博物馆展现给我们的是原汁原味的原生态的民族文化,既保护了他们的有形文化如服饰、建筑、工艺品等,也成功地保护了口头与非物质文化如民歌、口传神话、诗歌等。

2.教育式的保护

高等院校及其研究结构有必要加大投入,特别是应该关心人口较少民族的艺术文化。这些民族的口头文学是比较丰富的,比如赫哲族的民间文学"伊玛堪",它属于英雄史诗范畴,其产生年代久远,具有很高的文化艺术价值。高等院校可以特别注重这方面的研究,培养这方面的人才。培养的对象主要以本民族的人为主,因为本民族的人员熟悉民族语言,更有民族亲切感、认同感。而传授艺术文化的可以是研究这方面的专家、学者,也可以是这方面的民间文化艺人。

3.鼓励式的保护

各级政府在社会民俗活动中,应该积极发挥作用:提倡、引导和鼓励管辖区内人口较少民族举行民族歌舞比赛、节日活动。在节日活动中,通常会有各种各样的仪式,实际上民族无形文化就包括在这些仪式之中。活动中既需要主持者,又需要参与者;主持者、参与者通常都是本民族的成员,他们需要或多或少了解仪式的过程,而仪式的传承就显得非常重要了。比如:甘肃肃南裕固族自治县、内蒙古自治区鄂温克族自治旗、鄂伦春自治旗是人口较少民族中少有的几个县级自治地方,他们充分发挥政府的职能,传承和发展本民族的文化,提倡辖区内文化的多元化。

4.传媒式的保护

影视人类学可以说是文化的保存与展示。我们从影视再现的角度出发,记录、保留和研究这一濒临灭绝的文化。同样,这些民族的传统歌舞、口头文学一样可以通过媒体手段,制成光碟、磁带的形式,由此可以将这些代表民族文化艺术的精品直接教给群众,这无疑是一件有意义的工作。

原生态的保护、教育式的保护、鼓励式的保护、传媒式的保护是一种软技术,与实际的科学技术相比,在实际意义上可以说是一种保护措施,并非传统意义上的技术。但是,通过教育、传媒等的宣传,它实际也起到了保护的作用。这类技术适用于所有的保护对象,对于边疆高原山区来说,建筑文物类多位于坡体或山顶上,易于遭到人为的毁坏,应该加大宣传保护力度,实现当地旅游业环境、经济和社会的统协发展。

二、旅游能源系统可利用的技术

（一）太阳能利用技术

太阳能技术主要包括两个方面:太阳能—热能交换技术、太阳能—光能交换技术。太阳能—热能交换技术包括太阳能热水器、太阳灶、太阳能干燥器、太阳能温室、太阳房、太阳能制冷、太阳池、太阳能发电、太阳能热力机等。太阳能—光能交换技术包括太阳能电池、光伏水泵系统、太阳能光伏发电技术等。

太阳能发展在旅游循环经济中应用范围十分广泛,涉及各类旅游企业。旅游住宿、餐饮及相关企业可使用太阳能热水器供热水,太阳能干燥器干燥食品、餐巾、床单等物品,还可采用太阳能吸收式空调系统将夏季制冷、冬季采暖、其他季节提供热水 3 种功能结合起来;太阳能光电转换技术既可作为储备能源,也可作为独立电源安装在电能驱动的环保车上[17]。如青藏铁路格拉段铁路通信太阳能辅助供电系统基本上可供列车动力、照明灯需要,首都博物馆新馆太阳能光伏电池板产生的电量可满足馆内部分日常照明需求及安全设施的不间断用电需求等。

（二）风能利用技术

边疆高原山区拥有丰富风力资源,特别适合开展风能的开发利用,随着科技的发展,风能的利用技术也在发展,主要包括以下技术:

风力发电技术:风力发电技术通常有三种方式:一是独立运行方式,通常是一台小型风力发电机向一户或几户提供电力,它用蓄电池蓄电,以保证无风时的用电;二是风力发电与其他发电方式的结合(比如柴油机发电),可以向一个单位、一个村庄、一个海岛供电;三是风力发电并入常规电网运行,向大电网提供电力,这是风力发电的主要方向。利用风力发电已经成为利用风能的主要形式之一。

　　风力提水技术：古代的风力提水主要是为了满足农场、牧场的生活、灌溉及牲畜用水，现代的风力提水根据用途可分为两类：一类是高扬程小流量的风力提水机，它与活塞泵相配，汲取深井地下水，主要用于草原、牧区，为人畜提供饮水；另一类是低扬程大流量的风力提水机，它与水泵相配，汲取河水、湖水和海水，主要用于农田灌溉、水产养殖或制盐。风力提水结构简单，制造容易，成本较低，维护操作简单，所以在我国用途广泛。

　　风力制热技术：将风能转化为热能，一般通过三种途径：（1）风能→机械能→电能→热能；（2）风能→机械能→空气压缩能→热能；（3）风能→机械能→热能。前两种方式，由于转化次数多，导致总转化效率下降，相比之下，第三种方式总效率高，而且对于风况的要求不高，对风速的变化适应性强。

　　目前，风能利用扶持技术在旅游循环经济中主要应用有：风力较大的湖泊或海滨，使用风帆助航技术代替柴油或汽油来驱动水上交通工具；位于坡地上的旅游企业利用风力提水，提供人畜用水和旅游区（点）的灌溉；在风能资源丰富的边远地区和沿海岛屿，旅游企业使用大中型风力电机，为旅游区（点）、饭店、旅行社、娱乐场所、购物场所提供电力；同时还可以建设成为特色旅游吸引物，如南澳风力发电场游览区是亚洲第一大海岛风电场，共安装来自国际最先进的自动风力机111台，蔚为壮观的风车阵耸立在南澳岛山巅，成为一处集观光、游览、科教于一体的高科技环保生态型旅游区。

　　（三）地热能利用技术

　　地热利用技术对降低旅游产业能耗、改善局部环境质量、推进旅游循环经济发展具有积极意义。旅游区（点）建设中热能利用技术包括能源系统、体验系统、制冷系统和其他系统中充分利用地热发电、制冷、温室、养殖、烘干及地源热泵技术。

　　地热发电技术：地热发电是利用地下热水和蒸汽为动力源的一种新型发电技术，与其他发电方式相比，更为清洁。其基本原理与火力发电相似，蒸汽轮机将热能转化成机械能，再带动发电机发电，地热发电不需要庞大的锅炉，更不需要燃料，仅利用地热能，但需要热载体把热能从地下带到地面上来。

地热供暖技术:地热供暖技术就是以一个或多个地热井为热源向建筑群供暖,在供暖的同时又满足生活热水的需要。地热供暖系统主要由三部分组成,第一部分为地热水开采系统,包括地热开采井和回灌井,调峰站和井口交换器;第二部分是输送、分配系统,它是将地热水或被地热水加热的水引入建筑物,第三部分包括中心泵站和室内装置,将热水输入到中心泵站的交换器或直接进入每个建筑物中的散热器,必要时还可以设蓄热水箱,以调节负荷的变化。

地热制冷技术:地热制冷是以足够高的温度的地热水驱动吸收式制冷系统,制取冷冻水,用于空调或生产,一般要求热水温度在 65℃ 以上。地热制冷系统主要包括地热井、地热深井泵、热交换器、热水循环泵、制冷机、冷却水循环泵、冷冻塔、冷冻水循环泵、空调末端设备和控制器等。

地源热泵技术:地源热泵技术主要由三部分组成:室外地源热换系统、水源热泵机组和室内采暖空调末端系统。地源热泵工作原理比较简单,夏季运行时,热泵机组的蒸发器吸收建筑内的热量,到达制冷空调,同时冷凝器通过与地下水的热交换,将热量排到地下,冬季运行时,热泵机组的蒸发器吸收地下水的热量作为热源,通过热泵循环,由冷凝器提供热水向建筑室内供暖。

地热能技术在旅游循环经济中的应用较广泛,如旅游宾馆(酒店)客房、餐厅、会议室、厨房、洗衣房等,旅游区(点)的游览景点、苗圃、管理场所、员工宿舍等,旅游交通工具、站点、停车场等。课题研究以云南省保山龙陵县邦腊掌旅游度假区为例进行了探索,得出邦腊掌旅游度假区利用地热能应注意的问题:建立地热能的梯级高效利用,提高地热利用效率;重视地热能的综合利用,统一考虑餐饮、住宿、游览等部门的需求,把地热发电、制冷、温室、干燥技术结合起来,做到效益最大化;地热能应用设施应尽量选择在主景区之外或不影响景观的地方,设施的设计应突出地方特色,并与整体景观相协调,重视对环境的影响[18]。

(四)生物质能利用技术

生物质可燃部分主要是纤维素、半纤维素、木质素,来源广泛,类型多样,主要可分为:城市垃圾、有机废水、粪便类林业生物质、农业废弃物、水生植物、能源植物等。常见的生物质能转化技术有：

沼气技术：沼气是有机物在厌氧条件下经过多种细菌的发酵作用而生成的产物。沼气发酵过程经历液化、酸化、气化三个阶段。各种有机物的生物质如秸秆、杂草、人畜粪便、垃圾、生活污水、工业有机废弃物等可以作为生产沼气的原料。沼气的主要成分是甲烷、二氧化碳，最高燃烧温度可达 1400℃ 左右。沼气的用途很广，1 立方米沼气可用于供 60 瓦电灯照明 7 小时，煮四个人的饭 3 顿，发电 1.25 千瓦时，开动容积为 300 升的冰箱 3 小时。

燃烧发电技术：生物质燃烧发电与化石燃料发电相比，所不同的仅仅是锅炉燃烧系统。在锅炉燃烧系统中把生物质的能量能转化的能量转化为水蒸气的热能后，水蒸气的热能转化为旋转机械的机械能和进一步由机械能转变为电能的技术和设备。生物质能燃烧发电技术根据不同的技术线路可分为汽轮机、燃气轮机、斯特林发动机等。

直接液化技术：生物质直接液化是在较高压力和有溶剂存在的条件下的热化学反应过程，反应物的停留通常需要几十分钟，主要产物为碳氢化合物（即液化油），直接液化也把生物质中的碳氢化合物转化为液体燃烧。液化技术可以生产物理性质和化学性质都很稳定的液体燃料产品。

气化技术：生物质气化是以生物质为原料，以氧气（空气富氧或纯氧）、水蒸气或氢气作为气化介质，在高温条件下通过热化学反应将生物质中的可燃部分转化为可燃气体的过程。生物质气化时产生的气体，其有效成分称为生物燃气，主要包括一氧化碳、氢气和甲烷等。气化过程与燃烧过程有着密切的关系，气化是部分燃烧或缺氧燃烧，因此燃烧是气化的基础。

边疆高原山区新能源和可再生能源丰富，生物质气化技术应用较为普遍，其中又以沼气技术对某些旅游企业具有很强的实用性。旅游区内的垃圾、落叶、残枝、杂草、人畜粪便、旅游饭店的生活垃圾、旅游餐饮企业的残余食品、剩饭菜等作为原料产生沼气。沼气可以供沼气灯用来照明，也可以用作炊事燃料，还可以用来取暖发电。沼气技术既处理了生活垃圾，节约了能源，降低了开支，而且原料丰富，技术简单，受限制较小。

三、旅游宾馆饭店领域可利用的技术

（一）绿色建筑技术

绿色建筑要求实现资源、能源的索取与回报的有效平衡，因此在选择建筑材料时就要确保材料的节能化、高效化和无污染化，同时要满足人类追求舒适工作、居住环境的要求，因而要建立绿色建材系统工程建设技术。

绿色建材系统工程建设技术的特点有：（1）生产所用材料尽可能少用天然资源，提倡应用废弃物再利用技术；（2）材料采用低能耗制造工艺和无污染的生产技术；（3）材料可循环反复使用；（4）材料无毒无害有利于人的身体健康；（5）就地取材，减少材料的运输费用从而节约成本；（6）装修材料应将包装材料减少到最少以节约成本或采用可循环利用的材料或废弃物；（7）材料尽量选用无氟的材料以减少对大气臭氧层的破坏。

（二）旅游业建筑设备能源高效利用和节约技术

1.VSD 变频驱动离心式冷水机组技术

VSD 变频驱动离心式冷水机组与恒速离心式冷水机组相比具有以下特点：大大提高部分负荷性能指标；控制离心式冷水机组避开喘振点，提高机组运行可靠性；优化机组启动性能；部分负荷下运转速度低，降低了机组噪声；变频驱动装置由工厂直接安装在机组上。

2.双机头离心式冷水机组技术

双机头离心式冷水机组配有两套必需的主要部件。两台压缩机、两个润滑油系统、两个控制系统、两个启动器。如果一台压缩机系统的某一部件发生故障并进行维修，不会影响另一台压缩机照常工作。单台压缩机工作时，可提供 60% 的设计冷量，两个机头可互为备用。压缩机电机故障不会影响制冷剂回路。由于空调系统绝大部分时间在 50%—60% 负荷条件下工作，双机头离心式冷水机组相对同等制冷量的单机头机组在低负荷下可保持较高的能效比。与两台单机头机组相比，采用双机头机组可节省机房面积和设备管理的安装费用，可以缩小压缩机发生喘振的范围。

3.空调水系统的节能控制技术

通过对宾馆用能情况进行全面测试分析发现，在总用电量中空调系统耗

电占45%。在空调系统中冷冻水泵、冷却水泵耗电占30%。水泵的配置是按夏季最大负荷确定的,在实际使用时由于气象条件、宾客数量、使用功能等多种因素的影响,空调系统的实际负荷是变化的,达到最大负荷的时间是短暂的。有的设计人员为了简化设计,把夏季的冷水泵和冬季的热水泵采用同一水泵。实际上冬季空调的热水量仅为夏季冷水量的40%左右。

控制模式的选择:变频控制装置的控制有两种方式:一种是无反馈控制,另一种是有反馈控制。无反馈控制安装简单,但由于没有考虑设备在实际运行中负荷是随天气情况、客人数量、活动内容等变动因素的变化而变化的,因而控制较单一,没有实现动态控制,须辅以人工调节,节能及客房温度控制效果较差;而采用反馈模式,实现闭环跟踪控制,可较好地解决以上问题。

绿色建筑技术为边疆高原山区的旅游业提供了一种发展旅游业建筑的新模式和思想,它提倡使用环保型材料,竹类、木材类、石板类等材料因地制宜地进行建筑物的建造,强调建筑物的朝向、形状、选址设计,注重建筑物的绿化等;能源高效利用和节约技术可以节约能源,减少边疆高原山区柴薪的使用比例,可以大大减少烟气的排放,能有效地缓解环境的压力。

四、旅游景区可利用的技术

项目研究中针对景区的旅游循环经济技术主要集中在景区垃圾处理方面,通过调查研究得出:旅游循环经济对景区垃圾管理的要求要达到无害化、减量化、资源化,据此提出了景区垃圾处理新模式:生态综合处理模式,其基本流程如图4.3所示[19]。

五、技术推广措施

第一,在发展边疆高原山区旅游循环经济的过程中,进一步加大对环境无害化技术或环境友好技术的宣传力度,可以通过项目的方式运作,争取当地政府的支持以及必要的资金投入。

第二,针对边疆高原山区的特点,进一步加强对环境无害化技术或环境友好技术的研究,使其更适合边疆高原山区旅游循环经济的发展需求。同时,应

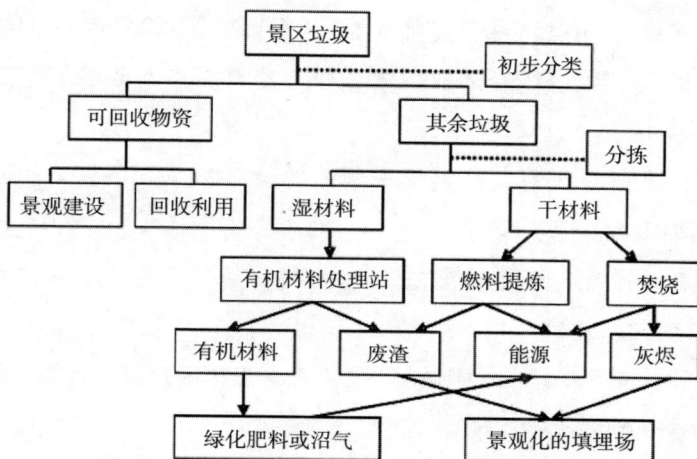

图 4.3　景区垃圾的生态综合处理模式示意图

建立一批旅游循环经济技术运用示范点(宾馆、饭店等),形成技术推广应用规范,形成以点带面的局面。

第三,在边疆高原山区,应加强技术集成,如在具体的某一个饭店可运用太阳能利用技术、地热能利用技术等相关技术,这样可以扩大技术的应用成效。

第四,应加强对环境无害化技术或环境友好技术应用的培训和指导。只有当地的技术人员真正掌握了该种技术应用的方法,才能在该地区普及推广该种技术。

参考文献

[1]李云霞、杨萍:《试论循环经济与循环型旅游业》,《经济问题探索》2006 年第 4 期。

[2]侯海涛、陈旻、明庆忠:《"6R"原则在旅游循环经济发展中的应用》,《环境与可持续发展》2008 年第 6 期。

[3]朱菲、杨文娟、明庆忠等:《发展旅游循环经济重点领域的遴选体系构

建初步研究》,《北京第二外国语学院学报(旅游版)》2008年第3期。

[4]牛铮铮、张有恒:《绿色建筑技术》,《山西建筑》2007年第33期。

[5]周彬:《旅游循环经济框架体系的构建及其实现途径》,《统计与决策》2010年第10期。

[6]白四座:《以生态文明建设引领旅游业可持续发展》,《中国旅游报(数字报)》2012年11月12日。

[7]刘存斌:《生态旅游发展的产业效率与区域效应分析》,兰州大学博士研究生学位论文,2012年。

[8]梁强:《基于"乐活(LOHAS)"理念的生态休闲产品开发》,《北京农业职业学院学报》2008年第5期。

[9]肖玉琴:《消费者乐活意识倾向的实证分析——以生态旅游为例》,《经济管理》2009年第8期。

[10]赵金凌:《乐活旅游:探索旅游可持续发展的新战略》,《资源科学》2010年第1期。

[11]马继刚、宋金平、张瑞红:《从低碳旅游到洛哈思旅游:可持续旅游理念的又一次深化》,《人文地理》2012年第3期。

[12]李庆雷、明庆忠:《旅游产业生态学发凡》,《学术探索》2008年第8期。

[13]李庆雷、明庆忠:《旅游产业生态集群及其实现方式》,《北京第二外国语学院学报》2008年第9期。

[14]明庆忠、陈英:《旅游产业可持续发展行动:旅游循环经济与产业生态化》,《旅游研究》2009年第1期。

[15]达哇吉:《论民族地区旅游循环经济支撑体系的建立》,《中国商贸》2012年第6期。

[16]李庆雷、杨敏等:《旅游循环经济:从理论到实践》,《北京第二外国语学院学报》2008年第1期。

[17]朱菲、李庆雷、明庆忠:《可再生能源技术在我国旅游循环经济发展中的应用》,《资源开发与市场》2007年第8期。

[18]朱菲、李庆雷、明庆忠:《云南旅游循环经济发展中的地热能利用技术——以邦腊掌旅游区为例》,《资源开发与市场》2008年第1期。

[19]李庆雷、黄梅、高大帅:《旅游循环经济视角下景区垃圾处理的新模式》,《环境科学与管理》2008年第4期。

第五章　边疆高原山区旅游循环经济发展评价

在循环经济评价体系的研究上,我国学者做了大量的工作,主要针对社会、区域和微观企业层面的研究,其中对于社会或区域循环经济发展评价指标的研究较多,企业等微观主体的循环经济发展状况评价方法较少。循环经济在旅游业中的应用主要体现在旅游资源的保护与旅游活动的管理与实践方面,其评价体系方面有 Rttie 和 Dwight(1995)对美国国家的遗产保护进行研究并构建了评价体系,国内真正旅游循环经济评价体系的研究较少,代表性的研究有:从实证角度,基于"5R"理念的旅游循环经济评价指标体系初探、典型旅游景区循环经济评价指标体系构建研究和辽宁旅游循环经济评价指标体系构建[1—4],评价方法主要是 Delph 法和 AHP 层次分析法。

本章主要针对边疆高原山区的自然环境、经济、社会、文化和旅游业发展现状,探讨其旅游循环经济发展评价的原则、意义、方法,并试图构建出边疆高原山区旅游循环经济发展评价体系,形成有针对性的旅游评估认证,对边疆高原山区旅游循环经济发展具有切实的指导意义。

第一节　边疆高原山区旅游循环经济发展的评价原则

一、开展边疆高原山区旅游循环经济发展评价的必要性及意义

(一)开展边疆高原山区旅游循环经济发展评价的必要性

旅游循环经济研究中的一个重要的问题是:如何评价旅游循环经济发展

的趋势和程度,也就是说旅游循环经济发展应由哪些指标来表征,以及如何通过这些指标来评估目前的旅游循环经济发展程度。旅游循环经济评价体系的制定不仅是量化旅游循环经济发展的基础性工作,也是旅游循环经济发展理论研究的基本内容,是评判旅游循环经济发展质量的主要依据。它可以使政府明确旅游循环经济发展进程中需要优先考虑的重大问题,同时给决策者和公众一个了解和认识旅游循环经济发展进程的有效信息。

只有建立了一套科学、严密、完整的旅游循环经济评价体系,才能利用一定的方法、手段对旅游循环经济发展趋势和程度进行预测和监测,从而为旅游循环经济的发展规划提供决策服务。也只有建立了旅游循环经济评价体系,才能对边疆高原山区旅游循环经济发展程度进行科学评判,找出存在的问题,校正其发展方向。因此,建立旅游循环经济评价体系,是旅游循环经济研究从定性向定量迈进过程中必不可少的一个环节。

边疆高原山区自然环境表现出山地面积广阔、地热地貌复杂多样、气候多样、立体气候明显、资源总量丰富、生态环境脆弱等特点,人文环境表现出人口增长迅速、民族种类繁多、数量大、民族分布多元化、素质普遍偏低、产业结构层次较低、对资源的依赖性大、交通闭塞、生产力水平低等特点。因此,边疆高原山区发展旅游业会受到自然环境和人文环境的制约,同时旅游业的发展也会对边疆高原山区自然环境和人文环境造成影响和破坏,进而对边疆高原山区经济发展产生一定的制约作用。没有约束的经济发展必然会对其生态环境造成破坏,因此发展旅游循环经济,有必要建立适合边疆高原山区旅游循环经济发展的评价体系。

(二)开展边疆高原山区旅游循环经济发展评价的意义

1.有利于及时了解边疆高原山区旅游循环经济发展状况

边疆高原山区总体概貌是边疆、山地、峡谷。这一自然地理与复杂的民族构成和特殊的社会经济形态结合,造成了边疆高原山区交通闭塞、信息闭塞、发展缓慢,致使边疆高原山区社会经济和民族经济发展相对滞后,由于各民族生存发展的历史、环境等条件的不同,边疆高原山区民族经济发展相对不平衡。对边疆高原山区旅游循环经济进行评价,可及时了解社会经济、民族经济发展动态和趋势,及时检测旅游循环经济发展的积极和消极结果,并且旅游循环经济发展评价的结果有助于指导下一步的工作,通过修正旅游循环经济发展的思路,促使边疆高原山区旅游循环经济良性发展。

2.有利于及时解决边疆高原山区旅游循环经济发展中的问题

边疆高原山区是特殊的地区,其资源、环境及社会背景都具有特殊性,旅游循环经济的发展必须有针对性,旅游循环经济发展中出现的问题会对边疆高原山区发展造成很大的影响,如环境的破坏,环境一旦破坏就很难恢复,因此对边疆高原山区旅游循环经济进行评价,有利于及时纠正发展过程中的不足和解决所出现的问题,对于不利于循环经济发展或不利于保护生态环境的行为进行制止或修正,从而使边疆高原山区旅游循环经济得以顺利实施,使其发展更加有利于边疆高原山区生态环境的保护和经济发展。

二、边疆高原山区旅游循环经济发展的评价原则

(一)针对性原则

边疆高原山区具有一定的特殊性,发展旅游循环经济应当遵循边疆高原山区的地方性特点,有针对性地对边疆高原山区旅游循环经济发展进行评价,并制定适合边疆高原山区特点的旅游循环经济评价指标,从而更好地指导边疆高原山区发展旅游循环经济。对边疆高原山区旅游循环经济发展的评价应当充分考虑其地域性特点,充分考虑其生态环境的脆弱性,制定有利于保护生态环境和发展旅游循环经济的指标体系和评价标准。

(二)科学性原则

旅游循环经济的发展离不开科学的理论作为支撑,旅游循环经济发展评价更离不开科学的理论和技术支撑。旅游循环经济发展评价指标的选取要讲究科学性、真实性、规范性,尤其是针对边疆高原山区特殊地域对旅游循环经济发展进行评价,要选取那些稳定性强、相关性好、有利于生态环境保护、能够较好反映发展旅游循环经济变化的指标。边疆高原山区旅游循环经济评价指标体系要能够客观地反映旅游循环经济的内容和原则。每个指标的概念、数据收集以及计算方法都必须要有科学依据,指标的选取必须以循环经济理论

为依据。在设计旅游循环经济体系时,必须充分考虑到边疆高原山区社会经济发展和生态环境的特殊性,既要有反映经济、社会、人口、环境、资源、科技各系统发展的指标,又要有反映上述各系统相互作用与联系的整体性指标,从而保证指标体系能充分反映旅游循环经济的内在机制。边疆高原山区旅游循环经济发展评价体系的设计应当涉及科学的测算方法,能全面、综合地反映边疆高原山区旅游循环经济发展目标的实现程度。

（三）动态性与静态性原则

旅游循环经济既要求稳定性的静态剖析目前旅游系统结构现状,衡量系统达到的功能和效益水平,同时也要求反映系统可持续发展能力,因此必须引入动态性指标。旅游循环经济发展本身就是一个动态的过程,因此,对边疆高原山区旅游循环经济发展进行评价也必须遵循动态性原则。旅游循环经济需要通过一定的时间尺度才能得到反映,因而评价指标的选择要求充分考虑动态变化特点,要能较好地描述、刻画与度量未来的发展或发展趋势。动态性指标能动态反映旅游系统的功能及效益等方面的演替规律,考虑系统发展的趋势,能掌握系统可持性。

（四）可行性原则

边疆高原山区旅游循环经济评价应当遵循可行性原则,即评价体系应当具有可操作性。最终要被决策者所使用,要反映发展的现状和趋势,为政策制定和科学管理服务,评价指标选择要考虑数据的可获取性、可靠性和可度量性。指标体系应该注意简单与复杂的平衡统一,指标过少或过于简单不能反映循环经济的内涵;指标过多和过于复杂则不利于评价工作的展开;边疆高原山区的特殊性,也使得评价体系中所涉及的部分数据难以收集和整理。因此建立边疆高原山区旅游循环经济的评价指标体系,应充分考虑数据易于收集、可量化、具有可评价性和适度性等特点,使评价指标体系具有可行性。

（五）时效性原则

边疆高原山区旅游循环经济发展也必须遵循时效性原则,也就是说,旅游循环经济发展评价必须在一定的时间段内有效,而随着时间的发展,边疆高原山区经济水平的不断提高,旅游循环经济所涉及的因素将有所不同,因此,评价指标必须具有时效性。

（六）定性与定量相结合原则

对边疆高原山区旅游循环经济发展进行评价时，应当遵循定性与定量相结合的原则。运用定性的方法对边疆高原山区旅游循环经济发展进行总体评价，对边疆高原山区旅游循环经济的总体发展趋势和程度进行评价；运用定量的方法对边疆高原山区旅游循环经济发展过程中的各项指标进行具体评价，如污染物排放量的确定等。

（七）系统性原则

旅游循环经济不是单纯的经济问题，也不是单纯的技术问题和环保问题，旅游循环经济是一系统工程。应注意到，发展旅游循环经济是有成本的经济。发展旅游循环经济需要技术、投资、还有运行成本，是建立在资金流动基础上的。发展旅游循环经济不仅要注意成本、资金要素，而且还必须注意连接物质、能量循环利用在时间—空间配置上的可能性和合理性。对于边疆高原山区旅游循环经济发展进行评价，应当遵循系统性原则。循环经济是在人口、资源、环境、经济、社会与科学技术的大系统中发展的，其本身也是一个系统，涉及人口、资源、环境、经济、社会等方方面面，因此，对边疆高原山区旅游循环经济进行评价时应当把旅游循环经济看成一个发展着的系统，坚持系统性的评价原则。边疆高原山区旅游循环经济评价指标体系是一个复杂的大系统，因此，在构建边疆高原山区旅游循环经济发展指标体系时应当充分考虑体系的多目标、多层次的结构，使指标结构清晰，便于利用。

第二节　边疆高原山区旅游循环经济发展的评价体系

对边疆高原山区旅游循环经济发展进行评价时，应当建立适合边疆高原山区的旅游循环经济发展评价体系，构建定性和定量指标，采用一定的评价方法，从而达到合理评价边疆高原山区旅游循环经济发展状况的目的。

一、构建边疆高原山区旅游循环经济发展评价体系的指导思想

（一）构建旅游循环经济评价体系的基本思想

同所有的评价体系研究一样，边疆高原山区旅游循环经济评价首先要确定评价什么以及如何评价的问题。由于旅游循环经济是旅游业与循环经济的交叉研究领域，是实现旅游可持续发展的最佳途径之一，因此，对旅游循环经济评价既要体现可持续发展的基本思想、旅游循环经济的"6R"原则，又要考虑旅游产业发展的特殊性。

循环经济是以资源的高效利用和循环利用为目标，以"减量化、再利用、资源化"为原则，以物质闭路循环和能量梯次使用为特征，按照自然生态系统物质循环和能量流动方式运行的经济模式[5]。它倡导在物质不断循环利用的基础上发展经济，建立资源—产品—再生资源的新经济模式，以彻底改变资源—产品—污染排放的支线、单向流动的传统经济模式。循环经济的三大原则（即"3R"）是：实现减量化，即减少进入生产和消费过程的物质和能量流量；再利用，即大力实施资源的循环利用；再循环，即努力回收利用废弃物。后来侯海涛、明庆忠等在"3R"的基础上纳入"再思考（Rethink）、再修复（Repair）和再整合（Reorganize）原则"[6]，形成了循环经济的"6R"原则。循环经济要求按照生态规律指导人类社会经济活动，是一种与环境和谐发展的经济增长模式，因此是一种生态经济。在循环经济中，所有的物质和能量都能在不断进行的经济循环中得到合理和持久的利用，充分提高资源和能源的利用效率，最大限度地减少废弃物的排放，保护生态环境。循环经济是一种"多赢"经济增长模式，它将经济发展、社会进步和环境保护三大要求纳入统一的框架中，以协调人与自然的关系为准则，实现资源的可持续利用，生态环境良性循环，实现可持续发展。循环经济强调最有效利用资源和环境保护，以最小成本获得最大的经济效益和环境效益，使整个经济系统以及生产和消费的过程基本上不生产或者只产生很少的废弃物，从根本上消除长期以来环境与发展之间的尖锐冲突[7]。

旅游循环经济是涵盖旅游的开发经营活动、旅游活动六大要素和旅游区的工业、农业等各类社会活动，并应用各种新型的技术作为支持，用法律法规作保障,实现"减量化(Reduce)、再利用(Reuse)、再循环(Recycle)、再思考(Rethink)、可替代(Replace)、再恢复和重建(Recovery)"六原则的旅游发展模式。通过发展旅游循环经济实现经济、社会、环境三赢,最终实现旅游地可持续发展目标。边疆高原山区旅游循环经济发展的评价必须体现这些基本主题。

一是体现发展思想。没有发展,就没有人们生活水平的提高。边疆高原山区发展旅游循环经济强调经济增长、社会进步和财富积累。因此,旅游循环经济的评估必须能够反映区域旅游产业的发展度,即能够判别一个区域的旅游产业是否真正地发展。这里侧重的是"量"的概念,即财富的积累。

二是体现协调思想。边疆高原山区通过旅游循环经济模式实现旅游业可持续发展,强调"自然—社会—经济"这一复合体系的协同进化。因此,旅游循环经济的评价必须反映区域旅游产业的协调度,即能够判断一个区域旅游产业发展与环境是否平衡,旅游产业与其他产业之间协调度,是否实现社会、经济、环境效益的最大化,市场发育与政府调控管理之间是否平衡等。这里侧重的是"质"的概念和内在效率的提高,强调人们在发展旅游产业的行为规范。

三是体现可持续思想。通过发展旅游循环经济实现区域与旅游发展的长期合理性。因此,旅游循环经济评价必须能够反映区域旅游发展的持续度,即能够判别区域旅游发展长期的合理性。这里侧重的是"时间"的概念,强调以时间为度来把握旅游业的发展度和协调度。

从数量、质量、时间三个维度来表征评价旅游循环经济的发展,这意味着评价旅游循环经济的复杂性和挑战性。从静态的观点看,发展旅游循环经济涉及区域旅游业的规模、结构形式、要素关系、配置格局等空间性质;从动态的观点看,涉及区域旅游业的沿革、系统演替、过程预测、趋势判断等时间性质。

(二)构建旅游循环经济评价体系的系统思想

从系统的观点看,世界上任何事物都是一个系统或某个系统的组成部分。旅游循环经济涉及自然、社会、经济等众多要素,其本身就是一个复杂的、开放的大系统。

首先,旅游循环经济系统具有开放性。旅游循环经济系统内部要素之间、系统与环境之间不断地进行物质、能量和信息的交换,并且以"流"的形态贯穿于其间,从而形成一个动态的、系列的、层次的、自我调节和反馈的相对独立体系。正是通过"流",系统才得以维持自身的生存与发展;也只有通过"流",才能识别系统的动态特征和演化规律,才能评判、比较和推断不同系统的优劣。

其次,旅游循环经济系统是复杂系统。其复杂性既表现在系统与环境间物质、能量和信息交换的复杂性方面,也表现在系统内部要素构成、要素间的协同与竞争的复杂关系上。

再次,旅游循环经济系统具有层次性。这表现在旅游可持续发展系统本身又可分解为若干子系统,各子系统还可以进一步分解为更小的子系统。

最后,旅游循环经济系统具有区域性。旅游业总是有一定的空间范围,也就是说当我们讨论旅游产业发展时,总是将它放在特定的空间上考察。区域作为某种特定范围的地域综合体,有其特定的自然、社会、经济、生态环境等要素,亦有其固有的形成、发展和演化机制,一个区域的社会经济活动必须遵循其固有的基本规律。因此,旅游循环经济也必须考虑区域这一基本特征。

旅游循环经济作为一个系统,它既要合理解析系统与环境间以及系统内部要素间的相互作用、相互制约的本质特征,并抽象出具有普遍意义的机制和规律,同时,它还必须考虑时间效应和空间效应对系统结构和功能的影响。旅游系统的可持续性就在于系统与外界环境进行物质与信息交换的过程中,能够以良好的状态存在并且能够得到进一步的协调发展。

因此,构建旅游循环经济评价体系的主要任务就是要准确地捕捉到系统内部以及系统与其环境相互作用的主要信息,以达到对旅游循环经济系统的外部特征和内在本质的综合认识。

具体而言,旅游业循环经济系统分析的基本思路[8]如下:

第一,辨析系统。在确立旅游循环经济评价指标时,首先必须辨析系统,即确定系统的边界和系统的构成要素,以便清晰地辨识系统与环境的关系。凡边界外的为环境,边界内的为系统。

按照系统的层次性原则,旅游循环经济系统是由若干个子系统(要素)组成的,这些子系统分别在某个具体方面决定着旅游系统的可持续性。相应地,这些子系统又可以进一步分解为若干子系统,这也反映了系统的复杂性。

第二,确定系统的输入变量。输入变量通常是系统行为动态演化的外部动力来源,也是系统控制的关键因素之一。

第三,确定系统的内部状态变量。研究系统状态变量的基本目的在于认识系统内部的动态机制,揭示系统的功能及其行为表现,从而在本质上把握系统的运行规律,从而达到预测和控制系统的目的。

边疆高原山区旅游循环经济评价的研究,必须廓清上述环节的基本内容。唯有如此,旅游循环经济评价指标体系的建立和解析才具有实质上的操作可能性。

二、构建边疆高原山区旅游循环经济发展评价体系的实现途径

(一)政府制定旅游循环经济发展的评价体系框架

由于旅游循环经济的发展需要定量指标,而单个旅游企业以及一些科研机构由于资金、人才的缺乏,并不具备良好的科技创新及研发能力,因此就需要政府来进行主导,通过搭建良好的软、硬环境平台和制定有效的激励机制等方面推动边疆高原山区旅游循环经济发展。如积极组织边疆高原山区各省国民经济体系中与资源节约研发、循环经济指标制定等相关的机构与专家,形成独有的组织,不断思考和探索,对旅游资源节约、污染物排放量等进行研究,并制定出合理而可操作的指标。在此基础上,加强对边疆高原山区旅游循环经济发展的特殊性等进行宣传,提高公众的旅游循环经济意识,引导绿色消费,从而指导旅游循环经济评价体系得以顺利实施。

(二)政策法规为旅游循环经济评价体系建立提供保障

边疆高原山区属于相对比较落后的地区,经济发展相对落后,政策法规尚不完善,单纯依靠市场机制还不足以引导旅游企业自觉推行旅游循环经济,必须加快法规和政策创新,建立激励、引导和强制等政策促进旅游循环经济发展,使企业和区域等主体竞相发展循环经济。边疆高原山区旅游循环经济发

展评价体系也需要法律的保障和支撑。

目前,许多循环经济发达的国家均制定了系列的政策法规,如德国的《物质循环和废弃物管理法》、《垃圾法》、《联邦水土保持和污染地保护法》、《持续推动生态税改革法》、《再生能源法》等;日本的《促进循环社会建设基本法》、《资源有效利用促进法》、《废弃物处理法》、《容器包装物循环法》、《食品循环法》、《家电循环法》、《建筑材料循环法》、《绿色采购法》等。我国已经具备较完善的环境保护和防治法律体系,可以在此基础上逐步制定和修改循环经济的必要法规,也可以充分借鉴日本和德国的经验,制定《循环经济基本法》和《循环型社会形成推进法》,同时建立具体资源再生行业(如家用电器、建筑材料、容器、食品等)法规。目前,我国已出台了一些旅游循环经济相关的政策法规,如《绿色旅游饭店》、《中国 21 世纪初可持续发展行动纲要》、《清洁生产促进法》、《节约能源法》、《可再生能源法》、《水污染防治法》、《固体废弃物污染环境防治法》、《环境影响评价法》、《清洁生产审核暂行办法》及一些地方性法规,如《云南省旅游业发展循环经济促进条例》、《包装废弃物再循环利用条例》、《生活垃圾再循环利用条例》、《产品废弃物再循环利用条例》、《绿色采购条例》等,这些政策法规对促进循环经济的进程和旅游循环经济的发展,为边疆高原山区旅游循环经济发展评价指标的确立提供了参考。

(三)市场对旅游循环经济发展评价体系进行检验

"实践是检验真理的唯一标准",旅游循环经济发展评价体系是否适合边疆高原山区旅游循环经济发展,是否会对边疆高原山区旅游经济产生作用,是否可以指导边疆高原山区今后发展方向,也必须通过市场来加以检验。因此从这个意义上来讲,对于旅游循环经济发展评价的检验与评价,应该积极通过将评价体系加以运用,并结合边疆高原山区这个特殊的地域环境,形成地域性的评价指标体系。

在以上保障体系的前提下,构建边疆高原山区旅游循环经济发展的评价体系,首先应当分析边疆高原山区的基础条件及其地域特性,在此基础上确立边疆高原山区发展的优势、特色及劣势所在,进而确定其发展旅游循环经济的条件,确定旅游循环经济发展的方向,分析影响边疆高原山区旅游循环经济发展的因子,将影响因子进行权重分析,从而制定适合边疆高原山区旅游循环经济发展评价的指标体系,并将指标体系运用于边疆高原山区中发展旅游循环经济的旅游区,进行计算评价,最终达到评价旅游区旅游循环经济发展的状况(见图5.1)。

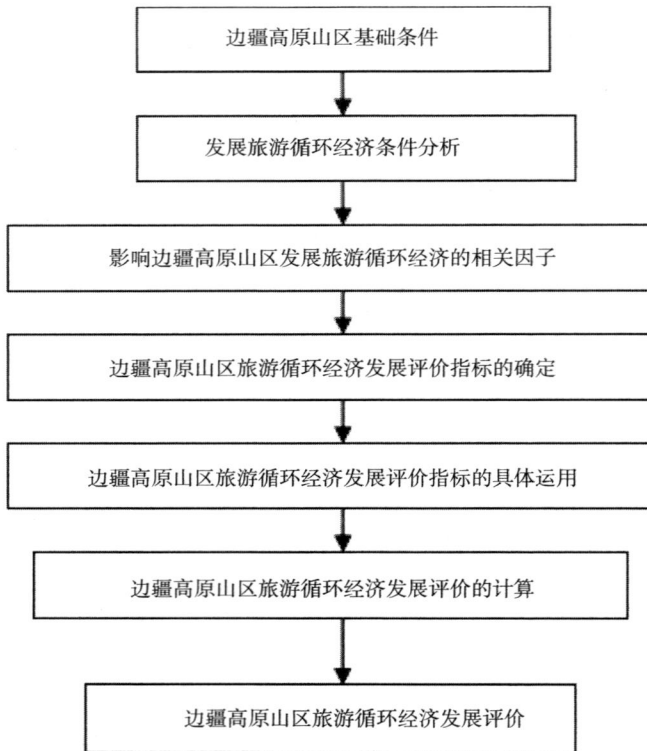

图5.1 构建边疆高原山区旅游循环经济发展评价的途径

三、边疆高原山区旅游循环经济发展的评价体系构建

(一)评价方法

一般而言,评价方法可以根据评价对象的范围、性质、特点等基本条件选择;对同一评价对象而言,评价的目的不同,采用的评价方法也不同,指标体系也有差别。评价方法与循环经济的理论密切相关:方法离不开理论,但侧重点

又有不同。循环经济的理论基础源自自然科学、社会科学,评价方法也离不开这些领域科学评价方法的综合运用,如系统分析、物质流分析与管理、绿色核算、生命周期分析、全成本核算、环境管理等。目前,国内采取的循环经济发展评价方法主要为资源效率评价,也叫物质流分析,学者们也用此方法做过一些实证研究[9]。

关于旅游循环经济指标体系的研究主要集中在如何找到规范性的指标来度量和评价旅游开发、旅游运营管理和旅游活动开展等过程不同"6R"的水平。在度量和评价过程中,指标直接来源于表征社会、经济、管理和环境的状态并被指定为旅游循环经济指标,因此也存在指标之间缺乏联系、指标取舍主观性和随意性、指标未加必要的处理等缺陷的问题。因此,边疆高原山区旅游循环经济发展评价应当试图从指标产生机理和方法上弥补这些缺陷。具体步骤如图 5.2 所示。

1.明确旅游循环经济的原理和目标

旅游循环经济是一个崭新的概念和领域,因此,在确定边疆高原山区旅游循环经济的目标之前,首先要确定旅游循环经济的定义、原理及其实现目标。

2.确定问题

研究复杂系统,通常要将复杂系统进一步划分成不同的组成要素。通过分析代表每一组成要素的指标,获得对整个系统状态的刻画和了解。旅游循环经济是一个复杂的动态开放系统,在监测旅游循环经济发展过程中,单一的指标是不适合的,需要一整套包含了发展旅游循环经济有关问题的代表性指标。因此,需要确定什么问题与边疆高原山区发展旅游循环经济有关,而且有必要建立评价指标。

3.选择基本指标

有关问题一旦确定,就需要用指标度量。通常情况下,有些指标已经存在,但这些指标是因其他目的而构建的,不一定完全符合评价旅游循环经济的目的,因而需要建立一些新指标,另外应当根据边疆高原山区的特殊性,制定特殊指标。这些已有的指标、新指标和特殊指标共同构成边疆高原山区发展旅游循环经济的基本指标。

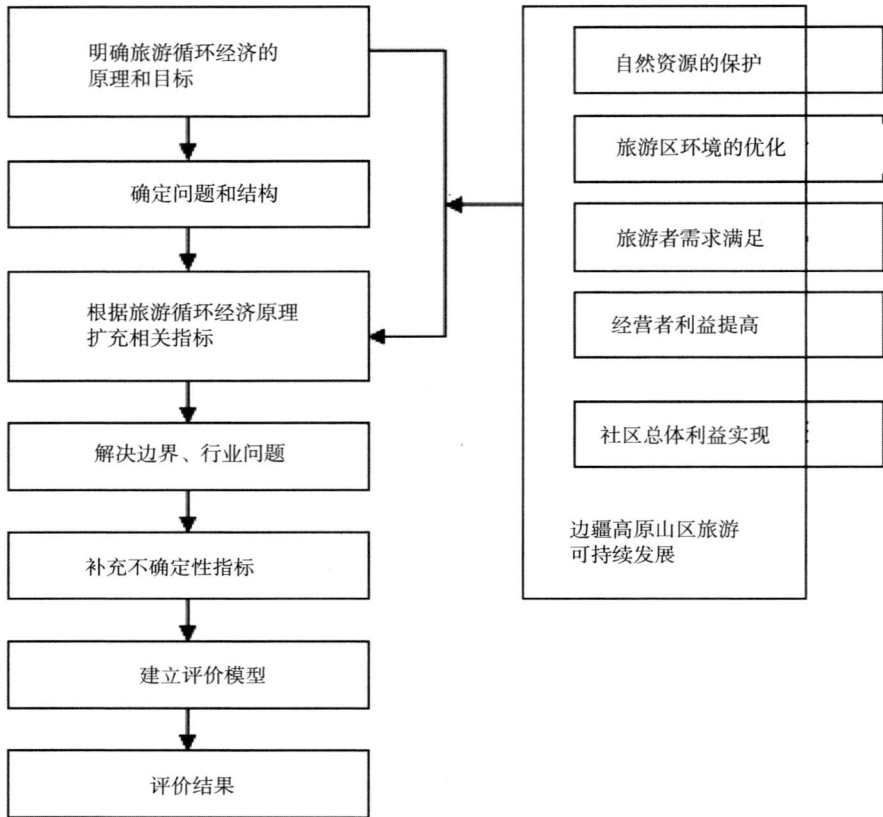

图 5.2　边疆高原山区旅游循环经济评价指标构建过程图

4.根据旅游循环经济原理扩充相关指标

在以上步骤基础上产生的指标,并不能完全反映边疆高原山区旅游循环经济发展的内涵和特征,因而有必要根据旅游循环经济原理进行扩充相关的指标。

5.解决边界问题

在设计旅游循环经济评价指标的过程中,需要考虑指标的适用空间单元,通常,指标应与行政边界一致、行业内部为单元,但有时设计指标需要处理跨行政区域或跨行业的能流和物流。在空间边界明确、资料完整的情况下,采用跨边界流、跨行业流的指标,如区外处理的废物占总废物的百分比,来自

144

区外的水量的百分比等,在跨边界流的影响不能确切量度情况下,可用跨边界流的间接的次优指标,如非点污染源的情形,可用受体指标、状态指标或原指标。

6.考虑不确定性

由于对系统中某些临界认识不足、数据序列不完整而且可信度低以及系统存在不可预见行为等原因,常使指标产生不确定性。反映指标的不确定程度,可使决策依据更充分,这在旅游环境管理中特别有用。对于前两种类型的不确定性因素,可用指标的临界水平或数据可信度范围加以表达,对于第三种类型,应该加上与已经部分明了的因果机制有关的指标[8]。

7.构建评价模型及运算

旅游循环经济指标一旦设计出来,就应该遵循相关性和科学性原则、时空和社会群体变化的敏感性原则、数据一致性与可度量性原则,构建评价模型,进行运算。

(二)确定评价指标体系

根据上述旅游循环经济的基本思想并参考旅游可持续发展指标体系,项目组选取边疆高原山区系统经济、社会、制度、资源和环境的再循环、再利用、资源化,构建 5 个综合层指标(一级指标)、21 个因素层指标(二级指标)、47 个评价因子层指标(三级指标)作为评价指标体系(见表 5.1)。从表 5.1 可以看出,经济、资源和环境指标为核心指标,因为这是旅游循环经济的核心所在,也是旅游循环经济建设的主要考察目标。这些目标旨在评价资源的利用效率和减量化投入水平,通过改善边疆高原山区旅游区的环境质量,推行清洁生产,加强污染治理,使污染对环境的影响减小到最低程度。社会和制度指标为外围指标,旨在评价旅游循环经济的社会效益和管理体制及水平,通过改善管理体制,提高管理水平,加强旅游产业在第三产业中的地位,提高旅游业的社会效益,不仅在经济总量上实现高速度增长,而且能帮助解决部分就业,不断改善从业人员及边疆高原山区居民的素质和生活水平。

表 5.1　边疆高原山区旅游循环经济发展评价指标体系

评价综合层指标（一级指标）	评价因素层指标（二级指标）	评价因子层指标（三级指标）
核心指标	边疆高原山区经济指标	旅游收入指标	国内旅游收入(元)
			国际旅游收入(创汇)(元)
		旅游经济发展水平	旅游从业人员人均旅游收入(元/人)
			游客人均消费水平(元/人)
			旅游业产值年增长率(%)
			旅游产值占 GDP 的比重(%)
		旅游产出效益指标	旅游区单位面积收入(元/公顷)
	边疆高原山区资源指标	资源利用效率	单位旅游业 GDP 用水量(吨/万元)
			单位旅游业 GDP 耗电量(千瓦时/万元)
			单位旅游业 GDP 资源消耗消减率(%)
		土地资源指标	单位土地面积产值(万元/平方千米)
			山区土地可开发旅游活动比例(%)
		资源回收、垃圾处理率	旅游污水处理回用率(%)
			节水设备使用比例(%)
			垃圾及废弃物资源化率(%)
			垃圾及废弃物资源化年增长率(%)
			垃圾分类处理率(%)
			垃圾回收率(%)
		能源	清洁能源占总能源的比例(%)
		旅游资源	旅游区(含人文旅游区)的保护程度
			旅游资源破坏度(%)
			旅游资源的保护投入
	边疆高原山区环境指标	边疆高原山区绿化	林木覆盖率或绿地率(%)
			裸地率(%)
		大气环境	大气二氧化硫浓度
			大气总悬浮颗粒物(TSP)浓度
			大气环境质量达标率(%)
		水环境	饮用清洁水比例(%)
			地表水水环境功能区达标率(%)
		声环境	区域环境噪声
			噪声功能区达标率(%)
		生态厕所	旅游生态厕所比例(%)
			卫生厕所比例(%)
		环境承载力	旅游环境承载力增减率(%)
			旅游区游客量/旅游区旅游环境容量比值(%)
		环保行业标准	通过环境管理体系 ISO14000 认证的旅游区的比例(%)
			通过"绿色环球 21"认证的旅游区比例(%)
			绿色饭店占总宾馆饭店比例(%)

评价综合层指标 （一级指标）	评价因素层指标 （二级指标）	评价因子层指标 （三级指标）
外围指标	边疆高原山区社会指标	就业状况	旅游业就业人数占第三产业总就业人数比例（%）
			旅游业就业人数增长率（%）
		从业人员的素质	从业人员学历构成（%）
		社会效率	游客及当地居民满意度（%）
	边疆高原山区制度指标	法律、法规	旅游业相关法律、法规、制度健全度
			循环经济相关法律、法规、制度的健全度
			国家政策对边疆高原山区发展旅游循环经济的支持度
			地方法规对旅游循环经济的支持度
		行业管理	旅游行业管理措施、体系的完善程度
		投资情况	环保投入占旅游总收入的百分比（%）
			环保投入年递增率（%）
			旅游循环经济科研经费投入增长率（%）

　　经济、资源和环境指标是边疆高原山区旅游循环经济评价的核心指标，在经济指标系统中，选择了旅游收入及经济发展水平指标，旨在评价边疆高原山区旅游循环经济的经济效益，在经济总量上实现高速增长。社会指标是评价边疆高原山区发展旅游循环经济给当地带来的社会效益；制度指标旨在评价边疆高原山区旅游循环经济发展是否具有良好的政策环境和投资环境等。

　　1.经济子系统

　　经济子系统的系统目标是促进边疆高原山区旅游循环经济健康、快速发展，提高旅游的可持续发展能力，为人民和游客的生活提供更为优质的服务，不断满足人民和游客对边疆高原山区物质和文化等产品的需求。其主要指标有：

（1）旅游经济发展水平指标。包括边疆高原地区旅游业从业人均旅游收入、游客人均消费水平、旅游业产值占 GDP 的比例和旅游业产值年均增长率等。

（2）旅游收入指标。包括国内旅游收入和国际旅游收入。

（3）旅游产出效益指标。包括旅游区单位面积收入。

2.资源子系统

资源子系统的目标是促进边疆高原山区资源的减量投入，提高资源再利用率，积极发展垃圾和废弃物的资源化产业，提高资源的可持续利用能力，从根本上控制污染。其主要指标有：

（1）资源利用效率指标，反映了资源利用的效率，特别是旅游发展中的两大资源水和电的利用效率，将资源利用与旅游产值紧密联系在一起。包括资源生产率、资源消耗降低率、资源回收率、资源循环利用率和水资源指标。其中，水资源指标反映了对资源利用效益和回收利用的情况。包括水资源利用率、节水设备使用率、污水处理率和污水处理利用率。

（2）土地资源指标。土地资源指标反映了边疆高原山区单位旅游区土地面积旅游产值，是对土地资源利用效益的评价。包括单位旅游区土地面积旅游产值、山区土地可开发旅游活动比例等。

（3）能源指标。能源指标反映了边疆高原山区旅游过程中清洁能源的使用情况。包括清洁能源占总能源的比例和可再生能源消费所占份额。

（4）资源回收及垃圾处理率指标。资源回收反映了垃圾及其他可用资源的资源化情况，这一指标也直接反映了"循环"这一过程发展的程度。包括废弃物质回收完善率、废弃物质再次利用率和工业用水循环利用率。垃圾分类回收和再利用是旅游循环经济建设的一个重点，这个指标反映整个区域资源循环利用的程度。垃圾处理指标包括垃圾无害化处理率、垃圾分类处理率、废弃物最终处置降低率和垃圾回收及综合利用率。

（5）旅游资源指标。包括旅游区（含人文旅游区）的保护程度、旅游资源破坏度、旅游资源的保护投入等指标。

3.环境子系统

环境子系统的目标是在经济快速发展和服务不断提高的基础上,边疆高原山区改善区域环境质量,引导政府、企业和社会加强环境保护与污染控制的措施。在环境的减量化、再循环、再利用指标系统中选择了旅游区绿化率、气、水、声环境、垃圾处理、旅游厕所、环境承载力和环保行业标准等次一级指标。其主要指标有:

(1)边疆高原山区绿化指标。边疆高原山区绿化反映了边疆高原山区的绿化程度以及整体绿色环境。包括森林覆盖率和绿地率、裸地率。

(2)水环境指标。包括饮用清洁水比例、地表水水环境功能区达标率等。

(3)大气环境指标。包括大气二氧化硫浓度和总悬浮颗粒物(TSP)浓度、大气环境质量达标率等。

(4)噪声环境指标。包括区域环境噪声、噪声功能区达标率和提高率等。

(5)生态厕所。生态厕所是具有一定规模旅游区发展旅游循环经济的一个重要方面,通过人粪的沼气化、无臭处理,达到减少生活污水排放、获得清洁能源与绿化肥料(沼液)以及环保宣传示例等多赢效果。包括旅游生态厕所比例和卫生厕所比例。

(6)环境承载力。环境承载力又称为环境容量,是在不影响后代对旅游资源永续利用的前提下,旅游地环境和生态、旅游地社会和经济能力、旅游地居民和旅游者心理等方面所能承受的最大游人量。包括旅游环境承载力增减率、旅游区游客量/旅游区旅游环境容量的比值两个指标。旅游区游客量/旅游区旅游环境容量比值的高低直接关系到旅游资源的开发程度和旅游区旅游资源的可持续发展。

(7)环境行业标准执行指标。环保行业标准也是发展旅游循环经济的一个重要指标,它旨在规范旅游区环境管理,督促更多的旅游区通过环境管理认证达到相应的环境管理标准。包括通过 ISO14000 认证的旅游区比例、评为绿色行业的比例、通过"绿色环球 21"认证的旅游区比例等。

4.社会子系统

社会子系统的目标是促进社会公平,提高居民的科技文化水平,改善社会服务质量,吸纳更多的旅游从业人员,从而促进知识、技术密集型旅游业的发展。其主要指标有:

(1)就业状况指标。包括社会就业率、就业人数增加率和第三产业就业人数占社会就业人数的比例。

(2)从业人员素质指标。包括人口中科技人员所占比重和从业人员健康状况。

(3)社会效率指标。包括社会管理水平指标和办事效率等指标。

5.制度子系统

制度子系统的目标能促进边疆高原山区旅游循环经济在完善的政策法规的指导下顺利发展,通过旅游行业的管理措施和较大的投资力度等使得旅游循环经济有更大的发展空间和发展前景。其主要指标有:

(1)法律法规。既包括旅游业相关法律、法规、制度健全度,循环经济相关法律、法规、制度的健全度等指标,也包括针对边疆高原山区的国家政策的倾斜度和地方性法规健全度等。

(2)行业管理。旅游行业管理措施、体系的完善程度等指标。

(3)投资情况。环保投入占旅游总收入的百分比、环保投入年递增率、旅游循环经济科研经费投入增长率等指标。

旅游循环经济评价体系是一项复杂的系统工程,并且旅游循环经济的主要特征之一是以实现环境与经济双赢为目标,而并非只是保护环境,因此在评价旅游循环经济发展情况的过程中,要不断完善补充评价指标,并要依据边疆高原山区不同时期的工作重点,调节四个子系统的指标体系权重系数,才能更加全面、准确地评价边疆高原山区旅游循环经济的发展进程。尤其是在生态环境相对脆弱、经济相对落后的边疆高原山区,发展旅游循环经济必须把核心层定位于生态环境系统和经济系统,生态环境系统主要是资源—环境系统,其关系是:资源是环境的中心,环境是资源的载体,资源与环境在不断地进行着物质、能量和信息的交换,资源的演化及其开发利用均受环境的影响和制约,资源之间互为环境。对旅游循环经济发展进行评价要紧紧抓住这两个核心来进行[10]。并在此基础上对旅游循环经济发展评价的指标做适时、适度的变更,使旅游循环经济评价更好地为旅游循环经济发展服务。

(三)计算方法

1.经济发展水平指数的计算

发展旅游循环经济是一个动态的、综合的过程,因此,对边疆高原山区的旅游循环经济发展水平进行评价实际上是一个多指标综合评价的过程。综合评价的实施由以下几个步骤组成:指标值的标准化处理、各指标权重的确定、各指标值的综合合成方法的确定。

(1)指标值标准化处理

对于已选定的指标体系,由于各个指标的计量单位及数量级相差较大,所以一般不能直接进行简单的综合。必须先将各指标进行标准化处理,变换成无量纲的指数化数值或分值,再按照一定的权重进行综合值的计算。常用的标准化方法主要有:标准化变换法、指数化变换法等。本研究的目的是为了评价旅游循环经济发展的水平,衡量达到参考值的水平和差距,因此,只需将一系列指标值与相应的参考值进行对比。在这里我们采用"指数化变换法"。

具体方法描述如下:

将指标体系中的实际指标值与相应的参考值进行对比,以反映每一个指标的实现程度。由于评价指标中有些是正指标,有些是逆指标,其处理的方法也有所不同,即:

三级指标(O_i):

当为正指标时,即指标越大越好时,$O_i = C_i/S_i$

当为逆指标时,即指标越小越好时,$O_i = S_i/C_i$

二级指标(V_j):$V_j = \sum_{i=1}^{m} Oi/m$

一级指标(U_k):$U_k = \sum_{j=1}^{m} W_j \times V_j$

旅游循环经济发展综合指数（$CETI$）：$CETI = \sum_{k=1}^{m} W_k \times U_k$

式中：

C_i——三级指标的现状值或规划值；

S_i——三级指标的标准值；

W_j、W_i——二级指标和一级指标的权重。

计算一级指标数和旅游循环经济发展综合指数时，权重的确定至关重要。应通过专家咨询和资料查阅，参照旅游可持续发展指标，运用层次分析原理，根据各项指标在体系中的重要性，确定一级和二级权重。

（2）指标权重的确定方法

由于在旅游循环经济发展评价指标体系中各指标的重要程度不同，在进行综合时有必要对各指标进行加权处理。在综合评价实践中可运用多种确定指标权数的方法，如：Delph 法、主成分分析法、层次分析法、专家打分法等。其中专家打分法既集中了专家的意见和看法，又利用相应的数学工具对专家的意见进行处理，因而又具有较强的客观性。因此，我们利用专家打分法来确定各指标的权数。

（3）线性加权和法

指标值的综合合成方法较多，如：线性加权和法、乘法合成法、加乘混合合成法等，其中线性加权和法是使用广泛、操作简明且含义明确的方法。项目研究借鉴和使用线性加权和法。

2.计算评价结果

将边疆高原山区旅游循环经济发展的相关因子及权重，运用上述公式进行计算，所得结果即为最终的边疆高原山区旅游循环经济发展度，根据当地政府部门、有关专家的意见，参照当地实际情况以及国内外其他地区循环经济及旅游循环经济的实践经验，确定出旅游循环经济发展的评价标准，以得出边疆高原山区循环经济发展水平，可与其他地区的发展水平进行比较，也可以为当地提供参考依据，从而制定更好的政策、采取有力措施，推动边疆高原山区旅游循环经济更快发展，为保护边疆高原山区生态环境、促进边疆高原山区经济和社会发展作出应有的贡献。

（四）实证研究——云南省丘北县普者黑旅游区旅游循环经济发展评价分析[11]

根据前面的原理和方法，项目组成员选择云南省丘北县普者黑旅游区对其旅游循环经济发展进行评价分析。

首先，构建云南普者黑旅游区旅游循环经济发展指标体系。根据普者黑的实际情况，构建了主要包括经济指标、社会指标、管理指标、资源指标和环境指标等 5 大因素层指标及 47 个因子层指标。

其次，通过专家咨询法并参阅循环经济和旅游可持续发展指标体系对一级和二级指标进行权重确定（见表 5.2）。

表 5.2　云南省丘北县普者黑旅游区旅游循环经济评价指标体系框架及权重表

综合层指标		因素层指标	因子层指标
外围指标	社会(0.10)	就业状况(0.04)	旅游业就业人数占第三产业总就业人数比例(%)；旅游业就业人数增长率(%)
		从业人员的素质(0.04)	从业人员学历构成(%)
		社会效率(0.02)	游客及当地居民满意度(%)
	管理(0.15)	法律、法规(0.05)	旅游业相关法律、法规、制度健全度；循环经济相关法律、法规、制度的健全度
		行业管理(0.05)	旅游行业管理措施、体系的完善程度
		投入(0.05)	环保投入占旅游总收入的百分比(%)；环保投入年递增率(%)；旅游循环经济科研经费投入增长率(%)
	经济(0.25)	旅游收入(0.15)	国内旅游收入(元)；国际旅游收入(创汇)(元)；旅游从业人员人均旅游收入(元/人)；游客人均消费水平(元/人)；旅游区单位面积收入(元/公顷)
		经济发展水平(0.10)	旅游产值占 GDP 的比重(%)；旅游业产值年增长率(%)

续表

综合层指标	因素层指标	因子层指标
核心指标	资源(0.25)	资源效率(0.05)	单位旅游业 GDP 用水量(吨/万元);单位旅游业 GDP 耗电量(千瓦时/万元);单位旅游业 GDP 资源消耗消减率(%)
		土地资源(0.04)	旅游旅游区单位土地面积产值(万元/平方千米)
		能源(0.04)	旅游业中清洁能源占总能源的比例(%)
		水资源(0.04)	旅游用水率(%);旅游污水处理回用率(%);节水设备使用比例(%)
		资源回收(0.04)	垃圾及废弃物资源化率(%);垃圾及废弃物资源化年增长率(%)
		旅游资源保护(0.04)	旅游区(含人文旅游区)的保护程度;旅游资源破坏度(%);旅游资源的保护投入
	环境(0.25)	旅游区绿化(0.04)	旅游区林木覆盖率或绿地率(%);旅游区裸地率(%)
		大气环境(0.04)	大气二氧化硫浓度;大气总悬浮颗粒物(TSP)浓度;大气环境质量达标率(%)
		水环境(0.04)	饮用清洁水比例(%);地表水水环境功能区达标率(%)
		声环境(0.03)	区域环境噪声;噪声功能区达标率(%)
		旅游区垃圾(0.04)	旅游区垃圾分类处理率(%);旅游区垃圾回收率(%)
		旅游厕所(0.02)	旅游生态厕所比例(%);卫生厕所比例(%)
		环境承载力	旅游区旅游环境承载力增减率(%);旅游区游客量/旅游区旅游环境容量比值(%)
		环保行业标准(0.04)	通过环境管理体系 ISO14000 论证的旅游区的比例(%);通过"绿色环球 21"论证的旅游区比例(%);绿色饭店占总宾馆饭店比例(%)

再次,使用线性加权和法对指标数据进行计算。计算得到普者黑旅游区旅游循环经济发展评价指数(CETI)(见表 5.3)。

表5.3　普者黑旅游区旅游循环经济发展评价指数

年份	一级指标					综合指数
	经济	社会	管理	资源	环境	
2004 年	0.1005	0.0372	0.0440	0.0896	0.1612	0.09815
2010 年	0.1475	0.0390	0.0998	0.1488	0.1957	0.14187
2020 年	1	1	1	1	1	1

资料来源:(1)丘北县统计局《丘北县 2005 年统计年鉴》;(2)云南省环境科学院、云南师范大学旅游与地理科学学院《丘北县普者黑旅游循环经济示范区规划总报告及循环经济型旅游业发展规划专题研究、生态保障专题规划研究报告(送审稿)》,2006 年;(3)丘北旅游局《丘北县旅游发展"十一五"规划》,2005 年;(4)文山州委州政府《关于普者黑旅游发展情况的调研报告》,2005 年;(4)部分指标的指定参照国家环保总局《生态县、生态市、生态省建设指标(试行)》里的指标。

最后,根据计算结果对普者黑旅游区旅游循环经济发展状况进行评价。旅游循环经济评价指数的变化也反映了普者黑旅游区旅游循环经济建设的变化情况:2004 年循环经济的基础水平较差,综合指数仅为 0.09815,属于旅游循环经济规划理念阶段;根据规划,逐步设计和实施项目,经过 6 年时间的建设发展,到 2010 年达到 0.14187,处于较低发展水平,属于起步阶段;还要不断摸索和吸取经验,加快建设步伐,才能达到 2020 年目标值。这一评价结果与实际和规划情况基本相符,说明项目研究建立的旅游循环经济评价指标体系虽然不够完善,但仍然具有一定的可行性和可操作性。

第三节　边疆高原山区旅游循环经济发展的评估认证

边疆高原山区旅游循环经济发展评估体系和方法要与国际接轨,因此应当采用国际上对旅游循环经济发展进行评估认证的标准对边疆高原山区旅游循环经济发展状况进行评估,并进行认证,从而树立边疆高原山区旅游循环经济的崭新形象,并形成独具特色的品牌。另外结合边疆高原山区旅游循环经济发展的特殊性,形成特有的评估认证标准也是研究的重点。

一、边疆高原山区旅游循环经济发展相关评估认证标准

边疆高原山区自然资源富集而生态脆弱,加强生态维护和环境治理显得尤为重要,在边疆高原山区实施旅游循环经济可参考目前国际上认可的相关评估认证标准,主要有:

(一)环境管理标准(ISO14000 体系)认证

ISO14000 环境管理体系认证和 ISO14024 环境标志认证合称为"双绿色认证",一旦获得了这两个相辅相成的绿色认证,就等于拿到了跨越绿色壁垒的通行证,因此双绿色认证模式正逐步为更多企业所了解和认可。ISO14024 环境标志认证是指标示在产品或其包装上的一种"证明性商标"。它表明产品不仅质量合格,而且符合特定的环保要求,与同类产品相比,具有低毒少害、节约资源能源等环境优势。可认证产品分类包括:办公设备、建材、家电、日用品、办公用品、汽车、家具、纺织品、鞋类等。在旅游业的发展中,ISO14024 环境标志认证的全面应用推广较少,因此项目研究主要讨论 ISO14000 环境管理体系认证。

1.ISO14000 环境管理体系简介

ISO14000 系列标准,是国际标准化组织(ISO)和第 207 技术委员会(TC207)从 1993 年开始制定的一系列环境管理国际标准的总称,它同以往各自制定的环境排放标准和产品技术标准不同,是个国际性、系列化的环境管理标准,它包括了环境管理体系、环境审核、环境标志、生命周期评估等国际环境管理领域内的许多焦点问题,旨在指导各类组织取得和表现正确的环境行为。ISO14000 系列标准共预留了 100 个标准号。该系列标准由环境管理体系(EMS)、环境行为评价(EPE)、生命周期评估(LCA)、环境管理(EM)、产品标准中的环境因素(EAPS)等 7 个系列组成,其编号为 ISO14001—14100,共 100个。目前正式颁布的 ISO14000 系列标准有 ISO14001《环境管理体系规范及使用指南》、ISO14004《环境管理体系原则、体系和支持技术通用指南》、ISO14010《环境审核指南通用原则》、ISO14011《环境审核指南、审核程序、环境管理体系审核》、ISO14012《环境审核指南、环境审核员资格要求》等 5 个标准,其中 ISO14001(国际环境管理体系)是系列标准的核心标准,也是唯一可

用于第三方认证的标准,它对企业从原材料的选择、设计、加工、销售、运输、使用到最终废弃物的处置,进行全过程的管理,其宗旨是倡导绿色消费、生产绿色产品、创办绿色企业[12]。

ISO14000 标准已在全球获得了普遍认同,成为一套目前世界上最全面和最系统的环境管理国际化标准,并引起世界各国政府、企业界的普遍重视和积极响应,被称为国际市场认可的"绿色护照",准许通过认证,无疑就获得了"国际通行证"。许多国家,尤其是发达国家纷纷宣布,没有环境管理认证的商品,将在进口时受到数量和价格上的限制。如,欧洲国家宣布,电脑产品必须具有"绿色护照"方可入境,美国能源部规定,政府采购只有取得认证厂家才有资格投标。目前,全世界已有 11000 余家公司或企业获得了 ISO14001 标准认证证书,我国也有 100 余家企业获得该项证书。

2.ISO14000 标准与边疆高原山区旅游循环经济的关系及其应用

循环经济与资源节约及环境保护、污染治理、清洁生产,既一脉相承,又各有侧重。发展循环经济本身就是重要的环境保护措施。工业污染防治的初始手段主要是"末端治理",这是一种只投入而不产生经济效益的措施,即便是发达国家也早已放弃了这种费而不惠的解决污染问题的技术路线[13]。旅游循环经济本质上是一种生态经济,要求对环境的高度重视,ISO14000 作为环境管理国际标准之一,在旅游循环经济发展中引入 ISO14000 势在必行。实施ISO14001 环境管理体系认证,意味着企业或组织有一套符合环境要求的管理体系,在减少污染、节约资源、降低能耗等方面具有较为严格的保障措施;ISO14000 标准既是旅游循环经济标准化建设的衡量标准,也是旅游循环经济实现可持续发展的保障。

全国旅游循环经济发展中,ISO14000 标准在旅游酒店、宾馆业,特别是旅游风景区建设中得到大力推行。ISO14001:1996《环境管理体系规范及使用指南》规定了一个组织系统地开展景区环境管理的模式(见图 5.3),管理过程分为相关知识培训、初始管理评审、文件化、实施 ISO 管理、改进体系和申请认证[14]。应用的主要风景区有:武夷山景区实施的 ISO14000 认证体系;黄山风景名胜区创建 ISO14000 国家示范区,严格执行 ISO14000 环境管理标准,推动黄山风景名胜区环境管理工作不断深入;四川峨眉山风景名胜区、青城山·都江堰风景名胜区被国家环境保护总局批准为ISO14000国家示范区,极大地推动风景名胜区环境管理工作。河南南阳宝天曼旅游开发有限公司还曾面向全社会公开招标宝天曼生态旅游区景区ISO9000/ISO14000认证申报工作的公告。

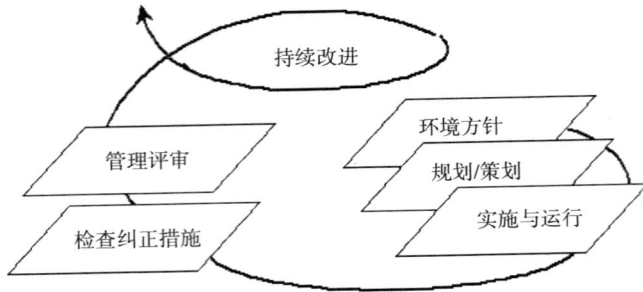

图5.3 ISO14000环境管理体系运转模式

ISO14000标准在旅游酒店、宾馆业中的应用研究在一些旅游业发展较好的城市进行了实践,如:1997年香港岛香格里拉大酒店成功获得ISO14001认证证书,浙江省、山东省率先开展了创建"绿色饭店"营销活动,深圳、成都等也在不断地尝试。引入ISO14000环境管理体系到进行ISO14000认证,企业管理者都意识到它可以调动宾馆酒店环境管理的积极性和主动性,提高宾馆酒店的管理水平;提高宾馆酒店市场竞争力,树立绿色宾馆酒店形象,从管理和系统上确保宾馆酒店持续有效地开展环境管理工作;推行清洁生产,节能降耗,降低经营成本,为企业带来经济效益。

在边疆高原山区云南,发展旅游循环经济的过程中有一批旅游景区及相关旅游企业都在大力推行ISO14000体系认证。2010年6月,丽江玉龙雪山景区被国家旅游局确定为全国首批旅游标准化试点,并于2011年通过了ISO9000和ISO14000认证体系复核;昆明世界博览园、昆明金殿风景名胜区、昆明九乡风景区、西双版纳原始森林公园、西双版纳傣族园、中科院西双版纳植物园、大理鸡足山、建水燕子洞、丽江黑龙潭、丽江三叠水等风景区都在通过第三方机构进行ISO14000认证。

（二）绿色环球 21(GG21)

绿色环球 21(英文"GREEN GLOBE 21",简称 GG21)由世界旅行旅游理事会(WTTC)主创,2002 年首次公布,以可持续发展为原则而为旅行旅游这种特殊部门专门制定的,是目前世界上唯一涵盖旅游全行业的全球性可持续发展标准体系。它包括五大标准体系,分别是绿色环球 21 可持续设计建设标准、绿色环球 21 旅游企业标准、绿色环球 21 旅游社区标准、绿色环球 21 国际生态旅游标准和绿色环球 21 景区规划设计标准[15—16]。应该强调的是,"绿色环球 21"的生态旅游认证只针对产品而不是企业,其特点在于它不仅注重企业内部的环境问题,而且还关注企业外部的社会与经济发展问题。这也正是"绿色环球 21"认证与 ISO14000 认证的分水岭。

绿色环球 21 特别研发了"地球评分"可持续达标评估指标体系,对不同行业的旅游组织评价其可持续发展的贡献率,提供一份全面客观的环境、社会、经济评估报告并通过量化评价,判断可持续发展的工作成效,与发达国家同行业横向对比,使得管理绩效更加可信、更具说服力。通过实施绿色环球 21,可以在以下方面得到改善与可持续发展:减少温室气体排放、节能与提高能效节水与淡水资源管理、改善社区关系、保护空气质量和控制噪声、强化土地规划和管理、改进废水处理、减少垃圾排放和废物回收利用、尊重文化遗产、保护自然生态系统、保护野生动植物种类、妥善保存与慎用对环境有害物质等。

迄今为止,绿色环球 21 已在全球五大洲包括中国在内的 58 个国家开展认证,并拥有全球知名的旅游企业会员单位。如印尼巴厘岛旅游度假区、澳大利亚黄金海岸机场、悉尼机场、英国万豪酒店集团、澳大利亚 Binna burra 生态度假村和 Skytail 观光缆车公司、澳大利亚大堡礁世界遗产海洋公司、澳大利亚墨尔本黄金海岸市政府、希尔顿、索菲特、凯悦连锁酒店等以及我国的九寨沟国家级自然保护区"九寨天堂"会议度假中心、黄龙国家级风景区、三星堆遗址博物馆等全国首屈一指的旅游企业获"绿色环球 21 认证合格证书"。

据报道,"九寨天堂"酒店大堂的接待处放置了两个分别用于盛装废旧电池和废旧笔芯的小木箱,酒店内的道路也大都采用了天然石料和木板等材料,酒店内的全部景观用水中都是中水循环使用,以满足减少淡水使用量的要求;酒店中心的热水器供应系统已经把过去的五套系统合并为一个系统,一般情况下只开启两台锅炉,设备间可互为备用,大幅度降低了电能和燃气消耗;经过多次改造,对酒店客房连接走廊的灯光进行分区控制,并且可根据天气状况、客人数量,开启一部分或全部灯光;为增强客人的环保意识,鼓励客人节约能源,酒店还专门建立了"绿色客房",在"绿色客房"内,为宾客提供了对人体有益的绿色植物,所有设施、物品均为环保产品[17]。

将"绿色环球21"的生态旅游认证引入到边疆高原山区旅游产品评估中,使边疆高原山区旅游产品向生态化、技术化、低污染甚至无污染方向转变,改变边疆高原山区粗放型旅游发展局面。

(三)绿色 GDP 核算

绿色 GDP 的专业称呼是"绿色国民经济核算",也叫"综合环境与经济核算",它是指从传统 GDP 中扣除自然资源耗减成本和环境退化成本的核算体系,即从现行统计的 GDP 中,扣除由于环境污染、自然资源退化、教育低下、人口数量失控、管理不善等因素引起的经济损失成本,从而得出新创造的真实国民财富总量[18]。它包括资源核算和环境核算,旨在以原有国民经济核算体系为基础,将资源环境因素纳入其中,通过核算描述资源环境与经济之间的关系,提供系统的核算数据,为可持续发展的分析、决策和评价提供依据[19]。

联合国对绿色核算的研究已持续了十几年,到目前仅出台了"综合环境经济核算体系"(SEEA2003)。我国绿色 GDP 由胡锦涛于 2003 年中央人口资源环境工作座谈会上提出,同年 3 月,《中国绿色 GDP 核算研究》项目启动,2006 年初,环保总局和国家统计局在北京、天津、河北、辽宁等 10 个省市启动了以环境核算和污染经济损失调查为内容的绿色 GDP 试点工作,并于 2006 年 9 月 7 日,环保总局和国家统计局共同发布了耗时 2 年做出的《中国绿色国民经济核算研究报告(2004)》,这是我国第一份也是唯一一份有关环境污染经济核算的国家报告。报告对全国各地区和 42 个行业的环境污染实物量、虚拟治理成本、环境退化成本进行了核算。分析结论认为,2004 年全国因环境污染造成的经济损失为 5118 亿元,占 GDP 总量的 3.05%。其中固体废物和污染事故造成的经济损失 57.4 亿元;除了污染损失,报告还对污染物排放量和治理成本进行了核算,结果表明,全部处理 2004 年排放到环境中的污染物,需要一次性直接投资 10800 亿元,占当年 GDP 的 6.8%,每年还需另外花费治理运行成本(虚拟治理成本)2874 亿元,占当年 GDP 的 1.80%。遗憾的是,由于技术和体制障碍,关于绿色国民经济核算研究报告再也没有发布过。有关人士表示:我国关于绿色 GDP 的研究基本处于停滞状态,绿色国民经济核算体系的最终确立将是一个漫长的过程[20]。

从目前的情况看,绿色 GDP 统计面临的技术挑战主要来自两方面:一是资源环境的损耗与经济发展不同步,二是资源环境如何定价。然而,正如"绿色 GDP"研究项目技术专家、中国环境规划院副院长王金南所说,绿色 GDP 虽然面临着许多技术、观念和制度方面的障碍,但没有这样的核算指标,就无法全面衡量我们的真实发展水平,就无法用科学的基础数据来支撑科学发展观的战略选择,就无法实现对整个社会的综合统筹与协调发展。因此,无论有多少困难,"都应当继续进行探索"。边疆高原山区生态脆弱、地区经济发展缓慢、通达性欠佳等现状,其经济发展更应引入绿色 GDP 的概念和核算方法,但实践中不能简单照搬其他地区的 GDP 核算方法。

我国旅游业的核算体系仍采用传统的国民经济核算,一些旅游管理部门、旅游景区管理者虽已意识到旅游业绿色 GDP 核算的重要性,但苦于没有行动的依据和可借鉴的先例。聂纳(2006)曾在旅游业中引入绿色 GDP 理念,以张家界为例探讨区内水体、森林、大气、土壤等资源的价值核算和利用、修复成本,修订张家界的旅游 GDP,摸索一种区域旅游业绿色 GDP 修订思路、方法、测算和预警系统[21],但并未能推广和应用。

二、边疆高原山区旅游循环经济发展的评估认证内容

边疆高原山区生态脆弱性的特点决定了其环境保护的特殊性及加强环境保护的重要性,在发展旅游循环经济的过程中,针对具体情况引入以上几种国际标准认证或方法以加强区域环境管理,增强对当地企业及其他组织对环境污染的监督意义重大。具体来看,边疆高原山区旅游循环经济发展的评估认

证内容主要包括以下几方面:

(一)绿色建筑评估认证

旅游循环经济要求对资源的低消耗、再循环、再利用,生产过程的减量化、绿色化、无污染,全面提高资源的利用效率。边疆高原山区作为我国经济欠发达地区,在西部大开发战略指导下和地方政府的努力下,边疆高原山区将迎来巨大的发展空间,尤其是旅游业的发展。为此,在旅游开发过程中,应对边疆高原山区的建筑等各种设施设备进行评估认证,以将发展旅游循环经济落到实处。

1.“绿色建筑”的概念

绿色建筑指建筑在全寿命周期内能最大限度地保护环境,减少污染,做到无污染或低污染,同时最高效率地利用资源和能源,为人类提供健康的、环保的、舒适的工作环境和居住环境的建筑,是实现“以人为本”、“人—建筑—自然”三者和谐共生的建筑[22]。《绿色建筑评价标准》(GB/T 50378—2006)中定义:绿色建筑(Green Building)是在建筑的全寿命周期内,最大限度地节约资源(节能、节地、节水、节材)、保护环境和减少污染,为人们提供健康、适用和高效的使用空间,与自然和谐共生的建筑。其条文说明中说:绿色建筑是在全寿命周期内兼顾资源节约与环境保护的建筑,而单项技术的过度采用虽可提高某一方面的性能,但很可能造成新的浪费,为此,需从建筑全寿命周期的各个阶段综合评估建筑规模、建筑技术与投资之间的互相影响,以节约资源和保护环境为主要目标,综合考虑安全、耐久、经济、美观等因素,比较、确定最优的技术、材料和设备。

2.绿色建筑评估认证(LEEDTM)

由美国绿色建筑协会建立并推行的《绿色建筑评估体系》(Leadership in Energy & Environmental Design Building Rating System),国际上简称 LEEDTM,是目前在世界各国的各类建筑环保评估、绿色建筑评估以及建筑可持续性评估标准中被认为是最完善、最有影响力的评估标准。

LEEDTM 是性能性标准(Performance Standard),主要强调建筑在整体、综合性能方面达到建筑的绿色化要求,评估体系由五大方面若干指标构成其技术框架,综合得分结果,将通过评估的建筑分为白金、金、银、铜和认证级别,以反映建筑的绿色水平。美国国务院、环保署、能源部、美国空军、海军等部门都已将 LEEDTM 列为所属部门建筑的标准,在北京规划建造的美国驻中国大使馆新馆也采用了该标准。国际上,已有澳大利亚、中国、中国香港、日本、西班牙、法国、印度对 LEEDTM 进行了深入研究,并结合在本地的建筑绿色相关标准中。学术界也有关于"绿色建筑运行标识评价及其产品认证体系"[23]的探讨。

我国现行绿色建筑相关规范(中华人民共和国行业标准)主要有:

(1)《绿色建筑评价标准》(GB/T 50378—2006)。

(2)《公共建筑节能设计标准》(GB 50189—2005)。

(3)《夏热冬冷地区居住建筑节能设计标准》(JGJ 134—2001)。

(4)《夏热冬暖地区居住建筑节能设计标准》(JGJ 75—2003)。

3.绿色建筑在旅游循环经济发展中的应用

建筑在旅游吸引物中的占比重极大,旅游循环经济发展过程中的绿色建筑包括:(1)旅游基础设施:在旅游业基础设施建筑领域中,绿色停车场和旅游景区(点)绿色公厕的应用具有较大的开发潜力和开发空间。(2)旅游接待服务设施:在旅游业接待服务设施建筑领域中,绿色旅游饭店建筑的推广可综合应用多种绿色建筑技术,达到节水、节能、降噪和优化环境的目的。其中以节能为目的主要可综合应用能源系统工程建设技术、热环境系统工程建筑技术等绿色建筑技术,即以饭店空调系统和照明系统为代表的节电设计技术和以饭店供热系统为代表的太阳能等多种新能源技术的应用,这些技术主要应用于饭店的客房;以节水为目的主要可应用水环境系统工程技术,即多种节水设备设施的应用以及中水循环系统在饭店建筑中的应用,这些技术主要应用于饭店客房和餐饮部门;以降噪为目的主要可应用声环境系统工程建设技术,即在饭店中以选址、绿化、建筑内部设备降噪、新型降噪建材的应用为代表的降噪技术。此外,以"农家乐"为代表的乡村旅游建筑可广泛应用废弃物处理与处置系统建设技术和热环境系统工程技术,即将太阳能、沼气能等多种新能源技术与建筑结合应用。(3)旅游经营管理设施:主要体现在绿色办公用房建筑的推广和应用,绿色办公楼可采用多项绿色建筑技术,达到节能降耗、优化环境、降低污染等目的。如采用绿色建材,以及采用新能源技术和采光技术,并集合多种节能节水设备设施,开发出具有环保理念的多功能办公大楼。

(4)旅游游憩设施:在旅游游憩设施建筑领域中,绿色景观小品建筑所应用的绿色建材系统工程建设技术,景观小品以对环境无污染并易于回收利用的绿色建材为建筑材料进行建造。

边疆高原山区可结合自身具体情况和绿色建筑的相关评估标准,选取适当的评估认证方法和体系,在边疆高原山区积极实施绿色建筑方案,使建筑同边疆高原山区整体生态环境相协调,实现建筑生态化和材料消耗、环境污染最小化。

(二)绿色企业的评估认证

企业是促使边疆高原山区经济发展的重要组成部分,企业自身的环境行为对边疆高原山区旅游循环经济的发展起着决定性作用,为此,必须加强对边疆高原山区旅游企业的环境行为监督,借用环境伦理对企业行为进行规范的同时,必须采取其他具体性的措施,绿色企业评估认证是一个适宜借鉴的管理方法。

1.绿色企业内涵

绿色是21世纪企业经营的主色调,以绿色为特色塑造企业形象是现代企业的新选择。绿色企业是指以可持续发展为己任,将环境利益和对环境的管理纳入企业经营管理全过程,并取得成效的企业。

绿色企业的衡量标准如下:(1)企业领导树立了绿色观念,以生态与经济协同发展为己任。(2)确立了绿色企业文化,将环境管理作为企业管理的重要职能。(3)具有雄厚的资源,能够保证环境管理工作的实施。(4)实施了绿色营销,将环境管理落实到企业营销活动的始终。(5)树立了绿色形象,得到社会公众的认可[24]。

2.绿色企业认证(ISO9001,ISO14001)

边疆高原山区绿色企业的认证可采取国际通行的国际质量体系认证(ISO9001)、国际环境管理体系认证(ISO14001)并行的方式,将企业质量管理和环境保护相结合,对企业质量和环境管理情况进行全面评估。企业实施以上两种标准:一方面通过全面质量管理提高企业经济效益和市场竞争力;另一方面通过制定环境管理规划和环境管理制度,加强对企业经营全过程的环境管理,开展全员培训和教育,让广大员工自觉投身于企业的绿化工作中去。

目前,实施绿色认证的企业主要集中于食品企业,旅游企业中尚少。但我们已意识到实施绿色企业认证是树立边疆高原山区企业尤其是旅游企业良好公众形象的重要举措,同时也是实现边疆高原山区发展旅游循环经济的重要途径和方法。通过这两个体系的认证,可以极大地促进边疆高原地区企业生产工作的标准化和规范化,提高企业管理者和员工的环境意识和节能降耗意识,最终实现企业获得较好经济效益的同时,实现良好的社会效益。

(三)绿色交通评估认证

交通污染已经成为环境污染中的一个重要方面,目前已受到人们的日益广泛关注,尽管边疆高原山区交通条件有待改善提高,部分边远地区交通污染还没有被明显地体现出来,但依然应引起我们对减少交通污染的关注和重视。

1.绿色交通的内涵

绿色交通是一个新理念,也是一个发展目标。绿色交通是为了减轻交通拥挤、降低污染、促进社会公平、节省建设维护费用而发展低污染的有利于环境的多元化交通工具来完成社会经济活动的协和交通运输系统。

绿色交通主要表现为减轻交通拥挤、降低环境污染,具体体现在以下几个方面:减少个人机动车辆的使用,尤其是减少高污染车辆的使用;提倡步行,提倡使用自行车与公共交通;提倡使用清洁干净的燃料和车辆等等。绿色交通与解决环境污染问题的可持续发展的概念一脉相承,同时综合交通宁静区、自行车推广运动、新传统邻里的城市设计方法以及低污染公共汽车、无轨电车、现代有轨电车、轻轨为导向的公共交通运输等观念,可以说,绿色交通是解决当前交通发展对环境污染矛盾的重要途径,发展绿色交通是可持续发展的必然趋势,是21世纪对交通发展提出的更高要求。

边疆高原山区可以通过发展生态旅游、体育旅游、健康旅游、徒步探险旅游等方式,减少旅游过程中对大排放交通工具的使用,向绿色交通转化。根据出行方式,构建出绿色交通等级图(见图5.4)。

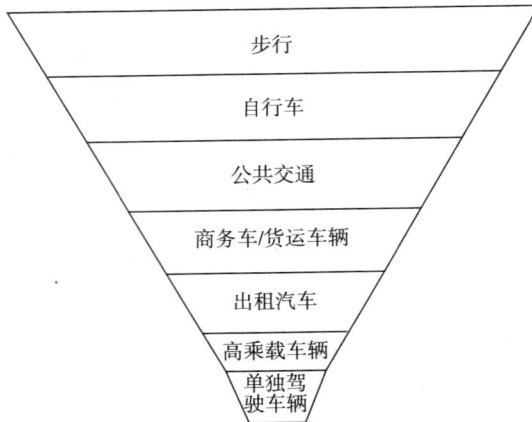

倒三角形从上到下依次为:
步行
自行车
公共交通
商务车/货运车辆
出租汽车
高乘载车辆
单独驾
驶车辆

图 5.4　绿色交通等级示意图

2.绿色交通认证(GG21 及"双绿色"认证)

目前国际尚未出台专门针对绿色交通的评估认证体系,现行可借用的主要有绿色环球 21 及"双绿色"认证,边疆高原山区可采取这两个标准及相关其他国际通用认证体系,对当地的交通进行绿色建设,减少旅游交通污染和交通破坏,为边疆高原山区旅游循环经济发展作出积极贡献。

同时,绿色交通不仅是政府行为,它也在逐步变为交通参与者自身的行动。对于边疆高原山区政府来说,其核心问题是如何建立科学合理的交通项目规划决策程序和监督制度,建立有效地适用于当前和未来交通要求的交通法规体系,以及保证法规体系正常执行的强大机制。对于交通参与者来说,绿色交通是与人们的出行服务质量和生活环境质量密切相关的,通过合理节制的出行选择,公众可以通过绿色交通理念规范自己的交通行为。边疆高原山区公众绿色交通意识的加强,直接关系边疆地区交通系统绿色化的进程。

(四)生态设计的评估认证

1.生态设计内涵

"设计"是有意识地塑造物质、能量和过程,来满足预想的需要或欲望,并通过物质能流及土地使用来联系自然与文化的纽带。参照 Sim Van der Ryn

和 Stuart Cown(1996)的定义:任何与生态过程相协调,尽量使其对环境的破坏影响达到最小的设计形式都称为生态设计,这种协调意味着设计尊重物种多样性,减少对资源的剥夺,保持营养和水循环,维持植物生境和动物栖息地的质量,以有助于改善人类及生态系统的健康。旅游业生态设计主要是指旅游区景观设计的生态化和其他旅游产品及服务设施设计的绿色化。边疆高原山区旅游循环经济生态设计就是要在景观设计、建筑设计、旅游产品设计、包装设计、服务设施设计等方面不断向生态化靠近,与边疆高原山区整体环境相协调统一。

2.生态设计认证

边疆高原山区旅游循环经济发展必须尊重生态设计原则,尽管目前尚未出台权威性可采用的生态设计评估认证标准,但可以通过其他方法和途径来加强边疆高原山区旅游业生态设计过程和理念的监督,如绿色建筑标准(LEEDTM)、绿色全球 21(GG21)等。

生态设计是对自然过程的有效适应及结合,它需要对设计途径给环境带来的冲击进行全面的衡量。对于每一个设计,需要判断它是有利于改善或恢复生命世界还是破坏生命世界,它是保护还是有害于相关的生态结构和过程。

生态设计认证在旅游循环经济中的应用主要表现为生态旅游认证,形成了国际生态旅游标准,它包括住宿设施、游览和吸引物三类;从原则上讲,该国际标准要求生态旅游:(1)向游客提供亲身的、直接的自然体验(集中于自然区);(2)提供能够更好地理解、欣赏和享受自然的机会(解说);(3)环境可持续;(4)直接为自然区保护或贡献;(5)为当地社区作贡献;(6)敏感性的解说;(7)持续性维持并提高消费者的期望;(8)负责任的市场营销和推广。目前,我国尚未形成符合自己国家旅游业发展现状的生态设计标准和体系。

(五)绿色产品的评估认证

1.绿色产品的内涵

绿色产品是指生产过程及其本身节能、节水、低污染、低毒、可再生、可回收的一类产品,主要包括企业在生产过程中选用清洁原料、采用清洁工艺;用户在使用产品时不产生或很少产生环境污染;产品在回收处理过程中很少产生废弃物;产品应尽量减少材料使用量,材料能最大限度地被再利用;产品生产最大限度地节约能源,在其生命周期的各个环节所消耗的能源应达到最少。为了鼓励、保护和监督绿色产品的生产和消费,不少国家制定了"绿色标志"制度。

2.绿色产品认证(GG21,ISO14000)

边疆高原山区发展旅游循环经济的绿色产品主要包括旅游景区(点)建设、旅游产品设计、各种旅游服务等,认证可采用 GG21 或 ISO14000。通过对产品或服务的生产过程、产品(服务)本身的质量、环境行为等进行全面测评,以比一般产品更体现以人为本,提高舒适度和健康保护及环境保护程度。绿色产品认证在旅游循环经济领域推广和实施较好的主要有旅游酒店、宾馆、旅行社等企业层面。如酒店宾馆营造"绿色客房"、"绿色餐饮和餐厅",旅行社做绿色旅游宣传、对员工进行"绿色"教育和培训、造就"绿色"员工、积极开发绿色旅游产品(农业旅游、森林旅游、徒步跋涉、驾舟漂流等)。

三、边疆高原山区旅游循环经济发展评估认证中应注意的问题

(一)观念的更新和提高

边疆高原山区是我国经济比较落后、文化欠发达的地区,人民生活水平和文化素质同我国东部沿海地区和中部平原地区差距较大。转变观念,提升领导者和经营者的文化素质及全球化国际视野是边疆高原山区当前面临的一大课题,同时也是旅游循环经济发展评估认证得以真正实施的基本保障。如提到生态设计或绿色认证,应该从设计开始,让"绿色设计渗入与产品有关的方方面面,而不是仅停留在设计范围内,还应关注与绿色产品设计有关的消费领域、生产领域等,其目的是通过绿色设计的全方位构建,带动设计师、消费者、生产商践行绿色设计的理念,以促进人、社会、自然之间的和谐"[25]。

(二)经济效益与社会效益的平衡

尽管各种国际环境评估认证对发展旅游循环经济有巨大的促进作用,尤其对边疆高原山区,但这些认证的实施必然涉及对当地眼前经济效益的一定影响,必须平衡好当前经济利益与长远利益和社会效应。

（三）监督的有效性与长期性

只有有效的监督才能保证所采用的评估认证得以实施,才能对边疆高原山区发展旅游循环经济起到实质性作用。为此,边疆高原山区应建立有效的监督机制和执行部门,对评估认证的可靠性和执行情况进行跟踪调查和监督。

参考文献

［1］宋松、张建新等:《基于"5R"理念的旅游循环经济评价指标体系初探——以中山陵景区为例》,《经济地理》2009 年第 6 期。

［2］丁洁:《基于"5R"原则的旅游循环经济评价指标体系构建初探》,《科技创新导报》2010 年第 35 期。

［3］赵多平、陶红:《典型旅游景区循环经济评价指标体系构建研究——以宁夏沙湖与沙坡头旅游景区为例》,《中国沙漠》2011 年第 6 期。

［4］张剑鑫、李悦铮:《辽宁旅游循环经济评价指标体系构建初探》,《经济研究导刊》2010 年第 34 期。

［5］冯之浚:《循环经济导论》,人民出版社 2004 年版。

［6］侯海涛、陈旻、明庆忠:《"6R"原则在旅游循环经济发展中的应用》,《环境与可持续发展》2008 年第 6 期。

［7］向来生:《循环经济的评价体系探讨》,《山东科技大学学报(自然科学版)》2005 年第 2 期。

［8］赖于民等课题组:《旅游可持续发展与云南旅游发展战略选择研究》2005 年第 10 期。

［9］平卫英:《基于物质流分析的循环经济评价体系构建及实证分析》,《生态经济》2011 年第 8 期。

［10］王鲁明、王军等:《循环经济示范区建设体系的理论思考》,《中国人口、资源与环境》2005 年第 3 期。

［11］舒小林、明庆忠:《旅游循环经济发展指标体系研究》,《云南地理环境研究》2009 年第 8 期。

［12］富若松:《ISO14000 系列环境管理国际标准概述》,《化工环保》2006年第 2 期。

［13］ISO14000 标准与循环经济［EB/OL］. http://www.yujie.org.cn/iso.php/iso14000/。

［14］赛宝认证中心:《中国风景区发展与 ISO 管理》,http://www.ceprei.org/liangsdz/lyhy.html。

［15］陈旻、侯海涛、明庆忠:《绿色环球 21 与绿色建筑在旅游循环经济中的应用》,《资源开与市场》2008 年第 6 期。

［16］诸葛仁:《绿色环球 21:规范生态旅游的国际标准》,《旅游科学》2005 年第 1 期。

［17］刘海:《"九寨天堂"首获"绿色环球 21"认证》,http://news.sina.com.cn/,2005-11-03。

［18］吴优:《国民经济核算的新领域——绿色 GDP 核算》,《中国统计》2004 年第 6 期。

［19］百度百科:《绿色国民经济核算》, http://baike.baidu.com/view/489124.htm? fromId=470881。

［20］李彪:《绿色 GDP 核算停滞不前,环境经济统计争议难断》,http://www.nbd.com.cn/articles/2013-07-10/757019.html。

［21］聂纳:《旅游业的绿色 GDP 理念》,《中国市场》2006 年第 6 期。

［22］国家建设部:《绿色建筑技术导则》,2005 年。

［23］佟晓超:《绿色建筑运行标识评价及其产品认证体系》,《建筑》2012年第 15 期。

［24］绿色中国网:《绿色企业形象》,http://www.lvsecn.org/plus/view.php? aid=339,2010-09-27。

［25］李委委:《绿色产品设计在当代社会的全方位构建》,《生态经济》2013 年第 2 期。

第六章 香格里拉生态旅游区
旅游循环经济研究

香格里拉生态旅游区是我国乃至世界上最神奇诱人的地方之一,大自然赋予这里得天独厚的自然资源、多姿多彩的民族风情和神秘深邃的宗教文化,使这里成为新世纪人类向往的新旅游胜地。

香格里拉生态旅游区自然和人文资源丰富、密集且具多样性,但也是生态环境最脆弱的地区之一。在其核心"三江并流"流域所处的横断山区和雅鲁藏布大峡谷是青藏高原上地表侵蚀切割最明显、地质作用最强烈的地区。一方面,新构造运动仍在进行,整个"三江并流"流域仍处于缓慢的抬升过程中;另一方面,在流水、融冻、人为因素等作用下,原有地表不断受到改造。两者综合作用的结果,使地质稳定性整体上较差,滑坡、泥石流等地质灾害频频发生,对旅游资源环境和旅游设施造成极大威胁,很多地质景观甚至无法永续维持,且在岩石结构、地貌、水流、冰川等因素综合影响下,大部分地区土层薄且贫瘠,加之气候的影响,植物生存环境极为脆弱,从而进一步造成当地居民和动植物栖息环境的脆弱性。由于三大河流、三大山脉纵列,这里山高坡陡,公路只能沿纵向修筑,跨河流、山脉修建工程量巨大,且对生态环境破坏较大。这一地区战略地位十分重要,是联结我国东西部地区和南北部地区的结合地带,是我国长江中下游地区的水土涵养区,是我国重要的经济带——长江中下游产业带的重要生态屏障,在我国现代化建设和经济社会的可持续发展中占有非常重要的地位。自然环境一旦被破坏不仅影响长江中下游地区,而且波及东南亚一带的自然环境。因此,在旅游发展中,如何对边疆高原山区生态旅游区内生态旅游资源实施有效保护将是这一区域面临的新挑战,无疑旅游循环经济的发展为该区生态旅游的发展注入了新的活力,成为该区域生态旅游发展的必由之路。

第一节　香格里拉生态旅游区旅游循环经济发展的基础条件

一、香格里拉生态旅游区总体概况

香格里拉生态旅游区位于云南省西北部,从大理沿滇藏公路北行315千米,距昆明659千米,乘飞机50分钟可达。由于地处青藏高原东南边缘、横断山脉南段北端,"三江并流"之腹地,形成独特的集雪山、峡谷、草原、高山湖泊、原始森林和民族风情于一体的景观,为多功能的旅游区。区内雪峰连绵,云南省最高峰卡格博峰巍峨壮丽,仅香格里拉生态旅游区境内海拔4000米以上的雪山就达470座;峡谷纵横深切,最著名的有金沙江虎跳峡、澜沧江大峡谷等,还有辽阔的高山草原牧场、莽莽的原始森林以及星罗棋布的高山湖泊,使香格里拉生态旅游区的自然景观神奇险峻而又清幽灵秀。

二、香格里拉生态旅游区旅游循环经济发展的有利条件

(一)优越的区位条件

香格里拉生态旅游区自然资源和人文资源数量丰富,类型较为齐全,资源禀赋较高,独特性较强,与临近的旅游资源互补性强,且密集度高,组合较好,这些为发展旅游循环经济提供了天然基础。

1.地理区位

香格里拉生态旅游区位于青藏高原南缘,滇、川、藏三省区结合部,位于东经98°35′~100°19′、北纬26°52′~29°16′,是"三江并流"区域的"门户"、滇川藏边区的"区域中心"之一。

2.交通区位

香格里拉生态旅游区是云南进入西藏的唯一通道,历史上就是滇、川、藏"茶马古道"上内地与藏区经济文化交流的中转站和物资集散地,现在仍是新兴的文化之旅——茶马古道游的一站;香格里拉生态旅游区机场开辟了该区——昆明、成都、拉萨、广州、深圳等空中航线,缓解了该区旅游业的瓶颈制约,方便了国内游客进入,实现了该区旅游资源和航空观光两项优势资源的最佳整合[1]。陆路交通与航空运输共同构建起了该区旅游交通立体网络。

3.文化区位

香格里拉厚重而神秘的文化与现代化的科学技术、文化思潮形成了鲜明对比。在香格里拉,每到藏历水羊年,到梅里雪山转山朝拜是整个藏族地区最重要的事[2]。香格里拉生态旅游区是滇川藏文化三角中心点,处于藏文化、傈僳文化、汉文化、纳西文化等多种文化的交汇地,融合成独具特色的民族文化,在语言文字、神话传说、音乐舞蹈、文学艺术、婚姻、丧葬、生育、节日、饮食、服饰、待客、礼节、文娱活动、心理素质、生态环境等方面,都有着自己独特的个性。同时,香格里拉生态旅游区的民族文化又具有开放、大方、兼容的特点,成为滇、川、藏边区文化重要的交流中心。

4.旅游区位

从云南滇西北生态旅游区来看:香格里拉生态旅游区处于该区怒江、大理的旅游中心位置,是集民族风情游、生态旅游和边境旅游为一体的综合旅游区。

从香格里拉生态旅游区来看:香格里拉生态旅游区旅游资源丰富,品位很高,但资源转化为现实旅游产品的难度较大,可以带动整体区域旅游发展的景区(点)不多,但是香格里拉生态旅游区属于该大区的核心地位,集雄奇的自然风光、灿烂的传统文化、深邃的民族走廊、独特的社会形态为一体,而且已拥有"香格里拉"的国际品牌,对香格里拉生态旅游区的其他区域具有关联带动和辐射的作用。

(二)优越的资源条件

1.自然资源

森林资源:林业用地161.5万公顷,森林覆盖率达65.4%,高于全省平均水平。主要树种有云杉、红杉、冷杉、高山松、红豆杉、香榧、云南松、华山松等。

水资源:境内江河纵横,水能蕴藏量达 1730 万千瓦,占云南省总量的 13.4%,且流量稳定,水位落差大,具有较大的开发潜力。

生物资源:特殊的地理位置和立体气候为众多生物的繁衍生息提供了良好的生存环境,被誉为"动植物王国"和"天然高山花园"。据调查,分布在境内的高等植物多达 187 科 5000 余种,秃杉、银杏、光叶珙桐、云南红豆杉等 30 余种为国家一、二级保护树种;野生动物有 1400 多种,仅国家一、二级保护动物种类就达 80 余种,其中以国家一类保护动物滇金丝猴最为有名;有以松茸、羊肚菌、木耳为代表的野生食用菌 136 种;花卉资源十分丰富,仅观赏植物就达 1578 种,维西兰花、高山杜鹃等久负盛名。此外,质好品高的野生药材如冬虫夏草、天麻、当归、木香等产量颇丰,深受各地客商青睐。正是由于物产丰富,动植物种类繁多,从而使香格里拉生态旅游区成为全国为数不多的几个"物种基因库"之一。

畜牧资源:境内共有草地面积 913 万亩,占迪庆藏族自治州国土总面积的 18.8%。其中可利用草地 629 万亩,是云南最大的天然牧场。这些无污染的天然牧场加之特有的畜种——被称为"高原之舟"的牦牛,以及传统的放牧饲养方式和大众对绿色食品的刻意追求,使香格里拉生态旅游区具有了发展畜牧业的广阔前景。

矿产资源:地处"三江"有色金属成矿带,初步查明有 24 个矿种,其中钨、铜、铝、锌、锰、铜、铁、银、金等矿产储量较大,极具开采价值。

2.人文资源

香格里拉生态旅游区居住有藏、傈僳、汉、纳西、彝、普米、回、苗 9 个民族,是一个以藏族为主,多民族聚居的地区,拥有悠久的历史和丰富、灿烂的民族文化。藏族性格刚毅,能歌善舞,长于骑射、热情好客;傈僳族热爱生活,长于歌舞,纯朴勤劳;纳西族喜好歌舞,勤劳善良。这里有着灿烂的藏传佛教文化、纳西东巴文化以及各民族风土文化。该区内的人文资源几乎占全了各个类型:历史古迹和建筑类有各类城堡和铁桥遗址、古墓、岩画、藏传佛教寺庙、教堂、特色村落、古城、藏式民居等;休闲求知健身类有高山植物园、传统节日庆典、马会等活动,购物类有民族特种工艺品,民族服装,珍稀药材、风味饮食和特产等。香格里拉生态旅游区是一块民风质朴、多元文化荟萃的神奇之地[3]。

3.得天独厚的旅游资源

香格里拉生态旅游区享有"云南旅游皇冠上的明珠"的美称,这里有雄伟壮丽的云南第一高峰梅里雪山卡瓦格博峰,有险峻奇特的世界上最深的峡谷虎跳峡,有东巴文化的发祥地"仙人遗田"白水台,有中国纬度最低的现代冰川明永冰川,有"高原名珠"碧塔海,有"康藏十三林"之一的噶丹·松赞林寺。除了令人叹为观止的自然景观外,迪庆风格各异的各民族歌舞,独具魅力的民间传统艺术、神秘深邃的多种宗教文化,集自然景观和人文景观于一体,构成了人与自然和谐共生,多民族、多文化、多宗教和睦相处的和平宁静的"香格里拉生态旅游区"圣境,令无数中外游客流连忘返。通过多年的努力,迪庆以"香格里拉生态旅游区"品牌为核心,以"三江并流"世界自然遗产迪庆境内自然生态旅游区为范围,以藏文化为主的多民族文化相互融合为特征的旅游开发框架已初步形成,并已呈现出健康发展的良好态势。

香格里拉生态旅游区具有旅游资源、旅游市场、旅游品牌和旅游产业优势,奠定了香格里拉生态旅游区的主导性旅游地位。其旅游资源特色鲜明、得天独厚,民族文化古老深邃,民族风情绚丽多姿,宗教文化色彩浓郁;自然和人文旅游资源相生相伴、交相辉映;旅游资源品位高、享誉中外。

(三)有利的社会经济条件

1.宏观政策环境较好

中央、省、州、县各级政府对发展旅游循环经济都极为重视,循环经济发展的政策环境较好。"十一五"规划是我国提出科学发展观后制定的第一个五年规划;"十二五"规划强调经济结构转型,重点关注如何提高自主创新能力,转变经济增长方式,发展循环经济,建设资源节约型、环境友好型社会,走新兴工业化道路,尤其把发展循环经济作为产业主要发展模式,这为发展旅游循环经济提供了有力的政策保障。"十三五"规划强调绿色发展成为主基调,而循环经济是绿色发展的必由之路,依然是当前国家的重大发展战略。

2.法律法规的建立和推行

国家已经制定了《循环经济基本法》和《循环型社会形成推进法》、《清洁生产促进法》、《环境影响评价法》等相关法律,云南省政府以及迪庆州颁布了诸多规定和条例来支持旅游循环经济项目的发展,香格里拉生态旅游区有了发展旅游循环经济的法规环境和平台。

3.旅游循环经济发展的经济保障

迪庆州国民经济快速增长,综合实力得到明显增强,为香格里拉生态旅游区发展旅游循环经济提供了有力的经济保障。

2011年至2014年期间迪庆州地区生产总值(GDP)年均增长15.2%。粮食生产实现连续五年增长,地方财政总收入年均增长4.26%,500万元以上固定资产投资年均增长25%以上,城镇居民人均可支配收入年均增长11.66%,农民人均纯收入年均增长12.63%。[4]2014年全州实现地区生产总值147.21亿元,较2013年增长12.1%。

三、香格里拉生态旅游区旅游循环经济发展的制约条件

1.旅游循环经济发展机制不健全,总体规划和宏观指导有待强化。香格里拉生态旅游区旅游循环经济的发展处于起步阶段,政府引导和组织协调极为关键。但是,各部门之间的分工与管理职能尚未明确,部门联动缺位,总体上缺乏强有力的统一领导。目前,香格里拉生态旅游区推动旅游循环经济发展正值初始阶段,还没有制定专门针对旅游业发展循环经济的总体规划,虽然州政府正在积极推进农业循环经济示范区与其他产业联动的部署工作,但十分笼统,不足以指导和引导旅游循环经济的发展。

2.社会经济条件(财政、居民收入分析、人力物力财力)投入有限。香格里拉生态旅游区社会经济发展相对比较落后,地处边疆,长期以来以农牧业生产为主,本地企业和个人积累投资能力弱,以旅游为主的服务业发展所需的投资力度总体不足。

3.面临着较为严重的同业竞争。来自香格里拉生态旅游区的另外两个省区(四川和西藏)的同业竞争是香格里拉生态旅游区面临的最大竞争。香格

里拉生态旅游区西至西藏林芝地区,东到泸定,包括岷江上游,北至四川最北部的若尔盖及石渠县最北端,包括青海果洛州及甘肃最南端的一部分,南到云南丽江一线,核心区为云南迪庆、四川甘孜和西藏昌都地区。这个区域的自然景观、人文风俗近似,众多资源集中连片公布,存在空间竞争替代性。

4.人口素质与公众参与程度的制约。香格里拉生态旅游区内旅游从业人员、管理人员和公众文化素质不高,公众参与程度不高。发展旅游循环经济具有一定的技术含量,而目前香格里拉生态旅游区的旅游业从业人员队伍自身素质尚难满足需求。同时,引进外来人才和培养自身人才都需要耗费相当的时间过程和初期投入。

5.旅游资源的保护与开发问题。香格里拉生态旅游区普遍存在着单向地向脆弱的生态环境索取旅游服务价值的取向,旅游经济系统对景观生态环境缺少回馈,大部分景区缺乏对生态环境和生物多样性的保护和培育。一些景区还出现了因旅游开发而导致的生态和文化隐患即生物多样性和文化多样性的丧失,大部分景区生物多样性保护的压力依旧,局部景区还有加剧的趋势。如白茫雪山由于旅游的开展致使滇金丝猴向更高的海拔栖息,甚至到流石滩地区活动。香格里拉生态旅游区生态环境脆弱,这对旅游循环经济活动的开展构成了一定的挑战,而正是这种脆弱性又决定了该区不得不发展旅游循环经济[4]。

6.旅游方式单一,旅游服务容量不足。香格里拉生态旅游区资源未得到充分合理利用,旅游项目缺乏内涵,未能很好地挖掘高原湖泊湿地生态系统和边疆高原生态系统的生态系统科学内涵。目前,进入香格里拉生态旅游区的主要道路为滇藏公路,里程较长,路面等级较低,县城通往各旅游景区的道路等级较低,路况较差。在碧塔海和属都海间不能形成环线,外围缺乏相配套的旅馆、饭店、商店等,在其核心区内,有些有碍景观和环境的设施,软硬件建设还有较大需要完善的地方,这些都为旅游循环经济的开发带来了障碍。

总之,香格里拉生态旅游区是集自然山水风光、村寨、民族文化、小城镇建设于一体的旅游区,由于高原山体寒冷气候的影响,导致水循环、生态恢复较慢,旅游发展以生态旅游为主导。正是由于自身生态的脆弱性决定旅游的发展方向,旅游循环经济的发展为其旅游可持续发展提供了可行性,应建立以环境为导向,以生态旅游、文化旅游为主体的旅游循环经济发展模式。

第二节　香格里拉生态旅游区旅游业与旅游循环经济发展状况

一、香格里拉生态旅游区旅游业发展状况

(一)已经取得的成就

改革开放以来,经过各级地方政府的长期开发,目前香格里拉生态旅游区已涌现出梅里雪山、白茫雪山、纳帕海、普达措、松赞林寺、天生桥、白水台、哈巴雪山、虎跳峡、长江第一湾等著名的旅游精品,通过对这些旅游资源的开发,经济状况有所好转,生物多样性的压力在局部地区得到减缓,人类与自然的关系日渐和谐。

(1)产业规模迅速扩大,旅游各项经济指标持续高速增长。据统计,2012年,香格里拉生态旅游区实现接待国内外游客757.21万人,其中接待海外游客75.75万人次,同比增长14.31%;接待国内游客681.46万人次,同比增长19.54%;完成旅游业总收入70.41亿元,同比增长21%,实现旅游社会总收入70亿元[4]。2014年,旅游总人数达1080.2万人次,同比增长19%;其中国内旅游人数达1004.2万人次,同比增长23%;完成旅游总收入97.20亿元,增长12.9%,其中国内旅游收入76.34亿元,增长32.5%。

(2)旅游基础设施逐步完善,旅游接待能力稳步提高。香格里拉生态旅游区加快了以交通、市镇、能源、通信为主的旅游基础设施建设,实施了香格里拉县城区街道改造、国道214线改造、旅游东环线、连接州内三县的主干线油路、机场改扩建、旅游城镇建设等一批基础设施建设项目,大大改善了旅游产业发展条件,增强了旅游产业的可持续发展能力。

(3)旅游产业发展有力推动了当地经济发展,促进了产业结构的优化升级。整个旅游区对香格里拉全县经济增长强力拉动,使当地产业结构调整取

得新进展。2014 年,第三产业实现增加值 46817 万元,增长 6.0%,第三产业对全县经济的快速增长起着重要作用。县域经济的第一、二、三产业增加值占全县生产总值的比重由 2011 年 5.6∶41.8∶52.5 调整为 2014 年的 5.15∶43.12∶51.73,产业结构布局更趋合理。旅游业在培植新的财政支柱产业、扩大税源、增加地方财政收入方面作出了重要贡献。

(4)拓宽了就业渠道,加快了贫困群众脱贫致富步伐。旅游业的发展有效缓解了社会就业压力,维护了藏区稳定。2011 年,整个香格里拉旅游区旅游业直接就业人员 1.2 万人,占全县劳动就业人数的近 50%。旅游业已成为当地吸纳社会就业人员的重要行业之一。

(5)极大提高了全州的知名度,促进了全州的对内对外开放。旅游区内已拥有"香格里拉"和"三江并流"两个世界级品牌,获得了"一佳四美"旅游产品美誉和"中国最值得外国人去的 50 个地方"金奖、"2005 年度最具活力的旅游城市"、"中国旅游行业十大影响力品牌"、"中国青年最喜爱的旅游目的地"和"2006CCTV 完美假期十佳旅游线路"等大奖,已成为在海内外享有较高知名度的旅游目的地。目前,国家旅游局已批准迪庆为香格里拉生态旅游优先发展区和核心区,此项规划已经全面启动。

(二)存在的问题

当前,国内外旅游业呈现出蓬勃发展的势头,省内各州市也都把旅游业作为支柱产业来抓,旅游产业的市场竞争日趋激烈,香格里拉生态旅游区的发展面临着"不进则退,慢进也是退"的严峻形势。与国内旅游经济强市相比,与省内旅游发达的州市相比,与整个旅游区资源禀赋和经济社会跨越发展的需要相比,旅游产业发展总体水平还比较低,还存在较大的差距,旅游业发展中的一些深层次矛盾和问题日渐显露,突出表现为"四个不适应":[6]

(1)交通、城镇等旅游基础设施建设与旅游规模和区域合作发展不适应。通达条件不好将会造成客源市场的萎缩和流失,目前交通对旅游区旅游业发展的"瓶颈"制约依然突出,严重影响了旅客的进出行程。接待档次和接待能力还比较弱,高中档床位少且分布不均,四星以上级别的宾馆缺乏。

(2)旅游产品的开发与游客多样化个性化的需求不适应。旅游重点景区景点建设投入力度严重不足,一些景点景区出现低层次随意开发和重复建设现象,旅游产品开发水平与建设国内外知名的精品旅游胜地的目标还有差距,产品线路还不丰富,精品名牌还不多,还不足以支撑"香格里拉"这一品牌。

(3)旅游服务质量和水平与现代旅游发展理念不适应。观念更新还不够快,创新意识尚显薄弱,旅游业结合效益不高,旅游企业规模实力还不够强,高素质旅游人才缺乏,行业间不正当竞争比较突出,许多景区景点都不同程度存在着粗放式经营、旅游环境和秩序混乱、游客安全事故时有发生的现象,严重影响了香格里拉的形象。

(4)旅游管理体制机制与旅游产业发展的新形势不适应。行业管理还存在条块分割、权责不明、审批把关不严、出现问题相互推诿的现象,投融资体系建设刚起步,旅游资源的所有权、经营权、管理权、收益权需要进一步明晰,社区利益矛盾比较突出甚至激化,影响了社会稳定,使得各级政府相关部门的很大一部分精力用在突发事件的被动应付处理上。所以,从总体看,香格里拉生态旅游区旅游业还处于夯实发展基础阶段,处于旅游发展的成长期,市场竞争力亟待提高。

(三)远景展望

香格里拉生态旅游区将继续扎实推进旅游"二次创业",进一步优化结构,夯实发展基础,以建设旅游经济强州为目标,以全面提升整个旅游区旅游业整体素质和竞争力为主线,以大项目带动大发展为重点,提升品牌,强化基础,建设精品,创新机制,和谐发展,把旅游区建成"独具特色、内涵丰富、世界知名、中国一流、社会公认、人民满意"的香格里拉世界级旅游文化旅游区,使香格里拉成为"生态最好、环境最优、和谐发展、世人向往"的东部藏区旅游集散中心、国际旅游胜地和旅游目的地[4]。旅游这一支柱产业在全州经济社会发展中的重要地位和作用进一步显现。

二、香格里拉生态旅游区旅游循环经济发展状况

香格里拉生态旅游区发展旅游循环经济可以改善生态环境,教育旅游者,激励和加强科研水平,改变传统的重"开源"轻"节流"的方式,发展旅游循环

经济体现了通过经济效益的手段,在生态效益的基础上,实现社会效益的目标,是一种"三赢"经济,能够有效缓解香格里拉生态旅游区的环境压力,具有可行性。

目前,由于受到区域经济条件的限制,资金投入不足,制约了香格里拉生态旅游区旅游循环经济的发展,加上受自然条件的限制,较多景点基础设施、接待设施建设滞后;其次,香格里拉生态旅游区的人力资源有限,从业人员平均素质偏低,人才结构不合理,缺乏高素质的专业人才,同时制约着旅游区旅游循环经济的发展;再次,由于旅游循环经济还是一个新理念,还没有在该区形成较好的激励机制和政策措施,当地政府还没有引导和制定激励发展旅游循环经济的政策法规,缺乏科学技术的支撑,公众参与程度低,以上众多问题制约了香格里拉生态旅游区旅游循环经济的发展。

但是,香格里拉生态旅游区具备了发展旅游循环经济的许多有利条件,主要表现在:①具备发展旅游循环经济的基础条件:旅游区自然资源和人文旅游资源数量丰富、类型较为齐全、组合较好,而且发展了"香格里拉"和"三江并流"等著名旅游品牌,为旅游循环经济的发展提供了坚实的物质基础。②具备了发展旅游循环经济的社会条件:香格里拉生态旅游区政府对旅游发展与旅游循环经济的发展都高度重视,群众也具有极高的热情,为旅游循环经济的发展提供了动力支持。③香格里拉生态旅游区各项政策法规的制定,为旅游循环经济的发展保驾护航,香格里拉生态旅游区旅游循环经济的发展具有良好的发展前景。随着迪庆香格里拉"二次创业"的推进,可以把旅游循环经济的发展拟入第二期规划中;第二期拟投入资金12.7亿元,需要后续资金投入58.142亿元[5]。应抓住这一时机,本着建设资源节约型、清洁生产型、利废环保型为重要特征改善基础设施建设和实现旅游产业的生态化运转,实现社会生产、消费和市场绿色化。

(一)旅游交通网络、游客服务中心等建设项目

按照国家发改委批准新建云南丽江至香格里拉铁路项目建议书,丽香铁路起自大丽铁路丽江站,向北经虎跳峡、小中甸至香格里拉,全长139公里,总投资92亿元,是我国第二条进藏铁路。这条铁路通车后,从昆明至香格里拉

的 600 多公里铁路线将全线贯通,可以实现夕发朝至。而已经纳入迪庆"十二五"交通规划的丽香高速,将改变迪庆没有高速公路的历史。"十二五"期间,迪庆将建一条铁路(丽香铁路),两个机场(香格里拉机场和德钦机场),一条高速公路(丽香高速),三大主干公路以及 13 条对外公路通道。未来,迪庆道路通达条件差的情况将得到基本改善。

(二)新旅游规划的制定

修编迪庆州旅游发展总体规划和香格里拉县旅游总体规划,新编制德钦县和维西县两县的旅游发展总体规划。

(三)九大精品景区重大旅游建设项目[6]

(1)梅里雪山景区:包括飞来寺景区、斯农景区、明永景区、雪崩景区等四个景区,总投资 13 亿元。

(2)香格里拉大峡谷旅游区:包括碧壤峡谷、巴拉格宗峡谷、木鲁峡谷等大峡谷,总投资 10 亿元。

(3)普达措国家公园:包括碧塔海、属都湖等旅游区,含五星级酒店、高山滑雪场,总投资 18 亿元。

(4)维西塔城景区:计划建设景区内 18 个建设项目。

(5)独克宗古城旅游区:计划建设景区内公益性设施项目 4 个,基础设施项目 6 个,浏览设施项目 5 个,计 15 个建设项目,总投资 5 亿元。

(6)松赞林寺旅游区:计划建设景区内公益性设施项目 6 个,基础设施项目 6 个,浏览设施项目 4 个,计 16 个建设项目,总投资 5 亿元。

(7)大千世界旅游区:计划建设景区内公益性设施项目 6 个,基础设施项目 6 个,浏览设施项目 10 个,计 22 个建设项目,总投资 10 亿元。

(8)蓝月山谷生态旅游区:计划建设景区内公益性设施项目 4 个,基础设施项目 7 个,浏览设施项目 5 个,计 16 个建设项目,总投资 3.38 亿元。

(9)虎跳峡旅游区:计划建设景区内公益性设施项目 3 个,基础设施项目 5 个,浏览设施项目 5 个,计 13 个建设项目,总投资 5 亿元。

香格里拉生态旅游区将逐渐改善以上各景区的基础设施和接待服务设施,应在改善过程中贯彻旅游循环经济的理念,涉及旅游厕所建设;垃圾收集、中转、清运和处理;污水处理工程、中水回用工程;旅游区内绿色建筑建设;旅游各企业的节能减排设施等建设,另外,旅游循环经济对旅游区的管理人员、工程技术人员、服务人员在经济观念、环境意识、服务水平、职业道德等各方面素质提出了更高的要求,需要各部门共同努力,才能达到整个旅游区旅游循环经济的全面发展。

第三节　香格里拉生态旅游区旅游循环经济发展的战略选择

气候多样性和生物多样性是香格里拉旅游发展的巨大潜力性旅游资源,然而高寒气候和高原山地却使得香格里拉生态环境非常脆弱,生态破坏后的修复能力差,所以香格里拉发展旅游一定要坚持生态与旅游开发的和谐发展,这也是旅游可持续发展观的内涵。为了缓解人类与资源、环境之间的矛盾,旅游循环经济理念应被引入到该区旅游发展之中,它将为旅游目的地的可持续发展注入新的生机。循环经济发展战略是符合可持续发展理念的经济增长战略,被认为是从机制上消解长期环境、资源与发展之间的矛盾冲突,是21世纪与知识经济相并重的世界经济发展中的一大发展趋势,是实现可持续发展的途径。因此,通过发展旅游循环经济,可以实现香格里拉生态旅游区经济发展、环境保护和社会文化进步的多赢,是实现旅游可持续发展的需要,将对香格里拉生态旅游区旅游循环经济发展起到积极而重要的作用。

一、指导思想

(1)以党的十八大精神为指导,抓住国家西部大开发的机遇和产业结构调整的契机,积极推进香格里拉生态旅游区的旅游规划建设,通过环境、社会、制度的构建,在该区认真落实循环经济理念,开展循环经济的实践工作,强化其良好的生态环境、独具特色的旅游资源和藏族文化等特点,打造藏传佛教文化和民俗文化等旅游精品,加强宣传促销与旅游队伍的建设,力争在不长的时间内以循环经济的理念对香格里拉生态旅游区旅游规划和管理进行功能分区,并以旅游区发展所得出的实践经验丰富循环经济理念,从而使得该区旅游循环经济的发展步入一个新的台阶。

(2)与《云南省旅游发展总体规划》相接轨,与《滇西北香格里拉生态旅游区发展规划》相衔接,与迪庆州"大旅游、大文化、大产业"的发展理念相一致,与香格里拉生态旅游区国民经济和社会发展远景规划相吻合。在大力培育旅游支柱产业的同时,坚持旅游开发与节约并重、把节约放在首位,以缓解资源约束和加强环境保护为目标,以优化资源利用方式和提高资源利用效率为核心,建立健全有利于发展旅游循环经济、建设节约型社会的有效体制和长效机制,引导香格里拉生态旅游区旅游业形成以循环经济方式为主体的、高效利用资源和有效保护环境为基础的可持续发展模式,正确处理该区旅游行业与相关产业的关系,科学地规划旅游产业结构系统和生产力布局,将市场运作与社会参与统一起来,以促进滇西北香格里拉生态旅游区旅游循环经济稳步、健康、快速发展。

二、发展原则

(一)可持续发展原则

旅游的开发应该建立在与环境相互协调的基础上,可持续地促进旅游的不断发展。旅游资源同其他资源一样,同样是一种有限的、稀缺的资源,其开发利用必须有规律、可持续、循环进行,并且必须融入循环经济的原则,以可持续发展为基准,运用生态环境协调规律进行旅游的开发与建设。无论是香格里拉旅游经营者还是旅游者都应当用可持续发展的原则来约束自己的行为,可持续旅游发展的目标才能实现。旅游循环经济是以 6R 为目标,以物质闭路循环和能量梯次使用为特征,按照自然生态系统物质循环和能量运动方式运行的一种旅游发展模式。香格里拉生态旅游区的可持续发展,其思想与旅游循环经济的相关理论基本一致,旅游循环经济是旅游可持续发展的可操作性途径。因此,发展香格里拉生态旅游区旅游循环经济就必须要坚持可持续发展的原则。

（二）统筹规划和科学指导原则

统筹规划和科学指导是实现旅游循环经济发展战略的关键。发展旅游循环经济既是理论问题，又是实践问题。旅游循环经济的概念界定、统计口径等不能离开旅游循环经济的基本理论，需要彼此相互协调、贯通；香格里拉生态旅游区旅游循环经济发展战略的选择要讲究科学性和规范性。香格里拉生态旅游区由于高原寒冷气候的影响，导致水循环、生态恢复较慢，所以该区旅游发展应以生态旅游为主，遵循科学性的发展原则，促进该区旅游循环经济的健康发展。因此，在选择旅游循环经济发展战略时，必须充分考虑到该区自然生态环境和社会经济发展的特殊性，既要反映香格里拉生态旅游区经济、社会、人口、资源、环境、科技各系统的发展状况，又要反映该区各系统之间相互作用的整体情况，从而保证发展战略的制定可以充分反映该旅游区旅游循环经济的内在机制，可以全面、综合地反映旅游可持续发展的含义和旅游循环经济发展目标的实现程度。

（三）资源为依托、市场为导向的原则

旅游吸引物对旅游发展战略的选择起着决定性的作用。因此在战略选择之前需要对香格里拉旅游资源的分布、规模、特色进行深入细致的调查，以确定其旅游价值和潜在的吸引力；旅游资源的优劣性、稀缺性及独特性，很大程度上影响到旅游业的竞争地位。与此同时，在现代旅游竞争激烈的情况下，旅游需要决定旅游供给，市场需求是旅游目的地制定旅游开发及其发展战略选择的重要依据。因此，我们必须抓住"香格里拉生态旅游区"的品牌特征，以"三江并流"世界自然遗产迪庆境内景区为范围，集以藏文化为主的多民族文化于一体，利用该区独特的旅游资源，开拓更广阔的旅游市场和发展空间，形成一种以"文化旅游"、"生态旅游"为主体，以"资源"、"环境"为导向的旅游循环经济发展模式。

（四）分期开发原则

考虑到人力、物力、财力等供给因素和游客对旅游产品的需求程度，香格里拉生态旅游区旅游循环经济的发展必须结合该区自身的自然资源、生态环境和社会经济发展条件等特征，充分发挥当地旅游资源优势，在多个领域、各个层次确定发展目标和建设重点,科学制定旅游循环经济发展总体规划,选择不同的发展模式和配套技术,科学合理地调整该旅游区内的产业结构,遵循旅游循环经济项目分期开发、逐步发展的原则,在规划发展布局和项目筛选时为香格里拉生态旅游区未来的发展留下扩张的余地,以满足将来游客更新的需求。比如,在近期可以重点开发该旅游区交通条件好、产品特色突出、经济效益显著的旅游产品,以该旅游区系统内部资源的循环利用为纽带进行产业集群,建立地方特色的产业布局及发展模式,从而实现香格里拉生态旅游区的可持续发展。

三、战略目标

香格里拉生态旅游区不仅是迪庆的,也是云南的、全国的、世界的宝贵财富。以该旅游区高原寒冷气候和藏族风情为背景,以独特的自然风光和民族文化为基础,以生态旅游、文化旅游为主线,以资源、环境为导向,依托该区独有的地脉和文脉特征,加快提升"香格里拉"这一旅游品牌,全面推进该旅游区旅游产业转型升级和提质增效,把香格里拉生态旅游区划分为五个各具特色的子旅游区,即以虎跳峡、白水台为代表的集中展现迪庆秀美神奇自然景观的世界自然奇观旅游区;以普达措、千湖山、尼汝自然生态旅游区和塔城生态旅游区为代表的地球原貌生态旅游区;以独克宗古城为代表的体现悠久传统文化的历史文化旅游区;以松赞林寺、梅里雪山、东竹林寺等为代表,体现以藏传佛教为主,多种宗教共存共荣的朝圣文化旅游区;以巴拉格宗景区为代表,充分展示香格里拉大峡谷景观和奇异的民族文化的世界高山峡谷民族文化旅游区[2]。与此同时,为达到香格里拉生态旅游区的性质定位目标,还必须实施一套量化的指标体系来加以确保,为此还需要构建一套该旅游区旅游循环经济发展指标体系,其中包括:社会经济发展指标、资源和生态环境指标、社会和谐发展指标等。

力争把香格里拉生态旅游区建成"生态最好、环境最优、和谐发展、世人向往"的,中国藏区最具特色的国际旅游目的地和世界级精品生态旅游区,从而实现"四个一流",即基础设施一流、管理服务一流、创意设计一流和体制机制一流；进一步加快该区旅游基础设施建设和旅游精品景区景点建设，切实保护好民族文化和生态资源；积极拓展省内外和国际市场，从而使该区内逐步形成良性的景观生态体系和旅游业循环经济体系，最终建设成为云南省著名、国内知名、国外有一定影响力的，集观光、科考、探险、民俗、度假多种功能于一体的，以生态和文化为主题，以环境为导向的旅游循环经济示范旅游区。

四、战略步骤

香格里拉生态旅游区旅游循环经济的发展可以分三步来具体实施：

1.近期启动阶段

通过在香格里拉生态旅游区各个分区实地的调查、分析和研究，积极宣传和倡导旅游循环经济理念，抓住该区的切入点和突破口，拟定实施计划和发展方案，筛选试点示范项目（旅游循环经济型旅游企业、文化旅游园区、生态旅游园区等项目），积极推进重点工程项目和试点示范工作。建立配套的领导机构，组建相应的领导班子，制定香格里拉生态旅游区旅游循环经济发展中相应的旅游政策和法规以及产业政策和指标体系，营造公众参与氛围，提高社会参与能力，初步形成发展该区旅游循环经济的基本思路、推动机制和发展框架。

2.中期推动阶段

针对近期启动阶段的实施情况，进行前期工作的跟踪、回访和监督工作。查漏补缺，吸取前期工作中积累的发展经验和教训，对旅游循环经济的前期成果进行充实、巩固和提高；同时，扩大香格里拉生态旅游区旅游循环经济效应，并借鉴云南省、全国乃至世界的先进的旅游循环经济优秀成果，扬长避短，在试点示范项目和重点领域上深入扩展，最终基本形成若干个符合旅游循环经济发展模式的资源节约型、环境友好型生态化农业（工业）园区、生态化社区和文化旅游城（乡）镇等。

3.远期发展阶段

针对近期和中期香格里拉生态旅游区旅游循环经济发展状况进行全面总结，进行旅游循环经济结构的优化调整，在此基础上全面确立香格里拉生态旅游区发展旅游循环经济的运行机制和支撑体系,并将试点经验推广应用到一般的旅游企业和景区(点),实现旅游业和其他产业的互动,在全区范围内实现旅游循环经济的运行,从而最终形成以"文化旅游"和"生态旅游"为主体、以"资源环境"为导向的经济与环境协调发展、人与自然和谐共生的旅游循环经济发展模式。与此同时,在总结自身优势和劣势的同时,还应抓住机遇迎接挑战,结合该区社会经济发展的基础条件和实际状况,再借鉴云南省和全国的旅游循环经济的成果,对自己旅游循环经济发展进行制度上、环境上和社会实践上的创新,从而把香格里拉生态旅游区建成云南和全国乃至世界的重要的旅游胜地和目的地,最终实现香格里拉生态旅游区旅游循环经济的可持续发展。

五、重点战略

(一)突出资源特色,着力打造和提升"香格里拉生态旅游区"旅游品牌

香格里拉生态旅游区是我国高山自然生态系统保存最完整、最原始的地区之一,该区密集地分布着独具特色而又多样化的自然景观和生态系统,这里雪山林立、江河咆哮,湖泊草原错落有致。以藏民族为主的 26 个民族传统文化深厚而灿烂,文化内涵特色鲜明,具有唯一性和垄断性,共同构成该旅游区"四季枯荣皆斑斓"的丰富而独特的旅游资源。为了把香格里拉生态旅游区独具特色的旅游资源更好地展现给国内外游客,在该区发展旅游循环经济的初期,我们应该把打造提升该旅游区的旅游品牌、培育旅游精品作为旅游循环经济发展的重中之重。

1.显现民族文化特色,打造旅游文化精品

香格里拉生态旅游区近期发展旅游循环经济时,可以再次邀请藏区著名藏学专家与迪庆州藏学院合作,深度研究香格里拉生态旅游区的旅游精品文化、打造旅游品牌,在已经成功推出的以"藏民家访"为代表的民族文化旅游服务项目的基础之上,再次挖掘形式多样的以民族文化、生态文化为内涵的旅游项目和旅游产品,从而丰富香格里拉生态旅游区这一旅游品牌的文化内涵和个性魅力。例如,大批旅游文化企业进驻迪庆州,坛城文化广场、香巴拉大千世界、香格里拉文博中心等项目的顺利建设,红色旅游文化旅游景(区)点的开发等等,这些都为香格里拉生态旅游区旅游循环经济的发展创造了良好的外部环境和基础条件,即使在自然资源和生态环境相对恶劣的状况下,一旦旅游发展的基本条件遭到破坏,在该生态旅游区仍然可以运行旅游循环经济系统,最终形成一种以"资源环境"为依托,以"生态旅游"和"文化旅游"为主体的一种生态旅游区旅游循环经济发展模式,从而推动香格里拉生态旅游区的和谐与进步,促进该区旅游循环经济的繁荣与发展。

2.大力实施宣传促销战略

宣传促销是发展旅游业的重要环节。香格里拉生态旅游区可以从多角度、全方位进行立体宣传,在网络、电视、报刊上强力宣传该区的自然景观、生态环境和典型的示范园区,主动邀请各大媒体到本地拍摄各种题材影视艺术作品,组织旅游企业、媒体记者和相关人士到香格里拉生态旅游各示范园区(生态园区、民族文化园区等)采风、采访和参观,向社会强力推介该区的旅游品牌和旅游精品。通过一系列宣传促销活动,在国际国内不断提高香格里拉生态旅游区的知名度,从而使旅游循环经济的思想深入人心并为之广泛推广与借鉴。

3.在发展旅游循环经济中坚持生态优先原则

独具特色的生态环境和自然资源是香格里拉生态旅游区赖以生存和得以发展的根本,正确处理资源开发和环境保护的关系,走生态建设产业化、产业建设生态化的路子,不断加大生态环境建设和资源保护工作力度,确保旅游循环经济的可持续发展。在该区发展旅游循环经济的过程中,要认真实施"香格里拉生态旅游区保护行动",进一步优化旅游产业布局,合理调整发展循环经济的旅游产业结构,在旅游循环经济发展过程中不断树立保护生态环境和自然资源的新形象。以普达措国家公园为例,为了保护各个景区的自然生态环境,该园在每个景区率先使用节能降耗、低排放的环保型观光游览车,景区游客服务中心还使用太阳能来提供能源。通过各种生态环境和自然资源等一系列保护行动,丰富了香格里拉生态旅游区旅游品牌内涵,同时也提升了该区的美誉度。这些也为香格里拉生态旅游区旅游循环经济的发展提供了很好的借鉴。

（二）调动各方积极性，多方参与香格里拉生态旅游区旅游循环经济发展

发展旅游循环经济是一项复杂的系统工程，旅游循环经济的运行需要旅游业、社会、资源、环境和人类的协调发展，是一个各子系统之间相互运行，多要素和各系统之间以及各要素之间有机联系的大系统，是旅游业系统、资源环境生态系统和社会系统的交集和统一体，同时涉及旅游业、自然资源、生态环境和社会各个领域。因此，要实现香格里拉生态旅游区旅游循环经济的持续健康发展就必须调动社会各个层面的积极性和主动性，包括政府部门、行业协会、旅游企业等相关机构以及社区（示范园区）的居民和游客等的大力支持与积极参与。

（三）创新体制机制，增强旅游发展动力

根据旅游业形势发展的需要，要积极探索适合香格里拉生态旅游区旅游业发展的新思路，不断深化旅游体制改革，创新旅游机制，全力推进旅游由单纯追求数量的发展模式，向追求数量与效益并重的发展模式转变，从而形成香格里拉生态旅游区独特的旅游循环经济发展模式，增强该区社会经济的发展动力。

1.建立完善的旅游循环经济发展评价机制

香格里拉生态旅游区发展旅游循环经济具有一定的理论和现实意义，旅游循环经济的发展可以更好地促进该旅游区社会经济的发展和当地居民生活水平的提高，同时对保护香格里拉生态旅游区的生态环境和自然资源等也具有十分重要的意义。旅游循环经济发展评价是旅游循环经济发展中必不可少的环节。香格里拉生态旅游区旅游循环经济发展评价需要遵循一定的原则和方法，从而构建出该区旅游循环经济发展评价机制，形成有针对性的旅游循环经济发展评估标准，对香格里拉生态旅游区旅游循环经济的发展具有现实的指导意义。

2.创新投融资体制，实现投资主体多元化

香格里拉生态旅游区财力薄弱，旅游开发资金供求矛盾十分突出。为了加大资金投入，相关部门要集中有限资金优先保障香格里拉生态旅游区旅游

投资的需要;另外,不断改革和创新投融资体制,实现政府主导、企业融资、民间投入和招商引资并重的投资主体多元化。同时,还应该采取旅游项目贷款贴息和奖励民间资金投入等措施,拉动社会资金和民营资本进入香格里拉生态旅游区,支持生态旅游和文化旅游的发展。

3.创新生态旅游区(示范园区)的管理体制

在普达措管理局、梅里雪山管理局、松赞林寺管理委员会、独克宗古城管理委员会和迪庆州旅游投资公司相继成立的基础上,还应该着手组建香格里拉生态旅游区旅游投资发展集团有限公司,并下设各个生态旅游园区(示范园区)的投资开发分公司以及各生态旅游区下属的旅行社经营管理集团有限责任公司等管理机构。创新香格里拉生态旅游区的管理体制,可以为该区旅游循环经济的持续健康发展提供良好的智力支持和动力保障。

(四)加大资金投入,以生态和文化理念建设旅游循环经济示范园区

在香格里拉生态旅游区发展旅游循环经济的进程中,应该投入大量的资金,优先开展旅游基础设施建设,对旅游城(乡)镇、香格里拉机场、交通干道和各个生态旅游区(示范园区)等多个地方的基础设施项目进行建设和改造。通过改造可以有力地改善生态旅游区旅游的通达性和服务条件,促进该区的旅游业快速健康发展,从而也为香格里拉生态旅游区旅游循环经济的运行和发展奠定良好的基础。

1.大力改善交通基础设施

在滇西北旅游现场办公会上,曾确定了"四横四纵"旅游交通建设项目,其中香格里拉至乡城格咱段油路已于 2007 年 9 月迪庆州州庆前建成完工;香格里拉至丽江宁蒗泸沽湖三级公路也在加紧建设中。除公路建设外,铁路建设方面如已经考虑建设丽江至香格里拉的铁路,同时迪庆香格里拉机场三期改扩建工程也在迪州州庆前完工并投入使用[6]。这些公路、铁路和机场的修建与改造,将为香格里拉生态旅游区旅游循环经济的发展提供便利条件,而各个旅游区(示范园区)交通基础设施的改善,将推动旅游循环经济示范园区建设工作的顺利开展,也将有助于提高香格里拉生态旅游区的旅游通达性,在有力地推动了该区社会经济发展的同时,也为当地居民带来了生活便利和社会福利。

2.全面推进旅游循环经济示范园区(景区)建设

按照"高品位规划、高档次建设、高水平管理"的要求,应在香格里拉生态旅游区建设一批影响力大、带动性强、社会经济效益好的旅游循环经济示范园区(景区)。比如,借鉴世界上先进的"国家公园"理念和建设模式,已经规划建设了中国大陆第一个国家公园——普达措国家公园,2011年,普达措国家公园全年接待国内外游客953376人次,平均每天接待游客6300多人次,门票收入达17819.54万元。2014年,门票收入达19000万元。此外,按照国家公园的理念正在规划设计和建设梅里雪山、香格里拉大峡谷等国家公园群,松赞林寺、独克宗古城、香格里拉大峡谷、虎跳峡等景区的开发建设也将全面推进[6]。在这些旅游示范园区(景区)的开发、建设和使用过程中,可以尝试着融入旅游循环经济的发展理念,运用循环经济的思想来指导香格里拉生态旅游区的可持续发展。

第四节 香格里拉生态旅游区旅游循环经济发展的支持系统

旅游经济发展的支持系统是推行循环经济发展的重要依托。香格里拉生态旅游区旅游循环经济发展的一切步骤和措施都需要以可持续发展战略和科学发展观为指导的一系列支持系统来支撑,并达到社会的广泛认可及环境、社会和制度之间的整合,才能真正顺利的实施和发展。香格里拉生态旅游区旅游循环经济发展的支持系统可以借鉴以下几个方面:

一、政策法规制度支持系统

在发展旅游循环经济过程中,旅游循环经济的法律、法规和标准发挥着十分重要的作用。旅游业必须要有切实可行的法律、法规作保障,才能做到"以法兴游"、"以法治游",才能实现香格里拉生态旅游区的可持续发展。因此,在实践中应不断摸索体现旅游产业特征、符合各地实际情况、具备现实动力的操作方法,构建由政策法规、科学技术、宣传教育、评估认证等组成的保障体系[7]。

建立香格里拉生态旅游区旅游循环经济可以采用相关的经济政策来激励和刺激其运行和发展,如价格政策、税收政策和财政政策等。该区旅游循环经济要实现环境资源的有效配置,需要建立一整套绿色保障制度体系。其中包括绿色环境制度、绿色规范制度和绿色激励制度三方面。具体而言,在香格里拉生态旅游区运行旅游循环经济系统时,可以制定绿色资源制度、绿色产权制度、绿色技术制度、绿色生产制度、绿色消费制度、绿色包装制度、绿色回收制度、绿色财政制度、绿色金融制度、绿色税收制度、绿色投资制度等相关的绿色保障制度。从而,为香格里拉生态旅游区旅游循环经济的健康发展提供制度保障。

可以根据香格里拉生态旅游区旅游循环经济发展的实际情况,自行制定针对该区发展旅游循环经济的相关规章制度、政策法规和管理条例以及发展规划等。比如:已经编制《滇西北香格里拉生态旅游区发展规划》《迪庆州"十一五"旅游发展规划》等旅游发展规划。与此同时,还可以编制《香格里拉生态旅游区旅游循环经济示范园区规划》《香格里拉生态旅游区管理(暂行)办法》《香格里拉生态旅游区总体规划》《香格里拉生态旅游区湖泊水污染综合防治规划》等。

在这方面,香格里拉生态旅游区可以充分借鉴日本等国外较好的经验,制定诸如《香格里拉生态旅游区循环经济促进法》《香格里拉生态旅游区绿色消费法》和《香格里拉生态旅游区资源循环再生利用法》等法律法规;同时,围绕建设该区旅游循环经济发展、推动资源和能源节约与循环利用、保护自然资源和生态环境等方面颁布相关的法律法规,最终形成促进"减量化、再循环、再利用"生态旅游区旅游循环经济发展的法律框架体系。

二、科技体制改革与技术研发支持系统

香格里拉生态旅游区旅游循环经济的发展,一方面可以极大地提高香格

里拉生态旅游区资源的生产率和利用率,提高单位资源消耗的经济产出,使该区资源消耗从高增长向低增长、再向零增长转变;另一方面可以显著减少香格里拉生态旅游区废弃物的排放,从设计的源头就考虑材料的再使用,使污染排放从正增长向零增长转变,从而缓解该区旅游发展和经济增长对生态环境的巨大压力。

结合香格里拉生态旅游区的实际情况,建立区域科技创新体系,提高科技创新能力,加速科技成果向现实生产力转化;积极研究开发资源节约型的新材料、新能源、新工艺、新产品,研究开发各类回收废弃物的新用途、新产品;积极扶持各类研发活动。加大科技投入,并以项目招标的方式扶持民营研发机构和企业的研究开发活动。依法保护研发机构成果的知识产权,用有偿转让、技术参股、政府购买等多种方式,逐步使香格里拉生态旅游区的各类研发机构进入自负盈亏、自主研发、自我发展的轨道。

与此同时,在该旅游区积极采用废弃物减量化技术、资源保护可持续利用技术、绿色建筑和绿色制造技术、新能源和可再生能源的利用等技术,从而保证在这种高山高寒的自然环境中,生态系统一旦遭到破坏后,香格里拉生态旅游区仍然可以运行旅游循环经济这样一种经济发展模式,借此采用废弃物排放与再利用结合起来的静脉流效率化技术、废弃物资源化的产业链管理技术等,从而也促进了该生态旅游区的资源高效低排放的利用。

三、废物回收及交易体系支持系统

旅游循环经济的发展离不开废弃物的回收、交易体系。虽然世界各国有关废弃物的立法越来越严格,同时随着清洁生产和资源的综合利用的实施,各种生产和生活用品都将向着减量化、再利用、资源化的方向发展。建立"废物"回收及再生资源利用系统。通过废弃物的分类回收和处理,使其作为再生资源纳入新的经济循环过程之中,可以通过废旧品的再制造、材料资源化处理、有机垃圾堆肥处理、垃圾填埋及气体回收利用等子系统实现"再利用、再循环"的原则[8]。

因此,香格里拉生态旅游区可以建立和完善法律法规,依法管理,规范废弃物回收、交易体系。例如,可以出台《香格里拉生态旅游区再生资源回收管理条例》等相关条例。通过学习借鉴发达国家的成功经验,结合香格里拉生态旅游区的实际情况,建立能够促进再生资源回收利用的激励机制和政策措施。同时,还可以鼓励支持回收企业与废弃物排放、再利用产品制造和再利用产品等企业进行跨区域联合成网络企业,从而减少了该区废弃物资源化过程的流通环节和交易成本,形成范围经济,推动香格里拉生态旅游区"6R"产业的发展[9]。

四、旅游区基础设施支撑系统和生态保障系统

完善香格里拉生态旅游区基础设施,其中还包括垃圾收集、中转、清运和处理、污水处理工程、中水回用等建设。实现该旅游区饮用水安全率提高,生活污水全面达标排放,部分水资源得到循环利用等;此外,根据生态保障的构建原则以及主要生态系统的服务功能要求,从旅游景观保护与建设的角度出发,如提出环境无害化技术或环境友好技术的"绿色技术支撑体系"。体系中应该包括:一是资源化技术,主要包括景区内部资源重复利用和替代技术、废弃物再利用的回收和再循环技术等;二是环境无危害的技术,一般有环境工程技术、污染防治技术以及清洁能源生产技术;三是少污染少排放、高附加价值的高新科学技术,其中包括信息技术、环境监测技术、网络运输技术、零排放技术、可持续发展技术等[10]。针对香格里拉生态旅游区的山、水、林、湿地、城镇生态环境等方面,从生态恢复、生态整治、植被恢复、生态城镇建设等方面进行建设保护。

五、人力资源开发与宣传教育支持系统

香格里拉生态旅游区人力资源开发与宣传教育支持系统主要包括对旅游区(示范区)的居民进行的环境意识的宣传和教育,对旅游者进行的绿色旅游消费教育,对旅游企业、旅游者、当地居民等进行旅游循环经济理念的深入宣传以及对生态旅游区从业人员进行的服务、管理等方面的素质教育和培训等。

对于当地居民,在香格里拉生态旅游区可以结合旅游区(示范区)的"农

家乐"、"藏家访"等具有地方特色的旅游项目,利用旅游区内的电教设备和图书阅览室,购置配套的光碟和书籍等;邀请文化和旅游部门的专业人员,到旅游区开展礼仪服务接待、民族舞蹈和导游业务知识等培训班;同时根据香格里拉生态旅游区的实际情况,考虑成立"旅游循环经济技术培训基地"、"生态旅游区旅游循环经济科技示范园"等教育培训基地;结合香格里拉生态旅游区环境保护,响应省政府和州政府的积极号召,尝试开展"保护香格里拉,你我携手同行"徒步环保旅游活动以及"生态示范园——旅游循环经济科技创新评选"等具体的环保活动;与此同时,在各个生态旅游区(示范区)成立环保小组和招募环保志愿者,成立相应的生态监护队,定期地深入到香格里拉生态旅游区的各个农户家中发放环保宣传资料,让当地居民积极参与环保的各项活动,促使环保观念深入人心,不断树立旅游循环经济发展的良好意识。

对于香格里拉生态旅游区的从业人员来说,除了加大旅游服务行业的培训力度,包括旅游管理规范、旅游服务、技能培训、礼节礼仪、导游业务知识培训、旅游行业相关的法律法规等知识以外,还可以开展"金牌导游"、"十佳管理人员"、"十佳服务人员"、"最佳星级酒店"、"最佳会务中心"、"最佳示范园区"等评选活动,提高旅游从业人员的综合素质,为该区旅游业的快速发展奠定坚实的人才基础,从而进一步提升该区旅游服务的整体水平,促进香格里拉生态旅游区旅游业的持续、健康和快速发展。

参考文献

[1]戴慎志、陈鸿:《让香格里拉自然和谐地生长——对香格里拉县城发展与保护的思索》,《云南建筑》2006年第3期。

[2]王斯:《低碳环保旅游开发模式的研究——以香格里拉为例》,《商场现代化》2012年第6期。

[3]马月伟:《大香格里拉旅游资源的价值探讨》,《安徽农业科学》2008年第28期。

[4]迪庆州地方编纂委员会:《迪庆州年鉴2012》,云南民族出版社2012

年版。

[5]迪庆州旅游局:《云南省迪庆藏族自治州旅游业发展情况介绍》2006年10月。

[6]《香格里拉的跨越——迪庆旅游二次创业纪实》,云南省旅游产业发展大会汇报材料,2007年。

[7]谭业:《旅游循环经济与可持续旅游的比较研究》,《经济纵横》2012年第9期。

[8]林高瑞、鱼晓惠:《以循环经济理念引导生态旅游区建设》,《中国商贸》2011年第9期。

[9]冯之浚:《循环经济在实践——中国循环经济高端论坛》,人民出版社2006年版。

[10]达哇吉:《论民族地区旅游循环经济支撑体系的建立》,《中国商贸》2012年第6期。

第七章　丘北普者黑旅游循环经济研究

第一节　丘北普者黑旅游循环经济发展基础条件

一、普者黑旅游区旅游循环经济研究的目的

普者黑旅游区地处高原边缘斜坡过渡地带,生态环境脆弱。喀斯特地貌发育,渗水,地表缺水严重,但同时湿地景观突出。针对普者黑旅游区旅游发展潜力巨大,但目前还比较落后,以及当地的地理环境条件,为避免开发造成的负面破坏和普者黑旅游的可持续发展,通过对普者黑旅游区的研究,利用循环经济的相关理念和实践,构建一种适用于喀斯特地貌景观的旅游循环经济发展模式,为解决类似旅游发展中遇到的问题提供借鉴。

二、丘北普者黑旅游区概况

普者黑旅游区位于云南省文山壮族苗族自治州北部丘北县,面积 168 平方千米,涉及丘北县锦屏镇、双龙营镇、曰者镇、八道哨乡四个乡镇,有普者黑湖、新沟农场等景点,也有独具特色的民族风情。旅游区交通及区位条件良好,旅游业已经有了一定的发展基础。

丘北普者黑旅游区是云南省六大旅游片区中的滇东南喀斯特山水风光文化旅游区的重要节点。目前为云南省省级旅游度假区、云南省省级风景名胜区、国家 AAAA 级旅游区、国家重点风景名胜区。在《云南省旅游发展总体规划》中,普者黑旅游区被列为滇东南旅游片区的龙头景区之一,是文山州唯一

的国家 AAAA 级景区、文山州三大旅游精品之一,也是普者黑、石林、九乡、多依河鲁布革、阿庐古洞五个喀斯特旅游区组合拟建的国家地质公园的重要组成部分。普者黑的旅游地位说明了对普者黑进行旅游循环经济研究的意义和必要性。

三、普者黑旅游循环经济发展的有利条件和机遇

（一）物质基础

普者黑旅游区自然资源和人文资源数量丰富,类型较为齐全,几乎涵盖了旅游资源调查表中所有的类型;资源禀赋较高,独特型较强,与临近的旅游资源互补性强,且密集度高,组合较好[1]。这些为旅游循环经济的开展提供了天然的物质基础。

1.自然资源上集中表现为奇、秀、幽、碧、丰、奥、野、古八大特征

地质地貌上呈现出多层次、多样化的景观,以水域风光和地文景观较为突出。普者黑喀斯特地貌发育,有众多的溶盆孤峰、溶斗、峰丛谷地、峰林洼地等独特景观,并有众多的喀斯特湖泊和湖群点缀其间。

气候上温和,属于中亚热带高原季风气候,旅游活动季节性不明显。全年温热,冬无严寒,夏无酷暑,是一种全年候旅游休养度假气候。

生物资源丰富,有一些国家级珍稀保护动物。植物反映出滇中高原和滇东南喀斯特土地植物种类的交错分布。

地表地下径流丰富,湖泊众多,并有大片高原湿地,具备良好的水域风光景观。

2.区位条件优越

地理区位来讲,普者黑旅游区是滇东南旅游环线上的重要节点和滇东南喀斯特景观协作区的重要旅游目的地,处于昆明、贵阳及南宁形成的大三角地带中,有利于普者黑开展区域联合经营,形成规模效应。

交通区位来讲,普者黑基本形成了东下沿海、南通边贸、西上省城、背靠铁路的陆路交通网;空中交通方面的文山机场（命名为普者黑机场）也在建设之中。

3.人文资源上多民族文化风情突出,且资源组合较好,密集度高,兼有其他良好的人文条件支持旅游循环经济发展。

人口与民族:丘北普者黑旅游区少数民族众多,包括壮族、彝族、苗族、回族、白族等 11 个少数民族,其中以壮族、苗族和彝族最多。浓郁的少数民族文化风情为旅游循环经济的发展提供了人文基础。

经济发展上虽然以第一产业为主导,但是第一产业经济比重不断下降,第三产业经济比重迅速增长,并以旅游业为主导。具有了发展旅游区循环经济所依赖的母体环境。

基础设施上,普者黑作为云南省旅游循环经济示范区、文山州的精品旅游区,得到了省、州政府的大力支持和资金注入,旅游基础设施和公共配套设施已经比较完善,为旅游循环经济提供了硬件支持。

投资融资引资上:一是制定了丘北普者黑投资融资引资的指导思想,广开渠道,全面构筑带动型旅游产业体系;二是政策措施上,当地政府颁布了旅游土地使用方面的优惠政策;三是通过政府直接投资、银行贷款、市场融资等途径来支持和推动普者黑这一旅游循环经济示范区的建设。

4.物产优势

旅游区所属县丘北县是重要的农业生产基地。其中,占有重要地位的经济作物有辣椒、葡萄、莲藕以及药用植物等。此外,丘北县还有民族服饰、工艺品、节庆等旅游文化资源。这些为循环经济产业链的延伸,产业耦合和产业结构新型化调整提供了多样化选择。

(二)丘北普者黑旅游区已被确定为旅游循环经济示范区

旅游区是集自然山水风光、田园、村寨、民族文化、小城镇建设于一体的旅游区,发展旅游循环经济具有一定的典型性,其经验有较好的可推广性。

(三)社会条件

1.政府层面的宏观环境较好

中央、省、州、县各级政府对发展旅游循环经济都极为重视,循环经济发展的政策环境较好。随着云南省政府"高起点、高投入、高产出"发展全省旅游业的重大举措和列为全省唯一旅游循环经济示范点,普者黑旅游区将进入以质量和综合效益的提高为特征的新的发展阶段。

近期国家重点关注如何提高自主创新能力,转变经济增长方式,发展循环经济,建设资源节约型、环境友好型社会,走新型工业化道路。这为发展旅游循环经济提供了良好的形势。

2.循环经济方面法律法规的建立和推行

国家已经制定了《清洁生产促进法》、《环境影响评价法》等相关法律,云南省政府以及文山州颁布了诸多法律法规来支持旅游循环经济项目的发展,普者黑有了一个良好的发展旅游循环经济的经济环境和平台。

3.循环经济建设项目的建立和蓬勃发展

为促进旅游循环经济的发展,必须要有发展旅游循环经济的实体单位来执行。普者黑旅游循环经济示范区建立了旅游循环经济示范单位,例如超市、酒店、农家乐,此外还有生态农村、生态工业园等,并产生了良好的效益,其发展经历对整个普者黑的旅游循环经济建设提供了现实的案例教材。

(四)普者黑旅游循环经济发展的前期准备

普者黑旅游区自 1991 年普者黑村和仙人洞村等村民自筹资金开发小规模的旅游活动开始,在景区管理和运营方面已经有了相对比较成熟的经验和模式,当地在对待旅游的思想上也已经很重视,这些前期工作极其有利于当前旅游发展模式向旅游循环经济模式的转型。在面临国家发展循环经济和云南省政府旅游二次创业的机遇下,普者黑旅游区当地政府部门、企业、群众一定会从比较高的起点来计划,操作普者黑的旅游循环经济建设。

(五)普者黑旅游发展过程中产生的诸多负面效应,需要改变的现实紧迫性使得其借助发展旅游循环经济来解决当地旅游的可持续发展成为必然

1.生态环境的污染破坏:以湿地景观和喀斯特地貌为主的景观生态资源的破坏是最主要的问题

主要表现为:(1)湿地资源破坏严重。由于当地人口增长过快,农业生产活动加剧,湿地资源无序开发、湖滨蚕食严重,近年胡建乱占侵占的湖滨滩地约有 1335 公顷,湖滨带景观及生态价值降低[2]。(2)水质退化。面源污染问题持续存在,普者黑湖水水质从 1997 年的 II 类下降到目前的 III 类,局部水域

出现富营养化。(3)陆生生态退化。普者黑流域由于长期开垦和砍伐,原生性植被已经不存在,农田面积占52%以上,水土流失面积扩大,石漠化局部继续发展,流域陆生生态环境呈恶化趋势[3]。

2.原生社会文化的无形变味

普者黑发展旅游已经有了一段时期,由于追求经济效益,经济发展欲望强烈,对民族性的文学、音乐、服饰、习俗、文化、建筑风格等保护不力,以致很多原生性的东西受到外界的影响,失去了民族所特有的原真性特征,变得商品化、庸俗化、舞台化。随着游人的拥入,外来的思想观念、价值取向、言谈行为等都对当地居民造成一定程度的冲击。例如居民收入增加会进行村寨屋舍改造,破坏了村寨原始风貌,造成了不协调气氛。有些节目,为满足游客的需要,不仅节奏变快,而且本来一年或几个月举行一次的节目会反复表演几次,甚至许多次[3]。

(六)后发优势

普者黑经济发展和基础设施建设相对滞后,这为实现跨越式的发展提供了条件。尤其在旅游循环经济发展和生态友好型城镇建设方面,在高层次、高起点、有前瞻性的规划情况下,可以避免一些地区走传统发展路子造成的阶段性转型阵痛和资源浪费。

四、普者黑旅游循环经济发展的不利条件和挑战

1.发展旅游的经济性色彩太浓,保护意识淡薄

普者黑旅游区普遍存在着单向地向脆弱的旅游资源索取服务价值,旅游经济系统对景观生态资源缺少回馈,缺乏资源保护和培育,同时资源对旅游经济的支持缺乏可持续性。普者黑生态环境脆弱,这对旅游循环经济活动的开展构成了一定的挑战。发展旅游循环经济尤其要注意这一点,以免造成对景观的破坏,影响旅游的可持续发展。

喀斯特地貌是地下水与地表水对可溶性岩石溶蚀与沉淀、侵蚀与沉积以及重力崩塌、坍陷、堆积等作用形成的地貌。普者黑喀斯特地貌发育,分布较广。水中含二氧化碳时,水对石灰岩的溶解能力很强,加之普者黑湿热的气

候,地表主要构成为最容易受到腐蚀的石灰岩,土壤中二氧化碳含量比空气中高数十倍,且反应速度很快,溶蚀作用很强。因而在普者黑开展旅游循环经济,就要注意游客数量,以便对现存的喀斯特景观构成腐蚀破坏。

普者黑的湖泊多为封闭型湖泊,自净能力较弱。而且由于喀斯特地貌的广泛分布,湖水一旦受到污染,不仅难以使湖水再度恢复纯净,而且污染的湖水容易借助喀斯特地貌的特点下渗、扩散,不可避免地影响到作物的生长、居民的饮水等,且导致的问题不论从时间上还是从难度上都很难有效解决。发展旅游循环经济一定要在这个方面大做文章,避免造成生态灾难。

2.普者黑旅游区产业结构尚不足以发展旅游循环经济,需要进行调整

普者黑旅游产业结构单一,不丰富,资源和产业的耦合、链接不足,导致部分资源利用不充分(如人文资源、地方名特土产、气候资源、劳动力资源),旅游经济系统产业的附加值低[4]。应对现有的资源利用和物流模式进行调整,这就是所要求的旅游循环经济模式。旅游产品单一,吃、住、行、游、购、娱的产业结构比例不成熟。度假旅游产品、特种旅游产品和土特产品、旅游多元化产品供给结构未形成。旅游业整体发展水平还处于较初级阶段,发展模式还处于粗放型阶段。产业链短、游客停留时间短,消费量小,旅游产品附加值低,吸引力和市场竞争力不强。

3.面临着较为严重的同业竞争

普者黑旅游业发展虽然有了一段时间,但是旅游业的真正起步却较晚,旅游形象还不够鲜明,旅游知名度还不够高;真正突出的典型景点景区、典型民族文化的开发形式和内容都还比较缺乏,开发处于粗放状态,难以形成个性鲜明的旅游产品。周边地区有石林、广西桂林、广南坝美、富宁驮娘江等旅游目的地与之竞争,普者黑与其差异化不太明显,且名气上不如这几个景区。而游客往往会趋向于知名度高的景区。这必然会在一定程度上影响普者黑旅游业的发展,旅游循环经济更是无可谈起。

4.社会经济条件

文山州和普者黑社会经济发展相对比较落后,普者黑旅游区地处西南边疆,长期以来以农业生产为主,本地企业和个人积累投资能力弱,以旅游为主

的服务业发展所需的投资力度总体不足;人力物力财力投入有限;服务业的质量和层次不高。旅游业投资力度弱、规模小、层次浅、开发程度低、规模总量的扩张和质量效益之间存在较为明显的矛盾。

5.普者黑旅游循环经济开展的背景体制僵化、经营机制不灵活

普者黑旅游区目前由普者黑风景管理委员会进行管理,而管委会受县政府统一管理。政府对旅游企业仍实行统包统揽的管理方式,政府包揽了应该由企业做的事,企业缺乏自主性;另外,普者黑旅游区产权不清,在管理上涉及多级行政执法部门,景区管委会没有执法权,不具备执法主体。在建设和管理上存在脏、乱、差等问题。经营环境差,服务意识不强,从业人员素质不高。因此,旅游资源的开发有限,处于不饱和状态;旅游产品开发、经营、旅游项目的实施不能完全贯彻执行或者实施的程度不够;区内湖泊生态系统等自然资源没有得到很好的管理和保护,重开发轻保护,不利于生态资源的保护和可持续利用。为此,现有的管理模式必须要进行理顺、突破和创新。

6.普者黑发展旅游循环经济必须协调好刚性制约的生态环境与不断增长的人口与农业的关系问题

从旅游业发展角度来看,普者黑旅游业赖以存在的最重要的自然资源是以湖泊和河流为载体的水资源,但同时,这些水资源也是当地的灌溉水源、饮用水源以及其他生活用水来源,且湖泊和河流也是接纳和吸收灌溉回归水、生活废水、养殖废水的主要场所。也就是说,水资源是旅游业与其他产业的矛盾集结点。因此,为了保护旅游业的生态环境,使旅游业可持续发展,就必须保护好以水资源为主体的自然景观,与此同时,要尽量减少因保护水环境而对当地人利益产生的限制,例如鱼类养殖、土地使用等等。

7.人口素质与公众参与程度的制约

普者黑旅游区基础设施薄弱,旅游从业人员、管理人员和公众文化素质不高,公众参与障碍大,参与程度不高。旅游循环经济具有一定的技术含量,而目前普者黑的旅游业从业人员队伍自身素质尚难满足需求。同时,引进外来人才和培养自身人才都需要耗费相当的时间过程和初期投入。

第二节　丘北普者黑旅游业与旅游
循环经济发展现状

一、普者黑风景区旅游业发展现状

（一）旅游业发展现状

1.旅游资源概况

普者黑景区总面积 165 平方千米,现已开发有自然景观 256 个、人文景观 29 个、AAAA 级旅游区 1 个、重点文物保护单位 21 个、自然保护区 1 个、森林公园 1 个。

普者黑景区属于滇东南喀斯特区,发育有典型的喀斯特地貌。景区内以峰群、湖群、洞群、峡谷、草场、湿地等自然风光为主体,辅以古崖画、茶马古道、少数民族风情、村寨风光等人文景观,构成了"山青、水秀、洞奥、石美、峡幽、瀑奇"六大景观。

在景区范围内分布有河流 15 条、地下暗河总长达 120 千米、312 座孤峰星罗棋布、83 个溶洞千姿百态、54 个天然湖泊相连贯通,万亩荷花组成的四十里荷路婀娜多姿,2 万亩水面清澈透明,9 千米长的大峡谷雄险壮观,更有 4 万亩高原喀斯特湿地让人叹为观止。还有 3 千米长神秘古朴的茶马古道以及壮、苗、彝族等少数民族摇曳多姿的独特风情。这一切组合在一起,使得普者黑景区被誉为中国独一无二的喀斯特山水田园风光[5]。

2.旅游业发展现状

普者黑景区是文山州开发最早、设施最完善、规模最大、市场知名度最高、效益最好的一个龙头景区,现已成为国家 AAAA 级旅游区、国家重点风景名胜区、云南省十大旅游休闲度假基地和旅游循环经济示范区,以及云南省已着手建设的滇东南喀斯特景观旅游协作区的重要组成部分,并被列为滇东南三条旅游热线和三个旅游中心之一。

从旅游经济效益来看,自 1993 年开发至 2004 年,累计接待旅游者 402.33

万人次,旅游总收入137500.65万元,年均增长率达65%和104%,分别占全州旅游总人数的28%和总收入的27%。2005年全年共接待国内外游客75万人,占全年计划的125%,比去年增长29.31%,直接经济收入933.85万元,综合经济收入11250万元,与2004年相比分别增长了1.51%和19.68%。2006年景区共接待游客85万人次,实现旅游总收入35000万元。2007年以来,丘北县充分立足自身优势,结合夏季旅游市场需求,大力推出普者黑"花脸节"和万亩荷花世界、水上娱乐彝家美食、湿地科考等特色旅游项目。同时,积极整合旅游资源,加大宣传促销力度,全面提升普者黑旅游竞争力和吸引力,收到良好成效。2007年接待国内外游客86.066万人次,实现旅游总收入30096万元。2013年1—6月,丘北县旅游业实现旅游接待海内外游客84万人次、旅游综合收入43312万元,与2012年同期相比,分别增长27%和26%,旅游经济保持平稳增长的良好态势[6]。2014年,在《爸爸去哪儿》节目对普者黑景区的宣传带动下,丘北县旅游收入高位增长,全县接待游客量超过200万人次,实现旅游综合收入超过12亿元,创历史新高。

(二)旅游开发现状

1.旅游资源开发现状

目前普者黑主要开发了3个景区:普者黑中心景区、六郎洞景区、猴爬岩景区。中心景区为普者黑湖泊群中心景区,包括普者黑湖、荷花湖、灯笼湖、仙人洞湖、落水洞湖、摆龙湖等16个大小湖泊,水域总面积近2万亩,平均水深4米,最深处达30米。湖水清澈透明,能见度在3米上下,似串串珍珠串联在一起,形成21千米的旅游航道——荷路。夏秋季节,千亩荷花婷立于水面,荷叶翠绿,花色多样,亭亭玉立,荡舟穿行其间,清香扑鼻,令人陶醉,如置身于诗画之中。各个湖泊连接贯通,湖畔有大龙山,三面环水,远看如一青龙浮游于水面。湖中有鹭鸳岛、珍珠岛、金岛、太阳岛、荷叶岛。后三岛坐落近似等边三角形,俨然成一水上金字塔。岛上一片苍翠绿荫,群鸟啾啾,浑如"桃源胜境",是休闲、度假的好去处。

普者黑有山必有水,有山不无洞。景区内共有具有观赏价值的大溶洞83个。现在对外开放的有月亮洞、火把洞、观音洞、仙人洞、神怡洞、白玉洞。这些溶洞美,美在洞水相连,游荡其间,只见山中有水,水中有峰,山中藏洞洞中水,水下观峰峰更奇。石钟乳琳琅满目瑰丽多姿,晶莹透亮色彩斑斓,形态各异雄伟壮观。其中,彩云洞、黑箐龙狮子山溶洞中分别绘有三千多年历史的鸟图腾崖画;仙人洞、神怡洞、黑箐龙等洞中还保留古人遗迹,被古人遗弃的各类动物骨骼化石还清晰可见,不仅有很高的观赏价值,还具有很高的科学研究价值。

从旅游项目开发来看,目前主要有:

(1)水上游乐。乘舟赏景,其乐无穷,划船垂钓,心旷神怡。仙人湖、灯笼湖、荷叶湖、阿细湖、青松湖、松林湖、摆龙湖均有木舟、小船可供游客在水上游乐。

(2)逛溶洞。进入地下溶洞,有形形色色的石钟乳。造型千姿百态,有如"藏龙卧虎",似"地下长城","狮子、海豹",像"雄鹰、孔雀",似"神佛仙女",有"皇宫、天堂",有"星星、月亮",如"灵芝、柳条",像"金菊、葡萄",宛如敦煌石窟中的雕塑被移入洞中。若想寻求刺激,还可在月亮洞内行船800米;在张嘴洞中领略万只蝙蝠扑面的精彩场面。

(3)暗河探险。六郎洞是云南最大的地下暗河系,全长120千米,年流水量7.47亿立方米,说明地下湖泊之大,暗河之长,实属罕见。因受技术、设备的限制,如今没有人敢乘船到达彼岸。30千米的红土洞体无人敢闯,凤尾洞中的"峡谷"无人敢下。这里的溶洞,洞体博大,暗河幽深,石钟乳十分发育,琳琅满目,千姿百态,景观质量好,是旅游探险家的乐园。

(4)峡谷观光、漂流。猴爬岩峡谷全长9千米,海拔880米,景观构成包括峡谷、河流、动植物、瀑布、暗河、溶洞等。清水江从峡谷中咆哮而过,两岸林木掩映,古松、乔木、藤类植物遍布,奇花异草,苍藤掩蔽,古木参天,保持原始自然生态。因常有猴子在绝壁上嬉戏,故名"猴爬岩"。密林深处还生活着猴、蟒蛇、岩羊、野猪等野生动物。江中有娃娃鱼、猪嘴鱼、马鱼、鲑鱼、甲鱼等名贵鱼种。游在其间,景色迷人,其乐无穷,是观光、漂流、探险胜地。

(5)少数民族风情游。集居在普者黑风景区内的壮、苗、彝族等少数民族,风情浓郁,历史悠久,文化古老。民族节庆众多,如:壮族的"敬老节"、苗族的"花山节"、彝族的"火把节、花脸节、摔跤节"。还有多姿多彩的民族民间歌舞表演,异彩纷呈的民族风俗,无不令人神往。而散居在舍得、双龙营两个辖区的几个彝族人村寨中,还保留着一种神奇古老的岩洞穴葬俗。

目前在普者黑风景区开展的主要节庆活动有:

(1)苗族"花山节"。"花山节"为苗族传统节日,举办时间为农历正月,持续三至九天不等,节日当天,在预先选定的节日场上,竖起"披红挂绿"的花杆,身着盛装的男女老少云集山场,举行赛芦笙、斗牛、踢脚架、赛马、对歌等比赛。

(2)中国昆明国际文化旅游节·普者黑分会场暨壮族"三月三"赶花街。举办时间为新历3—4月;节日以中国昆明国际旅游节为依托,以充分展示丘北县少数民族风情为主,有彝族古老歌舞表演;抹花脸、捕鱼表演;壮族尝新活动;动物角斗;少数民族"赛装节"及少数民族传统体育比赛等,让您全面感受多姿多彩的民族风情。

赶花街(又称"龙端节",壮语意为赴田坝之意)为壮族传统节日。节日期间,热闹非凡,青年男女对歌、社交、看壮戏,他们通过对歌跳舞互相认识,加深情谊。壮族人民通过赶花街还可进行物资交流等活动。

(3)彝族火把节与花脸节。火把节为彝族传统节日,举办时间为农历6月、新历7月。节日当晚人们手持火把绕家宅,插火把于田间地埂,驱逐虫害,然后持火把汇集场院,尽情欢歌起舞、摔跤、斗牛,通宵达旦。

花脸节为彝族人民传统节日。节日期间,彝族青年男女用锅烟子等互相抹花脸,意为闯吉利。在互相抹花脸的狂欢活动中,青年男女借机选择自己的意中人。整个花脸节意为驱赶妖魔除害,保护村寨平平安安,祈求神仙保佑,风调雨顺,五谷丰登,六畜兴旺,合家幸福。

(4)普者黑荷花节。荷花是普者黑的一大旅游品牌,每年盛夏,万亩野生荷花竞相开放,在湖泊沿线形成"五里荷路",景色独特。举办时间为每年新历8月,在领略荷花独特韵味的同时,还能品尝到莲子粥、荷叶饭、荷叶包鸡等荷花系列风味食品。夜晚,放一盏亲手制作的荷灯,将给你留下最美妙的感受。

（5）丘北辣椒节。辣椒节在每年新历10月举行。节日期间,有大型文艺表演,少数民族文艺表演以及辣椒成品展示等诸多商贸展销活动,届时将有大量外地客商到丘北进行商务洽谈,是进行各种商务活动的好时候。

总体说来,普者黑景观独特、类型多样、内容丰富,具备了秀、奇、古、纯、幽的特点。它是将幽静秀丽的高原湖泊群、苍翠叠嶂的孤峰群、鬼斧神工的溶洞群及险恶的大峡谷、壮观的瀑布、仙境般的云海、罕见的古代文化遗址、绚丽多彩的民族风情巧妙地融为一体的风景名胜区。景点多、范围广、容量大、环境质量好,自然景色与人文景观交相辉映,具有广阔的开发前景与可持续发展旅游的价值和意义。

2.旅游设施建设现状

据了解,普者黑的旅游发展经过了以下三个阶段。

第一阶段(1991—1993年),是普者黑旅游开发的初始阶段,这时候的旅游开发属于自发性的。是由普者黑村和仙人洞村等村民自筹资金组织建设公路、宾馆、招待所,开发洞穴、水上游等旅游项目。这期间,由于投资有限,普者黑的旅游基础设施和接待设施建设滞后,游客数量波动较大,淡旺季非常明显。

第二阶段(1993—1999年),普者黑的旅游开始进入政府参与建设期。这时,丘北县旅游局开始向村民征用土地,加强基础设施的配套服务建设。从1994年起,加大了普者黑旅游开发投入力度。县政府大量征用土地和招商引资,投入1200万元兴建普者黑宾馆、银湖大酒店等5家宾馆,使客房容量增加到2760人;并新建了高压输电线、游路,以及西南角斗城;旅游厕所、桥梁码头、绿化美化等方面都有了较大发展。旅游局在景区开始成立游船公司,把村子里的年轻人都召集起来,统一组织管理,规范收费行为。普者黑的旅游业进入了快速发展阶段。

第三阶段(2000年至今),普者黑的旅游进入文化挖掘与提升时期。

在政府的引导与推动下,2001年,普者黑成为"昆明国际文化旅游节"分会场,并举办了"荷花节"、"中国特产文化节暨丘北辣椒节",全年接待游客48万人次,旅游总收入12348.1万元,增长率为29.3%,以旅游业为龙头的第三产业成为丘北县经济增长的亮点。

2002 年,在云南全省旅游发展规划中,普者黑旅游区被确认为精品旅游区。而"丘北县'十二五'规划"中,也以普者黑为龙头,将旅游业发展为全县重要的支柱产业,并带动第三产业的发展。2003—2004 年,普者黑旅游区规划、普者黑湖泊水污染防治等规划相继批准。启动了天坑风景区开发、那红壮族生态村、菜花箐苗族农业生态村、仙人洞彝族文化生态村等建设项目。普者黑的旅游业进入规范、稳步发展阶段。

普者黑景区先后引资 3.8 亿元,开辟了水上航线 21 千米,修筑景区道路 38 千米,架设高压线路 22 千米,开通了程控电话和手机信号接收机站;还引资建成了西南角斗城、银湖大酒店、普者黑宾馆、普者黑度假村等旅游服务接待设施;并着力打造了万亩荷塘、万亩葡萄、千亩桃园和万亩油菜花等生态旅游项目,实施景区游路、旅游公厕等基础设施项目建设。到目前为止,以普者黑村为中心的景区,南部已建成了餐饮、住宿、娱乐、休闲的配套设施,宾馆、度假村已初具一定规模。景区大门、入口中心广场、荷花大道、5 座旅游厕所、步行游路、通信、电力线网改造等几个项目已竣工,景区的专用公路也已施工建设。

位于景区中的普者黑宾馆,是二星级宾馆。宾馆设有高中低档床位 926 张,大小会议室 12 个,可同时容纳 600 人就餐。另外,宾馆还设有浑然天成的游泳池、钓鱼池、冷饮部、烧烤店、医务室、大型停车场、KTV 包房、酒吧、按摩间、桑拿房、购物中心、露天酒吧和空中烧烤城。

而充满着民俗风情的普者黑西南角斗城是目前全国最大品种最多的专业性动物角斗城,在角斗城内,每天晚上均有民族歌舞、杂技、武术、斗鸡等精彩表演。在重大节日期间,在角斗城内还将有斗牛、斗马、斗狗、斗羊、斗鸡、斗猴、斗蛇、驯猴、摔跤、武术、魔术、杂技、特技、文艺、舞狮、舞龙、高空徒手走钢丝、环球飞车表演,袖珍人表演和书画摄影展览。

另外,根据《云南省人民政府关于加快旅游小镇开发建设的指导意见》,普者黑被确定为保护提升型的旅游小镇,以实现"区内旅游、区外服务"的目标,集中规范普者黑旅游区的旅游接待,同时开展休闲、娱乐、康体、会务等旅游项目。普者黑旅游小镇的建设将投资2.5亿元,由北京丹青山水房地产开发有限公司按照"分期运作、滚动开发"的原则进行投资。《普者黑旅游小镇》《普者黑旅游接待区》两个规划也已编制。

3.旅游社区建设现状

普者黑湖群区位于丘北县曰者、八道哨、双龙营3乡镇境内。湖群区有仙人洞村、普者黑村、落水洞村、菜花箐村等共计64个自然村,11000户人家,农业人口41576人,非农业人口仅八道哨乡有88人。邻水的村落5253户人家,农业人口23578人。

普者黑村从20世纪90年代中期开始旅游景区开发。其主要由三鑫集团投资开发,由当地旅游部门主管,进行利益分成,而借助的开发实体则是普者黑村周边的保护完好的自然生态环境,以及普者黑彝族村的独特民俗文化。总体来说,普者黑村发生了翻天覆地的变化,景区的开发改善了交通设施,现在二级公路已经通到村中央。但在具体开发上,则进行分而治之:旅游开发公司围起旅游景区收费,村民则很少能从旅游点的开发上获得直接的效益,而是提供辅助性服务,比如在景区打工和在景区做小商品销售,导致只有小部分游客愿意进村旅游、住宿,并为其提供餐饮服务。

为了能可持续性地发展普者黑旅游,充分考虑普者黑水环境容量和资源承载力,逐步推行"区内游、区外住"的规划措施,并把农村小康环保行动计划和创建环保生态示范村纳入规划范畴。编制了《普者黑旅游小镇》《普者黑旅游接待区》两个规划,那红壮族文化村暨影视拍摄基地、仙人洞彝族文化生态村已完成详规,同时立项建设菜花箐苗族农业生态村。经过实地考察和研究,为村子的旅游开发及文化保护,做出相应的设计和规划。并详细涉及道路、民居的改造方案,进行环境整治,修建文化活动场所,开办文化传习班等。生态村建设不仅可以提升景区村民的经济收益和生活质量,改善村庄的基础设施和道路交通,而且还可以使游客在参观中深切地感受到独特的民族文化魅力,增加景区的文化内涵,丰富景区的旅游资源。

普者黑村的家庭旅馆是在1999年开始发展起来的,到现在村民每天经营旅馆成了主要工作。随着旅游业的不断发展,文化生态村建设组向村民规划了地方特色的新型民居。当地政府从资金、税收方面给予了大力支持。开办家庭旅馆的家庭,开始改善院落环境、修建厕所、安装太阳能、配备家电等,使得家居环境大大改善,从而吸引了大量的游客前来住宿。村民的经济收益得到提高,整个村庄的村容村貌相应也得到改善。

另外,通过利用外援资金在普者黑景区的生态村中推广生态卫生系统项目建设,已累计建设生态卫生旱厕64户,沼气池10户,公共卫生型旱厕1所,学校用水池1座。

4.旅游客源市场开发现状

总体说来,普者黑景区的旅游客源市场以国内市场为主体,而省内游客又占其中的大部分。

5.旅游开发中存在的问题与障碍

(1)无序开发导致景区自然生态系统退化,旅游资源环境遭到破坏。主要表现在三个方面:周边工业、养殖业与村庄对普者黑湖群水域环境的污染;存在偏重索取,漠视保护和培育的旅游开发现象,加上长期重视开垦、轻视治理修复的资源利用模式,加速了景区陆生生态环境系统的退化与破坏;外来文化与旅游经济对景区少数民族文化与生活方式的冲击。

(2)旅游业发展层次较低。普者黑景区旅游产品单一,基本上是观光型,休闲度假功能尚未很好地得以发挥;旅游产业链短,游客滞留时间短,旅游消费量小,旅游产品附加值低,吸引力和竞争力不强,发展模式还处于粗放型,旅游业整体发展水平还处于初级阶段。

(3)区域产业经济发展滞后。普者黑及其周边区域产业经济仍以农业为主,单位土地经济增加值有限,缺乏农产品深加工,工业基础薄弱,农民增收缓慢,旅游产业对当地经济的带动作用尚未得到充分体现。

(4)旅游管理体制不完善。普者黑景区旅游管理体制尚未突破政企不分、条块分割的局面,很难适应云南旅游业"二次创业"时期,"高品位规划、高档次建设、高水平经营管理"的要求。

(5)景区村民利益保障的问题。由于旅游开发,征用土地,导致了农业用地的减少与农村剩余劳动力的增加,以及村民增加经济收入、改善生活质量的愿望和需求,在旅游发展中,必然出现利益均衡矛盾的问题。然而,旅游发展所需要的服务人口有限,如何引导景区的产业协调,安排好村民的就业,保障村民在旅游开发过程中一起获利,也成为旅游区持续稳定发展的一个制约因素[7]。

总之,以上这些问题是对普者黑景区旅游质量与品位的提升,景区的可持续发展产生制约和阻碍的主要因素。发展景区旅游循环经济,调整产业结构、优化产业布局,将有效解决景区存在的问题,实现社会、经济、生态环境以及旅游的可持续发展。

二、普者黑旅游循环经济发展现状

(一)发展旅游循环经济的必要性

1.旅游业发展的资源环境要求

以旅游者为主体划分,旅游业发展的资源环境包括旅游目的地的人文社会环境、自然生态环境、旅游气氛环境和旅游资源等。

旅游目的地的旅游资源是游客观赏的对象。对于游客而言,旅游资源本身蕴含的各种美学特征及其历史、文化、科学价值是旅游行为的直接激发者,资源的破坏将直接影响旅游者的满足程度。

旅游自然生态环境是由旅游目的地的大气、水体、土地、生物以及地质、地貌等自然生态因子共同组成的综合体。对旅游者而言,它并不是直接的旅游对象或旅游吸引物,而只是一种起着承载作用的外在环境或基础环境。因此,它往往不被旅游开发者所重视,但却是构成旅游业生存、发展的基础,并关系到旅游业的成败兴衰与可持续发展。

旅游人文社会环境主要是指旅游目的地的政治局势、社会治安情况、卫生健康状况、文化教育水平、当地居民对外来旅游者的态度,以及配套的各项设施与服务。

旅游气氛环境与旅游自然生态环境、旅游人文社会环境和旅游资源本身有着紧密联系,并以它们为基础。包括两层含义:一是旅游者对周围"物",即对主要由自然生态旅游资源和人文社会旅游资源所形成的特定环境的感受;

二是旅游者对周围"人",包括对旅游目的地居民、旅游经营者,以及同行的其他旅游者的感受,不仅涉及当地居民和旅游经营者的态度及旅游管理服务质量对旅游者的心理影响,更与环境容量给旅游者造成的心理影响有很大关系。

2.旅游业对旅游目的地资源环境的不良影响

旅游业是一把双刃剑。规划科学合理、开发适度的旅游业,会对旅游目的地的资源环境产生正面积极的影响:提高旅游目的地的环境质量、推动对自然资源环境及野生动植物的保护、促进对历史古迹的保护及民族传统文化的传承与发展、对旅游目的地居民和旅游者发挥环境教育功能;而不合理的旅游开发建设,在使旅游目的地居民获得经济与社会效益,收入提高、生活水平得到改善的同时,也付出了空间拥挤、社会污染、环境污染、生态干扰与破坏等一系列代价。旅游业对旅游目的地资源环境的不良影响主要表现在:

(1)旅游开发建设对资源环境的不良影响。在旅游资源开发利用过程中,有关设施建设与旅游目的地整体不协调,造成旅游资源、生态环境,特别是旅游气氛环境的破坏。旅游开发建设对资源环境的不良影响主要表现为:旅游开发建设对土地的占用和浪费、对景观和生态环境的污染与破坏,对古迹复原处理不当,新建项目与旅游目的地景观不协调,改变或破坏了其应当保留的原有历史、文化、民族风格和气氛,旅游景区"城市化"、地域风貌特色缺失,违规违章的建设、人造景观与旅游目的地风景特色不协调,破坏旅游目的地原有的旅游景观氛围。而旅游城市的建设性破坏主要表现在新建建筑与旅游城市的整体建筑不协调,使作为旅游对象的城市失去其原有的旅游特色和旅游气氛。

(2)旅游活动对风景区资源环境的不良影响。超出环境容量的旅游接待将破坏旅游目的地自然生态环境系统平衡。构成自然景观的生态系统对旅游活动本身存在一定的承载能力,这种承载能力由生态系统的结构所确定,超过其承载能力的旅游活动将使旅游目的地生态系统结构发生变化,旅游功能逐步丧失。主要表现在大量游人将旅游目的地的土地踏实,造成土壤板结、水土流失、植物死亡;游人对植物的移除、踩踏、采集等行为都将直接影响旅游目的地植物的生长生存健康;无论是旅游活动本身或者旅游者所制造的噪音都将对旅游目的地野生动物的生活和繁衍造成干扰,使其生存受到威胁;旅游活动还将对旅游目的地的环境卫生造成不良影响,主要表现为旅游目的地水体污染、空气噪音污染、旅游垃圾污染和厕所问题;另外,旅游活动还将对旅游目的地的民族传统文化造成冲击,对当地居民的生活方式、价值观以及社会道德观等产生潜移默化的影响,最后还可能导致旅游人文资源环境的特色缺失和恶化问题。

不当的旅游活动本身所带来的问题是严重的,忽视这种影响,只注重短期效益,盲目地开发和扩大规模,无限制地接待游客,将对旅游目的地的资源环境及旅游业的可持续发展带来严重损害。

3.普者黑自然生态环境极其脆弱

喀斯特地貌都是经过漫长的地质年代才得以发育形成。对于人类短暂的历史而言,喀斯特地表秀丽的风光和地下神秘的洞穴,都是一种不可再生的景观资源。从喀斯特地貌的发育成因上看,喀斯特地貌是地下水与地表水对可溶性岩石溶蚀与沉淀、侵蚀与沉积以及重力崩塌、坍陷等作用形成的地貌。因此,可溶岩和水石喀斯特地貌发育形成的基本要素,但是,在其发育过程中,尚受到许多其他自然条件的影响,其中,又以地质构造和气候这两个要素最为重要。因此,空气中二氧化碳、硫化物等酸性物质以及受到污染的水体,是最易对景区喀斯特景观资源造成腐蚀反应破坏的来源;而人类的各种活动,特别是大量抽水、蓄水、爆破、震动等,以及旅游开发中随意地开凿、采掘、修建等行为,都会导致地表与地下喀斯特景观与现象的改变与破坏。因此,喀斯特地貌是一种极其脆弱的自然生态环境。

普者黑风景区在地质特征上为发育较完善的喀斯特地貌,土层薄而且容易产生水土流失,强烈的人类活动导致大面积连片石漠化地区的出现;同时,普者黑湿热的气候,使得在空气质量变化时,会引起喀斯特作用加剧,受到影响的喀斯特地貌景观也更容易被腐蚀破坏;普者黑的湖泊多为封闭型湖泊,自净能力较弱,一旦受到污染,不仅难以使湖水再度恢复纯净,而且由于喀斯特地貌的特点,污染的湖水容易下渗、扩散,导致地下喀斯特地貌的腐蚀破坏;同时还会影响到作物的生长、居民的饮水等,且导致的问题难以及时有效地得到解决。因此,普者黑脆弱的自然生态环境,应当在予以切实遵循和保护喀斯特地貌发育自然规律的基础上,进行科学合理的开发利用。

4.旅游循环经济发展模式对资源环境可持续利用的意义

旅游循环经济是循环经济理念在旅游产业中的体现,是以环境友好为核心理念的旅游经济发展方式。作为可持续的旅游经济发展模式,旅游循环经济具有三大特征,即低消耗、低排放、高利用。旅游循环经济的基本理念是要求投入的资源或能源最小化、资源或能源的使用效率最大化、整个物质循环过程排出的废弃物最小化以及对环境损伤进行再修复,是在"6R"原则的指导下实现旅游资源环境的可持续利用[8]。

对于普者黑喀斯特地质构成的脆弱自然生态环境来说,探索适合当地的旅游循环经济发展模式,进行旅游地开发建设,有利于降低能源消耗、减少旅游污染、保护喀斯特地貌自然发育规律、保护旅游资源与环境;也是实现旅游可持续发展和资源节约、环境友好型社会的客观要求。

(二)景区资源环境循环利用状况

1.景区资源环境开发利用中存在的问题

(1)周边工业、养殖业与村庄对普者黑湖群水域环境的污染。由于资源不合理利用和产业布局不合理,使普者黑湖群水域环境(包括湖泊和湿地)遭到了严重的威胁[9]。湖群区临水而居的村寨有60多个,每年进入湖泊的生活污水达142万吨,农田径流20万吨,禽畜粪便10.9万吨,生活垃圾3.3万吨,旅游固体垃圾0.1万吨;仅丘北八道哨的养殖业,年存栏100头以上规模化养猪场30余户,产生的畜禽粪便远远超出当地农田、耕地最大负荷量,已形成较大面源污染;普者黑上游丁家石桥以上水域共有养鱼户29户,养殖水面2664.95亩,共有拦河养殖户4户,养殖水面1631.77亩,河道内设置有拦河渔网17道。养殖过程中大量化肥、饲料和畜禽粪便投入水体,造成水体富营养化,其产生污水均排入河道,进入普者黑湖体。经测算,所有鱼塘年排污量达177.5万立方米,已给普者黑景区的湖水水质造成了严重影响;另据统计数据表明,普者黑湖和仙人洞湖群区,从银苑桥到前进闸之间仅4.5公里左右的黄金游路,湖滨邻水的村落普者黑村和仙人洞村两个自然村的农业人口就占整个普者黑湖泊群邻水村落人口的 20.4%,耕地占整个邻水村落的 22%,人口迅速增长对生态环境造成的压力较为突出,入湖污染物不断增加,水体受到不同程度的污染,整个旅游区面临着复合型水环境污染问题。这些“放错地方的资源”未被很好地利用,成了湖群区最大的污染和治污的难点。

(2)旅游开发对景区陆生生态环境的破坏影响。在普者黑景区旅游开发过程中,由于规划滞后,管理不到位等原因,出现了对湖泊水体、景观等公共资源偏重索取,漠视保护和培育的现象。宾馆、饭店建设临湖或直接占用水面,再加上长期重视开垦、轻视治理修复的资源利用模式,加速了普者黑景区陆生生态环境系统的退化与破坏。目前景区植被除了核心景区和村落“龙山”保留下的少部分原生态植被外,其余都是次生型植被。森林覆盖率较低,林木种类单一,蓄水保土性能差,水土流失面积扩大,石漠化局部继续发展;加上喀斯特山地土层较薄,生态环境脆弱,普者黑的陆生生态环境呈现恶化的趋势。

(3)外来文化与旅游经济对景区少数民族文化与生活方式的冲击。在此,有必要引入旅游人类学中的一个观点:“涵化”。“涵化”理论认为,当两种文化在某一时期内发生碰撞,其中的一种文化通过借鉴的过程而变的多少像另一种文化。而作为文化其中的一点——生活方式,同样发生着类似的变化与影响。要么接受外来生活方式的影响,要么抵制外来生活方式的影响,所有这些都导致一种对称的互借。“涵化”往往发生在不同文化接触的时候。在旅游业中,“涵化”的过程引人注目,具体体现为游客与当地人,或东道主与社会之间的接触。作为旅游者来说,他们不容易从东道主那里借鉴其生活方式,而东道主却很容易受外来的影响。有时也把此归结为工业社会对农业社会的一种对话强权。为了发展旅游业,为了满足顾客的需要,态度和价值观,东道地区的人就需要更多地接受游客带来的文化影响。这也就是为了发展旅游业,而产生的一种逼迫的接受,有迎合的心理存在。当然也存在局部的欣然接受的,那是积极的吸取,即自觉的。

旅游业的开发对传统的基础性农业种植和渔业捕捞构成危险,越来越多的村民希望从事旅游相关的工作,因为既轻松又可以获取很多收益。伴随着十年来普者黑旅游开发过程,村民的生活方式也在逐步发生着相应的变化:从事农业种植的人口开始大幅度转向旅游服务业；家庭旅馆的经营普遍化；工艺品的开发制作成为手工副业；"节日"开始重新融入日常生活；歌舞表演经常化；祭祀"仪式"的恢复等。

在外来文化触碰景区原住民的文化、旅游经济冲击其生活方式的过程中，既有创造性发展的一面，也曾犯过错误，走过弯路，破坏性的一面，如：村民的房屋改造，为了办旅馆，村民拆掉了土基房，开始建造宽敞明亮的城市化居住风格，而如此的建设，丢失了传统民居的风格和内涵，与文化生态村的建设宗旨背道而驰；另外，由于缺乏对彝族文化的了解和自身素质的缺陷，便开始随意创造文化和破坏文化，其中较为典型的是，为了满足游客猎奇的心理，曾一度制作了许多男女生殖器竖立在村口和密枝山顶；密枝林是彝族的神山，而为了赚钱，村民们竟开山劈道，伪造岩画。这种对民族文化本身造成的创伤同样冲击着旅游业的可持续发展。

文化内涵作为旅游发展的灵魂，因此，有必要对旅游区的传统特色文化进行引导性的恢复、改进、保护和传承。

普者黑旅游开发过程中，由于前期不合理的开发模式和现在仍尚不合理的管理体制，以及区域产业经济发展的滞后等原因，导致景区的自然生态环境和各种旅游资源受到了一定程度的污染和破坏，同时也对旅游气氛环境和人文社会环境造成了许多不良的影响。

2.为实现资源环境可持续利用采取的措施

旅游开发会给旅游区带来环境污染、生态破坏等不利影响。普者黑景区在依据减量化、再利用、再循环的循环经济发展原则，对景区的资源环境实行最优利用。所做出的努力和采取的措施有以下几个方面：

第一，在宾馆实行客房床上用品一客一换的节约型方式；修建旅游厕所5座；安装使用太阳能；通过利用外援资金在普者黑景区的生态村中推广生态卫生系统项目建设，已累计建设生态卫生旱厕64户，沼气池10户，公共卫生型旱厕1所，学校用水池1座。

第二，加强了景区发展规划工作，推行"区内游、区外住"的规划措施，并把农村小康环保行动计划和创建环保生态示范村纳入规划范畴。《云南省丘北县普者黑旅游循环经济示范规划》已通过评审,倡导使用清洁燃料,宾馆饭店采取中水处理循环使用系统,对景区生活垃圾、生活污水进行综合利用,合理确定生态环境容量,开展生态旅游;编制《普者黑旅游小镇》、《普者黑旅游接待区》两个规划,那红壮族文化村暨影视拍摄基地、仙人洞彝族文化生态村已完成详规,同时已立项建设菜花箐苗族农业生态村。

第三,加强了景区旅游开发管理工作,成立了普者黑景区管委会,制定了《云南丘北普者黑旅游区管理(暂行)办法》、《普者黑旅游景区总体规划》等,加强对普者黑景区的管理。

第四,丰富旅游项目,调整产业结构,优化空间布局,增加村民就业机会与经济收入。目前普者黑不但恢复了许多重要的传统节日,如苗族花山节、壮族赶花街、彝族火把节和花脸节等,还在政府的引导与策划下,推出了旅游节、荷花节及辣椒节,不但丰富了景区的旅游项目,而且利用文化,实现对外宣传和促销,获得收益;同时,还在风景区打造了万亩荷塘、万亩葡萄、千亩桃园和万亩油菜花等生态旅游项目,也有助于丰富旅游项目,调整产业结构,优化空间布局,增加村民就业机会与经济收入。

第五,计划加强四大系统的建设,控制湖群区的水体污染。按照《普者黑湖泊水污染综合防治规划》的要求,围绕普者黑景区旅游循环经济发展的目标,将由政府引导监督,加强风景区四大系统的建设,严格控制了普者黑湖水的水体污染[10]。

(1)构建农业生态产业系统。针对普者黑与旅游业相关的畜禽养殖业、种植业和加工业等实际情况,打造"玉米→酒+酒糟→养殖→畜禽粪便→高效有机肥→种植"、"人畜粪便→沼气+沼渣+沼液→养殖+种植业"、"莲藕→藕粉+秸秆→资源综合利用"、"辣椒→天然辣椒碱+衍生产品→有机堆肥→种植"、"葡萄→葡萄酒+废液+废渣→有机肥→种植"等循环系统,推动传统农业向生态农业、观光农业转变,逐步实现产业结构合理化、生产技术生态化、生产过程清洁化、生产产品无害化。

(2)构建生态环境支撑系统。普者黑景区拟投资 1.2 亿元在普者黑景区内建设 4 万亩的喀斯特湿地植物园,并对景观生态及旅游功能进行科学规划,保护好水土基质,优化人工斑块,减缓各种无序踩踏出的小道对环境的破坏。根据山、水、林、湿地和城镇生态环境状况,着力于喀斯特山地植被恢复、湿地生态保护、入湖河道整治、湖泊污染控制与治理、生态城镇建设,同时开展湿地珍稀濒危特有物种的保育。

(3)构建环保基础设施系统。加大管网和污水处理厂建设力度,保证运营效果,提高污水处理能力。建设垃圾填埋场,实现固体废弃物的"无害化、减量化、资源化"。因地制宜发挥湿地功能,解决农村生产生活造成的水污染问题,建成了"生活污水—湿地—水生植物+水生作物—堆肥+观光"的生态链。

(4)构建环境友好型社会系统。在社会上推行清洁生产,开展绿色环保系列活动,倡导环境友好行为;在景区采用清洁能源、循环型技术与设施、环保型交通工具;建设民族文化生态村,开展民俗风情体验,突出民族特色和地方特色,突出普者黑"喀斯特湿地、水上田园、荷花世界、彝家水乡"的旅游主题。

(三)普者黑产业结构与产业链分析

普者黑旅游区的农业发展模式是种植业、畜禽养殖和水产业共同发展,种植业以蔬菜、果园为主,品种达十余种,种植业不仅给养殖业提供了饲料供给,也解决了种植过程中产生的废弃物处理问题,同时,畜禽养殖业中鱼、虾、动物的排泄物是种植业的优质肥料。运用共生原理来发展内部循环,养殖业、畜禽养殖和水产业在各个过程中所产生的粪尿及其他废弃物经过发酵能产生沼气作为旅游业的能源。沼气运用到农业发展时间较早、范围较广,在普者黑旅游景区发展生态农业循环中加大沼气的运用,形成内部的循环使用。如残枝败叶形成的沼气用于果林之间产生新鲜的水果、秸秆腐烂用于农田种植的粮食蔬菜、塘泥产生的沼气饲养的鱼虾水产品、粪便排泄物用于畜牧养殖产出的肉禽蛋作为原料提供给旅游业中的农家乐,带动周围的社区参与,在经营过程中产生的食品垃圾集中于沼气池中使之发酵来给农家乐的客房发电提供照明,一部分沼气又回到了源头进行新一轮的循环利用,如图7.1所示。

农、工、旅产业集群生态化发展模式:遵循"整体、协调、循环、再生"的方针来实现农业生态化,"减量化、再利用、再循环"的要求培育工业生态化,遵

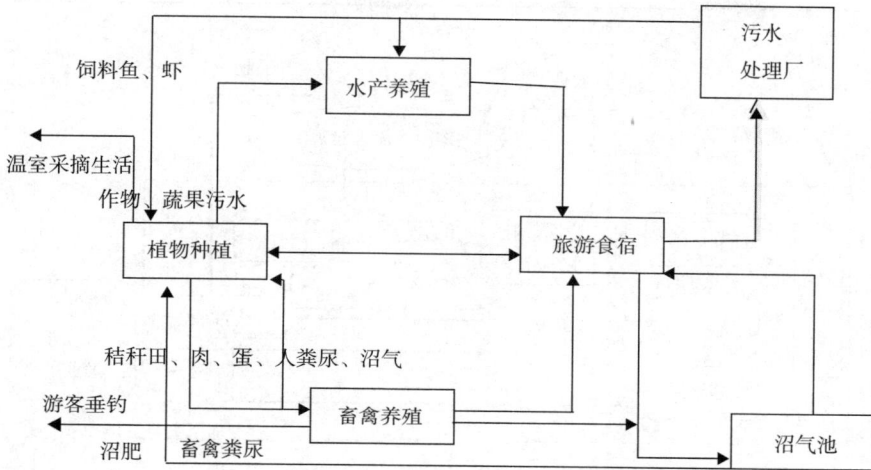

图7.1 普者黑旅游区农业—旅游业结合系统图

循 ISO14000 环境标准来进行环境的管理,把清洁生产、耦合共生、循环经济贯穿于旅游企业、旅游企业与工业、农业、林业以及其他产业之间,如图 7.2 普者黑旅游区旅游产业集群生态化循环图,虚线内部的内容是旅游核心部门包括吃、住、行、游、购、娱为中心的旅游企业集聚而成的旅游产业生态化集群,实线范围内的内容是把旅游产业链条向上和向下延伸,把农业、工业以及服务行业纳入与核心企业进行相互合作联动形成以旅游产业为中心的产业生态化集群,其中物质流、信息流和能量流在旅游企业、旅游行业以及旅游与其他产业之间进行流通,大循环内部排出的废弃物使用先进技术通过环保部门进行分类处理并再一次返还于系统内部作为原料进行新一轮的循环利用。

旅游产业园是一个产业融合的概念,其根本目的是通过对普者黑旅游区内各种资源的优质管理来实现区域内环境优化和经济发展的双赢目标,把普者黑旅游区规划成为一个以能源和资源有效利用优化发展的模式。

旅游产业园涉及众多产业,其中不仅包括与旅游息息相关的旅游业,还囊括了文化、经济、通信、体育、地产、出版媒介等众多产业。其中以旅游业为核心,必须结合旅游业行业综合性、经济性、服务性、依赖性、带动性、外向性以及季节性等特点进行总体的规划和设计,重点突出以服务业为主体的后工业发

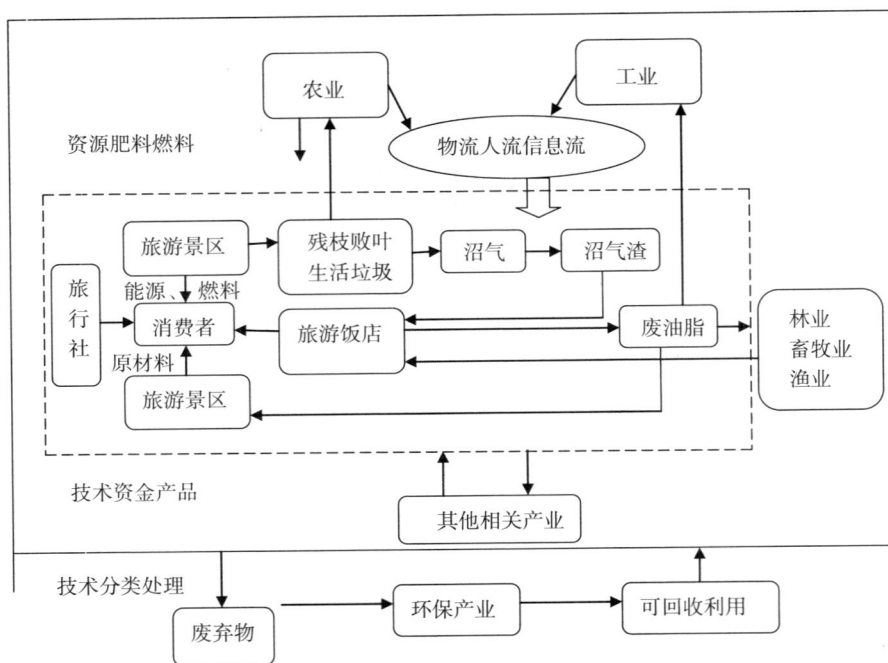

图 7.2 普者黑旅游区旅游产业集群生态化循环图

展模式取代了以制造业为主的工业发展模式,充分延伸旅游业涉及的产业链条,包括生产性和生活性两大产业链。在普者黑旅游区产业园的规划把其定位于生态旅游产业园,依托优质的生态环境发展旅游产业,注重市场需求的软性开发,凭借科学技术为支撑保障,构建一个囊括旅游业、工业、农业等众多产业于一体,并且涉及开发、生产、流通、服务、销售等众多方面,最终实现旅游资源的最优化、综合效益最大化的产业园布局形式。普者黑旅游产业园规划是一个综合性的规划,包括众多规划子项目,如生态环境、旅游产业、产业融合、土地利用、投资融资、基础设施、支持系统、文化、市场营销等众多方面,见图7.3。

(四)旅游循环经济发展模式研究

1.资源环境复合系统物质流分析

如图7.4所示,普者黑景区资源环境复合系统主要包括农田生态系统、湖

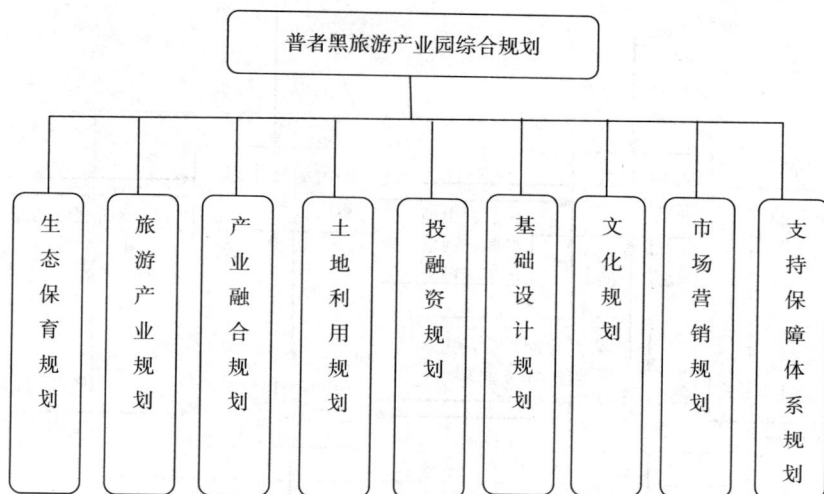

图 7.3 普者黑旅游产业园综合规划

河湿地生态系统、森林生态系统以及居住地生态系统等四个子系统,其中,物质流的输入源主要是由太阳能、大气降水、游客、建设资金以及信息构成。太阳能、大气降水大部分流入湖河湿地生态系统和农田生态系统,还有一部分流入森林生态系统和居住地生态系统,为这些系统提供初级生产所必需的物质和能量;游客主要进入湖河湿地生态系统和居住地生态系统;建设资金则流入居住地生态系统。物质输出主要由农产品、林副产品、畜产品和旅游产品构成[11]。其中农田生态系统对外输出农产品、农作物秸秆和农业废水等,农产品包括输出到系统外的农业商品、当地居民食用的食物、作种子返回农田的作物品种及加工生产成的饮料、果脯等四部分;农作物秸秆包括用于饲料的、粉碎还田的、用作燃料的三部分;农业废水成为污染源进入湖河湿地生态系统。森林生态系统的主要功能是涵养水源、净化空气和保持水土等生态服务功能,同时也输出包括木材、薪炭材和林果的林副产品。居住地生态系统主要提供生活服务并输出畜产品。整个复合系统所提供的旅游产品和旅游服务功能则通过旅游者的旅游行为基本输出到系统之外。

通过对普者黑资源环境复合系统物质流的分析,可以看出,在旅游发展过程中,景区的生态系统受到影响最大的是湖河湿地生态系统,保护该生态系统

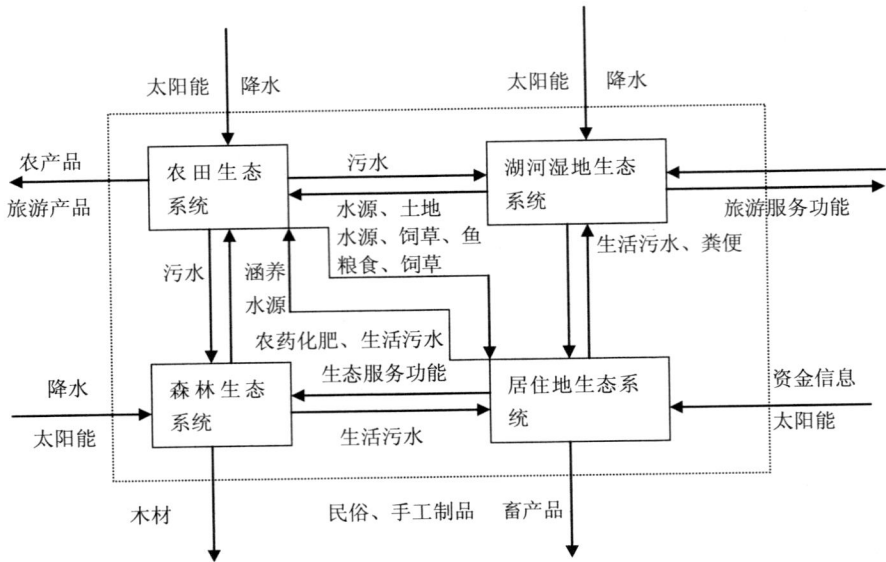

图7.4　普者黑资源环境复合系统物质流示意图

的水环境是当务之急和发展可持续旅游循环经济的重大问题。造成景区水环境恶化的主要污染源来自于农田废水、村寨生活污水、宾馆饭店和"农家乐"污水、畜禽养殖废水、上游鱼塘产生的污水以及游客带来的垃圾等。

2.旅游循环经济运行机制与发展模式研究

旅游循环经济是把"6R"原则与旅游自身发展规律相结合,围绕经济与旅游业的可持续发展,调整优化一、二、三产业结构和布局,改变旅游目的地区域经济增长方式,打破三个产业的界限,通过产业的生态化和消费的绿色化,实现"减量化"、"再利用"和"资源化"的循环经济发展目标,从而提高普者黑景区的生态环境质量、生态品位及旅游经济质量与总量,最终实现生态环境质量、经济发展水平、社会文明程度以及旅游地品牌形象和知名度等方面的全面提升[8]。

以景观生态学为理论基础,结合普者黑景区及周边区域内的工业、农业、养殖业的生态化建设,对旅游业赖以生存发展的自然资源和人文资源进行统筹安排,明确旅游规划区范围内的空间格局,构建普者黑景区旅游循环经济发展模式。通过限制环境资源使用强度,保护旅游资源,促进生态系统培育再生,实现循环经济发展的减量化(Reduce)和再资源化(Resource)原则;通过对旅游产品、产业结构、游览组织和产业链等进行调整和提升,建立新型旅游产业体系。通过旅游产业结构调整、产业链延伸或耦合实现循环经济的再循环(Recycle)和再资源化(Resource)原则[8]。最终,通过改变资源利用方式,调整产业经济结构和产业布局结构,延长旅游产业链、增加旅游产品附加值,增加各产业间的资源物质流的耦合利用机会和效率,使旅游产业从粗放型向精细型发展。普者黑旅游区旅游循环经济发展模式示意如图7.5所示。

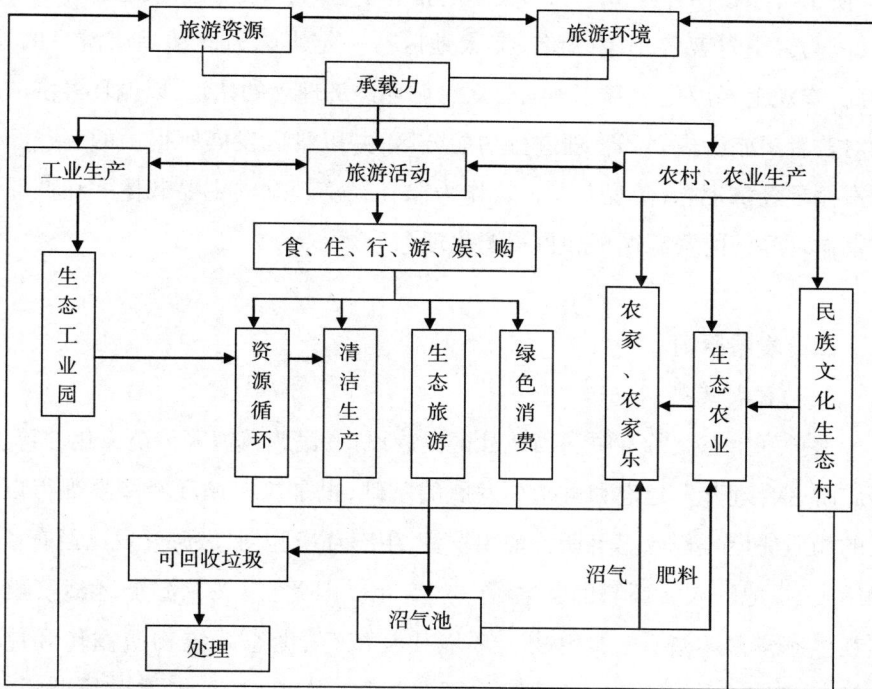

图 7.5　普者黑旅游区旅游循环经济发展模式示意图

第三节　丘北普者黑旅游循环经济发展战略选择

一、指导思想

以科学发展观为指导,以国家西部大开发和产业结构调整为大背景,紧紧抓住云南省大力发展循环经济的机遇,通过社会各层面的努力,依靠科学、技术、制度创新,扎实推进普者黑的旅游规划与建设,在各个环节中落实循环经济理念,开展循环经济实践,为普者黑的经济、环境、社会三重效益的提高而努力,使普者黑在循环经济理念和技术的指导下进行高品位、高水准的开发与组合,成为云南省著名、国内知名、亚太地区有一定影响力的精品旅游目的地。为此,宏观上要深化政府、企业、公众对循环经济理念的认识,以循环经济的理念对普者黑旅游规划和管理进行功能分区,并以景区发展所得出的实践经验丰富循环经济理念;微观上以企业作为循环经济理念的主要载体。在产业界贯彻循环经济的资源循环和再资源化理念。

二、发展原则

(一)保护优先

保护好生态旅游资源和当地社区民族风俗、民族风情等传统文化的特色,是旅游区合理开发建设和可持续发展的基础,也是旅游循环经济发展得以开展的物质凭借。普者黑喀斯特地貌发育,生态环境脆弱,旅游开发已经有了一段历史,当地的人文环境也发生了一些变化。因此,发展旅游循环经济就必须在生态学基本规律(如生物与环境相互依存、生态系统物质循环和能量交换、生态系统结构与功能相互作用等规律)的指导下,把旅游线路设计、旅游活动强度等控制在资源、环境的"生态承载力"范围内。旅游开发项目要符合生物多样性、资源环境保护要求,将自然与人文旅游资源保护置于优先保护的地位,保护好旅游活动赖以生存的资源和环境,让旅游资源适时、适量、适度开发,使高品位资源得以保持、继承和弘扬,实现普者黑旅游的可持续发展。

（二）产品调整

目前,普者黑旅游区存在着四个主要的问题,分别是:

(1)旅游资源的深度开发不够,对景区、景点等硬件设施开发较多,而在营造特殊的环境氛围及打造人文旅游产品方面做得不够深入,撒尼人和苗、壮等民族文化的深厚底蕴没有充分挖掘。此外,旅游产品单一,以观光为主,且旅游资源本身季节性强,有少量民族歌舞等参与性旅游活动,但两者都没有真正地把自然景观与文化进行融合[12]。

(2)旅游产业链短,布局上集中表现为布局散、规模小、实力弱、竞争力差,旅游产业竞争力相对较弱,景区旅游的集聚效应没有得到充分体现。

(3)旅游商品单一、制作粗糙、包装简单、档次较低。娱乐设施档次、规模不足,娱乐活动项目微乎其微,娱乐业发展缓慢。

(4)旅游饭店、旅行社、旅游交通缺乏准确的定位及科学的管理。

因此,在丘北开展旅游循环经济建设,考虑到旅游循环经济前期投入成本巨大,当地社会经济条件有限的现实,应当根据市场需求和当地实际,进行产品开发的调整,实施精品战略,努力打造出有一定规模和影响力的拳头产品,发挥经济增长点的作用,而不应面面俱到,否则由于人力、物力、财力的限制,旅游循环经济发展更为缓慢。在实施精品战略时,应当坚持贯彻:

(1)旅游供给与旅游需求结构相适应,以达到最大限度地利用旅游资源和旅游设施,保证旅游循环经济的健康发展。

(2)旅游业与当地的国民经济及相关产业协调发展。基础产业的发展是旅游业发展的保证,相关产业的发展是旅游业发展的依托。旅游业与二者的适宜度越高,则其发展的前景就越好。

(3)旅游业六大要素——吃、住、行、游、购、娱均衡发展,合理配合,从而达到整个旅游循环经济系统的效益最大化。

（三）政府引导,市场主导

普者黑旅游区真正的起步比较晚,旅游基础薄弱,资金匮乏,实行政府引导是发展普者黑旅游循环经济的重要保障。它不仅要求政府在资源开发、旅游区的管理及环境保护方面发挥积极的作用,同时要求政府在引进资金、加强区域合作等方面起到重要的引导功能。在社会主义市场经济体制下,政府的引导只能起到宏观的调控作用,要真正实现旅游循环经济的蓬勃发展,就必须把普者黑旅游循环经济建设推向市场,使向市场主导原则,接受市场的考验,利用市场自身的机制实现资源、人力、物力、信息等的优化配置。

(四)"6R"原则

循环经济的"3R"原则是发展旅游循环经济的核心原则,具有基本性和普遍性,但由于旅游业不同于一般产业,不同类型旅游企业的运行特点亦各不相同,旅游循环经济的实现方式具有特殊性和多样性,如清洁生产、耦合共生、资源再造、环境修复等,因而应在"3R"基础上纳入再思考(Rethink)、再修复(Repair)和再整合(Reorganize)原则,以"6R"指导旅游循环经济发展。旅游循环经济以"6R"为目标,以物质闭路循环和能量梯次使用为特征,按照自然生态系统物质循环和能量运动方式运行的旅游发展模式。普者黑的可持续发展,其思想与旅游循环经济的相关理论基本一致,旅游循环经济是旅游可持续发展的可操作性途径。因此,发展普者黑旅游循环经济就必须要坚持"6R"原则。

(五)旅游发展与社区发展相结合

普者黑社会经济条件较差,基础设施较弱,居民生活条件与其他地区相比较差。旅游作为普者黑的龙头产业,应当担当起责任,发挥旅游所特有的广泛关联和带动的特点,拉动地区经济发展和居民生活水平的提高。因此,开展旅游循环经济,不仅要重视旅游的发展,最关键的是要通过旅游循环经济活动的开展,来负起社会责任。

(六)景区联动、优势互补原则

普者黑旅游区在地文景观和水域风光方面特色明显,同时该旅游区是滇东南旅游环线上的重要节点和滇东南喀斯特景观协作区的重要旅游目的地,处于昆明、贵阳及南宁形成的大三角地带中,有利于普者黑开展区域联合经营,形成规模效应。因此,开发中必须注重对其特色的挖掘之外,还要融入苗、壮、彝族民族风情、云南省旅游格局以及滇中大昆明国际旅游区、滇东北红土高原旅游区、大西南旅游圈、川西旅游区及广西旅游圈中，加强与附近的旅游区的合作，在线路设计、客源招徕、产品建设、行业管理等方面强化横向联合，优势互补，串联成线；共同构建多层次、多功能的区域旅游合作网络，发挥规模集聚效应，拓宽和共享旅游市场，与周边旅游区域构成景区联动、优势互补的良性发展格局。

三、战略目标

（一）定性目标

以普者黑旅游区营造奇峰荷湖水乡湿地和多民族风情为核心，以自然山水和民族风情为基础，以生态文化旅游为主线，依托普者黑独特的高原喀斯特孤峰水乡湿地和壮、彝、苗民族文化生态的地脉和文脉，特提出以下目标：

强化普者黑作为文山州龙头旅游区、滇东南重要旅游目的地、云南省精品旅游区的地位，并争取成为省内客源主要目的地之一；在中远期，积极拓展省外和国际市场，区内逐步形成良性的景观生态体系和旅游业循环经济体系，最终建设成为云南省著名、国内知名、亚太地区有一定影响力的，集观光、科考、探险、民俗、访古、购物、休闲、度假多种功能于一体的，以生态和文化为主题的旅游循环经济典型旅游区，实现1个转变和2个提升。

（1）经济增长方式的转变：从粗放型转变为资源节约型和生态友好型。

（2）提升景区的资源利用效率、档次、形象和品位。

（3）提升景区的经济总量和质量。

（二）定量目标（发展旅游循环经济的主要指标体系）

为达到普者黑的性质定位目标，必须实施一套量化的指标体系来加以确保。现设置3类指标体系[13]，具体见表7.1：

表7.1 普者黑旅游循环经济发展指标体系

类别	指标	单位	2015年	2020年
经济发展指标	旅游总收入	亿元	7	10
	游客人次	万人次	170	220
	旅游业对GDP增长的贡献率	%	40	55
	旅游总收入与GDP的比例	%	30	40
	非观光(休闲度假、文化娱乐、旅游副产品)收入占旅游总收入的比重	%	40	80
环境友好型与循环经济特征指标	万元旅游收入耗水量	吨/万元	200	180
	万元旅游收入能耗量	千瓦时/万元	180	150
	主游线湖滨生态带保存率	%	50	85
	主游线湖水水质	类	III	II
	湿地斑块与基质面积之比	%	60	100
	居住用地斑块与基质面积之比	%	2.5	3
	生态资产补偿、培育投入与旅游收入的比例		5	7
	旅游企业清洁生产审核率	%	50	100
	旅游城镇中水回用率	%	40	70
社会和谐指标	景区居民人均收入	元/年	3500	7000
	贫困人口率	%	65	15
	旅游业直接提供的本地就业机会	人	3000	4000

(1)湿地斑块与基质面积之比:反映湿地作为主要的正生态效应斑块,支持旅游区景观生态良性循环和旅游经济可持续发展的能力;通过工程和资源基金等管理措施逐步提高该指标。

(2)居住用地斑块与基质面积之比:反映居住用地作为主要的负生态效应斑块,对旅游区景观生态的影响程度;通过"区内游,区外住"、集中规划接待设施、控制敏感地段建设等措施控制负生态效应斑块的面积使之不随经济增长而不同步增长。

(3)景观生态补偿、培育投入:指经济体系把从生态系统服务中索取的价值返还景观生态系统以保证其对经济的正常支持功能的行为;改变反馈为0的现状,逐步形成合理的生态补偿、培育机制。

（4）非观光（休闲度假、文化娱乐、旅游副产品）收入占旅游总收入的比重；表征旅游经济系统的成熟程度和产生高附加值的能力。

四、战略步骤

（一）初期的启动阶段：功能强化，树立品牌

以调查探索实施试点为主，创建一批循环经济型示范旅游景观和旅游企业实体；积极宣传和倡导旅游循环经济理念，创造引导旅游循环经济发展的政策体系、法规体系、指标体系和技术支撑体系，营造公众参与范围，提高社会参与能力，初步形成具有循环经济特色的旅游经济体系，举起云南旅游循环经济的先锋大旗。

（二）中期的推进阶段：充实巩固，品牌拓展

针对初期启动阶段的实施情况，进行动态跟踪和监督。找出不足，提取经验，对旅游循环经济的成果进行充实巩固；同时，扩大普者黑旅游循环经济效应，并吸取外界，诸如云南省和全国的先进的旅游循环经济优秀成果，为普者黑旅游循环经济发展负责，为云南省旅游循环经济负责，把普者黑旅游循环经济的影响力发挥出来。

（三）远期的全面发展阶段：调整优化，创新开拓

针对初期和中期旅游循环经济发展状况进行全面总结，扬长避短，进行旅游循环经济结构的调整优化，在此基础上全面确立丘北普者黑发展旅游循环经济的运行机制和支撑体系，理念上把旅游循环经济观念深入人心，实践上旅游循环经济建设处于全省乃至全国领先水平，基本形成经济与环境协调发展、人与自然和谐共生的旅游业发展模式。同时，发展过程中，兼收并蓄，总结自身优势劣势，结合自身实际借鉴云南省和全国的旅游循环经济的成果，对自己旅游循环经济发展进行制度上和实践上的创新，人无我有，人有我新，人新我转，把丘北普者黑建成云南和全国重要的旅游胜地和目的地，始终走在云南甚至全国旅游循环经济的前列，实现普者黑旅游循环经济的永续发展。

五、重点策略

(一)建立完善的以第三方评价机构为主的评价机制

在普者黑旅游区的企业实体和景区中推行专业的从事旅游行业的第三方评价机构为主的第三方评价机构。在组织管理中,充分利用外部专家,建立专家顾问制度,这种管理制度结合国家标准和评估指标体系,采用定性定量相结合的评价方法,有着以本身所要管理目标而对应的审批、检测和咨询机制,在首端有决策论证、过程端监控、末端反馈的全程跟踪管理,具有公正、科学、独立的特点。这种机构具有独立的法人资格,不受第一方和第二方的约束。在普者黑旅游循环经济示范区当中,这种机构主要侧重于环境质量体系评价、旅游行业职业资格判定等。

(二)调动各方积极性,多方参与普者黑旅游循环经济发展

旅游循环经济运行系统是旅游业、社会、资源、环境和人协调发展的系统,是一个多系统、多要素且各系统之间、各要素之间有着复杂的、有机联系的大系统,是旅游业系统、资源环境生态系统和社会系统的交集和统一体,并涉及旅游业、资源环境生态和社会各个领域。因此,要实现丘北普者黑旅游循环经济的长足发展就必须要社会各个层面,包括政府部门、行业协会、旅游企业、社区居民和游客的大力支持与参与。

(三)推进普者黑旅游循环经济的试点工作

推进旅游循环经济发展是一项系统的、综合性很强的工作。丘北普者黑旅游循环经济示范区是国家首批旅游循环经济示范区,没有可以借鉴的经验,且面临着思想观念、法制建设、体制建设、激励政策、技术创新等方面的诸多困难和障碍。因此,实施旅游循环经济,就要摸着石头过河,建立旅游循环经济型的示范企业实体和景点,不断进行系统总结、评估和验收,加快产业结构调整的步伐,为普者黑全面的旅游循环经济理念和实践的发展提供实践经验。

(四)加强政府的组织领导

1.旅游循环经济依附于旅游的发展

旅游业发展具有联合性强、关联度大、外部型明显等特点,其设计的要素已从传统旅游业的吃、住、行、游、购、娱六要素扩大到涉及城镇、农业、工业、文化、体育、会展、商务、咨询、房地产及环境等方面。而旅游循环经济的发展所涉及的方面比旅游业更为精细。旅游循环经济的发展涉及诸多不同的旅游要素及相关行业部门、不同的社会群体。由于旅游部门权限、地位、职能及专业技术等因素的限制，其间产生的很多问题仅仅靠旅游部门来处理是不可能的。这就需要政府出面协调各方面的错综复杂的关系来保证旅游循环经济的正常、健康、稳步的发展。

2.丘北旅游循环经济处于起步阶段，需要政府的倡导和激励

旅游循环经济发展尚处于探索阶段，各方面条件尚不成熟，旅游业的内外公众及参与者中，相当部分人的思想观念还停留在传统旅游发展模式之上，对循环经济理念没有足够的认识和重视。因此，政府需要采取多种手段宣传和普及旅游循环经济知识，倡导公众和参与者支持旅游循环经济建设；制定各类考核和奖励制度来激励各类旅游相关经济主体在政府的引导下积极参与到发展旅游循环经济的实践中来。

3.旅游循环经济涉及市场失灵，需要政府干预

外部性明显是旅游业发展的自身特点之一，发展旅游循环经济并不会改变旅游业的这一特点，因为外部性问题而产生的市场失灵也不可避免。要解决市场失灵所带来的各种问题必须加强政府干预。

（五）建立健全法律法规及行政性政策来支持丘北普者黑旅游循环经济的发展

丘北普者黑是首批国家循环经济示范点，是新兴事物。没有可以借鉴的经验，也没有制定完善的法律法规和行政性政策条文来扶持它。要推动丘北普者黑旅游循环经济的发展，必须做到以下几点[14]：

（1）深化体制改革，强化政策导向，出台旅游循环经济激励政策。综合运用财税、投资、金融、信贷、价格等政策性手段，形成旅游循环经济发展的激励机制。

（2）在贯彻诸如《清洁生产法》、《环境影响评价法》、《云南省清洁生产条例》等现有的旅游循环经济相关法律法规的同时，结合丘北普者黑旅游循环经济发展现状，进行完善旅游循环经济所需要的专业法律法规体系的建设。

（3）补充和完善经济政策，鼓励利益相关主体共同参与循环经济发展。

（4）制定科技政策，引进先进技术，做好循环经济技术开发、引进、示范和推广应用。

（5）加强宣传教育，提高全民素质，促进循环型社区的形成。

（六）积极推动旅游循环经济实用技术的研发与运用

（1）同省内科研院所和大学的相互交流与合作，开辟这些单位在发展旅游循环经济合作的途径，促进旅游循环经济关键技术和工艺设备的开发、引进、示范和推广应用。

（2）设立旅游循环经济实用技术研发与运用的专项资金体系，并以这种体系来刺激循环经济实用技术研发人员从事循环经济技术研发与运用的积极性。

（3）提高丘北普者黑旅游循环经济从业人员的素质体系建设，为旅游循环经济实用技术的推广与运用提供人才支持。

第四节　丘北普者黑旅游循环经济发展的支持系统

发展旅游循环经济，投入与技术进步是基础，法制制度、规划管理、教育宣传等方面的创新及其整合是顺利发展旅游循环经济的支持和保障[15]。

一、法规制度支持系统

要确保循环经济的顺利发展，一方面要加强法制建设，建立健全法律法规；另一方面，要加大执法力度，严格市场"准入"。只有通过法律法规的强制和经济激励的双向"胁迫"，才能使企业发展循环经济有真正的推动力。

发展旅游循环经济，首先要有法可依，不仅要遵循国家制定的与循环经济发展相关的法律法规，还要根据自己的现实情况，制定相关的规章制度和规划管理条例。目前，普者黑自行制定的针对发展旅游循环经济规章制度及规划管理条例主要有：《丘北县"十二五"旅游规划》、《云南省丘北县普者黑旅游循环经济示范规划》、《云南丘北普者黑旅游区管理(暂行)办法》、《普者黑旅游景区总体规划》、《普者黑湖泊水污染综合防治规划》等。其次,还要做到依法必行,违法必究,以保障旅游循环经济发展的顺利进行。

二、人力资源开发与教育支持系统

普者黑人力资源开发与教育支持系统包括对当地居民进行的环境意识的宣传和教育、对旅游者进行的绿色旅游消费教育,以及系统地对景区从业人员进行的服务、管理等方面的素质教育和培训。

对于当地居民,在普者黑青年中心结合景区"农家乐"旅游项目,利用中心的电化教育设备和图书室,购置光碟和书籍,邀请文化、旅游部门的专业人员,到中心开展礼仪服务接待、民族祝酒歌、民族舞蹈和导游知识等为内容的培训班,力争将青年中心建成服务丘北"旅游循环经济"的青年技工培训基地、活动基地和成才致富基地;结合普者黑景区环境保护,响应上级"保护母亲湖、建设生态旅游县城"的号召,开展"保护母亲湖,你我同参与"、"1 帮 5"、"1 助 1"和"青年文明游船"评选等具体实效的环保活动,从沿湖区域村小组和招募环保志愿者,成立了 2 支生态监护队,定期深入沿湖农户家中发放环保宣传资料,打捞湖面漂浮垃圾,通过每 1 个志愿者联系帮教 5 户村民改变不良习惯,遏制湖水污染源,促使环保观念深入人心,让当地居民参与环保,树立"环保从我做起、从小事做起"的意识。

对于景区从业人员,加大对旅游服务行业的培训力度,培训内容包括旅游管理规范、旅游服务、技能培训、礼节礼仪、导游业务知识培训、旅游行业安全生产、相关的法律法规等知识,同时举行旅游行业"十佳管理人员"、"十佳服务明星"、"优秀导游"、"最佳旅行社"和"最佳星级酒店"的评选活动,提高服务行业的积极性,大大地促进了旅游服务人员的整体素质和服务水平。为旅游业的快速发展奠定了坚实的人才基础。

三、引导监督支持系统

政府是发展循环经济的主导和驱动力量。对于引导景区的投融资和宣传、引导产业结构调整、监督企业市场主体行为、引导社会公众形成可持续消费的环境意识并积极参与各种环境保护公益活动等方面都具有重要的作用和地位。

到目前为止,由政府引导的投融资,对于普者黑风景区的发展起到了重大的作用和意义,保证了景区旅游基础设施和接待设施建设项目的顺利进行。由政府引导策划的旅游节、荷花节和辣椒节等旅游节庆活动,对于普者黑景区宣传和知名度也取得了很好的效果。

另外,还需要通过引入市场机制、绿色认证体系、责任考核体系、公众监督体系与政府行为一起,对旅游区的循环经济发展进行监督引导相关企业的市场主体行为。

四、技术支持系统

发展循环经济,核心问题是科学技术不断创新。发展旅游循环经济,也要积极引进各种先进的环保技术手段和管理经验。在社会上推行清洁生产,开展绿色环保系列活动,倡导环境友好行为;在旅游目的地推广采用清洁能源、循环型技术与设施、环保型交通工具,实行循环型的资源利用,以及旅游设施与产品的绿色生态化设计。

普者黑景区滚动推进旅游循环经济项目建设,已经实施或将启动的项目主要有:投资建设4万亩的喀斯特湿地植物园;扶持发展废弃物再生利用、资源回收产业;实施湖滨带建设与面源污染控制工程;建设环境友好型的民族文化旅游村;发展生态农业体系,逐步实现农业产业结构合理化、生产技术生态化、生产过程清洁化、生产产品无公害化;引导旅游企业提高资源、能源利用率,实现节能、降耗、减污、增效。

五、通过优化组合提升旅游产品的附加值

发挥自然旅游资源"奇、秀、幽、碧、野、奥、丰",人文风情独特的资源优势,挖掘旅游资源潜力,深化旅游产品结构,整合资源,形成多种旅游产品,大力开发生态旅游产品,创新民族文化旅游产品,形成以优美的喀斯特峰林、峰

丛景观、天然湖泊、河流湿地景观和浓郁的民族风情为主要吸引物,以喀斯特水乡生态休闲度假旅游、湿地生态系统观光休闲旅游、高原湖泊观光游、水乡民族风情体验旅游为主要旅游产品的"喀斯特山水民族生态旅游区",提高旅游产品的科技含量,提升旅游产品的附加值,开发周边旅游区(点),增加活动项目,优化组合,形成大小环线,发挥旅游的多种功能,吸引各类客源。

六、延伸旅游产业链

旅游产业链是为了获得经济、社会、生态效益,通过生产旅游产品满足旅游者各种需求,形成不同产业、部门之间的动态链接,这是建立在旅游产业内部分工和供需关系基础上的一种产业生态图谱。旅游产业不仅需要商业体系的支撑,而且还需要工业、农业的支撑,与三大产业密切相关。因此,为提升普者黑旅游产业的竞争力必须进行产业链延伸,加大对旅游产业链的基础环节的建设。

(1)利用普者黑丰富的葡萄资源,可以发展酿酒业,建设集观光旅游为一体的"葡萄生态种植基地",以"葡萄—酿造—残料—饲料—农家肥—种植—观光"这条完整的"绿色有机产业"生态链为发展目标,引导产业链的延伸。

(2)利用旅游区丰富的农业资源,开展乡村农业旅游,开展种植业、养殖业活动。

七、调整、优化旅游产业结构

以开发旅游产品为主体,使食、住、行、游、购、娱六大要素的开发形成一条龙配套的完整体系。以普者黑旅游区为中心形成旅游产业集群,通过联合向旅游者提供高层次的旅游产品;充分调动各部门、各行业积极发展旅游产业,推动旅游宾馆、旅游购物、旅游商贸、旅游食品加工、旅游娱乐业、传统手工艺、旅游交通运输和旅游人才培养等全方位的发展,形成旅游综合生产力,延长游客在普者黑旅游区的停留时间,扩大游客在普者黑旅游区的娱乐消费和购物消费。加强旅游基础设施建设,包括交通、电力、通信、给排水和其他辅助设施的规划建设,壮大旅游发展实力。

八、加强旅游合作力度,塑造强势旅游品牌

有目的地组织旅游企业的管理者进行经验交流,推动旅游企业间的合作,促进旅游企业间协作网络的形成,合作塑造强势旅游品牌。品牌从某种程度上来说也是竞争力。对旅游企业来说,品牌是其实力、地位、信用的体现,是打开市场、赢得竞争力、取得利润的重要保证。集群品牌是在企业个性品牌的基础上形成的,反过来集群品牌能够催生个性化品牌。旅游产业集群品牌的建设与旅游产业集群竞争力的提升是相辅相成的,加强旅游产业集群品牌的建设,通过政府和企业共同努力,通过各种宣传手段加大营销和宣传力度,把普者黑旅游区作为一个整体积极向外宣传促销,在突出水乡田园特征基础上突出生态休闲特色。在文山州境内,与摆龙湖景区、云上天坑、坝美、浴仙湖、老君山、广南八宝景区、麻栗坡、驮娘江等联合旅游线路。在滇东南石林以奇石、泸西以奇洞、罗平以奇山、普者黑以奇水为特色,以峰丛荷湖般的优美田园风光为支撑,各有吸引卖点,普者黑旅游区还可以与罗平、石林、九乡、泸西阿庐古洞等联合打造滇东南喀斯特旅游线路,打造滇东南喀斯特旅游大品牌,并与周边景区形成互补,从而吸引更大的国内市场和吸引国际客源市场,逐年提高外汇收入,并通过集群品牌的构建增强旅游产业集群内企业的持续创新能力。

九、将旅游循环经济战略落到实处

(1)按照旅游循环经济的规划要求和环境保护等相关标准在旅游区内积极推进,如对活动区域进行科学设计,在游客主要活动区域设置足够的垃圾筒,以便对游客废弃物的回收利用。

(2)开展村寨环境整治。在普者黑村、仙人洞村、白脸山村和菜花箐村进行:第一,对现有的村寨建筑加以引导监督,改造有碍观感的建筑外观,对沿岸60米以内的建筑拆除,同时辅之以绿化;第二,整治村寨环境,推广生态厕所、沼气池的使用,对污水和垃圾集中处理,严禁直接将污水排入湖中;第三,改造现有村寨内部交通道路,进行设计、包装、绿化,适宜铺设青石板路面,形成特色乡村小巷;第四,对村寨内的农家乐进行统一、有步骤地开发,规划调整,减少资源的浪费,内部装修尽量本地化、特色花、舒适化,通过高标准、高质量的

服务满足游客的体验要求;第五,开辟乡村特色手工艺品的生产加工和展示,如纺织、刺绣、挑花、蜡染等,供游客参观、购买。

(3)开展生态养殖,并以此为卖点,招引游客消费。

(4)规范旅游开发,对旅游区内的建设避免各种建筑污染:第一产业农业生产要紧紧围绕旅游循环经济发展要求,在旅游区大力发展生态农业、绿色农业,发展旅游生态农户;第二产业要实现清洁生产,以建立生态工业园区为目标,生产以服务旅游循环经济为主的产品;第三产业要以实现中心景区旅游休闲度假的功能为目标,各类旅游设施建设要按照生态化的要求实现无污染,将旅游区内现有的体量大、污染重、视觉效果差的服务设施搬迁到核心区外和县城方向,在核心区外围建设二级旅游接待设施,满足游客的食、住、购等方面的要求。

(5)政府采取有效措施,从政策、资金、人才对外宣传等方面给予支持,对现有管理机构进行调整,形成整合力量。

十、加强社区参与这一发展旅游循环经济的基本力量

旅游业的社区参与被称为是兼顾社区群体利益和环境保护的一种旅游发展方式。普者黑旅游区要充分考虑社区参与开发的思路,走参与式旅游发展道路,制定一套适合旅游区社区居民参与开发的利益分配及协调机制,动员多方的投资主体参与示范区的开发,使社区真正成为发展旅游循环经济的基本力量。保证社区参与的权力,实施旅游增权,与新农村建设相结合,鼓励当地居民主动参与民族文化的保护、旅游资源的保护和生态环境的保护,实际参与到旅游区的经营管理、旅游决策、旅游活动的组织和对外形象宣传与促销,并保证他们的社区参与利益、合理分配利益,促进当地居民就业,建设新型村镇、小康村镇。当务之急应该实实在在地落实旅游收益等相关利益主体的利益,建立一套有效的激励机制、利益协调机制和监督机制,使当地社区居民从民族文化旅游资源开发中得到切实的经济利益,使他们成为民族文化旅游开发的主人而非旁观者或受害者。只有这样,云南民族文化旅游资源的开发才能兴旺发达、长盛不衰。

十一、其他

（1）构建一个旅游产业集群发展机构，主要由政府牵头，集合与旅游相关的部门。其职责主要是协调好旅游部门与其他部门的关系，解决集群企业之间的合作与协调问题，理顺管理机制，建立一套合理、公平的利益分配及协调制度，保障旅游参与各方收益，健全管理。

（2）加强旅游循环经济的宣传和教育，倡导绿色消费。在游客进入游览区之前，对游客进行环境保护教育，通过引导游客科学的消费价值取向和行为方式，倡导绿色消费的理念，引导游客绿色消费内涵有：倡导游客在进行旅游消费时，选择未被污染或有助于公众健康的绿色产品；倡导游客在旅游消费过程中，注重对垃圾的处理，爱护环境；引导游客转变消费观念，崇尚自然，追求健康，注重环保，节约资源。

（3）通过物质激励和精神激励相结合的方法，鼓励旅游区内旅游循环经济示范企业和示范单位的建设。

（4）改善投资环境，扩大对外开放，促进招商引资，促进其他产业的协调发展。

（5）推进集群内企业文化建设，主要包括诚信文化、创新文化、合作文化，通过提升产业的文化内涵和科技内涵来提高竞争力。

参考文献

［1］马铭嘉：《云南普者黑岩溶地貌特征及旅游地质资源开发》，昆明理工大学硕士论文，2010年。

［2］赵祥华、王志芸：《普者黑湖滨带恢复与管理对策》，《云南环境科学》2005年第12期。

［3］邓亚静、角媛梅、明庆忠：《云南省丘北普者黑自然保护区湿地生态系统健康评价》，《资源环境与发展》2006年第4期。

［4］罗群、左俊辉：《普者黑旅游景区承载力研究》，《企业导报》2013年第8期。

[5]丘北县旅游局:《丘北县旅游文化发展总体规划纲要》,2008年。

[6]丘北县旅游局:《丘北县2013年上半年旅游经济保持平稳增长态势》,http://www.ynta.gov.cn/Item/14423.aspx. 2013-08-07。

[7]中国法学会环境资源法学研究会:《区域经济发展与环境保护的协调——关于构建云南生态省的法律思考》,《中国法学会环境资源法学研究会.资源节约型、环境友好型社会建设与环境资源法的热点问题研究——2006年全国环境资源法学研讨会论文集(三)》2006年第4期。

[8]明庆忠、李庆雷:《旅游循环经济学》,南开大学出版社2007年版。

[9]云南省丘北县普者黑风景名胜区管理局:《云南普者黑峰林湖泊地质公园综合考察报告》,2007年。

[10]高正文、于德永、付晓:《云南省普者黑循环经济型旅游业景观生态规划》,《生态经济》2008年第9期。

[11]桑彬彬、谯丹、邓永进:《旅游循环经济系统运行研究——以云南普者黑旅游休闲度假基地为例》,《企业导报》2012年第4期。

[12]谯丹:《普者黑旅游产品转型升级研究》,云南大学硕士论文,2010年。

[13]舒小林:《发展旅游循环经济的初步研究》,云南师范大学硕士论文,2007年。

[14]杨敏:《旅游区发展循环经济的政策支持体系构建研究》,云南师范大学硕士论文,2009年。

[15]李琼、明庆忠、李庆雷:《普者黑旅游区生态型旅游产业集群发展战略》,《西南林学院学报》2008年第4期。

第八章　大理市发展旅游循环经济研究

　　大理市,是大理白族自治州政治经济文化中心,位于云贵高原横断山脉南端,是云南省西部交通枢纽和旅游集散地。大理市拥有秀丽的自然风光、悠久的历史文化、古朴的民族风情,奇山秀水闻名中外,集"全国历史文化名城"、"国家级风景名胜区"、"国家级自然保护区"、"中国优秀旅游城市"和"最佳中国魅力城市"等多项桂冠于一身。大理市旅游业经过多年的发展,奠定了良好的发展基础,并具有较高的知名度。然而,一直以来,大理旅游业走的都是资源依托型的道路,这给资源和环境带来了沉重的压力。随着丽江、香格里拉旅游业的异军突起,大理旅游业面临着严峻的考验。大理旅游业要保持持续、快速、协调、健康发展就必须改变当前以旅游资源大量消耗和旅游生态环境恶化为代价的发展方式,必须提质增效,增强竞争力。而循环经济是经济与环境和谐发展的增长模式,其强调在资源减量化优先前提下最大限度地提高资源利用率,促进资源的循环利用。发展旅游循环经济将从根本上缓解旅游资源短缺、生态环境脆弱的现实,是旅游业可持续发展的必由之路。因此,大理市应该根据本地区的实际情况,制定旅游循环经济发展战略,以实现大理旅游业的可持续发展。

第一节　大理市旅游循环经济发展基础条件

一、大理市自然环境概况

　　大理市,大理白族自治州州府所在地,位于云南省西北部,北纬 25°25′—25°58′,东经 99°58′—100°27′,东与宾川县、祥云县相连,南与弥渡县、巍山县为邻,西接漾濞县,北接洱源县,东距省会昆明市 376 公里,西距中缅边界 580 公里,市境东西横距 46.3 公里,南北纵距 59.3 公里,总面积为 1468 平方公里,其中,山区面积占总面积的 67.3%,坝区面积占总面积的 15.7%,水域面积占总面积的 17%。

大理市属高原盆地地形,大理坝总的特征是西北高、东南低,四周高、中间低,最高海拔是苍山马龙峰,海拔 4122m,最低海拔位于坝底摩西洱海出境处,海拔 1386m。其间山川多为南北走向,高山、湖泊、盆地、丘陵相间分布。西面有横断山脉南端的点苍山群,海拔在 3074m 至 4122m 之间;东面是鸡足山的南延山脉,由北至南有三峰山、大黑山、青山等,海拔在 2500m 至 3000m 之间;南有吊草山、者摩山、凤山、定西岭等,海拔 2300m 至 2800m 之间;中间是洱海和洱海湖滨盆坝,洱海周围的坝区海拔在 1966m 至 2100m 之间,是全市经济社会集中活动区。

大理市境内降水丰富,河流湖泊较多,地表水、地下水和地热水资源都比较富足,地表水域面积 220 平方公里(其中洱海水域占 98.7 %),全市平均水资源总量 6.41 亿 m^3。洱海是云南省第二大高原淡水湖泊,总面积 250 平方公里(其中在大理市境内 206 平方公里,洱海流域总人口 80 万人,其中非农业人口 28 万人,占总人数的 35%,人口密度为 311 人/平方公里),平均水深 12m,最大水深 22m,蓄水量约 29 亿 m^3。

大理市地处低纬度高原地带,属北亚热带高原季风气候,冬暖夏凉,四季如春,日照充足,雨热同季,干湿分明,风能丰富。坝区年平均气温 15.1℃,年平均降雨量 1078mm,年平均日照 2276 小时,最热月七月平均气温 20.1℃,最冷月一月平均气温 8.7℃,降雨量 85%集中在 5—10 月[1]。

二、大理市旅游资源概况

大理市历史悠久,文物古迹众多,自然风光秀美,民俗风情独特,城市倚山临水,是集国家级历史文化名城、风景名胜区、自然保护区于一身的风景旅游胜地,被誉为"东方日内瓦"。市内有国家级重点文物保护单位 5 处、省级重点文物保护单位 16 处、州级重点文物保护单位 5 处、市级文物保护单位 56

处、自然风景点 30 余处。

市内苍山洱海是国家级自然保护区,也是大理国家级风景名胜区三大风景片区中的主景区。苍山 19 峰南北并列于洱海西部,绵延百里,山顶常年积雪,山麓四季常青,山间 18 溪清澈叠流。苍山云景变幻无穷,令人神往;苍山植被种类繁多,茂密奇丽。洱海,妩媚秀丽,湖中有三岛、四洲、五湖、九曲之胜。闻名遐迩的"下关风、上关花、苍山雪、洱海月"构成"风、花、雪、月"四景。苍洱之间平坦广阔,修筑于明代的大理古城东临洱海,西枕苍山,外雄内秀;城墙、街道古色古香、幽美宁静,其道路格局、城墙城楼、城市风貌均可反映古代高超的建筑技术和都市建设水准;闻名中外的大理崇圣寺三塔巍然矗立在大理城西北的苍山应乐峰下,风格独特,设计精美,是大理地区古代建筑艺术的代表之作;别具一格的田园风光,村寨散落在坝区中间,"三坊一照壁,四合五天井"的白族民居,古朴清幽。

大理是以白族为主的少数民族聚居区,有独具魅力的民俗风情、三千多年的发展历史和得天独厚的自然条件,并巧妙地融为一体,使人文景观和自然景观共融。以白族的服饰、居民、婚嫁、信仰、习俗和庆典节日,暗喻"风花雪月"的白族服饰明艳轻快;"一苦二甜三回味"的三道茶寓意深远,传统集会"三月街"、白族狂欢节"绕三灵"、谈情说爱的"蝴蝶会"、白族独有的"本主节"等等都充满着浓郁的民族风情,吸引着来自海内外众多游客,具有相当的旅游观赏价值。

三、大理市社会环境概况

（一）区域经济

2014 年,大理市完成生产总值 316.65 亿元,同比增长 9%;财政收入完成 40.57 亿元,同比增长 6.76%;辖区工业总产值完成 380.88 亿元,同比增长 9.34%;固定资产投资总额 267.57 亿元,同比增长 14.48%;农业总产值完成 402 亿元,同比增长 5.8%。2015 年,工业、旅游业、固定资产投资、财政总收入等经济指标同比都大幅度增长。

（二）地域文化

远在新石器时代,大理就是白族先民们生息繁衍之地;秦王朝统一中国时,大理出现在中国的国家版图上;西汉武帝时期,汉王朝在大理设置郡县,一条必经大理的南方丝绸之路和茶马古道把四川的蜀锦、云南的普洱茶经大理运到了印度和阿富汗,这条我国最古老的国际通道,确立了大理在历史上不寻常的地位;以大理为政治、经济、文化中心的南诏国和大理国曾盛极一时,延续五百多年,沉淀出厚重灿烂的历史文化。数千年的岁月,给大理留下了大量足以傲世的历史遗存。永镇山川屹立千年的"崇圣寺三塔"、作为历史文化主要载体的"大理古城"、被誉为"西南敦煌"的剑川石宝山石窟、颂扬民族千年亲和的"德化碑"、茶马古道上最后的集市仕登街以及分布在苍山之麓、洱海之滨的太和城遗址、元世祖平云南碑、佛图寺塔、喜洲白族民居建筑等历史古迹,纵贯了唐、宋、元、明、清及民国各个历史时期,是大理发展史的鲜活见证。大理文化灿烂,大理人在本土文化的基础上,吸收了中原文化和古印度文化,创造了独有的南诏、大理文化,进而形成了特色鲜明的大理白族文化,她是中华文化链中一个重要的组成部分。

(三)民族与人口

2011年末,大理市总人口65.2万人,其中非农业人口31.41万人;少数民族人口45万人,占全市总人口的69%。其中白族人口共有41万人,占全市总人口的62.9%;回族1.7万人,占全市总人口的2.6%;彝族1.6万人,占全市总人口的2.5%;傈僳族0.1万人,占全市总人口的0.15%;傣族0.07万人,占全市总人口的0.11%;藏族0.04万人,占全市总人口的0.06%,哈尼、纳西、拉祜、蒙古等其他民族0.4万人,占全市总人口的0.61%。形成了"大杂居,小聚居"的特点[2]。

四、大理市发展旅游循环经济的宏观环境

近年来,国家一直重视发展循环经济,以及国内外研究、发展循环经济的可鉴经验,这给大理市旅游循环经济的发展提供了良好的宏观环境。

(一)政府宏观政策

2006年,党的十六届五中全会明确提出要大力发展循环经济,云南省根据《国务院关于加快发展循环经济的若干意见》(国发〔2005〕22号)精神,先

后下发了《云南人民政府关于大力推进我省循环经济工作的通知》(云政发
〔2005〕63号)和《关于贯彻国务院建设节约型社会近期重点工作实施意见的
通知》(云政发〔2005〕116号),要求加强"循环经济专题研究"和开展"循环经
济重点领域专项规划编制",同时确定大理洱源为农业循环经济示范区、丘北
普者黑为旅游循环经济示范区、开远为工业业循环经济示范区,为循环经济发
展打下良好的开端。在党的第十七次全国代表大会大上,胡锦涛同志关于
《高举中国特色社会主义伟大旗帜 为夺取全面建设小康社会新胜利而奋
斗》的报告中鲜明提出"建设生态文明,基本形成节约能源资源和保护生态环
境的产业结构、增长方式、消费模式。循环经济形成较大规模,可再生能源比
重显著上升。主要污染物排放得到有效控制,生态环境质量明显改善。2012
年,党的十八大提出经济建设、政治建设、文化建设、社会建设和生态文明建设
"五位一体"的总体布局,把生态文明建设放在突出位置。2013年,十八届三
中全会做出加快生态文明制度建设的重要决定。生态文明观念在全社会牢固
树立",为旅游循环经济发展提出了明确方向[3]。

(二)国内外发展循环经济的可鉴经验

循环经济在我国刚起步,而在日本、德国、美国等发达国家已经取得了较
好的成就和经验,主要体现在:颁布了一系列促进循环经济的法律法规,如日
本出台了《促进循环型社会形成基本法》、《绿色购买法》、《废弃物处理法》、
《资源有效利用法》等;不断完善的循环经济发展法律体系,包括财税政策、金
融政策等;日趋成熟的环保技术、废弃物回收利用技术、清洁生产技术等;成熟
的生态科技工业园(孵化器),发挥园区示范效应[4]。这些发达国家的成功
经验为大理发展旅游循环经济提供了重要参考和新思路。

第二节　大理市旅游业与旅游循环经济发展现状

大理旅游业的发展取得了良好的成效,在此基础上,大理市还加大旅游投
资的力度,努力促进旅游业持续、稳定发展。大理市高度重视发展循环经济工

作,正积极努力建设生态型社会,这为大理市旅游循环经济的开展提供了良好的环境。

一、大理市旅游业发展现状

大理是国家首批公布的 24 个历史文化名城和 44 个全国风景名胜区之一,在亚太环境保护协会(APEPA)中国城市竞争力研究会等机构联合评选的 2007 年第四届中国避暑旅游城市活动中,大理市获得 2007 年"中国十大避暑旅游城市"称号。大理市旅游条件得天独厚,发展前景十分广阔,大理州、市政府都把旅游列为重点培植的支柱产业,近年来旅游业绩突出,见表 8.1。为进一步加强和完善旅游基础设施建设,努力促进旅游业持续、稳定发展;为不断提高大理旅游的文化内涵,增强城市吸引力和旅游接待能力,大理旅游业在基础设施上不断增加投入和建设。大理市按照省委、省政府的统一部署,围绕把大理建设成为"滇西中心城市"和"国内一流、世界知名的旅游胜地"的战略目标,理顺体制,创新机制,科学规划,突出特色,充分发挥大理历史悠久、自然风光绮丽、白族文化独具特色、人居环境和交通区位良好的优势,坚持开发与保护并重,面向国际国内两大市场,充分调动全社会参与开发旅游资源的积极性,形成了各种所有制经济共同开发建设旅游产业的格局。旅游产业发展速度不断加快,结构不断改善,综合效益不断提高,发展后劲不断增强,产业体系基本形成,支柱产业地位初步显现,旅游品牌形象逐步树立,旅游市场开拓初见成效。一是强化了以交通为重点的基础产业、基础设施建设,旅游交通环境明显改善,发展后劲增强。二是以文化为内涵,恢复、改造、提升了大理古城、蝴蝶泉、崇圣寺三塔等一批精品景区景点,使大理旅游吸引力不断增强。三是整合资源,创新机制,做大做强了大理旅游集团等一批旅游企业。四是把文化与旅游相结合,打造了以《蝴蝶之梦》、《希夷大理》、《三道茶》等为代表的一批文化旅游精品。五是引导民营企业,初步做大了下关普洱茶、大理石工艺品、大理扎染工艺品等一批旅游商品。六是强化了队伍建设,旅游从业人员队伍综合素质不断提高。七是以企业为主体,强化了宣传促销和行业管理。八是抓法规建设,全面实施依法治旅和依法兴旅。

表 8.1　大理市旅游接待人数与收入统计（2008—2014 年）

年份	接待总人数（万人次）	增长率（%）	海外游客人数（万人次）	增长率（%）	旅游总收入（亿元）	增长率（%）
2008	520	3.51	24.97	24.85	37.48	17.13
2009	551	5.8	28	12.17	42.01	12.09
2010	590	5	30.81	10	46.21	10
2011	638.25	8.18	34.05	10.53	55.94	21.08
2012	701	5	32	10	47	8
2013	819.87	13.73	49.31	12.86	106.82	20.65
2014	918.17	11.95	56.88	15.35	135.01	24.41

资料来源：大理市旅游局。

二、大理市旅游循环经济发展现状

大理市高度重视发展循环经济工作,正积极努力建设生态型社会。各级各部门以"三个代表"重要思想和科学发展观为指导,坚持经济发展与环境保护并重、资源节约与合理开发并举,把节约放在首位的方针,围绕全面建成小康社会的总目标,以优化资源利用方式为核心,以提高资源利用率和降低废弃物排放为重点,以科技创新和制度创新为动力,深入开展资源节约与综合利用工作,缓解能源和资源紧张矛盾,促进结构优化和增长方式的转变,逐步建立大理市循环经济发展的宏观调控体系和运行机制。力争在全市建立起比较完善的循环经济技术创新体系、政策法规支持体系和有效的约束激励机制,制定出大理州发展循环经济的中长期战略目标和分阶段推进计划。初步形成重点围绕以生态农业、畜牧业、旅游业的一批具有较高资源利用率、较低污染排放率的清洁生产企业;形成大理经济开发区和以洱海为主的苍山—洱海旅游风景区等符合循环经济发展模式的生态工业(旅游)区、洱源生态农业示范园和大理市等循环经济型城市。初步建立了资源消耗低、环境污染少、经济效益好的国民经济体系和循环经济型社会的雏形。

三、制约因素

（一）旅游相关者价值取向存在差异

由于旅游循环经济的发展刚起步,旅游相关者,如当地居民、旅游者、部分政府机构、企业对循环经济的概念认识模糊,对发展旅游循环经济缺乏足够的重视。公众及旅游者依赖政府、缺乏参与意识和社会责任感,人们的价值观、日常生活习惯以及旅游消费行为还没有因为循环经济理念的兴起而改变;地方政府重经济发展,轻环境保护,对旅游开发造成生态环境的影响没有足够关注;旅游企业片面追求利益最大化,忽视生态效益,在旅游生产和经营活动中仍普遍采取传统运作方式。诸多问题直接导致旅游相关者环境伦理价值取向差异明显。

（二）旅游循环经济关键支撑技术转换与应用困难

发展旅游循环经济必须遵循技术思路,通过对旅游系统进行物质、能量分析和相关科技应用来降低旅游消费过程中的资源、能源消耗及污染物排放[5]。如:太阳能、风能、地热能大规模应用,绿色酒店建设,针对边疆高原山区的特点,进一步加强对环境无害化技术或环境友好型项目的研究,使其更适合边疆高原山区旅游循环经济的发展需求。同时,应建立一批循环经济技术运用示范点(宾馆、饭店等),形成技术推广应用规范。目前,大理市经济与沿海地区比相对落后,长期科技投入不足,缺少跨学科交叉的综合研究,自主知识产权较少,技术与设备集成和实用化水平低,无法对旅游循环经济的发展提供坚实的技术支持。如:资源节约和替代技术、能量梯级利用技术、延长产业链技术、"零排放"技术、有毒有害材料替代及回收技术、绿色再造技术等相对匮乏,此外,已有的清洁生产、清洁能源利用的技术在旅游循环经济领域的应用没有得到有效推广。

（三）人才匮乏

大理市虽为云南省旅游强市,旅游业日趋壮大,传统旅游人才丰富,但发展旅游循环经济需要的相关管理人才、技术人才、熟练技工等相对匮乏,只能在发展旅游循环经济的过程中不断引进及培养。

第三节 大理市旅游循环经济发展战略选择

大理旅游资源丰富多样,特色鲜明,旅游业发展相对成熟。因此,大理市旅游循环经济发展战略必须根据本地区的旅游资源特点、旅游业发展程度,针对其不足之处确定旅游循环经济发展的战略思路、战略目标并作出战略选择,构建具有大理市特点的旅游循环经济发展模式。

一、大理市旅游循环经济发展战略思路

大理市旅游循环经济发展战略思路可以概括为:提高认识、转变思想、以点带面、构建发展模式。

(一)提高认识

提高认识就是通过宣传教育来提高各方面对旅游循环经济的认识,使政府决策者、市场投资者、企业和旅游消费者树立与旅游循环经济相适应的价值观和道德规范。在制定发展战略、选择投资方向、确定经营形式、开展旅游活动中贯彻旅游循环经济理念。大理市旅游业一直是走资源依托型的道路,依靠美丽的自然风光、高山湖泊的独特景色和大量的历史文化遗迹以及多彩的民族文化来吸引游客。随着旅游业的不断发展,大理市的旅游资源所面临的压力也日益增大,如由于游客的不断增多,加上环保工作做得不够,苍山旅游区的生态环境受到了一定程度的破坏;洱海由于游船的增多、城市废水的增多等原因,造成水体严重污染。生态环境的破坏会严重阻碍旅游业的可持续发展。因此,大理市政府、旅游行政部门和旅游企业必须要提高资源保护、资源合理利用的认识。我们在大理做旅游循环经济的调查中发现,大理市的旅游行政部门、企业和居民基本不了解循环经济。因此,大理要发展旅游循环经济,首先要加大循环经济理念的宣传教育,使政府决策者、市场投资者、企业、当地居民和旅游消费者提高环保意识,树立循环经济理念。

（二）转变思想

由于近年来大理市旅游业的发展呈上升的态势,导致在发展过程中出现的一些问题没有受到相关部门的重视。如对旅游资源的过度开发,开发的层次低,精品景区景点相对较少,大而强的企业少,产业支撑弱;旅游产品以观光型为主,休闲度假型旅游产品少,不能跟上当今世界旅游发展的趋势;旅游企业消耗大,污染严重,效益低等。随着大理邻近地区(丽江、香格里拉、楚雄等)旅游业的迅速发展,大理市的旅游业面临着巨大的挑战。因此,大理市政府、旅游行政部门和旅游企业必须转变思想,看清现状,着眼未来。在加大对旅游业投入的同时,合理开发旅游资源,加大旅游资源开发的深度,打造旅游精品景区。同时要提高资源的利用效率,降低消耗,减少污染,提高竞争力,协调好经济效益与环境保护、社会发展的关系。大理市应该改变“先污染,后治理”、“先破坏,后修复”的思想观念,将循环经济理念运用到旅游业中来,把旅游经济活动组成一个“资源—产品—再生资源/转移使用资源”的反馈式非线性经济,从而使旅游经济活动对自然资源的破坏和环境的污染等不利影响降到尽可能低的程度。

（三）以点带面

旅游循环经济的发展要从点开始,即建立示范点,实现企业的内部循环,再扩大到企业之间的循环,最后延伸到整个社会层面上的循环。在三个层面上实践旅游循环经济模式:旅游企业、旅游循环经济示范区、生态旅游城市。大理市旅游业经过多年的发展,知名度较大,发展程度相对成熟,具备了良好的发展旅游循环经济条件。大理市可以从众多的旅游企业中挑选出几家优秀旅游企业作为旅游循环经济的示范企业,如打造节约型酒店、绿色酒店等。苍山和洱海富集了大理市丰富的旅游资源,具有很高的知名度,也有了一定的发展基础。苍山洱海是比较完整的生态系统,调节了大理市的气候,而茂密森林起到了吸收有害气体、消烟除尘、净化和清新空气、改善水质、维护生态安全的作用。苍山洱海不仅形成了大理市独特的高山湖泊风景,也是大理市宜人的气候、优美的环境形成的基础。苍山洱海生态系统一旦受到破坏,其后果将不堪设想。因此,加大对苍山洱海旅游资源的深度开发,整合苍洱旅游区的旅游资源,构建苍洱生态旅游区对大理市旅游业的可持续发展具有重大的意义。大理市山脉蜿蜒高耸、峰峦环抱着城市居民赖以生存的盆地和湖泊。群山、湖泊、盆地的总体格局可用"七分山、一分半水、一分半平地"来概述(坝区面积229平方公里,占总面积的15.71%;山区面积978.93平方公里,占总面积的67.27%;洱海水域面积249.34平方公里,占总面积的17.02%)。大理古城闻名遐迩,有大量的历史遗迹。因此,大理市拥有发展成为旅游生态城市的良好条件,大理市应该从观光型的旅游城市发展成为生态型的休闲度假旅游城市。以优秀旅游企业、苍山洱海旅游区和大理古城为发展旅游循环经济示范点,以点带面,逐渐延伸到整个社会层面上的循环。

(四)构建模式

大理市旅游资源以高山、湖泊和民族风情为主要特色。苍山洱海对维护大理市生态安全有重要的意义,大理市旅游循环经济发展模式要以苍山洱海为核心,以建设生态城市为重点,通过政府、企业、社区、旅游者来共同构建(如图8.1所示)。政府要做好宣传教育工作,制定旅游的发展规划,加大对基础设施的建设,协调各个部门对旅游进行规范和管理,积极实施绿色旅游管理,建立旅游环境认证制度,从而为绿色旅游提供制度上的保障。旅游企业要推行五项绿色行动:绿色酒店行动、绿色餐饮业行动、绿色景区行动、绿色旅游商店行动和绿色娱乐场所行动。引导旅游者进行绿色消费,绿色消费主要包括消费无污染的物品,消费过程中不污染环境,自觉抵制破坏环境或大量浪费资源的产品。如选择未被污染或有助于公众健康的绿色产品;在消费过程中注重对垃圾的处置,不造成环境污染;在追求旅游舒适的同时,注重环保、节约资源和能源,实现可持续消费。旅游者在旅游过程中所倡导的生态旅游方式——"除了脚印,什么都不留下;除了照片,什么都不带走"正迎合了绿色消费的要求,也符合发展循环经济的思想。社区居民要参与资源、环境和民族文化的保护,参与绿色消费,为旅游循环经济的推行营造良好的环境。

二、大理市旅游循环经济发展战略目标

(一)总体目标

树立旅游循环经济理念,制定大理市旅游循环经济发展战略,确立大理市

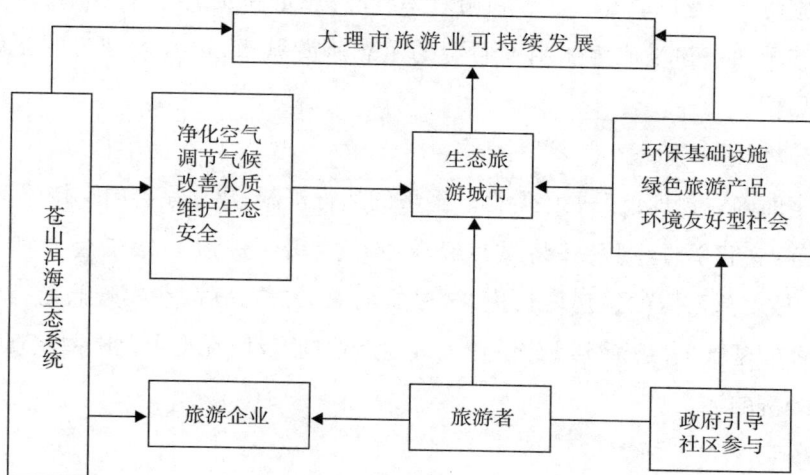

图 8.1　大理市旅游循环经济发展模式

旅游循环经济的运行机制,建立完善的旅游业发展循环经济的支持体系,全面推进旅游循环经济的运行,实现旅游业与其他产业的互动,形成环境、经济、社会和谐发展的可持续发展模式。

(二)阶段目标

1.宣传教育阶段

尽管发展循环经济已经受到中央政府的高度重视,但是地方政府对循环经济的了解还是很少。旅游企业、社区居民和旅游者对循环经济基本不了解。因此,在旅游循环经济发展的最初阶段,应以宣传教育为工作的重心,在全市范围内广泛宣传循环经济的理念,建立宣传教育系统,组织各级政府和企业学习,开展公众教育。

2.导入试点阶段

着重探索大理市旅游循环经济发展的总体规划、初步建立旅游循环经济运行体制和完善旅游循环经济发展的基础设施建设。遴选一两个旅游基础设施较好、知名度较高的企业或景区作为示范点,以便积累旅游循环经济发展经验。旅游企业以酒店作为试点,建设一批绿色酒店和节约型酒店。旅游景区以苍洱生态旅游区的建设为重点,把苍洱旅游区打造成循环型的生态旅游区,提升景区的资源利用效率、经济总量和质量。将大理市从观光型的旅游城市建设成为休闲度假型的生态旅游城市,提升大理市的旅游形象和品位。

3.大力推广阶段

全面确立大理市发展旅游循环经济的运行机制,建立完善的支持体系,总结示范点(区)的经验,并将试点经验推广应用到一般的旅游企业和景点(区),改变旅游区的经济增长模式,提质增效,打造品牌,在实现旅游行业内部循环的基础上,逐渐实现旅游业和其他产业的互动,在全市范围内实现旅游循环经济的运行。

(三)定量目标

定量目标主要从经济、环境和社会三大方面来确定,现设置三类指标体系:一是经济发展指标群;二是资源、生态环境指标群;三是社会发展指标群。见表8.2。

表8.2 大理市旅游循环经济定量目标

类别	指标	单位	2015 年	2020 年
经济发展指标	旅游总收入	亿元	35	45
	游客人次	万人次	600	650
	旅游业对 GDP 增长的贡献率	%	35	40
	旅游总收入占 GDP 的比例	%	30	35
	非观光(休闲度假、文化娱乐、旅游副产品)收入占旅游总收入的比重	%	50	80
资源、生态环境指标	万元旅游收入耗水量	t/万元	200	180
	万元旅游收入能耗量	千瓦时/万元	180	150
	主游线湖滨生态带保存率	%	50	85
	洱海湖水水质	类	Ⅱ	Ⅱ
	城镇固体废弃物回收利用率	%	60	90
	生态资产补偿、培育投入占旅游收入的比例	%	5	7

续表

类别	指标	单位	2015 年	2020 年
社会发展指标	旅游企业清洁生产审核率	%	50	100
	旅游城镇中水回用率	%	40	70
	景区居民人均收入	元/年	3500	7000
	贫困人口率	%	25	10
	旅游业直接提供的本地就业机会	人	35000	50000

三、大理市旅游循环经济发展战略选择

（一）把发展旅游循环经济作为落实科学发展观的重要突破口

党的十六届三中全会提出"以人为本，全面、协调、可持续发展"的科学发展观。循环经济是科学发展观的具体体现，是全面实现小康社会发展目标的重要途径。科学发展观的核心是以人为本，强调人与自然的和谐、社会公正、科技进步。2014 年大理市旅游业的经济收入已达 135.01 亿元，占国民经济总收入的 24.41%，是名副其实的支柱产业，把发展旅游循环经济作为落实科学发展观的重要突破口是大理市旅游循环经济发展的重要战略选择。

其一，旅游的发展必须体现人与自然的协调发展。大理市旅游业发展比较早，在 20 世纪八九十年代已经具有了很高在知名度，但是，由于走的是资源依托型的道路，重开发、轻保护的情况比较严重，经济发展与环境之间的矛盾日益凸显。环境问题已经成了大理市旅游业可持续发展的障碍，受到大理市政府的日益关注，并设法采取措施保护环境。以洱海为例，随着洱海周边地区人口不断增加，经济社会的不断发展，洱海面源、内源污染日趋严重，流域的生态平衡已被打破。2003 年 7 月，洱海出现了伴随着球型鱼腥藻（蓝藻的一种）水华暴发的重富营养化状况，水体透明度由 6 月份的 1.67 米下降到 0.88 米。与此同时，洱海里的沉水植物分布下限由原来的 10 米水深退缩到 4 米水深，10 米以内深水区的沉水植物大面积死亡。据监测，2003 年的 1—10 月，洱海水质仅有 3 个月达到Ⅱ类，有 3 个月下降到Ⅳ类，这预示了洱海重富营养化时期的到来。2003 年 9 月下旬，云南省政府在大理市召开现场办公会，提出："要通过这次会议打响抢救洱海的新战役，把实施洱海污染治理和保护工程

作为滇西中心城市建设和发展的前提来抓。"同时,围绕与云南省政府签订的《洱海水污染综合防治目标责任书》和《洱海水污染综合防治"十五"计划》中确定的目标和任务,大理州明确责任,狠抓落实,建立起重奖重罚、真抓严管的机制,并启动了洱海保护治理"六大工程"。目前,由中国环境科学研究院、大理州洱海保护治理领导组办公室共同承担的《洱海流域保护治理规划(2003—2020)》,已通过评审,并得到云南省政府批准,为洱海的科学保护治理奠定了基础。大理州先后与中国环科院、上海交大等国内外科研机构合作,完成了《洱海流域保护治理规划》、湖滨带生态恢复、主要入湖河流水环境综合整治、洱海流域村镇污水综合防治、洱海流域畜禽养殖业污染防治等一批项目的科研、初设的编制工作。2004 年大理州环保局部门就向全社会发放各种宣传资料 1 万多份;2005—2006 年发放《洱海清、大理兴》年历招贴画 20 万份。大力度的宣传工作,在整个大理州营造了保护洱海的舆论氛围。2006 年 4 月,大理州政府还专门成立了"中国大理洱海湖泊研究中心",洱海已成为国内外高原湖泊研究的开放型"实验室"和"实验基地"。由于各种措施得当,各种工作有力,不仅遏制了洱海的水质下降趋势,还不断改善。而随着洱海生态环境的改善,洱海的生态效益开始显现。2006 年,仅洱海渔业产量一项,全年起捕量就达 730 万公斤,起捕量连续两年增长 10% 以上,扭转了以前洱海渔业负增长的态势。据监测,2007 年上半年洱海水质总体保持Ⅲ类,其中一、四、六月达到Ⅱ类。目前,洱海已成为全国城市近郊保护得最好的湖泊之一。洱海水质的改善和周边环境的改善又刺激了旅游集团对洱海的旅游投资和开发。为了维护洱海的生态环境,有关部门应该加强对旅游开发项目的审查和审批,保证旅游的开发和环境的优化协调起来。

其二,旅游业的发展要促进社区的和谐发展。旅游业的发展不仅带动了当地的经济发展,提高了当地居民的收入,还要改善社区环境,提高当地居民的素质和道德水平,保护当地的文化遗产。大理市旅游业的发展对当地社区产生了很大的影响。一方面,基础设施的建设得到了加强,社区环境得到了美化,就业机会增多了,居民的生活水平有了提高,促进了民族文化的保护和发展。这几年,大理市投入巨额资金对全市民族文化资源进行了挖掘和保护。

先后对大理市古城墙、五华楼、文献楼、崇圣寺雨铜观音殿等古建筑进行了修复,兴建了周城白族民俗旅游村、南诏文化城和《天龙八部》影视城等代表大理民族文化的建筑。同时,在旅游景区(点)定时表演大理白族三道茶歌舞和白族南诏乐演奏。定期举办颇具民族特色的"三月街"、"蝴蝶会"、"本主节"、"火把节"、"耍海会"等民族节日,还开发了《蝴蝶之梦》等文化旅游新产品。另一方面,旅游业的发展也给大理市带来一些负面影响。如古城的物价上涨、一些导游和商贩缺乏诚信、贫富差距拉大、民族文化汉化等问题。因此,大理市相关部门应该采取一些措施来解决旅游业带来的负面影响,使社区和谐发展。

（二）把发展旅游循环经济作为构建节约型社会的基本途径

旅游循环经济本质上是一种生态经济。它运用生态学原理及其基本规律指导旅游经济活动,要求将旅游业中的各项经济活动与自然环境和社会环境的各种资源要素视为一个密不可分的整体加以考虑,以实现旅游经济数量增长和整体环境质量改善的协调一致,实现 GDP（GNP）的"绿化"[6]。大理苍山旅游资源丰富,特色鲜明,但是在开发的过程中过于粗糙,旅游产品单一,景点多而散,质量不高,缺少对旅游资源的整合,资源得不到合理的开发利用。比如,上苍山的索道就建了三条,但是苍山景区的建设滞后,很多游客对苍山风景区的评价不高。因此,苍山旅游区应该加大对旅游资源的整合和开发的深度,减少资源的损耗,提高经济效益和生态效益。饭店业一直是高能耗的经济产业,它所消耗的能源物质在其成本开支中仅次于人力成本而位居第二。大量的能源消耗既对环境产生了严重的影响,也对饭店的利润获取带来诸多不利影响,因此节能降耗对饭店的经营管理有着重要的意义。大理市目前没有节约型酒店和绿色酒店,建立一批节约型酒店和绿色酒店对大理市的节约型社会的建设有重要的意义。大理市要用 ISO14000 系列标准来规范酒店行业的建设。ISO14000 系列标准强调把环境管理纳入企业的日常管理中,目的是帮助企业摆脱高投入高消耗的粗放型增长模式,提高能源和资源的利用效率。

（三）把发展旅游循环经济作为提高旅游竞争力的重要方法

旅游区域竞争力由两个基本部分组成:资源竞争力和市场竞争力[7]。从旅游资源的角度来看,大理市旅游资源丰富,特色鲜明、知名度高(如苍山、洱海、古城、崇圣寺三塔、蝴蝶泉、喜洲古镇、白族文化等),跟周边的地区相比有其自身的优势,竞争力强。2010 年,大理市共接待海内外游客 590 万人次,旅游收入为 46.21 亿元,而丽江古城区 2010 年共接待海内外游客 582.42 万人次,旅游业总收入 66.18 亿元。从这些数据可以看出,到大理的游客数量虽然比丽江多,但是游客在大理停留的时间短(据统计,游客在大理停留的平均天数为 1.5 天)、消费低,所以旅游收入比丽江低。这也表明了大理市的旅游产品是以观光旅游产品为主,其他类型的旅游产品过少,难以留住游客。因此,大理市必须改变旅游产品单一的局面,旅游产品的开发要多元化,品牌化。把循环经济理念运用到旅游业当中来,通过对旅游资源的整合,最合理地利用旅游资源,降低旅游企业成本,提高经济效益,大力推广清洁生产,减少污染,提升旅游形象,从而提高大理市的旅游竞争力。

四、大理市旅游循环经济重点策略

（一）宣传教育策略

循环旅游经济实质上反映了一种新的经济发展思路。即经济、社会、生态三角平衡的持续发展战略模式[8]。在发达国家如德国、美国、日本等循环经济已经逐渐成熟,而在我国还处于起步阶段,循环经济的思想还未被大众普遍接受,具体实施势必有一定的难度。鉴于此,无论是政府还是学术界,要根据人们的接受程度,运用比较通俗的方式,如通过广播、电视、报刊和网络等各种媒体,把循环经济的思想理念、深刻内涵、运行原则和实行循环经济的必要性、可行性灌输给管理者、市场投资者、企业经营者和旅游消费者,使政府决策者、市场投资者、企业和旅游消费者树立与循环旅游经济相适应的价值观和道德规范,在制定发展战略、选择投资方向、确定经营形式、旅游生活中贯彻循环旅游经济理念,使循环经济的思想行为成为人们的自觉行动。

（二）加大投入，合理开发，科学管理

制定旅游循环经济发展规划是推行旅游旅游循环经济发展的关键，因此，大理市应成立循环经济发展办公室，编制循环的发展规划，将发展旅游循环经济规划纳入其中。规划的内容应该包括：发展战略、关键环节、优先区域、突破口、评价指标、发展模式、支持系统、监督系统等。大理旅游集团是滇西北的旅游龙头企业、融资平台和主要投资力量。随着大理旅游集团投融资能力的加强和发挥，公司提升、开发、整合资源的能力进一步加强。大理旅游集团将承担起苍洱片区旅游景点的提升改造工作，例如对蝴蝶泉公园和南诏风情岛的提升改造、崇圣寺三塔 AAAAA 建设、洱海大型游船改造、影视城的盘活等。一方面，大理市要加大对旅游的投资，对旅游资源进行整合，改造旧的景点景区，提升形象塑造品牌。另一方面，要转变发展理念，要避免走"先污染，后治理"、"先破坏，后修复"的老路。要从传统的"资源—产品—废弃物"的单向式直线理念向"资源—废弃物—资源"的反馈式循环经济理念转变；从传统的高消耗高排放向"减量化"发展的理念转变；从传统的废弃物处理向资源再生的理念转变。

根据大理市旅游发展规划，大理市还将建造一批星级酒店。事实上，大理市目前的酒店数量已基本能够满足旅游的接待需求，在黄金周很少会出现客房不够的情况，而在旅游淡季，客房空置的情况还比较严重。以散客休闲度假为主要旅游方式是今后的发展趋势，这意味着旅游市场对星级饭店的需求会减少，而对经济型饭店、绿色饭店、个性化客栈的需求会增加。因此，大理市相关部门要对酒店行业进行规范和管理，通过政策引导来鼓励绿色饭店和经济型饭店的发展，鼓励旅游企业推行清洁生产，使用节能设备，提质增效，增强竞争力。政府应该建立合适的政策体系，鼓励旅游企业发展循环型旅游经济，限制其资源浪费型发展模式，如政府对资源综合利用提供优惠政策，充分发挥优惠政策的鼓励、引导和扶持作用。在旅游区（点）和旅游企业中推行实施环境管理体系 ISO14000 认证和绿色环球 21 认证；在旅游饭店业中推行实施"绿色饭店"认证[9]；继续推行旅游行业资格认证制度，逐步把职业资格认证制度推行到旅游行业所有岗位。

（三）多方参与策略

旅游循环经济发展需要多个层面参与。它们包括政府、旅游企业、旅游者、旅游行业协会、环保组织、相关产业及企业、当地社区等组织和机构[10]。政府层面上是宣传、引导、法规规范、推进实施、监督；旅游行业协会和环保组织架起政府与旅游企业、旅游者等之间的桥梁。通过行业规范、智力支持等支持旅游循环经济的发展；旅游企业通过保护性开发，大力发展生态旅游、物质循环利用、清洁生产、限量提供旅游供给、提倡引导绿色消费等，减少物耗和能耗，使污染物生产量最小化。在旅游循环经济运行模式下，社会公众作为产品最终使用者和资源再循环的开始者，是整个旅游循环经济中至关重要的环节。在旅游循环经济发展中社区参与的主要内容包括：参与旅游决策、参与旅游管理、参与旅游经营、参与资源与环境保护、参与利益分配、参与绿色消费等。相关产业及企业与政府、当地社区、旅游企业、旅游行业协会、环保组织等共同构成了旅游地的社会参与层面系统。他们共同通过物质集成、能量集成、信息集成和技术集成等。建立物质循环链和循环网，形成区域内的物质代谢和共生关系，共同搭建人与自然和谐的基础平台[11]。

第四节　大理市旅游循环经济发展的支持系统

旅游循环经济发展的支持系统主要包括政府加大政策支持力度，强化基础设施系统建设，组织、研究、监督、协调、服务系统建设和环境友好型社会系统、旅游产品支持系统、宣传教育系统。

一、政府加大政策支持力度

法律、法规体系的支撑是旅游循环经济得以顺利进行的重要保证[12]。法律体系应该包括国家颁布实施的相关法令、条例和规定以及地方政府经省、市人大审议并通过的相关地方法规、条例和规定。我国目前包含有循环经济内容的法律主要有：《环境保护法》、《矿产资源法》、《节约能源法》、《清洁生产促进法》、《大气污染防治法》、《固体废物污染环境防治法》、《水污染防治法》、《环境影响评价法》、《可再生能源法》、《农业法》、《草原法》、《森林法》等。其中《固体废物污染环境防治法》、《节约能源法》、《清洁生产促进法》中较多地体现了循环经济的相关要求。除了国家的法律外，云南省也出台了一些相关法规，如《云南省节约能源条例》、《云南省节能目标考核办法》和《云南省政府关于大力推进云南省循环经济工作的通知》。大理州应该根据国家和省政府颁布的法律法规，结合本地实际情况，加快制定《大理州节能监察办法》和《大理州节能目标考核办法》，制定发展旅游循环经济的规定和条例。在经济政策上，加大对循环经济的投资力度，支持发展旅游循环经济的政策研究、技术推广、示范试点、宣传培训等，尤其是对重大项目和技术开发、示范领域和示范企业，政府要给予投资或资金补助，还要引导和鼓励各类金融机构对促进旅游循环经济发展的重点项目给予支持。在税收方面，政府要不断完善资源综合利用的税收优惠政策，调整税收政策以引导人们的生产与消费行为，减少对环境有害的活动。大理市应采取多种形式加大对发展旅游循环经济的投入。如政府投资、财政贴息、优惠贷款等途径，引导民间投资、建立循环经济发展基金、税收转移支付等方式。

二、强化基础设施系统建设

大理市旅游基础设施主要由交通设施、住宿接待设施、饮食设施、商业服务设施和文体娱乐设施构成，如表 8.3 所示：

表 8.3　旅游基础设施构成

类别	旅游基础设施名称
交通设施	车行道、停车场、步行道、桥梁、登山道、公交车、出租车、游览车及站点、游览船及码头、索道及索道站等
住宿接待设施	酒店、宾馆、旅馆、招待所、客栈、休养所、野营场地、度假村、寺观客堂、农家乐等
饮食设施	酒店、餐馆、饭店、风味小吃、茶座、酒吧、咖、屋，农家乐等

续表

类别	旅游基础设施名称
商业服务设施	旅行社,旅游日用品、工艺品、纪念品商店,土特产商店,摄影及影印点,银行、储蓄所及ATM,邮政所,电信局,移动通信业务点,治安管理机构,电话亭,医院,消防站,城市公用卫生间,垃圾站等
文体娱乐设施	展览馆、电影院(或影剧院)、酒吧、舞厅、夜总会、KTV、游泳池、公园等

大理市旅游基础设施的建设,要从总体规划、景观设计、环境保育、技术革新等方面给予指导,旅游基础设施的建设对环境的影响应限定在人们可以控制的程度内,同时要有相应的措施使得这种影响向好的方面转化或使其不利于环境的影响得到有效治理。大理市环保型旅游设施的建设应当做好四方面的工作:一是建立快速、完善的高效能综合交通运转系统。二是建立水循环利用系统,如构建苍山——古城——洱海水循环利用系统。三是建立高效、洁净的能源网系统,如充分利用太阳能、风能、水能等可再生能源。四是建立固体废弃物的回收和循环利用系统。

三、组织、研究、监督、协调、服务系统建设

立法机构、执法机构、政府只是循环经济制度和规则的设计者,以及法律法规的执行者、监督者,市场机制仍是循环经济发展的基本体制,企业仍是行为主体。这样一个庞大的体系需要相应的组织体系来提供组织、研究、监督、协调、服务等事宜,一个高效的组织体系是顺利推进循环经济发展的重要保证[13]。首先,大理市要成立循环经济发展办公室,作为大理循环经济发展的领导决策机构,把旅游业循环经济的发展作为大理市推行循环经济的龙头。其次,支持、扶持各类专业服务、中介服务、咨询服务机构开展对循环经济的服务。特别要在法律法规、信息、规划方案设计、旅游循环经济效益评估、技术合作与引进咨询等方面提供市场化服务。最后,成立旅游循环经济规划、项目评选、论证专家库。对需扶持的企业、项目等由专家把关,提供决策咨询建议。

四、环境友好型社会系统

在社会上推行清洁生产,形成一批具有较高资源利用率、较低污染排放率的清洁生产企业;开展绿色环保系列活动,倡导环境友好行为。树立可持续的消费观和节约资源、保护环境的责任意识,大力提倡绿色消费,引导消费者自觉选择有利于节约资源、保护环境的生活方式,把节能、节水、节材、节粮、垃圾分类回收、减少一次性产品使用等与发展循环经济密切相关的活动逐步变为全体公民的自觉行动;形成大理经济开发区和苍洱旅游风景区等符合循环经济发展模式的生态工业(旅游)区,以及大理市等旅游循环经济型生态城市。

五、旅游产品支持系统

目前大理市是以观光旅游产品为主,苍山、洱海、古城、喜洲、崇圣寺三塔是其主要的旅游景点。大理市要提高旅游的经济效益,必须改变旅游产品单一的局面,向多样化发展。根据大理市旅游资源特点,大理市可以不同的资源特色设计多条旅游线路。

(1)苍山高山旅游考察路线。主要线路为大理古城—大理石矿—苍山电视台—洗马潭(包括黄龙潭、黑龙潭)—中和寺—大理古城。整条线路基本形成一个闭合的环路。该线路全长37公里,沿途景点有不同海拔高度的植物区系景观:高山(海拔4000 m)生态景观、森林生态景观、雪原景观、冰川遗迹等。

(2)苍山玉带路旅游线。感通寺—清碧溪—大理石矿。全长20公里,沿途景点有感通寺、清碧溪、黑龙溪、龙凤眼洞、七龙女池、中和寺、石南松华山松森林景观、杜鹃花、石南茶花等景观。

(3)苍山花甸坝高山植物考察旅游路线。从大理喜洲的凤阳顺原喜花公路行至苍山花甸坝。全程30公里,沿途景点有凤阳候鸟迁栖地、力一花溪、亚高山植物景观、苍山珍稀濒危植物、花卉、苍山名贵药材等。

(4)洱海保护区的游览路线。全长近60公里,沿途景点有二岛四洲九曲之胜,游人可尽情领略洱海风光。此外,还可以打造白族文化体验游、大理历史文化考察游、苍山探险游、古城休闲娱乐游和洱海湖畔休闲度假游等旅游产品。

六、宣传教育系统

(一)完善宣传教育网络

建立包括学校、企业、机关团体、社区在内的覆盖城市和农村、生产和消费领域的宣传教育网络[14]。发展旅游循环经济宣传教育包括针对旅游者、旅游从业人员、当地居民及领导干部等进行旅游环境保护的意义和有关知识的宣传教育[15]。对旅游者,应以旅游消费道德教育为主;对旅游从业人员,应加强环保素质教育;对旅游区领导干部,要强调环保意识与管理能力教育;对当地居民,则应以环保参与教育与法制教育为重点。

(二)创新宣传教育方式

不断创新宣传教育方式,加强针对性,提倡方式的多样性;宣传材料要有层次性、可读性,突出重点,深入浅出。将旅游循环经济的宣传教育与科学技术的普及相结合、与社区活动相结合、与法律宣传相结合等。

(三)落实宣传教育措施

政府和相关部门要组织编写循环经济的读本和宣传手册,针对不同层次、不同对象、不同重点进行差别化教育;制订旅游循环经济培训计划,对公务员、旅游从业人员、社区居民、学生进行培训;政府和相关部门要组织力量加强对重点企业、重点项目、重点单位、示范区的宣传教育,并加强执法力度、检查力度,将旅游循环经济的宣传教育落到实处[16]。

参考文献

[1]庄立会:《云南省大理市城市发展基础的水资源评价研究》,云南师范大学硕士学位论文,2007年。

[2]大理市地方编纂委员会:《大理市年鉴2012》,云南民族出版社2012年版。

[3]王晓帆:《论循环经济中的政府行为》,《海南师范大学学报(社会科学版)》2009年第2期。

[4]汤天滋:《主要发达国家发展循环经济经验述评》,《财经问题研究》

2005 年第 2 期。

　　[5]马汝慧:《中国民族地区旅游循环经济发展对策——以大理白族自治州为例》,《商场现代化》2010 年第 9 期。

　　[6]刘艳红、石莹:《中国循环旅游经济的发展战略》,《河北科技师范学院学报》2005 年第 3 期。

　　[7]张陆、夏文汇、徐刚:《旅游区域竞争力研究》,《经济问题探索》2002 年第 9 期。

　　[8]杨期勇、陈季华:《循环经济及其发展措施》,《污染防治技术》2003 年第 3 期。

　　[9]罗信远、明庆忠:《发展旅游循环经济,推进和谐社会的构建》,《消费导刊》2007 年第 12 期。

　　[10]明庆忠:《旅游循环经济发展的新理念与运行的系统模式》,《云南师范大学学报(哲学社会科学版)》2006 年第 5 期。

　　[11]马汝慧:《大理旅游循环经济发展研究》,《云南电大学报》2010 年第 3 期。

　　[12]蔡红霞:《循环经济法的性质归属与立法框架》,《河南商业高等专科学校学报》2008 年第 2 期。

　　[13]齐建国:《中国循环经济发展的若干理论与实践探索》,《学习与探索》2005 年第 2 期。

　　[14]梁日忠:《东部发达区域发展循环经济规划框架研究——以浦东新区为例》,《2005 中国可持续发展论坛——中国可持续发展研究会 2005 年学术年会论文集(上册)》,2005 年。

　　[15]舒代宁:《旅游循环经济的实现途径》,《四川省情》2006 年第 6 期。

　　[16]达哇吉:《论民族地区旅游循环经济支撑体系的建立》,《旅游经济》2012 年第 6 期。

第九章　西双版纳发展旅游循环经济研究

第一节　西双版纳发展旅游循环经济发展条件分析

西双版纳傣族自治州(以下简称西双版纳或西双版纳州)是中国大地上一块屈指可数的绿色宝地,是北回归线附近仅存的一片绿洲,它因境内保持完好的热带雨林生态系统而举世闻名。西双版纳与老挝、缅甸接壤,与泰国邻近,又有澜沧江—湄公河与老、缅、泰、越、柬水路相连,是面向南亚、东南亚的重要通道和基地,也是云南对外开放的窗口。美丽、富饶、神奇的西双版纳,犹如一颗璀璨的明珠镶嵌在祖国的西南边疆。

西双版纳旅游资源丰富、极具特色,融民族文化、民族风情、热带雨林、观赏动、植物等自然和人文景观于一体。现已开辟了西双版纳原始森林公园、野象谷、植物园、花卉园、热带雨林奇观、橄榄坝等120多个旅游景区(点),被国务院列为我国旅游资源特别丰富的三个重点旅游开发区之一,是国家首批重点风景名胜区之一。现已与老挝、缅甸、泰国等国开通了边境旅游,是与东南亚旅游市场接轨的中心枢纽。

在云南省"一个中心、五大片区"旅游格局中,西双版纳属于滇西南澜沧江—湄公河国际旅游区,是我国从陆路通往中南半岛的门户和要冲,是滇西南重要的旅游集散中心和旅游目的地,也是昆曼大通道上重要的旅游集散地。西双版纳发展旅游业优势明显,市场广阔,潜力巨大。旅游产业现已形成较大规模,旅游基础设施和发展环境得到了明显改善,旅游经济整体实力明显增强,已成为西双版纳国民经济重要的支柱产业,实现了从旅游资源大州向旅游经济大州的跨越。

一、西双版纳旅游资源特色

(一)自然旅游资源的奇特性

西双版纳位于云南的西南部,地处北纬 21°10′—22°40′,东经 99°55′—101°50′之间,属北回归线以南的热带湿润区。西双版纳地区属滇南峡谷——横断山脉的南延部分,为无量山、哀牢山余脉之尾梢,澜沧江纵贯全州。得天独厚的自然条件,雄浑秀丽的自然景观,形成了资源丰富、原始独特且具有较高开发价值的旅游资源,其中不少是世界级的旅游资源。

西双版纳州国土面积仅占全国的 0.2%,但分布已记载的维管束植物种类有 4669 种,约占全国维管束植物种数的 1/6;分布已记载的脊椎动物种数有 727 种,约占全国脊椎动物种数的 1/5。有望天树等国家重点保护植物 58 种,有亚洲象、印支虎、绿孔雀等国家一级重点保护动物 20 种。动植物种数之多居全省和全国之冠。全州森林覆盖率 63.68%,其中的原始森林是北回归线附近保存最好的一片热带雨林。丰富的生物资源,被誉为"植物王国"、"动物王国"、"植物物种基因库",已列入联合国生物多样性保护圈。该地区还属于保护国际(Conservation International)全球生物多样性热点地区的印缅热点地区(Indo-Burma Hotspot)的范围。

(二)人文旅游资源的多样性

西双版纳有傣族、哈尼族、拉祜族、布朗族、瑶族、回族等 13 个世居少数民族,长期的民族交融、悠久的历史积淀,形成了独具特色的民族文化。傣族的"泼水节"、哈尼族的"嘎汤帕节"、瑶族的"盘王节"、基诺族的"特懋克节"等为主的少数民族节庆活动,以及各少数民族的饮食、服饰、建筑等,都充分体现了独具特色的民族传统文化和多姿多彩的民族风情,成为民族文化中的瑰宝,对旅游者具有很强的吸引力。

从文化区位看,西双版纳地方文化既处于中原文化的西南边缘,又处于东南亚南传上座部佛教文化的北部边缘,是一种典型的"边缘文化"。由于临近泰国、缅甸等佛教国家,南传上座部佛教在这里深入人心,处处可见充满东南亚风情的佛寺、佛塔。同时,由于境内各地理单元相对封闭,因此在边缘文化的演进中,每个地区都有自己独立的特色旅游景点(区)及丰富多彩的民族风情,是自然景观与民族风情"天人合一"的完美组合。西双版纳还是千百年来誉满神州、风靡全球的中国普洱茶的故乡。境内六大古茶山有 6 万多亩上百年古栽培型茶园、有 1700 年树龄的野生型茶树,有力地证明了西双版纳是大叶茶的原生地,是重要的产茶区,茶文化也逐渐成为了旅游的新热点。

另外,西双版纳与缅甸、老挝接壤,与泰国的直线距离仅 200 余千米,州内有景洪港、磨憨口岸、西双版纳机场等水、陆、空 3 个国家一类口岸和打洛省级口岸。与东南亚地相接、水相通、人相往的状况,形成了极大的区位优势,使西双版纳成为民俗风情和边境旅游的最佳去处。西双版纳人文旅游资源丰富、特色鲜明,民族特色旅游具有明显的不可替代性,大大增强了旅游吸引力。

(三)区域旅游气候资源的优越性

西双版纳北倚青藏高原,东面、西南临近浩瀚的太平洋与印度洋。整个地形由北向南倾斜迭降,太平洋东南亚季风和印度洋西南季风可以相间影响,加之冬季由极地大陆南下的寒潮,由于山脉重重阻挡,到达西双版纳,其势已极其微弱,即使是强寒潮南下,再翻越云南东西部气候分界线的哀牢山、无量山,即已变性,处于风消阶段。因此,比起我国同纬度的东部地区冬季热量高。夏季,西南季风使海洋气流从太平洋、印度洋北上,带来丰沛的雨水,比起同纬度的东部地区夏季雨水多,且具有以南亚季风气候为主要特色的多种特征。

西双版纳气候资源独特,终年无四季之分,是国内独有的一块热带雨林气候区,又是我国南亚季风区域中唯一的热带区域。西双版纳热带气候区域面积占全州的 18%,南亚热带气候区的面积占全州面积的 66%,年平均气温 21℃。同时灾害性天气范围窄、时次少,都无损于其气候资源条件的优越性。

(四)综合生态环境质量良好

西双版纳自然环境由于地质、地貌、水文、气候、生物环境等多种因素的综合作用,自然生态环境优良,为热带森林生态旅游、休闲度假旅游的发展提供了良好的条件。

二、西双版纳发展旅游循环经济的必要性

西双版纳旅游业存在着环境负载日益加重、旅游可持续发展受到威胁、对生态环境要求提高等种种问题,因此,应当发展旅游循环经济。旅游循环经济有助于促进人与自然、人与人、人自身身心的和谐。不仅可以带给旅游者高品位的精神享受,促进当地经济发展和人民生活水平的提高,而且在保护环境的前提下使资源环境贡献消耗比达到最优。

（一）促进西双版纳旅游业可持续发展

旅游循环经济的实现是可持续思想的体现,与资源消耗型的线性经济发展模式相比,旅游循环经济构筑了社会经济结构内部各产业之间的有机联系和共生关系,推动了社会经济系统和自然生态系统之间的物质、能量和信息的传递、迁移、循环。以协调人与自然关系为准则、模拟自然系统运行方式和规律来实现旅游资源的可持续利用,使旅游经济的发展从数量型向质量型转变。

西双版纳旅游业实现可持续发展,可以通过循环经济对景区景点、旅游企业实行清洁模式生产以及旅游资源的循环开发利用、旅游者的绿色消费宣传活动、生态旅游的开展等措施,全面预防旅游活动对环境的消极影响。通过对各种旅游资源的严格管理、科学开发保持文化的完整性、保持良好的生态环境和生物的多样性,进而使经济、社会有机结合,在保持和增强未来发展机会的基础上,满足游客和当地居民的需求,既取得经济效益、社会效益,又获得环境效益,最终实现旅游业可持续发展的目标。

（二）满足旅游者绿色消费的需求,提升版纳旅游业的绿色形象

随着人们环保观念的加强,绿色旅游、生态旅游渐成时尚。"绿色旅游"是人类的旅游活动应当对自然、社会以及个人不会带来伤害,强调的是旅游资源的开发和利用及旅游活动的进行必须达到人与自然的和谐、人与人的和谐,以及人自身的和谐。旅游循环经济的发展可以满足游客绿色旅游的需求,使西双版纳热带雨林生态旅游成为游客的首选。

旅游企业形象是企业综合素质的表征和反映,也是西双版纳旅游形象的体现。旅游循环经济可以促使旅游企业在经营中降低或避免对环境的负面影响,相对提高环境质量和效率,营造优美的旅游活动环境;而且有助于提升企

业的绿色形象,满足旅游者绿色消费需求,从而为企业带来新的发展契机。旅游企业形象的提升最终会带动整个旅游业形象的提升,从而为西双版纳旅游精品的推出奠定良好的基础。

(三)建设节约型社会的要求,降低成本、增强旅游产品国际竞争力的需要

西双版纳作为通往东南亚的门户,发展旅游循环经济具有重要的战略意义。一方面,旅游产业的规模涉及社会的方方面面,并且物质消耗量较大。旅游循环经济通过输入端的低投入、过程中的高利用、输出端的低排放,实现各种资源的生态使用,可以推进建设节约型社会的总体进程,同时也能够逐步提高区域内部的环境管理水平。一方面,在旅游循环经济发展过程中,旅游循环经济以"6R"原则为核心思想,以最少地消耗能源和资源来实现旅游资源利用的最大化和节能、降耗、减污、增产的目的。因此,可以降低旅游企业的运行费用,降低生产成本。另外,通过 ISO14000 认证、"绿色环球 21"等一系列标准认证,就如同获得了一张国际服务业贸易的绿色通行证,可以极大地增强西双版纳旅游业的国际竞争力。

三、西双版纳发展旅游循环经济的 SWOT 分析

(一)西双版纳发展旅游循环经济的优势

西双版纳与东南亚国家联系紧密,是澜湄次区域的交通中心,具有优越的区位优势。拥有丰富的自然资源、人文资源,少数民族风情独具特色,且各种资源的组合条件较好。并且州内已开展了不同范围的热带雨林生态旅游、边境风情游、少数民族风情游,旅游设施初具规模,背靠国内的巨大客源市场,旅游业发展前景广阔。

(二)西双版纳发展旅游循环经济的劣势

西双版纳地处边疆高原山区,社会经济发展水平相对较低,总体经济实力有限,基础设施也有待于进一步加强和改善,这在一定程度上制约了旅游循环经济的发展。边疆特殊的地理位置积淀了浓郁的少数民族风情,但同时也使人们的整体素质不高,观念更新速度较慢,生态保护和环境保护的观念意识不

强。旅游业虽已取得一定的成绩,但没有形成有竞争力的精品和高端产品,而且具有专业技能的科技人员和管理人员较为缺乏。

(三)西双版纳发展旅游循环经济的机遇

1.国家

我国正在建设资源节约型和环境友好型社会,国家已将循环经济纳入发展规划之中,把建设资源节约型、环境友好型社会作为基本国策国际国内形势为发展旅游循环经济提供了良好的机遇。国家也已经制定了《清洁生产促进法》《环境影响评价法》等相关法律,为西双版纳循环经济的开展提供了一定的智力支持。还开展了广泛的旅游循环经济的理论研究和实践研究,为西双版纳旅游循环经济的发展提供了可借鉴和学习的经验。

另外,旅游是现代生活中人们休闲的主要方式,人们越来越关注旅游环境的质量,对旅游环境的要求也越来越高,并且生态旅游绿色旅游、低碳旅游日益成为旅游的新潮流,这些都为西双版纳旅游循环经济的发展创造了条件和环境。

2.省内、州内

云南省委、省政府明确提出了加快旅游业快速发展的战略决策,西双版纳州委、州政府也相继出台了《关于进一步加快旅游产业发展的决定》《西双版纳旅游再创辉煌行动计划》,为实现旅游业的新跨越创造了前所未有的有利条件,同时也带来了前所未有的机遇。

云南省已经把普者黑旅游区列为全省唯一的旅游循环经济示范点,可见省委、省政府对发展旅游循环经济的重视,并且普者黑旅游区的循环经济的发展建设也成为现实的案例教材。

(四)西双版纳发展旅游循环经济的挑战

西双版纳与周边国家的联系虽较为密切,但也有很多具体问题存在。比如,边境毒品问题尚未彻底解决、金三角地区政局的不稳定、区域合作开发过程中各国利益协调的问题等等。旅游市场的竞争越来越激烈,而西双版纳的旅游产品结构单一,目前大多以观光游览为主,缺乏与边境文化特色、热带雨林特色、茶文化相对应的旅游精品和高端产品。发展旅游循环经济需要一定高科技的技术支撑,能源的节约利用、清洁交通工具的设计都对清洁技术提出了新的挑战,从西双版纳的现状考虑还有一定的差距,对西双版纳旅游循环经济的发展提出了更高的要求,见表9.1。

表9.1　西双版纳旅游循环经济发展 SWOT 分析

SWOT 分析		西双版纳旅游循环经济发展
优势	区位优势	边疆内连外通的门户要冲
		可选择多种交通方式、游程
	资源优势	特有的热带雨林和动植物资源
		民族文化特色鲜明
		人文旅游资源丰富多样
		旅游气候条件优越,一年四季均可旅游
	发展优势	旅游业发展的知名度日益提升
		旅游基础设施条件日益改善
		旅游客源市场开发空间广阔
	政治优势	国家、省、州均重视旅游业的发展
		与周边国家联系紧密
劣势	区位劣势	地理区位偏远,交通成本较高
	开发劣势	旅游资源发掘不够深入
		旅游宣传力度不够
		旅游形象内涵有待进一步提升
		景洪城市建设缺乏民族特色和吸引力
	经济劣势	周边国家区域旅游合作中的利益、签证手续等问题
		州内以农业为主,经济实力有限
	人员方面	人口素质不高,专业人才较为匮乏
机遇	背景环境	西部大开发和中国加入世界贸易组织
		中国—东盟自由贸易区的构建
		澜湄次区域旅游合作的深入
		生态旅游逐渐成为现代旅游的新潮流
		旅游循环经济建设日益兴起
	区域环境	云南旅游"二次创业"
		州政府再创旅游新辉煌的总动员

续表

SWOT 分析		西双版纳旅游循环经济发展
挑战	资源方面	旅游资源开发和保护的矛盾
		民族文化、热带风光等旅游资源的创新性开发
	市场方面	周边各地旅游业发展迅速，竞争激烈
	技术方面	旅游高科技带来的挑战

第二节　西双版纳旅游业与旅游循环经济现状

一、西双版纳旅游业发展现状

（一）西双版纳旅游业发展总体概况

西双版纳旅游业起步于 20 世纪 80 年代中期，旅游业发展已具备一定的产业规模，形成多元化、多层次的产业体系。2014 年，西双版纳接待国内外游客 1700.2 万人次，增长 13.8%；实现旅游综合总收入 228 亿元，比上年增长 32.8%[1]。截至 2014 年 4 月，建成规模较大的各类旅游景区（点）17 个，其中：AAAAA 级景区 1 个，AAAA 级景区 9 个，AAA 级景区（点）2 个，AA 级景区 2 个，A 级景区 3 个。拥有观光、民俗、生态、民族婚礼、边境异国风情、专题科考、商务会议等八大旅游产品和旅游东环线、西环线、绿色旅游线和国际旅游澜沧江·湄公河水上旅游线、陆路旅游环线，五个国内国际旅游环线。旅游车辆 800 多辆，旅游车座位数近 10000 个，运输能力 9580 万人每千米，开通了中缅、中老边境旅游口岸三个。已基本形成了包括吃、住、行、游、购、娱六大要素，配套较为齐全，能开展热带雨林风光、边境旅游、民俗旅游、科考旅游、生态旅游等的产业体系，形成近百亿元旅游企业的固定资产，解决了近 10 万人的劳动就业。

（二）西双版纳旅游业发展经验及教训

经过多年的发展建设，西双版纳州旅游业旅游基础设施有了较大改善，旅游接待水平不断提高,建成了一批具有一定规模和档次的精品景区景点,基本形成集食、住、行、游、购、娱于一体的旅游接待设施体系。景洪市成为第一批中国优秀旅游城市,西双版纳热带植物园、西双版纳傣族园、西双版纳原始森林公园、西双版纳热带花卉园、野象谷均成为国家级 AAAA 级以上景区。纵观近 20 多年来西双版纳旅游业的发展,依照加拿大学者巴特勒的旅游地生命周期理论[2],西双版纳旅游业经历了探索期、发展期、停滞期到现在的振兴期,拥有过成功经验,也有不少失败的教训。其成功经验可归结如下:首先,政府高度重视,无论是省委省政府,还是州委州政府都相当重视西双版纳旅游业的发展,并把其作为重要事务列入年度工作计划。其次,业内学者对版纳旅游业的高度关注,在西双版纳旅游业各发展期依据重大事件及时调整相关策略,促进了旅游业的进一步发展,如当发现西双版纳旅游业进入停滞期后不少业内知名学者提出了西双版纳旅游业综合治理的对策,及时推进了西双版纳旅游业,使其顺利由停滞期走向振兴期。最后,各旅游行业管理者集思广益,总结工作得失,积极创新。教训最主要的是:首先,旅游管理制度不健全,管理层次细化不足,导致了整个西双版纳旅游业发展的效率低下,发展速度缓慢。其次,没有建立旅游预警系统,所以不能及时掌握西双版纳旅游业发展的动态,以至于在快要出现旅游停滞期时未能及时得到确切信息而做出相应的调整。

(三)西双版纳旅游业发展存在的问题

西双版纳旅游业尽管取得了不少成绩,但仍然存在如下问题:

(1)对外开放与区域合作步伐缓慢,旅游产业发展观念有待更新。主要表现为市场观念不强,危机感不强,长远效益观念不强,旅游资源保护与大旅游观念不强;针对热带雨林产品缺乏对旧有旅游产品的整合和对新旅游产品的创新突破,对热带雨林的环境监控技术落后,不能及时掌握环境变化信息,导致旅游者集中区域环境生态功能的部分缺失,进而影响热带雨林的整体功能。旅游业在对外开放的领域、范围、手段和力度等方面尚有较大差距,参与市场竞争的能力不强,对外开放的政策不配套,国际合作尚处于起步阶段,用于邻国旅游市场的促销费用和力度不够,在西双版纳范围内旅游的越南、缅甸、老挝、泰国等东南亚国家游客稀少,和其作为边疆区位该有的客源量不匹配,远不适应建设旅游支柱产业的需要。

(2)旅游产业发展机制亟待完善创新。旅游产业发展的投入仍然没有摆脱依赖政府的格局,市场作用在旅游生产要素配置中的基础性作用未得到充分发挥,符合市场经济要求的投融资手段和吸引、带动社会资金投入的机制尚未形成。政府主导、企业参与的宣传促销活动的力度不够,企业的创新积极性没有充分调动起来;旅游景区景点,特别是具有一定知名度的老景区景点,如野象谷、勐仑植物园、橄榄坝等传统景点在参与性、档次、品位和内涵扩展充实方面缺乏创新;旅游商品的设计、开发和营销十分薄弱,无西双版纳特色的旅游商品和纪念品精品;旅游企业的经营管理能力较弱,没有形成有竞争力和综合服务能力的大型旅游企业;旅游产品结构单一,特色旅游产品不突出,热带雨林产品、南传上座部佛教文化产品、傣家传统文化体验产品等开发不足,产品科学内涵挖掘不到位,旅游产业的综合经济效益不高。

(3)旅游环境保护力度亟待加强。在旅游开发和景区景点建设中资源和环境保护重视不够,重新景区景点开发,轻老景区景点的改造和提升。现有部分景区景点环保及卫生设施缺乏,污水、垃圾处理设施及生态保护等方面还比较落后,部分景区开发建设影响和破坏了旅游资源环境。

(4)旅游管理水平有待提高。政府对旅游业宏观管理和组织协调较乏力,导向性政策和管理法规的制定滞后于旅游业发展的需要;部分旅游规划缺乏统筹布局和科学论证;景区景点管理粗放、条块分割、恶性竞争;行业指导协调和监督检查力度不够,旅游服务标准体系不健全,旅游执法力度不足,旅游信息系统不完善,服务意识有待加强。

(5)从业人员素质不能满足旅游产业升级的需要。旅游从业人员与较为发达的地区和国家之间存在着明显的差距。旅游管理人员专业知识和管理水平较低,服务意识不强;企业管理人员市场营销观念不强,经营管理能力低,对旅游市场信息跟踪及反馈不到位;基层服务人员普通话普及率低,文化知识欠缺,旅游服务技能不高;再加上西双版纳边疆高原特点及少数民族众多的特点,致使旅游景区所在地群众缺乏从事旅游业的必要知识、技能和服务意识。

(6)旅游基础设施建设薄弱。西双版纳地区整体经济水平现状导致了其部分地域基础设施的不完备,而品位高的旅游资源主要分布于经济不发达县域,致使一些景区景点的通达性较差,基础设施不完备,与其配套的旅游服务设施不能满足游客的需要。

二、西双版纳旅游循环经济发展现状

近年来,西双版纳认真实施生态立州战略,充分利用所拥有的生态资源、气候环境资源以及独有的民族文化资源,将环境保护治理、生态恢复与传统文化中的生态观有机结合起来,把生态文明建设融入经济建设、政治建设、文化建设、社会建设的全过程。在自然生态旅游和旅游城市建设,各旅游景区的提升改造,生态旅游、绿色旅游产品等的推进中,已经初步体现了旅游循环经济基本思想,促进了经济效益、生态效益和社会效益的持续发展。

《西双版纳州旅游强州战略行动方案(2011—2015)》的实施意见中提出,将西双版纳建设成为"世界知名、中国一流"的国际生态旅游城市,建立最严格的生态环境保护机制,加大生态环境执法力度,扎实抓好交通干道、城市道路、景点景区、江河两岸、湖泊水库的绿化与保护工作,推进热带雨林生态恢复建设。开展保护生态、爱护环境和节约资源的宣传教育。大力开展生态村、生态乡镇示范创建活动,加强城乡环境综合整治,坚持走生态建设产业化、产业发展生态化的路子。发挥旅游构建"两型社会"的突出功能,把旅游业建设成"资源节约型和环境友好型"的示范性行业,把"两型目标"作为旅游业发展的内在要求。树立低碳旅游理念,倡导低碳旅游行为,研发低碳旅游技术,建设低碳旅游项目,实现低碳旅游目标。在旅游用地的环境脆弱区域,包括西双版纳国家森林公园、城市湿地等,开展"旅游循环经济"试点工作,使旅游业与自然生态环境无缝对接,取得了较好成效。

1.生物多样性保护得到了加强

全州已建立国家、省、州、县(市)四级1367.4万亩公益林体系,累计完成天保工程公益林231万亩和退耕还林27.2万亩,新增造林地面积206.6万亩,1669.6万亩天然林资源得到有效保护,全州森林覆盖率达78.3%。自然保护区建设和管理得到加强,保护区面积不断扩大,保护区网络体系建设不断完善。全州已建成国家 A 级旅游景区(点)17 个,其中以热带雨林观光和生态体验为主的景区(点)与勐仑植物园、野象谷、原始森林公园、望天树、雨林谷等,这几大景区(点)在全州旅游业发展中起着领军作用。

2.野生动物种数数量不断增加

野生亚洲象的种群数量增加到 250 余头,印度虎回归,桃花水母浮现等野生动物种类扩大,动物交流活动范围不断拓展。率先实施了野生动物公众责任保险,将野生动物对群众造成的损失用责任保险的形式进行赔付,有效保护了群众合法利益。

3.节能减排工作取得实效

西双版纳傣族园对景区 100 余块引导标识进行了更改和更新,加强引导标识的艺术性,突出景区的文化性。对公厕进行了维修,添置了挂衣钩等,购买了 30 个环保型樟木垃圾箱和 80 个竹编垃圾箩。与此同时,西双版纳州正在整个州内积极探寻绿色饭店创建思路,对星级酒店进行节能改造。

第三节　西双版纳旅游循环经济发展战略选择

一、西双版纳旅游循环经济发展的指导思想

(一)可持续发展的指导思想

旅游循环经济的发展需要以可持续发展作为根基,紧紧围绕可持续发展的核心问题并结合西双版纳旅游资源特色,发展旅游循环经济,实现西双版纳旅游资源的持续利用,保护生态环境,在旅游业发展的全过程中实现人与自然的和谐。

可持续发展的内涵之一:要求树立正确的发展观,实现"以人为本,全面、协调、可持续发展",建立客观的发展模式和体系,包括资源、环境、社会、人口、经济、信息等高度统一的现代发展模式。内涵之二:树立正确的生态观,建立自然生态系统与社会生态系统和谐共处的大生态观,纠正社会生态系统凌驾于自然生态系统之上的错误观点。内涵之三:树立正确的伦理观,克服"人类中心主义"和"自然中心主义",建立尊重、珍惜、保护自然的文化伦理道德体系。内涵之四:树立正确的代际观,建立世代延续的人类发展体系。内涵之五:树立正确的全球资源公平观,建立全球资源保护行动和环境公平、正义行动体系。内涵之六:树立正确的消费观,建立绿色消费体系。

西双版纳发展旅游循环经济,必须贯彻可持续发展的六个内涵,在旅游循环经济发展过程中体现科学、合理的发展观、生态观、伦理观、代际观、公平观及消费观,实现西双版纳旅游业的可持续发展。

(二)旅游业"二次创业"的指导思想

实现旅游业"二次创业"是云南省第八次党代会提出的,旨在促进文化与旅游结合,全面提升产业素质和文化内涵,提高产业发展质量和水平,努力实现从旅游大省到旅游经济强省的跨越。实施旅游业"二次创业"战略对西双版纳旅游经济的进一步恢复起到了至关重要的作用,涉及了许多重大旅游项目和相关设施的建设及维护、旅游节庆活动的增加、旅游信息系统的建设等,所以,西双版纳发展旅游循环经济必须在旅游业"二次创业"的背景下,实现西双版纳旅游业"提质增效"的目标,并严格按照西双版纳旅游产业转型升级的具体要求,严格管理,创新技术,以"6R"原则为标准,通过旅游循环经济的发展,加快西双版纳旅游业规划目标的实现,把西双版纳州建设成为云南省的精品旅游目的地和出入境客源集散地。

根据以上分析结论,按照旅游循环经济的运行体系和基本模式,西双版纳发展旅游循环经济应坚持以下指导思想:发挥民族生态文化的行为规范作用,整合利用国家级生态示范区、七彩云南保护行动、新农村建设等方面的资金,加强国家交流与合作,以"6R"为基本原则,以热带雨林生态系统和民族文化保护为核心,以环境友好型旅游产品体系建设与创新为主线,以绿色旅游企业创建为切入点,以生态型旅游村寨、环境友好型旅游小镇、绿色旅游城市建设为重点,构建旅游循环经济的支撑体系,培育"雨林秘境,绿色天堂,民族乐园,柔情傣乡"的旅游品牌,推进西双版纳旅游可持续发展资源节约与环境友好型社会建设、大湄公河次区域生物多样性走廊带建设。

二、西双版纳旅游循环经济发展的战略选择

（一）西双版纳旅游循环经济发展战略选择原则

1.生态、社会、经济效益统一原则

发展西双版纳旅游循环经济最终目标是达到西双版纳州整体和谐地发展，也就是常说的实现生态、社会、经济效益的统一。所以，在制定和选择西双版纳旅游循环经济发展战略的过程中必须依照系统的观点，在旅游业系统内实现能量流、资金流、信息流、物质流的循环畅通，使支撑旅游业发展的各相关行业之间形成开放的、信息互通的、资源互利的循环系统，各旅游行业小系统之间协同进化，共同促进旅游业系统的生态平衡，实现发展的可持续性。再通过旅游业循环系统的拉动作用，促进西双版纳州农业、工业发展的生态化并进一步实现服务业的现代生态化，最终实现整个区域内各产业的协同发展，达到三大效益的统一。

2.统筹规划、突出特色原则

科学合理的规划是实现旅游循环经济发展战略的关键。旅游业关联性强的特点决定了旅游循环经济发展的多系统性和多层次性。西双版纳旅游循环经济发展必须结合西双版纳州自身的自然资源、生态环境和社会经济条件等特征，选择突出当地特色的发展战略，充分发挥各旅游资源优势，在多个领域、多个层次确定发展目标和建设重点，科学制定旅游循环经济发展总体规划，选择不同的发展模式和配套技术，科学合理地调整旅游区域内的产业结构和布局，以实现整体效益最大为原则，以旅游业系统内部资源的循环利用为纽带进行产业集群，建立地方特色的产业布局及发展模式，实现西双版纳州的可持续发展。

3.动态提升发展原则

发展旅游循环经济是一个动态的过程，它随着区域内经济的发展而不断向前推进和深入。西双版纳旅游循环经济发展取决于西双版纳地区经济的整体发展和旅游业的发展速度，所以，旅游循环经济的发展应当是一个动态的发展过程，必然经历从发展初期的探索阶段到成熟期的规范阶段，旅游循环经济发展战略也必然要依据西双版纳经济发展的不同背景进行调整，如旅游循环经济发展模式、旅游循环经济发展指标等,使其最终成为科学的、合理的、完整的旅游循环经济发展范式。因此,西双版纳旅游循环经济发展战略必须依据动态发展原则,做出相应的变动。

(二)西双版纳旅游循环经济发展战略

根据地区实际,西双版纳旅游循环经济的发展还应坚持以下基本战略:

(1)生态文化驱动战略。民族生态文化作为适应生存环境的能动成果,维系、调适着人与自然生态的适应,解决着人与自然的矛盾,具有特殊的文化价值与社会功能。民族生态文化是各族人民自发进行环境保护的思想基础和行为规范,同时也蕴含着朴素的循环经济思想。西双版纳应该充分利用根植于各族群众心底的生态文化来推进旅游循环经济的发展。这主要包括三个方面:一是利用民族生态文化对各族群众进行旅游循环经济的动员宣传;二是利用民族生态文化对外来游客、旅游从业人员进行旅游循环经济的宣传教育;三是从民族生态文化中汲取营养,构建符合地方实际的旅游循环经济发展模式。

(2)环境保护为本战略。旅游资源与环境是旅游业赖以生存和发展的物质基础,保护旅游资源与环境、保证旅游资源与环境的永续利用是旅游循环经济的核心内涵。对于西双版纳来说,最重要同时也最脆弱的两类旅游资源就是热带雨林与民族文化。因此,采取切实可行的措施保护热带雨林生态系统和民族文化遗产,结合旅游产业的发展探索其环境友好型利用方式,建设以热带雨林探秘、原生态民族文化体验为代表的环境友好型旅游产品体系,就成为西双版纳旅游循环经济发展的首要任务。在环境保护方面,西双版纳应加强生态保护与建设,遏制生态脆弱化趋势,加大环保基础设施建设力度,加大城乡环境综合整治,加大污染防治力度,为旅游业发展提供良好的生态环境。

(3)绿色产品创新战略。在注重旅游资源与环境保护的同时,旅游循环经济还应该服务于绿色旅游产品与品牌建设,它的运行依靠绿色旅游产业体系来支撑。西双版纳旅游循环经济发展的绿色产品创新战略就是指通过发展旅游循环经济实现旅游企业管理的创新、旅游产品体系的创新、旅游形象与品牌的创新,即:通过创建绿色旅游企业来构建绿色旅游产业体系,推出真正意义上的热带雨林探秘之旅、原生态民族文化体验之旅、澜沧江·湄公河跨境之旅等主打绿色旅游产品,以及生态茶园采风游、绿特食品购物游等新兴绿色旅游产品,以产品引导旅游市场,共同塑造以"雨林秘境,绿色天堂,民族乐园,柔情傣乡"为主题的绿色旅游品牌,推进西双版纳旅游业再创辉煌与可持续发展。

(4)产业耦合互动战略。旅游业的关联带动作用十分明显,同时,旅游循环经济要求通过产业之间的耦合实现物质的闭路循环与资源的充分利用。因此,西双版纳旅游循环经济发展中应注意旅游业与其他产业之间的互动,以推进旅游产品创新、提高产业附加值,如旅游与绿特食品加工业的互动可以催生新的工业旅游项目,丰富旅游活动内容与购物类型,促进绿特食品的宣传与销售。同时,还应重视通过构建产业链、耦合共生来提高资源利用率、实现循环利用,如傣族园的农业为傣家乐提供绿色食品,傣家乐的食物残渣经处理进行生态饲养,粪便及其他废弃物进入沼气池,产生绿色能源、处理废弃物的同时还为农业提供了沼肥、沼液。

(5)资源整合利用战略。旅游业具有综合性、关联性,旅游循环经济也表现出这一特征,与环境保护、生态建设、城乡建设、其他行业循环经济等关系密切。为了克服资金、技术上的困难,提高资源的利用效率,西双版纳旅游循环经济发展中应采取资源整合的战略,充分利用相关领域的资金、人才、设备与技术。这些领域包括"五创"(最佳旅游城市、国家环保模范城市、国家园林城市、国家卫生城市、全国文明城市)、自然保护区、国家级生态示范区、七彩云南保护行动、发展循环经济、社会主义新农村建设、环境优美乡镇建设、云南省生态乡镇、旅游小镇建设、退耕还林、天然林保护、兴边富民工程等等。

(6)国际交流合作战略。西双版纳是中国参与 GMS 合作和东盟自由贸易区建设的重要地区,在次区域合作框架内已经成功实施了包括旅游规划、生态建设、教育培训在内的多个项目,还争取到了以 GTZ(中德热带雨林保护与修复项目)为代表的一系列国际项目。同时,特殊的地理位置和环境条件造成东南亚区系和印缅区系的动物溯谷伸延至此,是生物多样性形成的重要原因;地处"黄金水道"湄公河上游的西双版纳生态环境保护状况与水环境质量,将会直接影响下游国家的利益,并影响中国与这些国家之间的睦邻友好关系。因此,西双版纳旅游循环经济发展中应坚持国家交流合作战略,加强与其他国家特别是次区域各国在技术、人才、资金领域的交流与合作,共同维护次区域的生态安全,促进次区域的经济发展与社会进步。

(三)西双版纳发展旅游循环经济的基本模式

旅游循环经济发展的代表性模式包括节能降耗模式、清洁生产(绿色旅游企业)模式、代谢共生(旅游循环经济园区)模式。西双版纳应该结合自己的实际推进以上三种方式的旅游循环经济实践。如在节能降耗方面,西双版纳应以企业节约经营成本、增加经济效益为动力,采取经济奖励、信息服务等措施,重点推进旅游饭店、餐饮场所的空调设备改造、节能管理水平提高、绿色建筑推广。

除了上述三种模式,西双版纳发展旅游循环经济的基本模式还包括生态型旅游村寨模式、环境友好型旅游小镇模式、绿色旅游城市模式。

1.生态型旅游村寨模式

生态型旅游村寨模式是以传统农业生态系统为基础,结合旅游接待、新农村建设而形成的旅游循环经济模式,以西双版纳傣族园五个傣族村寨为代表。该模式的核心是传统农业生态系统,即"竜林——坟林——佛寺园林——竹楼庭园林——人工薪炭林——经济植物种植园林——菜园——鱼塘——水稻田"。在继承其优点的同时,该模式又从传统生态文化中得到启示,结合新农村建设完善了废弃物处理设施(如沼气等),提高了生态效率,实现了物质封闭循环,将旅游活动产生的环境影响控制在较小的范围内。该模式应用范围最广,适用于开展旅游接待、距离城镇较远的民族村寨。

2.环境友好型旅游小镇模式

环境友好型旅游小镇模式是推进城镇化进程与旅游产业发展的产物,是结合环境优美型乡镇和旅游小镇建设提出的新型旅游循环经济发展模式。这种模式以西双版纳优美的热带亚热带风光为依托,在环境优美乡镇建设的基础上,结合城镇建设与旅游发展,完善旅游接待设施与环境卫生设施,实施清洁生产与绿色消费,推进废弃物的最小化、无害化与资源化处理,并与城镇的其他特色产业(如茶叶种植与生产、热带水果种植与加工)形成耦合关系,建设自然风光优美、民族特色明显、旅游设施完善、环境友好的旅游小镇。该模式适用于列入旅游小镇建设名单的勐罕、勐仑、易武,也适用于具有一定旅游产业发展基础的城镇(如勐腊、勐海、打洛、磨憨、关累等),以及具有旅游发展潜力的各个乡镇(如大渡岗、大勐龙、勐遮等)。

3.绿色旅游城市模式

绿色旅游城市模式是区域性旅游中心城市(景洪)实践旅游循环经济的基本形式,它以基础设施体系的生态化为基础,以政策法规、科学技术、公众参与为保障,构建包括旅游业在内的生态服务业、生态工业、生态农业的产业循环体系,构建高效率的流转系统,实现整个生产、销售和消费、使用及废弃物回收、资源化、再利用。该模式是一种综合性的模式,是旅游循环经济在社会层面上的实现途径。它集中了节能降耗模式、清洁生产(绿色旅游企业)模式、代谢共生(旅游循环经济园区)模式,是旅游小镇模式的提升。对于景洪而言,应抓住"五创"的历史机遇,建立健全相关法规制度,完善生态化的基础设施体系,优化景观生态格局,彰显"绿色景洪·柔情傣乡"的特色,积极宣传绿色消费,建设成为中国最佳旅游城市、面向南亚东南亚的区域旅游中心。

三、西双版纳旅游循环经济发展战略的实施

(一)从宏观层面上构建西双版纳旅游循环经济运行系统模式

要实现西双版纳旅游循环经济的顺利发展,必须积极调动当地所有支持力量,从大背景方面构筑多系统模式,最大限度支持旅游循环经济的发展,不断完善各小系统,最终得到科学、合理、规范的西双版纳旅游循环经济"自然—社会—经济综合系统",实现旅游业生态、社会、经济三效益的统一。

依据西双版纳旅游业发展的现有条件,构建由动力系统、支持保障系统、参与系统、旅游循环系统四系统共同组成的西双版纳旅游循环经济综合系统发展模式[3](见图 9.1)。

西双版纳旅游循环经济综合发展模式的核心是旅游循环系统,即通过动力系统、支持保障系统、参与系统的帮助,促使旅游循环系统运转起来,并进一步促进以上三个系统功能的完善,动态地完善西双版纳旅游循环经济综合体

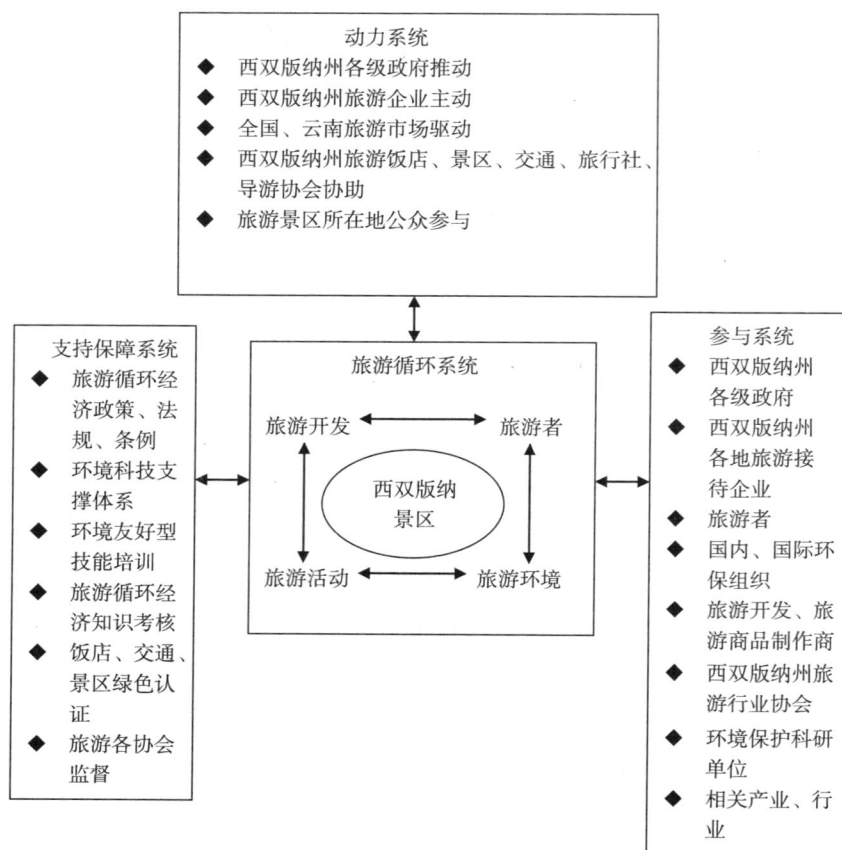

图 9.1 西双版纳旅游循环经济综合系统发展模式

系。在整个系统中有三个重要角色：西双版纳州各级政府、旅游行业协会、旅游企业，它们是旅游循环经济发展的主要推动者及承担者。首先，西双版纳州各级政府必须把与旅游循环经济相关的事项纳入年度工作计划表，督促各相关部门制定与之配套的政策及规章制度，向实施循环经济的旅游企业颁发绿色通行证，作为减免税收和特别经济补贴的凭证，同时鼓励环保组织和旅游业相关产业在技术和培训上的支持。其次，旅游行业协会要与各级政府进行良好沟通，着实汇报各行业旅游循环经济的年终总结，监督各旅游企业循环经济实施情况，如节能改造、垃圾回收率、垃圾再利用率、旅游商品包装材料标准等项目，给予尚不具备发展循环经济的旅游小型企业技术和培训等方面的支持，主动参与到旅游循环经济建设中,做好引导作用。最后,旅游企业是旅游循环经济建设的落实者,要具有积极主动性,要严格遵循"6R"原则,从物质的输入端、过程、输出端三环节做到节约化、循环化,培训员工包括环境友好型技能及旅游循环经济相关知识的培训,使循环理念深入人心。

二、从行业具体层面实施西双版纳旅游循环经济行业认证制度

制定旅游各行业循环经济发展标准,有助于进一步完善西双版纳旅游循环经济综合系统,从旅游业发展的具体行业层面实现旅游循环经济。旅游循环经济认证制度应当因地制宜,突出西双版纳特色,根据西双版纳的生态环境和资源特点,从旅游环境、旅游氛围、交通、自然生态环境、文化环境等方面着手,围绕《西双版纳傣族自治州旅游业发展规划》,以"美丽神奇的西双版纳"品牌,以"热带雨林、避寒胜地、和谐家园、神秘风情"为主题,以澜沧江—湄公河次区域旅游合作,澜沧江—湄公河黄金水道和昆曼国际大通道建设为契机,按照"做强景洪,做大勐海,做精勐腊"的思路,减少土地等资源的占用,采用节能降耗技术,减少水、能源的使用,加强可再生能源如太阳能、沼气的使用力度,减少污染物的产生,提高资源使用效率,把对生态环境的影响降到最低。

其次,认证制度要针对旅游业六大要素制定相应检查监督标准,如针对旅游餐饮行业和住宿业制定排污达标标准,包括废水、废气、食物残渣的达标情况。针对旅游景区制定景区资源安全标准,保护珍稀濒危动、植物和重要文化景观,杜绝存在环境隐患的旅游活动。

最后,通过认证制度加快绿色饭店的创建,督促饭店通过 ISO14000 认证。

三、建立健全循环经济评价指标体系,促使传统 GDP 向绿色 GDP 转变

西双版纳旅游业正在逐步转变过去的粗放式的发展方式,向可持续旅游发展转变,发展旅游循环经济无疑可以加速转变。依据西双版纳旅游业背景,从经济指标、社会指标、生态指标三个方向建立健全西双版纳旅游循环经济发展评价指标体系(见表 9.2),并细化其指标内容,改变传统统计方式,促使传统 GDP 向绿色 GDP 转变,避免旅游资源的粗放式开发而带来的环境效益的

损伤,保证西双版纳高品位的旅游环境质量。

表9.2 西双版纳旅游循环经济发展评价指标体系

	一级指标	二级指标	三级指标
西双版纳旅游循环经济指标体系	经济指标	经济发展指标	绿色 GDP 增长率
			带动第一、二产业产值增长率
			旅游业产值年增长率
		旅游收入指标	旅游收入年增长率
			旅游创汇年增长率
			旅游人均消费水平
			旅游从业人员人均旅游收入
		旅游投入指标	旅游固定资产投资额
			旅游循环经济科研经费投入增长率
			环保投入年增长率
			环保投入占旅游收入的比率
	社会指标	旅游就业指标	旅游业就业人数占全州就业人数的比例
			旅游就业人数年增长率
			旅游从业人员学历构成
		旅游效率指标	游客及当地居民满意度
			旅游区社会经济进步度
		行业管理指标	旅游法规、制度、条例健全度
			旅游循环经济法规、制度健全度
			绿色旅游企业(包括绿色饭店)比例
			通过 ISO14000 认证的旅游景区比例
	生态指标	资源利用指标	可再生资源利用率
			节能比例
			垃圾分类处理率
			垃圾资源化率
			垃圾及废弃物资源化年增长率
		旅游环境指标	森林覆盖率或绿地率
			旅游区裸地率
			大气环境质量达标率
			地表水水循环达标率
			噪声功能区达标率
			土壤理化性质和肥力
			生态厕所比例
		环境承载力指标	旅游区环境承载力增减率
			旅游区游客量/旅游区旅游环境容量比值

第四节　西双版纳旅游循环经济发展的支持系统

发展旅游循环经济是集经济、技术和社会于一体的系统工程。西双版纳旅游业发展循环经济需要政府、企业、科学界、公众的共同努力。通过企业的微观层面、产业的中观层面和社会的宏观层面的不同角度，建立法规制度、开发绿色技术、鼓励公众参与等措施来共同构建旅游循环经济发展的支持系统，共同推动旅游循环经济取得长足发展。

一、政府层面支持系统

旅游循环经济在西双版纳尚属于新事物，人们的环境意识还没有达到一定的水平，对循环经济缺乏了解，这就需要发挥政府的导向和规范作用。通过鼓励与限制相结合的手段，形成旅游循环经济发展的导向机制；强化法律法规的规范作用，为旅游循环经济的发展创造良好的外部环境。德国、日本、美国等发达国家在推行循环经济过程中，也都借助了法律的作用。因此，政府的政策、法律法规是推动循环经济发展的重要保障，是各项工作实施的支撑条件。

（一）政府要把旅游循环经济发展纳入重要议事日程

由于西双版纳地处的边疆高原山区尚属经济欠发达地区，人们的收入水平低，收入来源单一，旅游业的开发被赋予了太多经济利益的期望。因此，开发者们很容易忽略环境承载量、生态安全等问题，盲目地或者是不科学地进行旅游开发。

各有关部门要按照"做强景洪，做活勐海，做精勐腊"的目标，围绕"一个中心"、"二个区域"、"三大片区"、"五大精品旅游线"的总体空间布局，优化旅游资源配置，将旅游循环经济的发展理念引入、贯彻到建设的全过程中，做好土地利用的规划，在建设过程中坚持"低投入"、"高利用"，杜绝和制止不合理的重复建设和无序建设。

政府要把旅游循环经济发展纳入重要议事日程,将《云南省西双版纳傣族自治州旅游业管理条例》尽快作出相应的调整,引进环境管理标准(ISO14000体系)认证和"绿色环球21"等国际认可的相关评估认证标准。对旅游企业的日常经营行为以及废弃物处理、清洁生产等做出具体的规定,并加快地方法律法规的制定和出台。通过制定地方法律法规体系来规范并限制与规划企业行为,甚至政府行为,从而影响公众的行为,在全社会形成节约资源、循环利用的局面。

其次,逐步对试点景区(点)、生态园区、景洪市研究的基础上,加快建立旅游循环经济法律体系以及旅游循环经济发展体系。建立起绿色资源制度、绿色产权制度、绿色产业制度、绿色生产制度、绿色消费制度、绿色包装制度、绿色回收制度、绿色财政制度、绿色税收制度、绿色投资制度等一整套绿色制度体系,为旅游循环经济的发展寻求保障。

(二)旅游循环经济的发展打造经济平台

国外循环经济发展较好的国家大多通过一系列的经济政策,如实行可交易的资源配额,对资源进行全成本定价,充分利用价格、税收、财政、金融手段等来刺激循环经济的发展。

对于西双版纳来说,首先要解决投融资的问题。循环经济的发展需要一定的资金支持,而西双版纳的农业是支柱产业,工业、商贸不发达,经济实力有限[4]。所以,政府要加大招商引资的力度,扩大投融资的渠道。利用有吸引力和发展潜力的旅游循环经济发展项目,有计划、分层次地对外宣传,政府出面进行招商引资,为旅游循环经济的发展打造经济平台,从而加快绿色旅游饭店和企业等旅游循环经济发展载体的建设力度。并且通过引资投入,延伸产业链,提升档次,不断放大产业优势。围绕州内的橡胶、热带水果、花卉、生物制药、制茶等优势特色产业,在具备条件的基础上,提供财政支持和帮助,加强旅游业与其的耦合发展,努力放大产业优势,进一步形成集群效应,实现整个经济发展过程中"低排放"的目标。

其次,根据地方旅游业发展的需要和特征选择适当的经济政策来推进旅游循环经济的发展。如财政补贴、投资倾斜政策以及低息、无息贷款和减税政策、可归还的保证金法、资源回收鼓励制度等经济手段,对符合旅游循环经济运行原则的行为和旅游企业进行鼓励,对不符合运行原则的行为进行限制。还可以通过实行办理排污许可证或交纳排污管理费以及垃圾处理费、征收填埋和焚烧税等方式,进一步规范旅游景区(点)和旅游企业的经营行为,整体推进旅游循环经济的建设发展。

从长远来看,西双版纳要发展旅游循环经济,改革现行的经济核算体系也是其发展的关键之一。从旅游企业到地方政府应建立一套绿色经济核算制度,包括旅游企业绿色会计制度、政府和旅游企业绿色审计制度、绿色国民经济核算体系等等。核算体系改革的核心主要是针对传统国民生产总值统计的方法,因为这种统计方法没有扣除资源消耗和环境污染的损失,是一种非绿色的统计核算。因此,改变这种传统的核算方法将对旅游循环经济的发展产生潜移默化的影响。

另外,政府还应通过绿色采购来培育绿色产品、循环产品的市场,这对旅游循环经济的发展也具有重大的现实意义。通过政府的绿色采购,不仅为绿色旅游产品提供了发展的市场空间,使产品在市场竞争中可以拥有一席之地,而且政府的这一行为,也为全社会发展旅游循环经济发挥着表率作用。

二、鼓励旅游企业发展旅游循环经济

旅游企业是发展旅游循环经济的载体和关键环节,对旅游循环经济的建设有重要的影响。通过鼓励旅游企业发展循环经济,限制其资源浪费型或不节约型的发展模式,从而提高旅游企业的竞争实力,并使循环经济在微观层面上得到进一步推广。

(一)绩效评估

建立科学的绩效评估有利于贯彻和落实旅游循环经济理念,形成强有力的目标导向。科学的绩效评估和考核,可以将旅游循环经济发展的原则、要求转变成可以量化的目标体系,以形成正确的决策导向和工作导向。

从线性经济到循环经济的转变,更多地关注到生态效益和环境保护等方面,因此,旅游企业首先要突破的就是企业战略目标的制定。旅游企业绩效管理是以企业战略目标为引导,战略目标是否清晰可行将关系到绩效管理体系的成败。所以要将发展旅游循环经济、建设节约型社会的重要指标纳入各旅游企业目标责任制和干部考核体系中,理顺资源性产品价格,对新形势下的要求给予充分的重视和考虑。另外,在定义成功绩效标准时,还要坚持内外部评估相结合,引导旅游企业在创造企业经济效益、实现自身价值的同时,考虑外部的社会效益和环境效益。

(二)行业管理

首先,政府和相关上级部门要充分发挥优惠政策的鼓励、引导和扶持作用。研究制定适应新形势的政策体系,包括财政、税收、投资等来促进旅游循环经济的发展。

其次,建立良好的旅游企业运营机制,构筑生态设计、清洁生产、循环经济的旅游业动态发展体系。西双版纳旅游循环经济的发展不可能一步到位,结合实际情况,应该采取重点培育的策略。

比如,鼓励企业根据社会分工和自身情况的内在联系,建立符合旅游循环经济发展的生态网络,增强产业关联度,提高资源利用效率,减少废弃物,延长产品使用周期,促进企业间共享资源和互用副产品,为促进旅游循环经济的发展打好基础。选择有代表性的旅游发展项目,建立产业共生链,试点进行旅游循环经济运作。傣族园有限责任公司提出的打造橄榄坝大傣乡风情游的构想,就可以将旅游循环经济发展与旅游发展很好地结合,依托傣族园五寨为核心,展示千年南传上座部佛教的神秘奇异,以坝区 59 个傣族寨子为背景,展示竹楼文化的博大精深,以一江三湖(龙得湖,孔雀湖、象湖(曼桂一、二水库))打造水乡风情。还可以进行田园风光、稻耕文化、"竜山"文化等文化习俗的展示,可将这一景区(点)作为州内旅游循环经济发展的试点景区加以培育,寻找西双版纳旅游与宗教、旅游与农业、旅游与文化及其相互之间联动发展的有效模式,进而将经验和成果在全州推广,为旅游循环经济的全面开展打下一定的基础。

重点培育有实力和条件的综合型旅游企业,带头探索、践行旅游循环经济理念。近几年来,高速发展的金孔雀旅游集团从一个西双版纳原始森林公园景区,到收购野象谷景区、基诺山寨景区,创建中缅第一寨勐景来景区、云南野生动物园等,一路走来,发展成为目前拥有五个旅游景区(点)、十余家旅游企业的综合性旅游集团,经历了对外投资、收购,景区内部提升、改造等等一系列的大动作。由它推进旅游循环经济建设可以涉及旅游企业的多个层面,具有一定的实践和理论意义。目前,其主要的发展思路是"一线"——野象谷、基诺山、原始森林公园一线,"二翼"——以勐景来景区为主的西线和金三角航运公司为主的澜沧江·湄公河旅游线,还可以从旅游线路的规划、旅游产品的设计销售等方面推广绿色旅游、环境友好型旅游。

　　另外,制定旅游服务价格时也可以适当收取一定比例的费用,作为旅游发展的专项资金,既可以用于先进设施设备的引进和改造,环境的保护和美化,又可以用于对积极主动配合做到循环经济的员工的奖励,对环境保护观念较强的游客赠送纪念品等。

三、发展旅游循环经济的支撑技术

　　循环经济的技术体系是以提高资源利用效率为基础,作为科学技术发展方向的高技术发展,关注经济增长和以资源再生、循环利用和无害化处理为手段,以保护生态环境为目标,推进经济社会可持续发展[5]。关键技术的研究是旅游循环经济发展有力的技术支撑。要加快用高新技术和先进适用技术提升旅游循环经济发展的技术水平,并通过试点使示范的技术开花结果,发挥更大的作用。

　　(一)清洁生产技术的推广

　　清洁生产是一种全新的污染治理模式,它注重的是生产的全过程控制。在微观层面上,已被公认为是实现环境与经济协调发展的环境战略,是实现循环经济的关键因素。

　　西双版纳旅游循环经济发展过程中,清洁生产技术的利用主要体现在以下几个环节:

　　(1)清洁能源与原料。对在建或拟建的旅游饭店、旅游景区(点)要大力推广常规能源(如煤、石油等)的清洁利用,充分利用可再生能源(如太阳能、水能、风能等），如通过利用日光进行设施设计，可以节约大量的电能和热能。旅游酒店、餐饮及相关企业还可以利用太阳能热水器提供热水，使用太阳能干燥器干燥食品、餐巾、床单等物品，最大限度地利用无害无污染的自然能源。设计建筑的形式要符合西双版纳的整体风格，用料要选用本地的材料。对已有的企业逐步进行清洁生产的改造，争取使各项指标达到或接近国际、国家标准，并循环利用现有设施，建造满足基本功能需要的设施和发挥多种功能的设施。在傣族村寨中可推广生物质能利用技术，如沼气技术，秸秆、杂草、人畜粪便、垃圾、生活污水、工业有机废气物等都可以作为生产沼气的原料，既在一定程度上解决了旅游发展带来的垃圾问题，又可以提供无害、无污染的能源。

（2）清洁生产过程。在旅游开发建设、旅游服务与经营管理过程中，采用各种节能降耗、控制污染的技术，不断改进服务和完善管理。西双版纳是热带雨林旅游的胜地，拥有得天独厚的条件。因此，在旅游开发过程中要重视对生态环境的监测和防护，利用先进的技术实现开发与保护并重。景区内通过规划交通系统、自行车路线和步行道，禁止汽车进入景区，既节约能源，又降低对景区造成环境污染的可能性。在村寨旅游发展的过程中，应供应当地新鲜的食物以减少运输及冷藏的需要，减少能源消耗，并以此来带动村寨农业的发展。

（3）清洁产品。西双版纳应先组织星级宾馆的管理人员学习、借鉴全国开展"绿色饭店"创建活动中，如上海花园酒店将原来45克的肥皂改为30克的包装以及广西漓江大瀑布饭店改造中央空调系统后节电达22%等的经验，鼓励他们在不影响产品及服务质量的前提下，简化产品包装，充分利用易于回收、复用和再生的资源，减少一次性用品的适用范围和用量，尽可能实现多次使用或调剂使用，并将物品在使用后回收处理变为可利用的再生资源，从而达到降低成本、减少垃圾的目的，实现既定的经济效益和环境效益目标。对于旅游饭店，应鼓励其提供生态化服务，提供的食品全部是绿色食品或有机食品。在服务过程中，为游客提供必要的介绍和参考。就餐点菜时，力求经济实惠，营养配置合理，食品不浪费。餐后必须根据环保要求对快餐容器等进行有效处理，为游客提供周到的"打包"服务。

与循环经济发展的现状相比,西双版纳对于清洁生产技术的相关知识和理念,以及技术的运用、技术创新能力方面还存在一定的差距。因此,需要通过引进与投资等各种方式,与技术研发机构、高校等合作,形成企研学一体的发展模式,为西双版纳旅游循环经济的发展提供强大的智力支持和技术支持[6]。

（二）人文旅游资源的保护技术

西双版纳的少数民族风情、茶文化、橡胶文化是旅游发展的又一大亮点。对于这些人文旅游资源也要坚持开发与保护并重的原则,防止因过度的商业化开发,而使少数民族文化、民俗等失真,避免或者降低旅游开发带来的不利于地方传统文化传承的影响。

对于州内的文物古迹可通过引进先进的环境微振技术和纳米技术,有针对性地进行保护。另外,对于在长期历史中形成的人文景观,也要给予足够的重视和适时的保护。如西双版纳的傣族和布朗族村寨保存有风水林,与当地其他的景观一起构成了西双版纳独具特色的村寨——水田——丘陵——风水林的乡村景观[7]。因此,在傣族村寨旅游开发的过程中,要保持村寨的原始风貌,做好土地利用的科学规划,通过教育式、鼓励式的保护,形成正面积极的引导。对于茶文化、橡胶文化,可在适当选址的基础上,建立原生态的民族博物馆。或者对于人文旅游资源所在的区域划定一定的范围,进行原生态的保护。一方面保护了有形的人文旅游资源,一方面从自然环境、人文环境出发保护了特定区域的整体性,使无形的文化也得到了保护。

四、社会层面支持系统

旅游循环经济的思路和实践将大大调整现有的旅游产业结构,还将对人们传统的消费观和习惯形成冲击。加强宣传旅游循环经济的重要意义,普及旅游循环经济的基本知识,使政府决策者、市场投资者、企业和旅游消费者、市民公众等树立与旅游循环经济相适应的价值观和道德规范,在制定发展战略、选择投资方向、确定经营形式以及旅游生活中贯彻旅游循环经济理念。

（一）鼓励公众参与

1.加大宣传力度,使循环经济理念深入人心

公众参与是推动旅游循环经济发展的基本力量之一。鉴于西双版纳地处西南边疆,观念的更新有明显的差别。因此,首先要加大宣传力度,广泛传播循环经济理念,改变"旅游是无烟工业"的传统观念,提倡文明旅游,形成利于循环经济发展的良好社会氛围。

在原始森林公园、野象谷、望天树景区、勐仑植物园、热带花卉园等有代表性、发展比较成熟的旅游景区(点)内完善环境教育的基础设施,如设立科学解说牌、提醒旅客注意环境卫生的指示牌,放置与环境协调的垃圾箱等,通过一系列的文明提示来规范游客和市民的行为,营造绿色旅游环境;对旅游从业人员加强环境意识的教育,提高环保素质;学校可开设生态旅游、旅游环境保护等相关方面的课程,增强学生的环保知识与意识;充分发挥地方媒体、旅游协会和群众团体的作用,推进旅游循环经济发展各项宣传工作的开展。

2.加强社区参与

为了协调西双版纳生态旅游开发与热带雨林自然区保护两者的关系,就要根据自然保护区当地群众和政府生存发展的需要,通过促进参与和利益共享,使周边群众和社区从自然保护区的可能破坏者变成共同管理者,把孤立的生态系统变成了开放的经济社会生态系统,从而达到可持续发展的目的。当地居民一旦参与了生态旅游的开发,就会按照游客的期望来主动保护自然资源、生态环境和当地的传统文化。而且对政府官员、开发商、旅游管理人员和从业人员进行培训,在旅游开发经营中自觉运用生态学原理,推出真正的生态旅游产品,提高游客的生态意识、环境意识和可持续发展意识,用生态学原则指导旅游活动,也都是十分必要的。

另外,从经济利益角度来看,社区参与旅游发展主要涉及各主体间的利益分配,为了确保分配的公平公正,各主体的利益不受到损害,既可以通过成立股份制公司的形式,按照入股多少或划拨社区专项基金来协调利益关系;还可以在政府的引导下,由各相关利益主体选取代表成立第三方组织,主要负责利益主体间的相关事务,通过定期或不定期举行的各种形式的听证大会、社区发

展会议等来了解社区发展的进程,加强各利益主体之间的沟通和交流,监督社区各项工作的开展。

从社区自身发展来看,一方面是贯彻国家和地方法律法规,完善地方行业规章制度等来规范旅游企业、旅游开发商等除社区居民以外的利益主体。一方面要加强对社区居民的宣传教育和培训。对社区居民的宣传教育主要是以各种展览、知识册的宣传以及举办竞赛等为媒介,在潜移默化的影响中让社区居民对社区有更加深刻的了解,同时使居民的基本素质得到提高。而培训则是主要针对从事旅游行业的社区居民,如旅游企业中的服务行业、个体经营的家庭旅馆、个体经营的商店或地摊等。这些社区居民在旅游活动中与旅游者直接接触,代表了接待地社区的形象。因此,要分批分层次将这些居民组织起来进行全面的专业技能培训。通过社区共管的形式,使生态旅游真正成为人与自然和谐统一的桥梁,促进旅游业的可持续发展。

(二)引导绿色消费

绿色消费有三层含义:一是倡导消费未被污染或者有助于公众健康的绿色旅游产品;二是在消费过程中注重对垃圾的处置,不造成旅游环境污染;三是引导消费者转变消费观念,注重环保,节约旅游资源和能源,改变公众对环境保护不宜的消费方式[8]。

基于上述对绿色消费的理解,西双版纳应继续深入开展生态旅游、绿色旅游。目前在国内,开放的生态旅游区主要有森林公园、风景名胜区、自然保护区等。西双版纳是生态旅游开发较早、开发较为成熟的地区之一,主要以森林生态景区类型为主[9]。西双版纳有300多万亩自然保护区,其中有70万亩是保护完好的原始森林。为了满足旅游业的发展需要,现已开发了三岔河、原始森林公园、望天树等旅游景区。要进一步完善热带雨林旅游中的旅游服务设施,如解说牌、垃圾箱、休息站等,通过有形设施的设计和放置,引导游客、民众在旅游活动中遵循生态保护的原则,恪守环保理念,在适度休憩的前提下进行游览并从中学习自然知识、放松身心。另外,旅游企业还应该真正保证生态旅游产品的绿色效果,加强技术创新,努力降低产品成本,制定合理的生态旅游产品价格,坚持诚信原则,客观宣传生态旅游产品,科学介绍生态旅游产品,激发旅游者对生态旅游产品的消费动机,提高旅游者绿色消费的满意度。

西双版纳的旅游土特产品种丰富,如傣族彩绘木雕、竹编工艺品、热带干果蜜饯以及南糯白毫、佛香茶、云海白毫等品种的茶叶、小粒咖啡和香荚兰、依兰香、香茅草等香料,这些都是西双版纳的特色和代表,可对其进行各种认证、标志等包装,加大产品开发中的绿色元素,从原料、生产、加工到销售的每一个环节都符合绿色旅游产品的标准和质量要求,引导绿色消费。对景洪民族工艺品街、橄榄坝农特产品购物市场等主要的经营旅游购物品的企业,也要通过认证等手段,重新树立新的旅游服务形象,构建原生态旅游购物品的一条龙服务。

另外,西双版纳在绿色旅游开发的同时,要通过制定合理的价格政策,以补偿环境的治理费用、保护稀缺资源。对绿色产品的生产和销售,实行优惠价格,引导旅游企业大力生产绿色旅游产品,引导旅游者消费绿色旅游产品。要制定合理的税收政策,对绿色旅游产品的生产和消费在税收方面给予适当的税收减免,降低成本,以利于绿色生产和绿色消费的发展。还应制定相关的产业政策、资源综合利用政策等方面的政策,促进生态旅游产品的绿色消费发展。要利用多种经济政策,使之形成合力,有效地抑制旅游产业的非持续性开发和消费,鼓励和推动绿色旅游产品的开发和消费,引导绿色消费。

参考文献

[1]2015 年西双版纳州政府工作报告[R].德宏:德宏民族出版社,2015.

[2]明庆忠:《旅游地规划》,科学出版社 2003 年版。

[3]李庆雷:《边疆民族地区旅游循环经济发展的战略、模式与对策研究——以云南省西双版纳傣族自治州为例》,《旅游研究》2009 年第 3 期。

[4]西双版纳傣族自治州旅游局、中山大学旅游发展与规划研究中心:《西双版纳在澜湄次区域旅游合作中的发展战略》,中国旅游出版社 2005 年版。

[5]王立红:《循环经济——可持续发展战略的实施途径》,中国环境科学

出版社 2005 年版。

［6］杨敏、明庆忠、高大帅：《发展旅游循环经济的政策引导体系初探》，《环境保护与循环经济》2009 年第 5 期。

［7］肖笃宁、李秀珍、高峻等：《景观生态学》，科学出版社 2003 年版。

［8］颜庭干：《论旅游景区循环经济的策略》，《四川环境》2006 年第 1 期。

［9］徐立新：《论生态旅游——绿色休闲时尚的发展》，《商业研究》2005 年第 13 期。

第十章　边疆高原山区旅游循环经济发展策略与对策

　　边疆高原山区优势凸显的资源是生态环境资源,生态环境资源中最具有开发前景的当属旅游资源。自 20 世纪 80 年代以来,边疆高原山区的旅游业异军突起,旅游产业总体增长速度均高于全国平均水平,旅游业总收入在国民经济总产值中所占比重不断上升,成为"阳光产业"、"真正的朝阳产业"。其中云南省旅游业的发展近年来较为显著,在西部地区总体上处于领先地位,但云南旅游业的发展仍然存在诸多问题,特别是在发展旅游循环经济的过程中已经出现一些不可避免的问题。因此,为了云南省及边疆高原山区旅游业的后续发展,结合旅游循环经济的发展理论和实践,边疆高原山区旅游循环经济的发展应制定出有利于旅游循环经济发展的政策引导、法律法规、技术标准、人才引进和社会宣传教育等策略,加强循环经济对旅游业的"指导、监督、推进、服务"作用,指导边疆高原山区旅游循环经济的发展。

第一节　边疆高原山区旅游循环经济发展的政策引导策略

　　发展循环经济,出台政策是关键。必须建立起一套支持、激励政策体系[1]。根据边疆高原山区的实际情况和特点,结合旅游发展的需要,研究制定有利于边疆高原山区旅游循环经济发展的政策引导机制,包括边疆高原山区旅游循环经济发展的激励—约束机制、管理机制和经济政策。

一、制定有利于边疆高原山区旅游循环经济发展的有效激励—约束机制

（一）激励机制

在目前条件下，旅游循环经济激励手段的制定和实施要借助于政府的强制力量，通过国家信贷、补贴等经济刺激方式（如对生态旅游产品的绿色创新补贴与资助、对生态旅游环境保护有力的单位或个人实施奖励等）调整和影响与旅游相关生产经营主体的行为。边疆高原山区旅游资源极其丰富和独特，生态系统相对完整和优良，对其旅游资源的保护对于边疆高原山区乃至整个国家的社会经济可持续发展都具有十分重要的意义，尤其是对其自然生态旅游资源的维护，为整个国家乃至更大范围的地区提供了一种可持续发展的保障和条件，同时也为此付出了代价与成本，因而需要建立一种有效的补偿机制，以实现旅游业的健康发展，具体地：

1.通过税收和财政杠杆方式调节

借助税收和财政杠杆，通过建立生态旅游税、环境税，并将税收收入以财政转移支付的方式拨向需要的地方，扶持边疆高原山区旅游循环经济项目的发展。对于旅游企业而言，如果他们所开发经营的生态旅游产品得到了保护，或者为了保护生态旅游资源进行了有效的投资与绿色创新开发研究，则政府在税收上应给予一定减免，具体措施有直接税收优惠和间接税收优惠。直接税收优惠包括对旅游产品绿色质量保持好的企业实行低增值税率，如对旅游行业中达到清洁生产标准的企业，可以通过财政支出鼓励企业实施清洁生产，对于旅游产品质量达到一定标准的企业，将所得税部分返还等。间接税收优惠主要指费用扣除，对于旅游产品的经营者来说，如果产品的质量达到一定标准，可将企业产品绿色投入给予税前支付。除了税收优惠之外，我们还可以通过国家政策将国家对于边疆高原山区的财政转移支付的部分资金用于补贴和鼓励旅游企业的科技创新行为。

2.建立旅游循环经济发展的绿色保障制度体系

政府应充分运用行政、法律、经济、财政等手段，建立一套旅游循环经济发展的绿色保障制度,包括绿色产权、生产、消费、回收、财政、税收、投资制度等,从而规范循环经济,保障可持续发展[2]。通过绿色保障制度体系的建设和运行,引导各级政府部门和企业通过成本效益核算抛弃传统的经济发展模式,选择旅游循环经济和清洁生产模式。

旅游循环经济发展的绿色保障制度体系包括绿色制度环境、绿色规范制度、绿色激励制度等一系列制度。绿色制度环境,包括绿色资源制度、绿色产权制度、绿色市场制度、绿色产业制度、绿色技术制度等;绿色规范制度,包括绿色生产制度、绿色消费制度、绿色贸易制度、绿色包装制度、绿色回收制度等;绿色激励制度,包括绿色财政制度、绿色金融制度、绿色税收制度、绿色投资制度等[3],如图10.1所示。

3.设立专项科技创新奖励基金

旅游循环经济的发展对技术的要求较高,为了鼓励先进的科学技术及其在旅游循环经济中的应用,需要设立专项发展旅游循环经济(如保护旅游资源)的科技创新奖励基金,由旅游资源管理权威部门统一管理。该基金主要广泛吸收民间集资,以缓解国家财政资助不足与旅游循环经济发展的科技需求的矛盾,为旅游循环经济的发展提供更多的资金支持。

4.其他优惠政策

为了爱护环境,保护资源,鼓励公众回收有用物质的积极性,促进资源循环利用。如日本大阪市对社区、学校等集体回收报纸、硬纸板、旧布等发给奖金,在全市设立了80多处牛奶盒回收点,并发牛奶盒卡,盖满回收图章后可凭卡免费购买图书,对于市民回收100只铝罐或600个牛奶罐可付给100日元,通过这种政策措施,有效地刺激了居民的参与积极性,提高了大阪市的资源循环利用率。借鉴类似的做法,边疆高原山区也可以采取一些措施鼓励居民、旅游者对旅游资源的循环利用。

在实行财政税收等宏观经济措施调节之外,采取优惠政策鼓励各级政府及东部地区提供技术、人员和其他形式对边疆高原山区的旅游循环经济予以援助的机制。

```
                                          ┌─────────────┐
                                          │ 绿色资源制度 │
                                          └─────────────┘
                                          ┌─────────────┐
                                          │ 绿色产权制度 │
                                          └─────────────┘
                        ┌─────────────┐   ┌─────────────┐
                        │ 绿色制度环境 │───│ 绿色市场制度 │
                        └─────────────┘   └─────────────┘
                                          ┌─────────────┐
                                          │ 绿色产业制度 │
                                          └─────────────┘
                                          ┌─────────────┐
                                          │ 绿色技术制度 │
                                          └─────────────┘
                                          ┌─────────────┐
                                          │ 绿色生产制度 │
                                          └─────────────┘
                                          ┌─────────────┐
                                          │ 绿色消费制度 │
                                          └─────────────┘
  ┌───────────────┐     ┌─────────────┐   ┌─────────────┐
  │ 绿色保障制度体系 │────│ 绿色资源制度 │───│ 绿色贸易制度 │
  └───────────────┘     └─────────────┘   └─────────────┘
                                          ┌─────────────┐
                                          │ 绿色包装制度 │
                                          └─────────────┘
                                          ┌─────────────┐
                                          │ 绿色回收制度 │
                                          └─────────────┘
                                          ┌─────────────┐
                                          │ 绿色财政制度 │
                                          └─────────────┘
                                          ┌─────────────┐
                                          │ 绿色金融制度 │
                        ┌─────────────┐   └─────────────┘
                        │ 绿色激励制度 │───┌─────────────┐
                        └─────────────┘   │ 绿色税收制度 │
                                          └─────────────┘
                                          ┌─────────────┐
                                          │ 绿色投资制度 │
                                          └─────────────┘
```

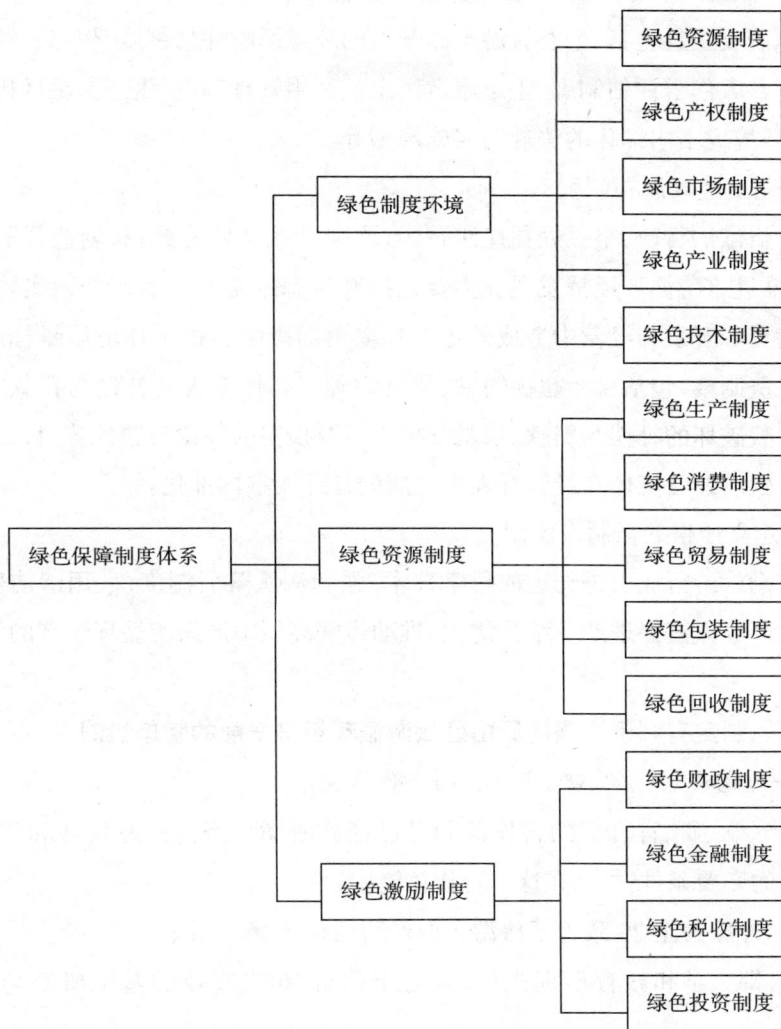

图 10.1　旅游循环经济发展的绿色保障制度体系

(二)约束机制

政府制定约束性政策的目的在于政府要对旅游产品经营者的行为予以明确要求或明令禁止,是对旅游产品经营企业外部不经济性的法律约束。法律法规使生态旅游产品经营者必须严格遵守,这一举措具有目标明确性、执行强制性及效果直接性的优点,所以可以用来弥补激励机制约束力不足的缺陷。

1.制定生态旅游产品绿色创新的监管制度

该制度主要包括:生态旅游产品开发的环境影响评估制度、生态旅游产品生产经营者信誉评估制度、生态旅游区土地利用管理制度、生态旅游区排污权力法、环境成本内部化的法规与实施规则等。

2.制定违规惩罚制度

严格依法行政,坚决处罚违法行为,增强全社会环境意识,创造公平竞争环境,推进旅游循环经济发展。主要包括对生态旅游产品生产经营实体在生态旅游资源开发与经营中造成的生态环境负面影响超过了环境质量标准的,予以经济制裁,包括排污超标罚款、景区物种多样性损害的补偿与罚款、景区地质地貌破坏的补偿与罚款、景观维护不当及损害的补偿与罚款等,目的在于使产品生产经营实体在经营开发中造成的外部成本内部化。

3.建立严格的强制淘汰制度

鼓励旅游行业引进先进的科学技术,强制淘汰落后制度,采用清洁生产、环保生产等方法促进产业结构优化,推动边疆高原山区旅游循环经济的发展。

二、制定有利于边疆高原山区旅游循环经济发展的管理机制

(一)完善"产、学、研、官、民"的合作体制

"产、学、研、官、民"的合作体制是保证旅游循环经济产业发展和资源环境改善的必要条件[4]。在这一合作体制中:

产,即旅游企业,致力于旅游企业经营活动的"6R"化;

学,即大学和教育培训机构,致力于旅游"6R"产业的基础研究与人才培养;

研,即科研机构和研究机构、技术研发机构,致力于为旅游"6R"产业的技术研究、开发和推广;

官,即政府,通过制定和实施政策,致力于为旅游"6R"产业的发展创造有利的环境,并对其进行监督、评估和认证等;

民,即地区居民,参与地区的环保活动和绿色消费活动,致力于旅游"6R"产业的发展,构建健康的旅游价值观。

这一合作体制必须以政府和旅游企业为主体,如果没有"产"和"官","学"、"研"和"民"就失去了动力和方向。政府应设立专项产业研发基金,通过支持旅游企业建立和发展各种形式的创新战略联盟以大力推动应用基础性、行业共性、战略性技术的研发。因此,边疆高原山区发展旅游循环经济必须完善"产、学、研、官、民"的合作体制,鼓励并支持各级政府、旅游企业、旅游院校和研究机构的合作,同时加强社区参与,促使全社会关注旅游循环经济的健康发展。对于边疆高原山区而言,"产、学、研、官、民"每一环节都是必不可少和需要加强的。

（二）优化旅游循环经济的管理机制,完善旅游循环经济的管理平台

1.建立"旅游循环经济评估优先"的长效管理机制

边疆高原山区旅游循环经济在制定发展规划时,必须首先要进行旅游循环经济评估,从决策、生产、流通、消费的全过程,确立"旅游循环经济评估优先"的长效管理机制,从决策源头上降低资源消耗、防止生态环境污染。

旅游部门在制定旅游发展规划、旅游开发规划时,要将循环经济的建设目标纳入全过程。旅游企业、旅游区在制定旅游发展规划、旅游总体规划、旅游控制规划、旅游修建性详细规划时,切实做到将循环经济发展理念贯穿于社会经济发展的综合决策过程并付诸实施。《云南省旅游发展规划》在制定的过程中就考虑了对旅游资源及生态环境的开发与保护,对旅游资源实施可持续开发利用[5],与旅游循环经济的理念不谋而合,但是没有明确将旅游循环经济写入,不能不说是一大缺憾。

在旅游项目审批阶段,对有较大环境影响、不符合旅游规划布局的建设项目予以否决;在旅游企业资格认证、评优等活动中,对出现严重生态环境破坏事故的企业予以否决;在区域的旅游评优创建活动中,对那些不重视旅游循环经济建设、出现严重生态环境破坏事故的单位和主要领导予以一票否决。

2.建立旅游循环经济模式的市场运行机制

建立基于旅游循环经济模式的价格机制,要从宏观角度出发,通过调整市场价格,将外部效应内部化,反映旅游资源(包含服务、劳动力和资本等)价值的合理价格,将生产和消费对区域造成的环境污染等社会成本融入旅游价格

之中,并在此基础上强化生产者、消费者的旅游循环经济意识。

基于旅游循环经济模式的生产观和消费观,必须运用市场力量和政府力量推行强制性的旅游循环经济标准,要求旅游企业必须推行清洁生产,实行"减量化、资源化、无害化",要求旅游者树立"可持续旅游消费观",强化以回收、义务为主的环保责任。

在推行旅游循环经济模式的进程中,可考虑在更广泛的领域运用 BOT 方式,创新投融资体制。对一些需要大型资金技术密集型的环保项目,允许建立方在一个固定的期限内运营设施而且在该期限内收回对该项目的投资运营维修费及其他费用,建立方在限定期满后,将该项目转让给项目方的政府。

3.建立有效的旅游循环经济评价指标体系

为了科学地评价循环经济的发展状况,解决当前对循环经济发展状况评价标准不一等问题,有必要建立一套设计合理、操作性较强的循环经济评价指标体系,为循环经济管理及决策提供数据支持。根据国家发改委、环保总局、统计局联合编制发布的循环经济评价指标体系,从资源产出、资源消耗、资源综合利用和废物排放 4 个方面入手,结合旅游产业的特点,应创建一套能够从不同侧面、不同层次定量评价云南省发展旅游循环经济的指标体系,重点是在云南旅游统计方面实现从传统 GDP 向绿色 GDP 转变。参见表 5.1(边疆高原山区旅游循环经济发展评价指标体系)并依据这些指标对其旅游循环经济发展进行评价,评价过程中重视边疆高原山区旅游资源和环境指标,其他评价指标以它们为基础,并加强对旅游循环经济的管理。

4.实施循环经济预警管理

循环经济发展预警系统是用来预测某地区经济运行在现在和未来的可能状态是否偏离循环经济发展的"减量化、再使用、再循环"目标原则,以及其偏离的强弱程度,并发出预警信号和提供排警决策的过程[6]。循环经济预警管理是对那些强警戒性的特征指标进行量化管理的一种有效的管理方法。循环经济的正常运行依赖于产业与经济发展、资源利用、环境保护和生态安全等的相互协调,它们能否正常有效运行关系到循环经济整个系统能否良性运行,因此旅游循环经济必须实施预警管理。

　　针对边疆高原山区来讲,将旅游循环经济可实现的理想状态作为标准,将现实受损状态与之加以比较,分别以"偏离率"衡量发生退化的比例,即旅游循环经济安全的广度指标;以"偏离程度"衡量现实状态与理想状态的距离,即旅游循环经济(不)安全的深度指标,分别用红色、黄色、绿色、浅蓝色、蓝色建立云南旅游循环经济的预警层次和信号,强化旅游循环经济推进过程中的政府监管。根据刘坚等的观点[6]将警区分为"无警、轻警、中警、重警、巨警"五个等级绘制表 10.1 旅游循环经济预警信号。

表 10.1　旅游循环经济预警信号

预警信号	警级	旅游循环经济状态
红色	巨警区	旅游循环经济恶化区
黄色	重警区	旅游循环经济落后区
绿色	中警区	旅游循环经济达标区
浅蓝色	轻警区	旅游循环经济良好区
蓝色	无警区	旅游循环经济优良区

　　警戒性指标体系的运行:(1)当旅游循环经济运行警级进入中警区时,政府相关部门应采取注意对策,对警源、警兆、警情给予关注。首先要注意主要警情;其次要注意主要警情的主要原因。(2)当旅游循环经济运行警级进入重警区时,政府相关部门应采取积极有效措施遏制警源、警兆、警情的发展势头。治理对策有:加大环境监管力度;采取强有力的措施打击环境污染和生态破坏行为;消除和控制重要警源和警情。(3)当旅游循环经济运行警级进入巨警区时,政府相关部门应采取应急对策。首先是实施应急预案,应急预案的编制与修订应在预警信号为黄色时即开始着手进行,预警信号为红色时应立即付诸实施;其次要集中人力、物力、财力重点解决最突出的问题。

　　(三)完善旅游管理机制

　　以改革的思路研究完善和加强旅游管理体制,是国家"十一五""十二五"规划中的一大重要内容。旅游产业管理体制改革的基本原则是适应社会经济发展的要求,进一步转变政府职能、理顺关系、精简机构、提高效率,建立高效权威、运转协调、行为规范的旅游行政管理体系,促进"大旅游、大市场、大产业"的发展。旅游产业发展的决策协调工作由当地党委和政府承担,旅游行业的行业管理工作由旅游局承担,行业自律工作由旅游行业协会承担,旅游区(点)的管理分不同情况因地制宜解决。解决旅游管理体制上"老、大、难"问题需要决心和勇气,当断则断,敢于冲破传统观念的思维定式和条块分割的既得利益固有格局。

1.建立边疆高原山区旅游循环经济发展的决策协调机制

目前,我国许多地区都成立了由本地党政领导主持的旅游产业决策协调机构,如广西旅游产业领导小组、云南推进支柱产业建设领导小组、桂林市旅游产业指导委员会等,这些决策协调机构由与旅游密切相关的部门负责人组成,由省市县主要领导或主管领导牵头,就全地区发展旅游产业的战略、规划、政策等重大问题进行研究、协调和决策,主要通过定期或不定期举行会议的形式开展工作,该委员会或领导小组的办公室通常设在旅游局。在创建中国优秀旅游城市的过程中,建立了由党政主要领导主持的全市创优领导小组,实质上成为该市的高层旅游决策和协调机构。这种高层旅游协调机构在国外也是存在的,如日本总理府下设旅游政策审议会、韩国在国务总理领导下设旅游政策审议委员会等。事实证明,上述方式能解决仅靠旅游局无法协调和解决的涉及多部门的问题,能有力地促进区域旅游业的发展。

在此基础上,可以构建边疆高原山区旅游循环经济发展的决策协调机制,以旅游专题研究的形式对区域旅游循环经济进行决策。

2.完善和加强边疆高原山区各级旅游业管理

目前,我国旅游行业管理机构按行政隶属关系分为四个层次:国家旅游局、省级旅游局、地(市)级旅游局和县级旅游局。在具体管理中应本着管理权限与管理范围相一致的原则,划分各自的主要职责,适度协调各管理层次之间的关系,形成层次分明、职责明确、上下通畅的行业管理体系。

旅游循环经济的发展要求旅游行业管理体制必须从建立社会主义市场经济和适应加入世界贸易组织后的国际合作与竞争出发,实行政企分开、政事分开,加速培育旅游市场要素,为旅游循环经济的健康发展营造良好的市场环境。各级政府及其旅游主管部门,尤其是国家、省、地级政府及其旅游主管部门,要通过政府机构改革,实现从管直属企业向管全行业转变,从直接管企业向全面管市场转变,从微观管理向宏观调控转变。对于边疆高原山区这样旅游资源比较富集的地区,旅游业已经是或有条件培养为第三产业中的支柱产业,各级旅游局要加强自身职能建设,加强旅游管理机构建设,与旅游的经营管理结合起来,形成统一的旅游产业和旅游市场,为旅游循环经济的发展提供保障。

3.旅游行业自律组织——旅游业协会

在市场经济条件下,行业组织是由企业自愿参加和组织起来的具有法人资格的社会团体,是行业的协调、监督、自律和自我保护组织,是加强企业联系的纽带,是沟通政府与企业的桥梁,是一种市场中介性组织。

各级旅游协会要广泛联系隶属于各个部门、行业的会员单位,冲破条块分割的限制,充分发挥连接政府、行业和企业的桥梁纽带作用,履行上下、左右、内外联络、交流、咨询和培训等多种服务功能,提供市场经济条件下旅游行业管理的新渠道、新方式。另外,旅游协会的成员应以旅游企业为主体,同时有旅游管理、教育、培训、研究单位和专家的参与。旅游协会成立后要切实发挥作用,做好政府与旅游循环经济企业的沟通工作。

4.旅游区(点)管理体制

旅游区(点)包括风景名胜区、文博单位、森林公园、各类自然保护区、旅游度假区、主题公园、各类康体娱乐场所等。根据我国现行的管理体制,各类资源分别由建设、林业、海洋、地质、环保、文化、文物、旅游部门行使管理权,并按科学价值、文化价值、审美价值和地域范围等划分为国家级、省级、县级,分别归相关行政部门管理。

在风景名胜资源实行所有权、管理权和经营权分离的同时,必须建立相对独立和完整的景区开发、保护的监督体系,实行"四权分离",保证旅游区(点)在发展旅游经济的同时,资源品位和环境质量得到保护和提高,实现旅游与资源、环境的协调、持续发展,也为边疆高原山区旅游循环经济的发展提供一个好的体制保证。

三、依法制定合理的经济政策

循环经济的发展需要改变现有的利益格局,把生态环境和基本资源作为生产要素进入市场"流通"。旅游循环经济发展所需的政府推动、技术支持、公众参与、市场机制,必须在经济政策的制定和实施中得到贯彻和体现。针对边疆高原山区的特点研究制定有利于发展循环经济的配套经济政策体系,包括投资政策、金融政策、财税政策、价格政策等,逐步形成有利于低投入、高产出、少排污、可循环的政策环境和发展机制,增加资金投入,加强技术开发,对清洁生产、节能节水、资源综合循环利用等改造和建设项目给予支持或补助,引导企业和其他社会资本向循环经济领域投资。

(一)完善相关配套的经济体系

1.投资政策

结合投资体制改革,调整投资政策,加大对边疆高原山区旅游循环经济发展的资金支持,发挥好政府投资对社会投资、金融支持的引导作用。对重大旅游循环经济建设项目,有关部门要优先核准或备案,列入省重点项目计划,优先给予直接投资、资金补助或贷款贴息支持,优先保障能源、水、土地等生产要素供应。

(1)资金投入政策。要实现传统旅游经济模式向旅游循环经济模式的转换,培育旅游支柱产业,建设旅游强省,需要大量资金的投入,这些资金主要用于保护和开发旅游资源,建设基础设施和接待设施,进行国内外市场促销,培育旅游人才等方面。因此必须建立多元化投资机制,通过政府投资、财政贴息、优惠贷款等途径,引导民间资金、建立旅游循环经济发展基金、发行建设债券、税收转移支付等方式,募集资金用于生态工程、环境综合治理、重点技术攻关等重大项目的实施,引导资金合理投向旅游循环经济产业,从根本上解决旅游循环经济发展的资金来源问题。政府还应建立投入保证政策,资金投入参照国际水平,一般应占国内生产总值的 1.5% 以上(国际水平为 2% 左右),以保证资金投入量,建立起与市场经济相适应,与国家财政、金融和投资体制改革方向一致的旅游循环经济投资体制。

(2)投资环境政策。中国循环经济投融资体制存在很多问题,如投资额在 GDP 中所占比重小、投资政策不能落到实处、环境治理资金投入不足、资金来源单一、投资效率低等,导致循环经济发展中资金匮乏,想要打通这个瓶颈就要改善投资环境。要大胆革新、探索开拓,尽快形成政府大力推进、市场有效驱动的循环经济投融资体系,完善促进微观主体推进循环经济的融资体系,营造有利于循环经济投融资机制健康运行的外部环境,从而实现循环经济投资主体多元化、融资方式市场化、投资决策程序化、项目管理专业化、政府调控法制化以及中介服务社会化的目标。综合运用财政税收、信贷、价格等政策手段,调节和影响市场主体的行为,形成多样化的资金来源渠道,理性引导各类投资主体以多种形式特别是外资投资旅游循环经济领域。通过直接投资、贷款贴息、税收优惠、调控价格、政府采购和信息发布等手段,促进旅游企业治理污染、居民合理分担环保义务,引导社会资本参与旅游循环经济市场的投资、建设和运营。

2.金融政策

作为市场资源配置的关键领域之一,金融资源的配置及其创新,能够引导企业走向主动、自觉。金融创新是以降低资源消耗、提高环境质量、转移环境风险、促进旅游循环经济发展为主要目的,以金融资源配置的市场运作规则为依托,通过创新金融组织、创新金融绩效评估、开发环境金融产品,并形成合适的金融产品结构,为旅游循环经济提供充足的金融资金。

政府对金融机构采取鼓励性的政策,引导各类金融机构对促进旅游循环经济发展的重点项目给予金融贷款支持,调动其对旅游循环经济事业的积极性。在融资方面,只要满足一定的条件,日本政策投资银行、冲绳振兴开发金融公库、中小企业金融公库、国民生活金融公库将对引进"3R"技术设备的企业提供低息融资。国外还有政府对于公害防治投资的融资制度,全部贴息或部分贴息[7]。我国应尽快建立有利于预防污染的融资机制,陈华、岳西泉介绍了国外发展循环经济财税杠杆的经验做法:对金融资本进行监管、完善货币调控,必要时实行差别税率。金融机构在给予旅游循环经济领域重点企业、项目贷款时应实施优惠利率政策,加大信贷投入力度,创新金融服务手段和方式,优先安排对符合旅游循环经济发展规划的项目的贷款提高金融服务支持循环经济发展的质量和水平。

3.财税政策

包括财政政策和税收政策。应进一步完善财税政策,各级财政要建立旅游循环经济专项资金,加大对旅游循环经济发展的支持力度。经相关部门认定,对发展旅游循环经济确有较大作用的单位和企业实施财政补贴、免税或税收返还政策,如回收补贴等。补贴是财政补助形式的总称,补贴的目的在于促使污染者改变其不利于环境的活动,减少环境污染;或者帮助在执行环境要求中有困难的企业。补贴一般包括补助金、长期低息贷款、减免税等形式。回收补贴本身可以产生有效的原生材料和再生材料的投入比例,但可能导致过度生产、消费,以致产生更多的废物。因此,回收补贴必须与消费税相结合。在实际运用中,要将回收补贴和有利于回收活动的各种经济支持政策相结合,以降低政府的经济负担。

而税收优惠政策已被许多国家所利用,如美国为控制二氧化碳排放量,对采用环保先进工艺建成的设施5年内不征税。为吸引外商,可以考虑实施鼓励性税收政策,对旅游循环利用资源的企业减轻税赋,并给予合理的优惠和补贴比率,完善再生资源回收利用的税收优惠政策。例如,对再资源化设备的引进与投入采取特别折旧、固定资产税、公司所得税等优惠政策,将所征赋税用于旅游循环经济投资。其中,减免税办法,是指通过免征或返还税金等手段,对采取防止污染措施的生产者给予一定程度的财政支持。

在旅游循环经济范围,可考虑采取以下财税措施:对以创收外汇为主的国际旅行社、涉外星级饭店和生产创汇产品的旅游商品顶级企业上缴的所得税,可部分返还给企业;对旅游建设项目,在征收固定资产投资方向调节税时,可适当降低税率;对纳入旅游循环经济发展总体规划、符合土地利用规划、符合国家土地政策的旅游项目,可酌情减缴土地有偿使用费;对利用荒山、荒坡、荒滩进行旅游开发的,可免缴土地有偿使用费。

4.价格政策

现行市场条件下源源再利用和再生利用的原料不仅性能上常常不占优势,而且价格上也不占优势,以致循环经济的发展很难自发进行。从总体上看,目前普遍存在原材料价格障碍,以及由于收费、税收减免或国家优惠政策等原因导致的物质循环过程中的成本障碍,使得循环经济发展主体的经济效益难以显现出来。因此应进一步深化价格改革,调整资源价格体系,积极调整资源性产品与最终产品的比价关系,研究并逐步形成自然资源的价格形成机制,通过水、电等价格政策的调整,更好地发挥市场配置资源的基础性作用;研究制定并落实促进旅游循环经济发展的价格和收费政策,促进节能、节水的价格政策,对一些关键产品、重要产品领域采取价格补贴措施。

除以上措施外,对资源使用大户、污染排放大户提出资源化、减量化、再利用的具体指标和时间节点,并收取保证金。对行动迅速、效果明显的企业除退还保证金外,给予相应的奖励,同时对行动不力、效果较差的企业除扣除保证金外,给予相应的惩处,收费标准注意要达到或超过污染治理的投入。

(二)结合边疆高原山区实际的具体相关经济措施

保障边疆高原山区旅游循环经济的顺利实施要在国家相关政策的基础上完善配套经济政策,同时结合边疆高原山区的特点采取一些创新性的经济政策,促使循环经济产业尤其是旅游循环经济走在全国的前列,也为其他地区提供借鉴。

1.产业政策

支持鼓励发展生态旅游业,严格限制污染产业的进入,保证增量部分不再对环境造成新的损害;用生态学的原理改造现行旅游体系,支持企业采用积极的方式和措施恢复环境的清洁面貌,逐步弥补以前对环境的欠账,从产业结构优化调整中挖掘潜力。

制定生态环境和基本资源价值评估和巡察政策,保证企业循环利用资源和保护生态环境应具有价格优势,帮助循环经济向市场化推进。

制定有偿使用环境资源政策。强制企业或消费者承担外部不经济成本,控制企业为了获取最大额外利润而不考虑资源环境成本,如过度包装、一次性用品等的生产或消费行为。

制定强制性污染排放标准和污染收费政策。强制淘汰高耗费的落后技术,以重点污染控制和短缺资源循环利用为目标,以清洁生产体系为基础,逐步推进排污许可、持证排污、污染物排放总量控制和排放浓度控制制度,辅之以惩罚性收费、收支两条线等配套措施。

2.消费政策

消费在经济中占有重要的地位,产品或服务只有在被最终消费之后才能真正实现其价值。因此,倡导绿色的消费政策是构建循环经济最重要的环节。倡导消费未被污染或者有助于公众健康的绿色产品,推行政府绿色采购制度(采购额不低于采购总额的5%并逐步提高),支持绿色产品生产企业的发展;引导消费过程中对垃圾的正确处置方式,减少对环境的污染;引导消费者转变消费观念,强调适度的消费规模、合理的消费结构和科学健康的行为习惯,注重环保,节约资源和能源,改变公众对环境保护不宜的消费方式和行为,减少对一次性产品的使用和依赖。由旅游局牵头,发改委、环保局、建设厅、林业厅等参与,重点抓好住宿、餐饮、交通、游览等环节工作,开展绿色宾馆、绿色酒店、绿色消费等系列活动,采用环保型交通工具,逐步减少或取消宾馆饭店一次性用品的使用。

3.税收政策

(1)减税、免税税收政策。

①对购买回用再生资源及污染治理设备的旅游企业可减税(销售税)10%。

②对前来边疆高原山区落户的再生资源加工企业除了可获得低息小金额商业贷款以外,地方企业所得税、设备销售税及财产税可以相应减免。

③对废弃物进行再生处理设备在使用年度内,除了普通退税外,还按价格的14%进行特别退税。

④对推动清洁生产技术的开发和应用的旅游企业,对采用革新型清洁生产或控制技术的企业,其投资可以按1年折旧,税收可以减半。

⑤对外商投资从事旅游业开发经营的企业、上市公司等也给出相应的税收优惠政策,外商投资企业投资于生态环境建设、科技教育和旅游的企业,在十年内免征城市房地产税。

⑥凡投资于高新区、新建区内从事商业、餐饮、旅游、宾馆服务等第三产

业,经营期在十年以上,自领取工商营业执照之日起,免征企业所得税三年;经高新区税务部门批准,免征营业税三年。

⑦区外旅游投资企业在云南地区进行技术转让的,免征营业税,对其技术转让和与技术转让有关的技术性收入免征企业所得税。

(2)征税政策。

①旅游税。对旅游业刚起步的地区,政府应引导和鼓励发展旅游循环经济。但由于旅游资源属于公共物品以及由此带来外部不经济性,必须征收旅游税,向开发旅游资源的企业开征资源使用税(费)。如果旅游者进入生态环境脆弱、环境自净能力较差的地区旅游,其旅游活动可能会对保护区的结构功能、保护对象及价值造成严重影响,对此可在基础税的基础之上增加旅游附加税或相应提高税率,对于旅游饭店,可以根据旅游者居住档次分等级征收旅游税。对旅游企业上缴的所得税,可采取先交后还,鼓励他们对旅游进行先进技术投资,所征收的旅游税主要用于重点旅游资源的保护、宣传推广和人才培养等。

②生态税(也称环境税)。生态税是对那些使用了对环境有害的材料和消耗了不可再生资源的产品而增加的一个税种。目前德国已经开始征收生态税,除风能、太阳能等可再生能源外,其他能源例如汽油、电能都要收取生态税,间接产品也不例外,比如一升汽油现在售价 1.7 马克,再加 6 芬尼的生态税。边疆高原山区是一个自然资源比较富集的地方,为了保护旅游业赖以生存的资源不受破坏,我们应征收生态税。

③垃圾填埋和焚烧税。这种税在美国新泽西州和宾夕法尼亚州开征,也得到法国和英国的呼应。填埋具有成本低的特点,收取填埋税使这种较便宜的垃圾处理方式的价格趋于上涨,因而可以使减量化和再生利用方式显出吸引力。这种税赋主要针对将垃圾直接运到倾倒场的公司和企业,而不是针对一般居民。如果对这些公司征收一笔填埋税甚至焚烧税,将有力地促进他们对垃圾进行处理。在边疆高原山区,旅游企业和旅游区内的垃圾是旅游污染的主要来源,对其垃圾的处理应当合理征税。

4.收费政策

收费政策是一种带有强制性的经济手段,它也能够在某种程度上起到为循环经济融资的作用。美国的一些州和几个欧洲国家对饮料瓶采用了垃圾处理预交费制,所交纳预交金一部分用于废弃物回收处理,另一部分用于回收新技术的研究和开发。排污收费政策是循环经济三大经济政策的基础保障[8]。我国开始提出排污收费是在1978年。1982年,国务院发布《征收排污费暂行办法》,征收的排污费纳入预算,作为循环经济补助金,按专项资金管理,坚持专款专用,先收后用,不得超支、挪用。1989年全国排污费征收额为17亿元。通过执行排污收费制度,不仅明确了企业对于污染应负的责任,也开辟了一条集资的可靠途径。目前为解决排污收费低的问题,尽快建立起对各种污染源的排污收费制度,使收费种类更齐全、收费标准与污染治理设施的运转费用协调,促进其发挥污染防治的作用。

倒垃圾收费:循环经济最直接的刺激措施是根据所倒垃圾数量对人们进行收费。垃圾处理费的征收主要有两类,一类是向城市居民收费,另一类是向生产商收费(又称产品费)。德国采取垃圾收费政策强制居民和生产商增加了对废弃物的回收和处理投入,为垃圾的治理积累了资金,推动了垃圾的减量化和资源化。据德国环保局统计,垃圾收费政策实施后,家庭庭院垃圾堆肥增多,垃圾减少了65%;包装企业每年仅包装废弃物回收所交纳的费用已高达2.5亿—3亿美元[9]。美国环保机构的研究表明,如果每袋32加仑的垃圾收1.50美元的费用,将使城市垃圾数量减少18%。这种为扔垃圾而花钱的计划要在边疆高原山区各主要城市和旅游景区实施。

污水治理费:根据德国的经验,德国居民用水中含有污水治理费;市、镇政府必须向州政府交纳污水治理费,污水治理未达到要求的企业应承担巨额罚款。市民用水每立方米费用为7.5马克,其中2.5马克归饮水公司,5马克归废水公司。废水公司又将所得税款项的1/3拨给污水处理厂,2/3拨给污水输送管道系统。

一揽子收费政策:一些城市建设了污水处理厂,却难于承担起运转费用。水用了总要排的,国外采取的再供水费用中就包含了污水处理的费用,这是有道理的。边疆高原山区在进行旅游企业和旅游区内水费价格改革时应借鉴。

5.其他

（1）投融资政策。各级政府应采取各种有力措施吸引中外社会资金向边疆高原山区旅游业在循环经济领域的开发建设投资；金融部门优先安排对符合旅游循环经济发展规划的在建和待建项目的贷款；边疆高原山区的省、市、县政府应安排一定数额的财政贴息贷款，对从事"6R"研究开发、设备投资、工艺改进等活动的企业，根据情况分别享受政策贷款利率，提高融资比例，非营利性的金融机构提供中长期优惠利率贷款。针对经济发展的需求，积极营造良好投资环境，着眼于让边疆高原山区旅游循环经济成为边疆最佳投资创业基地的目标，积极构建银企联络平台，帮助企业拓宽融资渠道，千方百计营造让各类投资者动心的旅游政策环境、放心的法制环境、顺心的体制环境和舒心的工作生活环境，积极参与大西南、泛珠三角等区域合作，提升地区竞争力。

（2）补助金政策。我国在国家级目前没有常设的补助金来源，只有在特殊情况下由领导审批或有关部门间协商，抽出一次性的补助，但数额很少。排污收费制度改革以后，1988 年元月，国务院制定了《污染源治理专项基金有偿使用暂行办法》，规定该基金从征收的超标排污费中提取，用于补助重点排污单位治理污染，由地方环境保护部门分级管理，独立核算，实行有偿使用。由此，为引导循环经济的推广，边疆高原山区的政府应拨出专项资金，作为补助金促进旅游循环经济的发展。

另外，国外还有对企业削减排污给予补助金的办法，以奖励企业改革工艺，使用不产生污染的生产要素，增加污染防治设施的投资和进行削减排污的技术开发。除了这种接受财政性补助后不必偿还的补助金以外，国外还有政府对于公害防治投资的融资制度，全部贴息或部分贴息。

（3）奖励金政策。对于在循环经济领域运营管理得当、投入颇见成效的公司，政府可以适当采取奖励政策，如奖金奖励、政策奖励、融资奖励、税收奖励、购买奖励等等。如美国的"总统绿色化学挑战奖"，旨在鼓励通过减少资源消耗来实现对污染的防治，其激励机制已得到了充分的发挥。对在生态建设、环境保护、清洁生产和资源综合利用等领域技术创新、科技成果业化中作出贡献的人员特别是科技人才给予重奖。

（4）保证金政策。这是为了确保开发循环经济的建设项目顺利进行之后适时地进行生态恢复工作的做法。开发前先交一定的保证金，如在规定期间内按要求完成了生态或土地恢复工作，即归还保证金，否则予以没收。这些省市和部门实施的效果很明显，因此边疆高原山区地区也应积极采取这种措施。

（5）排污权交易政策。在美国，当新建企业的污染物排放超过法律允许排放的范围时，对于所超过的排污量，可以从其他工厂购买排污权而使新企业得以生产。国外还有"水权"、"生态权"等交易市场。我国不少地方对此很感兴趣，正在试点，边疆高原山区的地方政府对此也应积极支持和鼓励。

第二节 边疆高原山区旅游循环经济发展的法律法规策略

法律具有规范性和强制性的特点，建构和完善边疆高原山区旅游循环经济法律，能够为边疆高原山区发展旅游循环经济提供明确的导向和规范。旅游循环经济法是运用经济等手段和经济机制解决环境问题、缓解资源短缺问题的一个法律领域，是经济建设、旅游发展和环境建设一体化的产物，通过加强旅游循环经济法制建设，促进旅游循环经济的规范、健康、有序发展。

一、加强边疆高原山区旅游循环经济的相关立法建设

发展边疆高原山区的旅游循环经济最根本的前提是必须加快制定有关旅游循环经济的法律法规，通过法规对发展旅游循环经济加以规范，做到有法可依、依法振兴边疆高原山区的旅游业。通过旅游循环经济立法，可以确定旅游循环经济活动的基本政策、原则、措施和制度，解决旅游循环经济活动"有法可依"的问题。

纵观发达国家政府发展循环经济的做法，首先是建立一套比较完善的法律法规体系。通过立法，让政府各项政令和措施有法可依，生产者和消费者明确各自的责任和义务。例如，日本在发达国家中循环经济立法最全面。2004

年,日本基本形成推动循环经济发展的完备的法律框架,为建立"资源循环型社会"提供了有效的法律保证[7]。发达国家的实践经验表明,健全的法律法规可引导旅游循环经济的规范化发展。在法律方面,我们可以充分的借鉴日本、德国等国际上的成功经验,遵循政府引导、市场调节、公众参与、行业支撑的基本原则,制定《中华人民共和国循环经济法》、《循环经济促进法》、《国家绿色消费法》和《资源循环再生利用法》等法律法规;同时,围绕边疆高原山区建设旅游循环经济和推动资源能源节约与循环利用、保护生态环境,颁布地方性法规,形成促进"减量化、再循环、再利用"产业发展的法律框架体系。

（一）加快对现有法律法规进行补充完善

现有的与循环经济相关的法规,比如环境保护法、清洁生产促进法、节能法,多从企业内部循环利用资源或个人节约使用能源的角度,对生产者、消费者和政府设置了相应的权利（力）和义务,不能满足循环经济"多层次循环利用"的要求。为弥补现有相关法律法规的不足,循环经济立法应侧重从以企业为中心的社会整体的资源、能源循环利用层面,对生产者、消费者和政府设置相应的权利（力）和义务。这些权利（力）义务设置的基本思路是使个体（企业）努力成为私人（企业）收益接近社会收益的活动,如"政府的公共管理职能向公共服务职能转化"、"经济杠杆制度"、"技术信息支持制度"等。因此,循环经济立法与已有相关法规相比,不仅仅体现为一种公共管理的工具,更多体现为一种社会发展所必需的激励机制。应加快制定资源回收利用、清洁生产、治理污染、改善生态、环境保护等方面的法律法规,推动资源、能源节约与循环等高科技的利用。

1.构建和完善旅游循环经济法律体系

全国的基本思路是:修订《中华人民共和国环境保护法》,确立循环经济的概念和原则;把循环经济发展工作纳入法制化轨道,加快《循环经济基本法》或《循环经济促进法》实施进程;根据《中华人民共和国清洁生产促进法》、《清洁生产审核暂行办法》以及即将制定的循环经济法规,规定政府、企业、公民的权利（力）和义务,明确违反法律规定所应当承担的法律责任;进一步完善现有的一些相关法律法规,如《中华人民共和国固体废物污染防治法》（已修订,最引人注目的是循环经济理念在该法中的体现,正式把减量化作为垃圾处理的第一要务,正式写进国家法规,排在无害化和末端化处理之前)、《中华人民共和国清洁生产促进法》等,与循环经济发展要求实现的废弃物资源化、减量化和无害化结合起来,把有害环境的废弃物减少到最低限度。依据国家相关法规和循环经济法律法规,抓紧制定发展旅游循环经济的专项配套法规,出台《旅游资源综合利用法》、《旅游商品包装物回收利用管理办法》等,使旅游资源的高效利用从开发到消费、废弃等每个环节都有法可依,形成促进旅游循环经济发展的实体法律体系,规定强制性的法律条款,明确禁止和鼓励支持的具体手段和措施,并对一些政策进行量化界定,如对高消耗、高排放的行为,要有硬的约束。

云南省的基本思路是:认真贯彻落实已有的国家及省内的法律法规,坚持依法推进旅游循环经济发展,将强制的外部约束力和旅游企业内在利益的驱动结合起来,明确企业生产者和产品交易者所担负的维护旅游循环经济发展的主要责任,规定废弃物管理处置的基本原则和做法,通过源头防控,避免和减少废物的产生;明确将旅游循环经济作为一项法律原则确定下来,为云南制定生态环境单行法和其他行政规章提供法律依据;修改《云南省实施〈中华人民共和国环境保护法〉办法》,抓紧完善《云南省发展循环经济指导意见》、《云南省循环经济促进办法》、《云南省清洁生产条例》、《云南省再生资源回收利用条例》等立法建议;补充和完善云南当地的法律供给,尽快建立比较完善的促进云南省旅游循环经济发展的法律法规框架体系,为云南旅游业的发展和旅游资源的保护提供保障;研究建立生产者责任延伸制度,明确旅游生产企业、旅游销售商、旅游消费者对废弃物回收、处理和再利用的义务,依法推进云南旅游循环经济发展。

值得注意的是,国家旅游循环经济立法应当在借鉴国际经验的基础上体现中国特色,云南省旅游循环经济立法应结合边疆高原山区的特点体现云南特色。

2.通过立法确立政府、企业、消费者和居民的责任

不管是以资源节约为导向,还是以环境保护为导向发展循环经济,都离不

开政府、企业和居民的合理分工和协调一致的合作。在旅游循环经济立法中应该明确规定政府的职能和责任、旅游企业的责任和作用、旅游消费者的权利和义务、居民的义务和责任。对政府而言,要求政府在发展规划中,提升和优化产业结构,努力减少资源的耗损和污染的排放,提倡大力发展对环境友好的旅游循环经济,同时明确旅游相关部门的具体职责,包括由谁牵头、由谁负责、由谁促进、由谁协调、如何管理等,特别要确定政府支持旅游循环经济技术创新的责任,因为没有相应技术体系,旅游循环经济就是空中楼阁。以保护环境为目标的旅游循环经济技术供给属于公共产品或准公共产品,政府负有提高公共技术产品供给能力的责任。

3.通过立法明确强制实施旅游循环经济的重点范围和对象

由于旅游企业在现实中所处的地位、作用以及生产的内容不同,为了更好地促进旅游循环经济的发展,国家有必要通过立法来明确强制实施旅游循环经济的重点范围和对象,以法律的形式强制有关旅游企业必须履行从产品设计到回收本企业废旧产品的全程义务。边疆高原山区旅游循环经济的发展在全国意义重大,更应以立法的形式将实施旅游循环经济的重点范围和对象加以明确,并以它们来引导其他区域和旅游企业的发展。

(二)加快边疆高原山区的地方立法建设

由于中央立法所需时间较长,为尽快推动边疆高原山区的旅游循环经济的实施与发展,应针对边疆高原山区的实际情况和发展需要先行立法,为国家立法提供实践经验和借鉴参考。

2004年,贵阳市出台了我国第一部循环经济领域的地方法规——《贵阳市建设循环经济生态城市条例》,为贵阳市循环经济生态城市的建设提供了法制保障。深圳于2006年颁布并实施了《深圳经济特区循环经济促进条例》,陆续推出循环经济专项配套法规,加紧完善发展循环经济的法规体系。云南作为边疆高原山区的旅游发展的重点地区,虽然资源富集,但仍面临着资源逐渐枯竭、循环利用率低、生态环境脆弱的沉重压力,应在云南省人大常委会的指导下,加快云南循环经济的立法进程,把旅游循环经济发展工作纳入法制化轨道。

一是认真贯彻落实已有的相关法律法规和规定,如《清洁生产促进法》、国务院《关于进一步开展资源循环利用的意见》,依法促进能源和资源消耗减量及生活垃圾减量化、资源化等。二是对互相关联的法规进行整合,比如对餐饮业、旅行社、旅游景区相关法规、规范性文件进行融合,提出符合循环经济原理的新的预防污染和环境管理办法,方便各部门操作。三是加强旅游循环经济的法律法规体系研究,抓紧指定云南相关性规范文件,如《促进清洁生产实施办法》《旅游行业清洁生产评价指标体系》《再生资源回收管理办法》《强制回收的产品和包装物回收管理办法》《节水和循环用水、中水回用管理办法》等,具体的任务有:

(1)整合现行宪法中关于环境保护的规定,出台清洁生产和资源的节约、回收、再用、再生利用规定,将其与污染防治、资源与生态保护相结合。

(2)根据《中华人民共和国清洁生产促进法》制定《云南省循环经济促进条例》,规定云南省循环经济的基本方针、指导思想、基本原则、具体的法律制度和责任。

(3)制定并完善云南发展旅游循环经济的专项配套法规。

(4)制定旅游循环经济的专项条例和部门行政规章。

二、强化、完善或构建完整的边疆高原山区旅游循环经济相关的管理制度

根据国际旅游循环经济经验,边疆高原山区旅游循环经济的推行必须要在国家和地方指定的旅游循环经济立法框架下,强化、完善或构建一套完整的循环经济管理制度,包括旅游环境影响评价制度、旅游循环经济规划制度、"三同时"制度、预算、统计、审计相关制度、生产者和消费者责任制度、清洁生产环境审计制度、污染排放许可制度、绿色准入制度、环境信息公开发布制度、绿色消费制度、绿色采购制度、绿色国民经济核算制度等。

（一）旅游环境影响评价制度

环境影响评价是指为了对规划和建设项目实施后可能造成的环境影响进行分析、预测和评估,提出预防和减轻不良的环境影响的对策和措施,进行跟

踪检测的方法与制度。《中华人民共和国环境影响评价法》规定:企业在建立前必须做环境影响评价,否则就不允许开工,任何手续都不得办理,即使上马也是违法的。

旅游特别是其中的生态旅游在促进自然生态环境良性循环和促进区域经济发展、社会进步等,对旅游环境带来良性影响的同时,对自然生态环境包括植物、水体、大气环境质量、野生动物、地质地貌,对旅游地经济环境、旅游地社会环境、旅游地文化也带来了不利影响,带来了污染[8],因此必须强化旅游环境影响评价制度。评价的内容包括旅游资源开发活动和旅游行为活动的环境效应[9]。现阶段,我国旅游环境影响评价必须把循环经济这一新的环保理念和思维模式纳入自己的评价体系并使其成为核心部分,不断完善和充实旅游环境影响评价的内容,才能从根本上发挥环境影响评价在经济发展中的作用。因为对于一个拟建项目,如果我们只能预测出它造成的环境影响或者说是环境损害,却不能提出减小或消除这些影响的有实际意义的解决办法或思路,那么我们前期所做的工作只能是空谈,更不用说为我国旅游经济的永续发展起到保驾护航的作用,因此旅游环境影响评价制度必须不断创新和强化。建议建立宏观重大旅游决策环境影响评价制度,并根据国家环境保护总局2006年发布的《环境影响评价公众参与暂行办法》的有关规定,促进公众参与。

(二)旅游循环经济规划制度

循环经济规划是国家对循环经济发展目标、重点任务和保障措施等进行的安排和部署,是政府进行评价考核和实施鼓励、限制或禁止措施的重要依据。既要在编制国民经济和社会发展总体规划、区域规划以及城乡建设规划等专项规划时,体现循环经济理念,符合发展循环经济的要求,又要精心编制本地区本行业循环经济规划,维护规划的严肃性、权威性、强制性。通过旅游循环经济规划制度,解决在旅游业发展循环经济的发展目标、发展重点、路径选择、保障措施等基本内容,搭建一个全面促进旅游循环经济发展的政府平台,为边疆高原山区实施旅游循环经济提供依据。建议:县级以上政府在编制旅游发展规划、区域旅游规划以及科学技术发展等规划时,都应明确提出发展旅游循环经济的目标和要求;其次,对编制旅游循环经济发展规划的程序和内容要有明确要求,使规划既有权威性又有可操作性。

(三)"三同时"制度

《中华人民共和国环境保护法》第二十六条规定:建设项目中防治污染的设施,必须与主体工程同时设计、同时施工、同时投产。《建设项目环境保护管理条例》第十六条规定:建设项目需要配套建设的环境保护设施,必须与主体工程同时设计、同时施工、同时投产使用。这就是"三同时"的含义。循环经济与"三同时"制度都强调以防治污染和实现经济效益、环境效益和社会效益的最大化为根本目标[10]。"三同时"制度以其具有法律严肃性和纳入基建程序的特点,具体执行过程中,可以促进老污染源的治理,有效地促进企业的技术进步、经济结构的调整和清洁生产的实现,是控制新污染、防止新的生态破坏和加速治理原有污染的根本措施。因此,一切新建、改建和扩建的基本建设项目、技术改造项目、自然开发项目以及可能对环境造成损害的其他工程项目,其中防治污染和其他有害的设施与主体工程必须强化"三同时"制度,以利于节约资金,增加企业采用循环经济模式的积极性。旅游业也应实施这一制度,但目前有关法律在这方面的规定还比较简单,缺乏统一、牢固的理论基础,难以为各单行法提供可行的理论指导,应对其内容和结构加以完善,使之与循环经济的理念相吻合。

(四)预算、统计、审计相关制度

原有的预算、统计、审计等制度均未将环境的价值因素考虑到决策过程中,因而社会成本和效益并不清晰,造成决策失误,甚至收入增长中的很大一部分会付诸东流,昨天的 GDP 增长,会把环境代价带给今天的人民。据悉,我国低收入的青海省,用 70 亿元人民币巨资为青海湖治理污染,就是证明。因此,法律要做调整,在计算 GDP 总量时,要把环境资本的耗竭,包括不可再生资源的耗竭、生态破坏的代价,尽可能地测算在内,如对旅游经济核算采用国际旅游卫星账户。世界银行和一些发展中国家正在合作开发绿色国民账户,以明确综合经济活动和自然及环境资源之间的联系,避免误导经济决策。

(五)生产者和消费者责任制度

首先应进一步完善《产品质量法》,扩大生产者责任,在生产阶段就建立旅游循环经济的约束和激励机制。即旅游生产者在其产品被最终消费后,仍应继续承担有关环境责任,建立一套"生产者责任延伸制度",规定生产者有回收产品和无害化处理的责任。同时,还应扩大责任人的范围,使旅游循环经济产品在经济活动中的各个环节包括旅游决策者、旅游生产者、旅游设计者、旅游销售者、旅游消费者等承担相应责任,通过生产者和消费者责任制度,改变他们传统的粗放型消耗资源的行为模式,建立节约型社会。建议专设法律责任一章,对各类旅游主体不履行法定义务的行为规定相应的罚则,实施法律责任追究制度,以保障法律的有效实施。

（六）清洁生产环境审计制度

清洁生产审计和环境 ISO14000 审计制度是贯彻循环经济源头、减量整体预防的基本措施。目的是引导企业和工业园区在生产过程中,不断采取改进设计、使用清洁的能源和原料、采用先进的工艺技术与设备、改善管理、综合利用等措施,从源头削减污染,提高资源利用效率,减少或者避免生产、服务和产品使用过程中污染物的产生和排放,最终减轻或者消除对人类健康和环境的危害。

以旅游业为重点,强制进行清洁生产环境审计,推动重点旅游企业实施清洁生产审计,按照国家规定应进行强制性清洁生产审核的企业数量逐年增加,建设环境友好旅游企业,加大旅游环境治理和改造力度,督促旅游企业实现污染源全过程控制,引导旅游企业改进技术和工艺,使用清洁能源,降低物耗、能耗和污染物的排放,积极推进节水、节能,使主要污染物排放总量得到有效控制,污染物排放强度明显下降。

（七）污染排放许可制度

污染排放许可属于末端控制的重要环节,包括污染排放的许可证制度、排污权交易制度、排污收费制度等。我国目前的排污许可证制度实行的是主要以排污总量控制为目的的排污许可证制度,为了加强污染物排放控制,必须强化国家环境行政权,实施污染物排放浓度控制和总量相结合、禁止超标排污等新的污染防治措施,排污总量控制和污染物排放标准强制遵守。旅游企业必须在环保部门许可规定的污染物排放范围内进行排放,没有排污许可证或出现超标排污的行为都将被视为违法,环保部门将吊销其许可证,对其给予重罚并责令限期整改。在餐饮、宾馆、酒店等旅游重点排污单位应实施排污许可证制度。边疆高原山区的污染排放标准应该与国际发达国家和地区如欧盟的环境标准接轨,提高排放门槛,强化末端控制与治理,对旅游企业的污染排放标准在现有基础上加以提高,实施旅游企业污染排放许可、排污收费。

(八)绿色准入制度

健全旅游循环经济标准体系,实行严格的资源消耗和环境保护标准;对固定资产投资项目的资源利用效率进行审核,核准后方能审批。注重旅游市场的对内开放,建立公开、平等、规范的旅游市场准入制度。凡进入边疆高原山区的旅游项目、从事旅游经营的各类企业,不仅要符合旅游产业的政策和导向,而且要看产品的科技含量,还要看企业的清洁生产能力、技术、设备和措施,对旅游项目、旅游产品实施绿色准入制度,以提高招商引资质量。

(九)环境信息公开发布制度

为了使旅游循环经济的政策深入人心,政府应建立循环经济信息服务平台,实行信息公开,定期在权威媒体向社会公布边疆高原山区的各地区、各主要旅游企业的环境质量指标及相关报告。与此同时,建立旅游企业环境表现公开制度,鼓励公众监督旅游企业的行为尤其是环境行为,与环境评估和巡察制度相结合,促进全社会参与边疆高原山区的地方旅游循环经济的建设。

(十)绿色消费制度

绿色消费制度亦称可持续消费制度,主要包括:绿色采购制度,机关、事业单位和社会团体使用财政性资金进行采购时,优先采购经过认证的节能、节水、节材产品以及环境标志产品和再生产品。党政机关带头实行节约制度,带头使用节能、节水产品,节约使用办公用品,逐步降低采暖、空调、照明成本。消费定额制度,对水、电、气等资源性产品,实行消费定额管理和相应的奖励或惩罚措施。限制使用一次性消费品制度,制定一次性消费品名录,限制其生产和销售。

在传统的环境保护法律中,消费者承担着很少的环境保护义务,在拟定的旅游循环经济促进法中,应适当规定旅游消费者在消费过程中所承担的回收利用义务,以便在消费环节促进废物减量化、再利用、资源化和无害化。限制以不可再生资源为原料的一次性产品的生产与消费,如旅馆的一次性用品、餐馆的一次性餐具和豪华包装等,促进一次性产品和包装容器的再利用,瑞典在1983年制定了《铝质饮料瓶循环利用法》。自20世纪90年代中期以来,欧美的四五星级高档宾馆已基本废弃了房间中的一次性用品。目前,我国的宾馆一天一换的一次性用品的浪费是惊人的,无意义的豪华包装更带来巨大的浪费。而一些发达国家使用可降解的一次性用具,如瑞典在20世纪80年代末就试用马铃薯和玉米制的一次性快餐盒,既可食用,废弃后也能很快自然降解。

（十一）绿色采购制度

绿色采购指购买与使用节能与环保产品的行为,我国《政府采购法》对绿色采购已有原则性规定。政府这一重要消费主体有义务率先实行绿色采购。所谓政府绿色采购就是在现有政府采购体系中引入环境标准、评估方法和实施程序,在政府采购中着意选择那些符合国家绿色标准的产品和服务[11]。它要求政府在购买商品、服务、工程过程中重视生态平衡与环境保护,体现政府绿色采购的标准不仅要求末端产品符合环保技术标准,而且规定产品研制、开发、生产、包装、运输、使用、循环再利用的全过程均须符合环保要求。实施政府绿色采购的目的,是通过政府庞大的采购力量,优先购买对环境友好的绿色产品,一方面可直接获得环保效益并鼓励厂商生产可回收、低污染、省资源的产品;另一方面以示范方式,鼓励家庭自觉购买再生产品和环境友好产品,减少过量消费和一次性用品消费,开展垃圾分类收集,提高公众的环保意识和绿色消费意识,带动绿色消费模式,达到引导绿色消费的目的。

政府绿色旅游采购要优先采购经过生态设计或通过环境标志认证的产品,以及经过清洁生产合格验收或通过ISO14000环境管理体系认证企业的产品,鼓励节约使用和重复利用,通过政府的引导作用,促进旅游企业和社会大众绿色消费。要逐步建立政府绿色旅游采购制度和社会绿色旅游消费体系。现阶段,建立政府绿色旅游采购制度可以从4个方面着手:

①在《政府采购法》之下,制定政府绿色采购办法,完善相关法律法规,为

全面推行政府绿色采购提供法律保障,并考虑制定和出台绿色旅游采购法;②建立绿色旅游采购标准,发布绿色旅游采购清单;③建立绿色旅游采购网络;④公开绿色旅游采购信息,完善监督机制。

(十二)绿色国民经济核算制度——旅游卫星账户

在国民经济核算体系中,要改变过去重经济指标、忽视环境效益的评价方法,开展绿色国民经济核算,并纳入国家统计体系和干部考核体系。通过绿色GDP制度,实行环境资源的有偿使用,促进资源可持续利用和经济可持续发展,加快经济增长方式的转变,提高经济效率,增进社会福利。目前,重点开展环境污染和生态损失及环境保护效益计量方法和技术的研究工作,并进行统计和核算试点。

绿色GDP=传统GDP-自然部分的虚数-人文部分的虚数。由于传统GDP只记录看得见的、可以价格化的劳务,不考虑资源的稀缺性与生态的退化,将其他对社会非常有贡献的劳务排除在外,未能真实全面地反映国民经济发展,因此,国际上从20世纪60年代开始,就对新型国民核算体系的建立,做出了各种努力。旅游领域的科学统计即旅游卫星账户(TSA)已经成为很多国家测度旅游经济影响的有效工具[12]。我国已经进行了江苏省旅游卫星账户试点工作并取得了良好的成绩,国家级旅游卫星账户也已经启动,其他省份正在积极准备。旅游循环经济与旅游卫星账户的共同点就在于将资源和环境成本纳入计算,将对真实的旅游财富积累和旅游经济质量评定产生重大的影响。因此,国家制定的能源价格、资源价格、环境价格、生态补偿价格、绿色税收额度、世贸绿色仲裁等,都要求对会计制度在循环经济理念下进行规范,进行环境资源卫星账户核算。

三、加强边疆高原山区旅游循环经济的相关执法检查力度,提高执法水平

首先,边疆高原山区的各级人大要将旅游循环经济发展列入执法检查,督促相关部门严格执行《环境影响评价法》、《清洁生产促进法》、《节约能源法》和旅游法规以及云南省发展循环经济方面的法律法规,严格执行环境影响评价制度,依法实施清洁生产审核,控制能源和资源消耗高、环境污染重等不符合循环经济的项目上马,强化对旅游企业废弃物处置的监督管理,坚决制止"三废"的偷排或不达标排放。

其次,边疆高原山区的各级人大常委会都要根据当地实际,适时做出相关决定、决议,及时监督检查,加大执法检查力度,严格执行环境影响评价制度,依法强制实施清洁生产审核,促进发展旅游循环经济法规和各项措施的落实。

最后,创新监察工作,进一步强化执法能力建设,完善监察工作制度,规范旅游循环经济执法行为,强化现场执法检查,包括能力建设标准化,全面提升循环经济监察队伍整体素质和执法能力;规范执法公开化,将旅游循环经济监察的工作职能等及时向社会公开;同时要做到检查形式多样化,检查内容具体化,查处问题及时化,提高执法水平。

四、建立旅游循环经济的执法监督体制

执法监督机制建设是旅游循环经济法实施机制建设不可缺少的重要组成部分。由于旅游循环经济法所规范和保护的是全局的、整体的、长远的利益,所代表的是可持续发展的共同意志,在具体实施中,难免与局部的、暂时的利益相冲突。因而,有的地方领导总是意图规避有关法律的规制,甚至执法违法,另搞地方土政策来"优化"经济环境。因此,必须尽快建立旅游循环经济执法监督机制。完善监督机制,政府表率作用更大,例如1993年,美国时任总统克林顿下令所有政府机构的办公用纸中再生纸必须占20%,后又提高到30%。

循环经济执法监督机制建设,是指充分发挥法律、纪律、道德和社会舆论等各方面的力量,通过一定的方式和渠道,将行政执法主体的执法行为置于有效的监督之中,以形成约束其严格依法行政的有效制度。根据宪法和法律规定的我国人民民主专政的政权性质,和人民代表大会制度为根本的民主政治制度,行政执法监督机制应包括以下内容:

旅游循环经济执法监督应借鉴一般的执法监督,建立起包括人民代表大会及其常务委员会的法律监督、人民政协民主监督、纪律监督、新闻舆论监督

和公众监督。而这些监督能否实现以及有效程度如何取决于这些监督机制的完善程度,因此必须加快旅游循环经济的执法监督体制的建设。

第三节　边疆高原山区旅游循环经济发展的科学技术研发应用策略

旅游循环经济本质上就是一种生态旅游经济形式,其目的就是利用有限能源的循环利用最大限度地减少旅游发展过程中对自然环境的污染,达到经济利益与生态利益之间的协调。循环经济的产生告诉我们人类要生存就要保护好生态环境,处理好人与自然的关系,在控制自然、驾驭自然的基础上,还要善待自然、保护自然[12]。边疆高原山区发展旅游循环经济的根本目的就是保护边疆高原山区日益稀缺的旅游资源,提高旅游资源的利用效率,最大限度地减少资源的浪费和环境的污染,实现边疆高原山区旅游循环经济的可持续健康发展。

旅游循环经济的实现过程必须要有先进的科学技术作基础。旅游循环经济的产生赋予了科学技术新的血液、新的活力,新的科学技术是实现从传统旅游经济到旅游循环经济的变革的有力支撑。先进的科学技术是有效保护和适度开发旅游资源,加大旅游产品的文化含量,改进旅游的舒适度和迅捷度,提高旅游经营管理水平,优化旅游社会环境的重要手段。因此,旅游循环经济的科学技术支撑体系研究将是旅游循环经济发展过程中至关重要的环节[13]。

目前,我国在提高资源利用效率的某些技术上取得了一些突破,但总体上看,循环经济科学技术的研究和应用明显滞后,缺乏支撑循环经济发展的共性和关键技术,很多企业特别是中小企业的技术力量薄弱,同时也缺乏了解相关技术信息的平台和渠道[14]。加强技术支撑体系,加快科学技术研发与应用对于边疆高原山区旅游循环经济的发展非常重要。高新技术的研发引进是实施循环经济发展战略至关重要的保障。旅游循环经济的科技研发引进策略,关键是加快科技开发标准体系建设、积极开发应用绿色技术、加强国际合作等。

一、加强旅游循环经济的科技创新能力建设

能力建设是指一个地区在人力、科学、技术、组织、机构和资源等方面能力的培养与增强。能力建设的基本目标是提高对政策与发展模式进行评价和选择的能力。这个能力提高的过程取决于边疆高原山区的政府、企业和居民对环境约束与旅游发展需要之间的关系是否有正确的认识。因此,科技创新能力建设是实施旅游循环经济发展战略的根本保证,发展边疆高原山区旅游循环经济就必须加强旅游循环经济的科技创新能力建设。

(一)积极建立科学技术创新机制

随着科学技术的迅速发展,科学技术是第一生产力等早已经被各国支持和关注。科学技术的创新能力已经取代价格等传统因素,成为影响经济发展最具决定性的因素。目前对于边疆高原山区来说,要推进旅游循环经济、展开科学技术创新,需要从以下几方面的工作入手:建立一套发展旅游循环经济的科学技术创新理论;建立政府和企业的科学技术创新体系。

(二)制定和实施技术"跨越式"的科技发展战略

根据对国内外若干旅游支柱产业的发展动态与"循环经济"的发展趋势进行密切跟踪和分析研究,结合中国的实际情况,我国应通过超前布局,实现真正意义上的"跨越式"发展战略。这是我国追赶发达国家的必由之路,也是一条切实可行的捷径。针对边疆高原山区的具体情况,要实施技术跨越发展的对策,必须加强循环经济的科学技术宏观部署,确立科学技术的优先领域,做好相关的技术教育培训等能力建设。

(三)建立科学技术支撑体系

建立旅游循环经济的技术支撑体系是对实施循环经济发展战略至关重要的保障。建立旅游循环经济的技术支撑体系,关键是积极开发、应用绿色技术,采用无害或低害新工艺、新技术,大力降低原材料和能源的消耗,实现低投入、高产出、低污染,尽可能把环境污染物消除在生产过程中。由于我国技术水平比较落后,因此针对旅游业应继续加强研究和开发:旅游资源可持续利用与保护技术、能源高效利用和节约技术、新能源和可再生能源利用技术、绿色建筑和绿色制造技术、旅游地环境监测与污染的生态防治技术、最大限度减少资源和能源投入的技术、延长旅游产品使用周期的技术、旅游产品生命周期评价技术、废弃物资源化的产业链管理技术、废物回收和再利用技术、旅游信息网络技术等。

（四）重点推进清洁生产技术

边疆高原山区由于地处偏远，旅游开发还处于初级阶段，资源丰富，破坏程度比较小，因此为了保护生物的多样性和良好的旅游资源环境不受破坏，该地区的企业在生产加工过程中应采取清洁生产。首先，企业可以通过不断采取改进设计、使用清洁的能源和原料、采用先进的工艺技术与设备、改善管理、延长产品生命周期等，减少或避免污染物的产生，实现由末端治理向污染预防的转变。其次，实现清洁生产，要求以节能、降耗、减污、增效为目标，广泛深入地开展清洁生产审核工作，使单位产品能耗、物耗、水耗及污染物排放量接近或达到国际先进水平。再次要求推进 ISO14000 环境管理体系和环境标志产品认证，提高企业环境管理水平和市场竞争力。最后，鼓励开展创建国家环境友好企业的活动，树立一批经济效益突出、资源合理利用、环境清洁优美、环境与经济协调发展的企业典范，比如在政府的组织下成立清洁生产领导小组，对企业进行清洁生产的相关技术指导，并进行监督管理，保障企业尽可能地实现环境保护和经济效益的双赢。

就云南省而言，水资源利用率比较低，因此在边疆高原山区应重点支持节水技术改造和节水示范园区建设以及中水回收利用等废水资源化利用项目；对经济效益不好的中小型企业可实行关闭、停产、合并、转让或搬迁。

二、加快旅游循环经济的科学技术开发标准体系建设

我国旅游循环经济的发展还处于探索和实践阶段，发展边疆高原山区旅游循环经济应加快旅游循环经济的科学技术研究开发，组织对清洁能源、清洁生产等重大相关技术成果的推广应用；应积极学习国际经验，加快推出旅游循环经济相关的指标体系与企业认证，鼓励旅游企业积极参与和实施这些指标和认证，发挥国际标准的权威性和科学性，引导旅游企业的发展与国际接轨[15]。

（一）旅游循环经济的科学技术研究

1.大力开发旅游循环经济技术

国务院有关部门和地方各级人民政府有关部门要加大科技投入,支持循环经济共性和关键性技术的研究与开发。尤其是边疆高原山区应积极引进、消化和吸收国内外先进的循环经济技术,组织开发资源综合利用技术、能源节约和替代技术、能量梯级利用技术、废物综合利用技术、循环经济发展中延长产业链和相关产业链接技术、"零排放"技术、有毒有害原材料替代技术、可回收利用材料和回收处理技术、绿色再制造技术以及新能源和可再生能源开发利用技术等,提高发展旅游循环经济的技术支撑能力和创新能力,大力改善边疆高原山区的技术水平,减少与其他地区的差距。

2.制定高原山区旅游循环经济技术政策

根据边疆高原山区发展旅游循环经济的需要和边疆高原山区的发展特点,发展改革委应会同科技、环保等有关部门研究制定发展边疆高原山区旅游循环经济的技术政策、技术导向目录,以及国家鼓励发展的节能、节水、环保装备目录等,支持引进国外及国内发达地区发展循环经济的核心技术,加快新技术、新工艺、新设备的推广应用。还要制定部分优惠的技术投资政策和技术引进政策,鼓励边疆高原山区旅游业发展的相关单位对技术的投资和实用。

3.建立旅游循环经济技术咨询服务体系

由于边疆高原山区的信息通信技术等基础设施都比较落后,要发展旅游循环经济和外界取得密切的沟通和交流必须通过地方政府的积极支持,建立旅游循环经济信息系统和技术咨询服务体系,才能及时向社会发布有关循环经济技术、管理和政策等方面的信息,开展信息咨询、技术推广、宣传培训等,才能充分发挥行业协会、节能技术服务中心、清洁生产中心等中介机构和科研单位的作用。

4.制定旅游循环经济发展的相关地方科技标准和规范

循环经济是一次产业革命,也是一次技术创新的革命,同时还是传统生产体系和生活习惯的一次革命。针对边疆高原山区的旅游发展需要和循环经济的发展要求,要推进循环经济,就必须制定出相关的科技标准和规范,提高旅游产业技术标准,提高生产率,降低和减少资源能源、原料和原材料的消耗。当然推进循环经济的目的是能够以最低的消耗获得最大的效用,这就要求较高的科技产品来替代原有的产品。因此要求旅游循环经济的发展应以科技创新为基础,加大节约能源、资源等方面的科技投入,帮助边疆高原山区合理地开发旅游资源同时又注重保护高原山区宝贵的旅游资源,提高高原山区的旅游竞争力,这样才能保障旅游循环经济推进健康而迅速。

(1)研究制定边疆高原山区旅游行业的科学技术标准、产业技术标准、产品市场准入标准及企业考核标准等,对旅游产品进行全面的技术标准测评,对于不符合消耗标准的产品禁止生产和销售等,并逐步把这些标准纳入重点企业的考核内容中。制定单位产品的能耗、水耗、物耗定额指标体系和发展循环经济的考核标准,对一些重点企业进行考核。

(2)研究制定边疆高原山区旅游资源综合利用、废弃物回收处理管理实施细则、清洁生产表彰奖励办法、能源效率标识管理细则及发展环保产业暂行办法等文件,形成相对配套的推动循环经济发展的规章制度。

(3)边疆高原山区各旅游部门应结合当地实际情况,制定切合实际的技术指标体系,并按与时俱进的原则,不断给予充实和及时调整。

(4)积极研究探索适合边疆高原山区旅游发展的绿色国民经济核算制度体系。

(二)推行旅游循环经济指标体系与企业认证

要保证旅游循环经济的健康顺利进行,必须要加快制定旅游业的市场准入标准和合格评定制度,比如针对餐饮业和住宿业来说应制定清洁生产评价指标体系和涉及循环经济的有关污染控制标准;在加强旅游业节能、节水等资源节约标准化工作的同时,要制定和完善主要用能设备及建筑能效标准。建立和完善强制性产品能效标识、再利用产品标识、节能建筑标识和环境标志制度,开展节能、节水、环保产品认证以及环境管理体系认证。

1.建立和完善循环经济的评价指标体系

发展边疆高原山区旅游循环经济首先应把循环经济和资源节约的指标纳入评价体系。其中要求建立和完善统计评价指标体系,建立绿色国民经济核算体系,建立综合反映旅游经济发展、资源利用、环境保护的指标体系等,满足对发展循环经济、建设节约型社会评价的需要,包括重点旅游部门的能耗指标、资源生产率指标、废旧物资回收和循环利用率指标、单位产值的废弃物排放指标等,并要求政府部门严格要求,并纳入对干部的考核,以扭转一些旅游区不惜以牺牲资源和环境为代价换取经济增长的错误做法,使经济发展走上健康的良性循环的轨道。其次是在旅游产品设计过程中要制定一些硬性指标,例如景区内建筑要求对水、电等常规能源进行优化改造,建筑节能至少要达到50%以上,污水达标排放率100%,景区绿化、公共卫生等用水使用中水或雨水,室内节水器具使用率达到100%;垃圾收集率达到100%,分类率达50%。垃圾处理应以"无害化、减量化、资源化"为原则,最好做到就地处理,最大限度地化废为宝,循环利用。

2.推行 ISO14000 和 ISO9000 认证,发挥国际标准的权威性和科学性的作用

ISO14000 和 ISO9000 系列标准对于"法律法规和其他要求"有比较系统的管理方法,是国际标准化组织为了促进经济可持续发展和保护全球生态环境而推出的综合性的管理型标准。这些标准认证将通过对产品的指导实现旅游企业自觉保护环境、节约资源、维护生态平衡的走可持续发展之路和实现环境管理与经济效益的"双赢"的目的。随着中国旅游经济的迅速发展,2008 年北京奥运会和 2010 年上海世博会的申办,中国政府和民众对环境治理和经济可持续发展的日益重视,环境产业的投资额正以每年 15%的速度递增。

ISO14000 系列标准的内容主要包括环境管理体系、环境审核、环境标志、环境行为评价、生命周期评估、产品标准中的环境因素、术语和定义等几个部分,其编号为 ISO14001—ISO14100,统称为 ISO14000 系列标准。ISO14001 标准《环境管理体系——要求及使用指南》是国际标准化组织(ISO)为了促进节约资源、保护环境和实施可持续发展战略而制定的一项系统化的环境管理标准。它从"绿色采购"、"绿色服务"和"绿色消费"等理念引导旅游企业的发展方向,促进旅游组织节能降耗、减少污染、提高效益。ISO14000 标准规定的

环境管理体系是一种国际公认的、系统化的环境管理模式。它有许多体系要素与旅游循环经济存在密切的关联,充分体现了旅游循环经济的"减量化、再使用、再循环"等基本原则。把旅游循环经济纳入市场竞争的范畴,促进循环经济与旅游市场经济体制的接轨,促进旅游循环经济法律法规的贯彻实施,增强社会公众的资源和环境意识,大力促进旅游循环经济的发展,促进经济增长方式转变,贯彻落实可持续的科学发展观,使循环经济在市场经济环境下健康发展。

ISO9000 体系是由 ISO/TC176 技术委员会制定的国际标准。它是由一些既有区别又相互联系的系列标准组成的立体网络,形成了一个包括实施指南、标准要求和审核监督等多方面的完整体系。积极开展 ISO9000 质量保证体系认证,对稳定和提高旅游产品及旅游服务质量、改善内部管理、增强旅游企业市场竞争能力具有重要作用。除了这些认证外,还应推行旅游产品的生态设计认证、清洁生产认证、节能认证等,建立和完善强制性产品能效标识、再利用产品标识、节能建筑标识和环境标志制度,开展节能、节水、环保产品认证以及环境管理体系认证。

另外,在大力推行认证工作的同时,还要积极参与国际标准互认,通过签订国家间互认协议,力求消除贸易摩擦,其中美国和欧盟等发达国家和地区的国际标准采标率已达到80%,日本新制定的国家标准,其国际标准采标率有90%,而我国国际标准采标率只有40%左右。

三、加快旅游地生态建设的技术研究

边疆高原山区在旅游开发建设过程中以及在开展旅游活动过程中,由于生态的脆弱性以及不合理的旅游开发和资源利用,会造成许多生态环境问题,如:植被破坏问题、水土流失问题、环境污染问题、生态退化与生物多样性问题等,这些问题需要采取一些技术加以解决。

（一）水土保持工程技术

水土流失是许多旅游地特别是边疆高原山区旅游地普遍存在的问题。因此,加强水土保持工作是旅游地生态建设的一项重要工作。水土保持技术通

常包括工程措施和生物措施以及小流域综合治理技术等内容。在水土保持中,要做到工程措施与生物措施相结合,以生物措施为主;治理布局上应治坡与治沟相结合,以治坡为主;要将治理与利用相结合,长远利益与近期利益相结合,将水土保持、资源开发利用、生态环境改善相结合;同时特别要注意水土流失区土壤的物理状况不良、水分条件差、土壤养分含量低、肥力条件差等特点,采取相应的措施[16]。

工程措施是水土保持中的必要措施之一。主要是通过土石方工程对坡面、侵蚀沟、崩岗滑坡、河道等采取挡、拦、贮水、固定等措施。坡面治理的工程措施一般包括水平沟、鱼鳞坑、梯田、沟头防护工程(沟头截水埂、排水沟)、泥石流排导沟、截流与倒流工程、护岸、固床工程等措施;沟道筑坝工程一般包括谷坊工程、淤地坝、拦沙坝、石防洪墙、山边沟等措施;小型库坝工程一般包括蓄水池、水库塘坝、防洪堤、拦沙坝等措施;崩岗治理工程一般包括导水沟、谷坊、拦沙坝等。工程措施一般要配合生物措施的使用,切实收到"工程保生物,生物护工程"的效果。

生物措施是水土保持的关键技术措施之一。生物措施的主要目标是增加地面绿色覆盖。在生物措施中要将乔木、灌木、草本植物相结合,乔木中应将针阔叶、常绿和落叶相结合;草灌植物中应将豆科与非豆科植物相结合。生物措施在植物选择上一般包括水土保持林、经济林、防护林、薪炭林、饲料林以及许多灌木、草本植物等。而且在坡地的不同部位选取的植物种类与搭配及其栽种方式等均有所不同。常用的生物保持措施有:(1)一般山丘坡面的绿化;(2)沟头造林,沟头是径流汇入沟较集中的地段,在结合防护工程措施的基础上,选择分蘖性强、固土抗冲能力强的乔灌木进行乔灌混交,营造水土保持林;(3)沟坡造林,沟坡应采取先封坡育草,待草本植物繁茂后,再全面造林;(4)沟底造林,在结合修建谷坊等水保工程的基础上,除选用耐湿、耐冲刷、根系发达的速生树种外,还应将其方向设置与流水方向垂直,以增强其顶冲缓流、拦淤泥沙的作用。

在农业旅游观光地区,除了采取工程措施和生物措施以外,通常还需要通过必要的耕作措施来进行水土保持,如等高耕作技术、等高生物篱笆技术、少耕免耕技术、间作套种增加地面覆盖技术等。

小流域水土流失综合治理是一项系统工程。它不仅要求同时考虑小流域的上游、中游与下游地区,以及坡顶、坡腰与坡脚等不同地貌部位的水土保持问题,而且要考虑不同地段之间的景观配置与功能协调,例如在小流域的中上游以及坡顶等地段则要注重水土保持林、水源涵养林以及生态防护林等建设,而在下游地区以及坡腰、坡脚地段则可适度发展经济林或农作物生产。总之,不同地段与地貌部位要协同开展水土保持工作,注意工程措施与生物措施的有机结合,将保水与保土措施相结合,采用一些成功的水土保持生态系统模式,如林业生态工程模式、复合农林业生态模式、农—林—牧—渔综合生态模式等。另外,在不同地区,应因地制宜,分别采取相应的水土保持技术措施,例如在以水蚀为主和以风蚀及部分水蚀为主的地区,其水土保持目标和措施会有所不同[17]。

(二)生态恢复与重建技术

由于旅游建设活动造成的植被破坏与景观改造,以及由于旅游活动带来的生物多样性干扰、土壤退化、水土流失、环境污染等诸多问题,旅游生态系统会发生不同程度的退化,因此,必须适时地采取相应的技术对退化的生态系统进行恢复与重建。

生态恢复与重建是指根据生态学原理,通过一定的生物、生态以及工程的技术与方法,人为地改变和切断生态系统退化的主导因子或过程,调整、配置和优化系统内部及其与外界的物质、能量和信息的流动过程及其时空秩序,使生态系统的结构、功能和生态学潜力尽快成功地恢复到一定水平,如原有的乃至更高的水平。生态恢复过程一般是由人工设计和进行的,并在生态系统层次上进行[18]。

对于一般的退化生态系统,大致需要涉及以下几个方面的恢复技术:(1)非生物或环境要素(包括土壤、水体、大气)的恢复技术;(2)生物因素(包括物种、种群和群落)的恢复技术;(3)生态系统(包括结构与功能)与景观的总体规划、设计与构建技术(见表10.2)。

表 10.2　退化生态系统的恢复与重建技术体系

恢复类型	恢复对象	技术体系	技术类型
非生物环境因素	土壤	土壤肥力恢复技术	少耕、免耕技术;绿肥与有机肥施用技术;生物培肥技术;化学改良技术;聚土改土客土技术;土壤结构熟化技术
		水土流失控制与保持技术	坡面水土保持林、草技术;生物篱笆技术;土石工程技术(小水库、谷坊、鱼鳞坑等);等高耕作技术;复合农林技术
		土壤污染与恢复控制技术	土壤生物自净技术,施加抑制剂技术;增施有机肥技术;移土客土技术;生物修复技术;废弃物的资源化利用技术
	大气	大气污染控制与恢复技术	新兴能源替代技术;生物吸附技术;烟尘控制技术
		全球变化减缓与控制技术	清洁能源技术;温室气体的固定转换(如细菌、藻类)技术;无公害产品开发与生产技术;土地优化利用与覆盖技术
	水体	水体污染控制技术	物理处理技术;化学处理技术;生物处理技术;人工湿地技术
		节水技术	地面覆盖技术;集水技术;节水技术
生物因素	物种	物种选育与繁殖技术	基因工程技术;种子库技术;野生物种的驯化技术
		物种引入与恢复技术	先锋物种引入技术;乡土物种重建技术;天敌引入技术;林草植被再生技术
		物种保护技术	就地保护技术、易地保护技术;自然保护区分类管理技术
	种群	种群动态调控技术	种群规模、年龄结构、密度、性比例等调控技术
		种群行为控制技术	种群间相互作用利用技术、生物多样性利用技术
	群落	群落结构优化配置与组建技术	林灌草搭配技术;群落组建技术;生态位优化配置技术;林分改造技术;择伐技术;透光抚育技术
		群落演替控制与恢复技术	原生与次生快速演替技术;封山育林技术;水生与旱生演替技术;内生与外生演替技术

恢复类型	恢复对象	技术体系	技术类型
生态系统	结构与功能	生态评价与规划技术	土地资源评价与规划技术;生态环境评价与规划技术;景观生态评价与规划技术;"4S"(RS、GIS、GPS、ES)辅助技术
		生态系统组装与功能集成技术	生态工程技术;生态系统构建与功能集成技术
景观	结构与功能	生态系统间链接与配置技术	生物多样性保护区网络、景观功能区配置、小流域综合治理技术

在生态恢复与重建过程中必须遵循生态学原理,即根据生态系统自身的演替规律分步骤、分阶段进行,循序渐进,不能急于求成、"揠苗助长"。例如,要恢复某一极端退化裸荒地,首先应重在先锋植物的引入,在先锋植物改善土壤肥力条件并达到一定覆盖度以后,可考虑灌木、乔木树种的加入。另一方面,在生态恢复与重建过程中,要从生态系统的层次上展开,要有整体系统思想,不能"头痛治头,脚痛医脚",要根据生物间及其与环境间的共生、互生、竞争和对抗关系,以及生态位和生物多样性原理,构建生物群落,完善生态系统结构,使物质循环和能量转化处于最佳利用和最优循环状态,力求达到土壤、植被、生物同步和谐演进,只有这样,恢复后的生态系统才能稳步持续地存在与发展。

同时,边疆高原山区生态恢复与重建必须达到一些基本的目标与要求,主要包括:(1)实现生态系统的地表基底稳定性,因为地表基底(地质地貌)是生态系统发育与存在的载体,基底不稳定(如滑坡、崩塌、泥石流等),就不可能保证生态系统的持续演替与发展;(2)恢复土壤和植被,保证一定的土壤肥力和植被覆盖率;(3)增加种类组成和生物多样性;(4)实现生物群落的恢复,提高生态系统的生产力和自我调节能力;(5)减少和控制环境污染(包括大气污染、水污染和固体废弃物污染);(6)增加视觉和美学享受。

(三)生活废弃物的无害化处理与资源化利用技术

旅游生态系统是具有高人口流、高物质流与高废物流的一类生态系统,因此,生活废弃物污染通常是大多数旅游地共同存在的问题,而且具有数量大以及季节性变化等特点。在边疆高原山区旅游地,生活废弃物主要包括各种固体生活垃圾、生活污水以及人和动物的粪便等。这些废弃物如果得不到及时处理,必然会造成环境污染,影响旅游地的自然景观和游客的身体健康。但从循环经济的角度出发,废弃物实际上是一类"放错了地方的资源"。因此,加强对废弃物的无害化处理与资源化利用,将其变废为宝,不仅可以减轻环境污染压力,而且还可带来一定的生态效益、社会效益和经济效益。

1.固体生活垃圾的处理技术

垃圾是人类活动不可避免的产物,人们在享受衣食住行的同时产生了生活垃圾[19]。据有关估计,我国城市生活垃圾的人均日产量为 0.7—1kg。这些垃圾中存在对人体有危害的物质,或是有害微生物,如致病菌、病毒;或是有机污染物,如氯化烃、碳氢化合物气体等致癌物、促致癌物;或是无机污染物,如汞、镉、铅、砷、铬等;或是物理性污染物,如放射性污染;或是其他污染物,如寄生虫、害虫、臭气等。这些污染物污染着土壤、空气与水体,并通过多种渠道危害人体健康。

目前广泛应用的垃圾处理方法有卫生填埋、堆肥、焚烧发电或制作建筑材料等。垃圾分类收集与综合利用是实现垃圾资源化的最有效途径。垃圾分类收集不仅可直接回收大量废旧原料,实现垃圾减量化,而且可以减少垃圾清运费用,简化垃圾处理工艺,降低垃圾处理成本,使垃圾变废为宝,真正做到垃圾资源化,并且通过技术控制,可做到基本无污染产生。

垃圾分类回收。在边疆高原山区旅游地,可结合生态旅游活动和生态教育活动进行垃圾分类回收。将路边垃圾箱涂上不同的颜色,黄色收集可腐烂垃圾,绿色收集植物垃圾,白色收集纸和硬纸板,蓝色收集金属、玻璃和塑料,黑色收集砖瓦、灰尘和泥土,这些垃圾箱经人力车装运至附近的垃圾中转站,在那里有机物送入密封的固定式垃圾压缩打包机,无机废物和可回收垃圾装入吊装式垃圾箱,一起由卡车运至垃圾处理场资源化分类处理[20]。垃圾运至处理场后无机废物送采集房,进行垃圾自动和手工分类筛选,将易拉罐、玻璃瓶、塑料、金属制品、纸张等可回收物品提取,作为再生原料出售;砖瓦、灰尘、泥土等送入处理场粉碎设备,粉碎后作为路基等建筑所需的材料。厨房余物及植物等可腐烂有机垃圾送入生化反应处理设备,经过生物胶化过程,压入生物发酵容器内进行发酵,发酵产生的气体含有60%的甲烷,经过分离、净化可作为垃圾运输车及其他汽车的燃料或用于发电。发酵容器中的有机物残渣在一定的条件控制下,经厌氧微生物处理,使其化学成分稳定、脱水、快速干燥得到有机复合肥。在旅游地可选择适宜的地方建立小型垃圾处理场,并采用物理、化学和生物方法进行堆肥处理,生产有机肥或植物生长基质。

2.生活污水的处理技术

边疆高原山区旅游地的生活污水主要来自厕所冲洗水、餐厅废水、洗澡水、绿化浇灌水、地面冲洗水、车辆冲洗水等。边疆高原山区旅游地生活污水不同于包括部分工业废水的城市污水,污染物浓度通常比城市污水低,处理难度较小;且由于其污染来源比较简单,从处理技术和处理成本角度考虑,具有相当的技术可行性和很高的回用价值。

边疆高原山区的一些旅游地离城市相对较远,其排水系统通常不在城市市政管网覆盖范围之内,因此需要设置独立的污水处理设施。旅游地小区生活污水处理工艺可在传统的城市污水处理工艺的基础上发展。根据小区及其污水的特点,一般小区生活污水处理设施应工艺流程合理,处理效果稳定,采用一体化设施,并尽量采用地埋式处理,地面进行绿化;如采用地上式处理,需与周围环境协调,并尽量减少如臭味、噪声、污泥等二次污染。为了进一步去除污水中的悬浮物(SS)、有机物、氮磷等营养盐以及可溶的无机盐等,而达到回用的目的,可采取生活污水深度处理工艺,这些工艺通常包括以下几类:(1)混凝、澄清、过滤法;(2)直接过滤法;(3)微絮凝过滤法;(4)接触氧化法;(5)生物快滤池法;(6)硫化床生物氧化法;(7)活性炭吸附法;(8)膜过滤技术(超滤、纳滤等);(9)生物膜技术等[21]。

除了上述生活污水处理的常用环境工程方法以外,在边疆高原山区旅游地比较适宜采用一些生态工程技术,如土地处理系统、人工湿地污水处理系统等,这些系统不仅可以处理生活污水,而且还可产生一定的景观效果和经济效益,如建设人工湿地公园等。

　　土地处理系统是一种污水处理的生态工程技术,其原理是通过农田、林地、苇地等土壤—植物系统的生物、化学、物理等固定与降解作用,对污水中的污染物实现净化并对污水中的氮、磷等资源加以利用。根据目标、处理对象的不同,土地处理系统可分为快速渗滤、慢速渗滤、地表漫流、地下渗滤、湿地系统 5 种类型。对于远离城镇的独立社区,可采用地下渗滤系统,它是土地处理系统的一种类型,该系统是利用并强化土壤微生物及土壤—植物稳定生态系统的净化功能,采用在土壤亚表面布水的方式投配污水,将污水投配到具有一定构造和良好扩散性能的土层中,使污水中的污染物在生态系统的物质循环中进行降解,净化水质,使污水中的物质和能量通过生态系统的能量流动逐级充分利用的中小规模的生态处理工程。另一种较为高效实用的土地处理系统是污水慢速渗滤,它是将污水投配到种有植物的土壤表面,污水在流经土壤表面以及在土壤—植物系统内部垂直渗滤时得到净化的土地处理工艺。污水慢速渗滤土地处理技术是土地处理技术中经济效益最大、水和营养成分利用率最高的一种类型。由于其容易与农业生产结合,工艺灵活,资金投入少,而被许多国家广泛应用。这两种土地处理系统都可以考虑在边疆高原山区的旅游地生活污水处理中使用。

　　人工湿地污水处理系统主要由预处理单元、配水系统和人工湿地处理单元组成。预处理单元主要由沉淀池构成,其主要作用是对污水中悬浮颗粒沉淀和对污水的缓冲作用;配水系统主要由提升设备(水泵)和配水管网等组成。人工湿地的处理单元则由水生植物、基质和微生物以及流动污染物水体组成,一般包括:(1)具有各种透水性的基质,基质是水生植物的载体,基质表面巨大的生物膜一方面为微生物的生长提供稳定依附表面,同时也为水生植物提供载体和营养物质,人工湿地所用的基质是多种多样的,可以是沙、砾石、卵石、煤渣、粉煤灰以及轻质聚合材料等;(2)适于在饱和水和厌氧基质中生长的湿生和水生植物[22]。

　　3.生态厕所技术

　　厕所在人们的日常生活中起着重要的作用,它每天接纳、蓄积并排除人类日常生理活动中排泄的绝大部分污染物。旅游地通常是一个人口高度密集的社区单元,按人均日产粪尿 1.5kg 计,每天要产生大量的粪便,如果不及时处理,必然会形成污染,严重影响旅游地环境质量。

在当今提倡"环保"、"绿色"、"健康"的社会,生态厕所(或环保厕所)应运而生。1991 年,浙江省金华市生态公厕研究所设计并建造了国内第一个生态厕所。所谓生态厕所是指具有不对环境造成污染,并且能充分利用各种资源,强调污染物自净和资源循环利用的一类厕所。从不同的着眼点出发,目前已经出现了生物自净、物理净化、水循环利用、粪污打包等不同类型的生态厕所。

粪尿混合处理的生态厕所是目前国内生态厕所的主要类型。通过环境工程的手段,利用微生物的新陈代谢作用和物理化学作用,完成对粪尿污染物的降解,最终转化为二氧化碳和水排入环境,同时再生出清洁的水供冲洗厕所使用或直接排放进入环境。目前使用的处理方法有好氧生物处理法、膜分离法、高效优势菌种处理法、厌氧生物处理法等几种。

除了上述的生态厕所类型以外,还有一种以沼气生产为核心的综合利用的生态公厕。它具有以下几个特点:(1)地下设有沼气净化池;(2)屋顶覆土种植或蓄水养殖,或设太阳能利用装置;(3)墙体垂直绿化,用植物覆盖形成绿墙。

4.粪尿的其他处理技术

在旅游地,粪尿的无害化处理与资源化利用还可采用混合堆肥、发酵生产复合肥以及生产沼气综合利用方法。这些方法简便易行,而且可产生一定的经济效益。

(1)混合堆肥:一般做法是将经筛选的生活垃圾中的有机物与粪便混合堆积成条形堆料,混入粪便可调节肥堆的湿度,提高肥力。当堆肥温度升高时,可杀死粪便中的致病菌和虫卵。但此方法处理的粪便数量有限,一般适合于干燥少雨的地区。

(2)发酵复合肥:该方法将粪便脱水后,与生活垃圾中的有机物或秸秆混合,至密闭的容器内厌氧发酵 20 天,经风干后成团粒结构,可包装出售,易于运输,便于使用,并较受欢迎。

（3）生产沼气及其综合利用：根据粪便的数量建造适当规格的沼气池,粪便可以自流进入沼气池,通过发酵产生沼气。生产的沼气可用于照明和烹饪,沼液和沼渣可用于植物生长的肥料与基质,以及畜禽与水产养殖的饲料等。这种方法不仅可解决环境污染问题,而且具有多重效益,在边疆高原山区旅游地可推广应用[23]。

（四）水体富营养化的控制技术

水体富营养化是指氮、磷等植物性营养物大量进入湖泊、海湾等相对封闭、水流缓慢的水体,引起藻类和其他水生植物大量繁殖,水体透明度和溶解氧量下降,水质恶化,水体就处于富营养化状态[24]。水体中氮、磷等营养物质主要包括从外部进入水体的氮磷物质,如工业废水、生活污水、固体废物处理场、地表径流、农牧区地表径流、大气降尘、大气降水、水体养殖投饵、水面娱乐活动废弃物、水土流失及土地侵蚀等,以及水体内部自身底泥等沉积物释放到水中的氮磷物质。

目前许多旅游地,特别是位于城市周边地区的湖泊水体富营养化程度日渐严重。例如,云南滇池、武汉东湖、杭州西湖、南京玄武湖、江苏太湖等出现了不同程度的水体富营养化现象,对这些湖泊旅游资源造成了较大的影响。富营养化过程不仅恶化水源水质,破坏水体生态平衡,而且增加给水处理难度和成本,降低了水体的经济价值和美学价值。

氮磷营养盐是造成水体富营养化的元凶,而磷则是其罪魁祸首。当水体中磷处于低浓度时,即使氮浓度能满足藻类等水生生物的需要,其生产能力也会大受遏制。因此,加强对磷污染源的控制至关重要。在边疆高原山区旅游地大力提倡使用无磷酸盐洗涤剂、防治水土流失以及周边地区的农业面源污染和工业点源污染等都是一些必要的措施。

采用除磷工艺是水体富营养化治理的一个必要手段。除磷工艺的原理是利用活性污泥在厌氧状态下进行磷释放,而在好氧状态下吸收较多的磷过程进行除磷。目前,国内外较成熟的除磷处理工艺技术有厌氧—好氧法（A/O法）和厌氧—缺氧—好氧法（A/O法）。此外,SBR法也具有优异的脱氮除磷功能。

343

另外,还可采用一定的物理、化学和生物技术来控制水体中藻类的生长。物理方法可通过疏浚底泥、稀释和冲刷、人工循环(湖底充气)消除滞水层等措施减弱和消除藻类的繁殖条件,也可采用无毒的杀藻剂直接杀灭藻类生物,还可使用生物技术(如摄取藻类的浮游动物以及其他有益生物)来抑制藻类的过度生长。

(五)旅游地空气污染的生态防治技术

旅游地的空气污染主要来自宾馆、饭店以及当地居民生活的废气、汽车尾气、旅游人群排放的废气等。污染物主要有一氧化碳(CO)、氮氧化物(NOx)、碳氢化合物(CHx)、硫氧化物(SOx)和微粒物质。旅游地的空气污染直接影响旅游景观,危害人体健康,而且还可导致全球性的生态环境问题,如全球变暖、酸雨、臭氧层破坏等。

为了控制旅游地的空气污染,首先要严格控制在旅游地建设污染企业,已经建好的企业要迁出旅游景区,大力发展清洁产业;同时要在旅游地普及清洁能源(水电、沼气、太阳能等);汽车燃料要逐步改用无铅汽油等清洁能源。绿化在防治大气污染中起着特别重要的作用。在自然旅游地,人群排放的大量 CO_2 可以为植物所吸收。许多植物的叶片可以吸附 SO_2。我国有不少防火树种可用于森林防火。如我国南方的木荷、火力楠、细柄阿丁枫等,这些防火树种具有着火温度高(如木荷为453℃)、水分含量高、水分析出快等特点,因而能阻滞林火蔓延。利用这些树种进行生物防火的主要方法是营造防火林带和耐火针阔混通过流水传播。又如,在已知的200多种动物传染病和150多种动物寄生虫病中,我国有196种是可以传染给人类的人畜共患病(包括病毒性、细菌性、真菌性、立克次体、衣原体性传染病和多种寄生虫),主要是通过兽类自然寄主和传播媒介及带病肉食品等传染给人类,如牲畜的口蹄疫、炭疽病、囊虫病、血吸虫病等,对人有很强的传染性。有些有毒植物(如毒麦)也可以混杂在粮食中危害人类。人类传染病如艾滋病(AIDS)是一种传染性病毒,也是一种人畜共患病。AIDS病已困扰西方世界,亚洲如日本、泰国等地也已相当严重,并已传入我国,随着国际旅游业的发展,对我国也可能构成威胁。

对生物性污染的防治,首要的是控制污染源,做好对水、大气、防疫和动植物疫病检验,一旦发生疫病,应及时扑灭和隔离。

例如,在张家界国家森林公园建设双环(整个景区外环和各小景区间内环)防火林带,共长 47.5 公里,主林带宽 20m,副林带宽 15m,林带上层为木荷等乔木林带,下层为茶叶等灌木林带,不但对林冠火有一定的阻滞作用,而且对地面火也有一定的阻滞作用。木荷再生性能强,而且耐干旱、瘠薄。茶叶每年还有一定的经济效益。由于采用了建设双环防火林带、修建瞭望塔和建设无线电通信系统加强监控等措施,从 1958 年建场、1982 年建园以来,该园一直没有发生过火灾。

四、加大技术改造力度,深入开展生态旅游的绿色设计

边疆高原山区生态的脆弱性要求我们在发展旅游循环经济时一定要加大技术改造力度,重视先进科技的利用,深入开展生态旅游的绿色设计,合理开发旅游资源。因此,我国应积极进行高新科技的研究开发和鼓励企业利用有益于边疆高原山区旅游循环经济发展的绿色技术,例如清洁生产等无害或低害的新工艺、新技术及污水处理、垃圾的回收利用技术等,在旅游业发展中实现少投入、高产出、低污染等,把节能降耗、清洁生产、再生资源回收利用等作为科技创新和技术改造的重点,促进旅游循环经济的发展。

(一)生态宾馆

从可持续发展理论的角度出发,生态宾馆是建立在生态环境承受能力的基础之上,符合当地的经济发展状况和道德规范,既能满足当代人的需要,又不对子孙后代的需求构成危害,既能促进宾馆所在地的经济发展,又能保护环境、节约资源,使得人与自然和谐相处。从旅游宾馆的角度出发,生态宾馆在经济活动中主要依赖与自然的旅游住宿设施,采用对环境敏感的方式开发经营并保持其经营环境,为顾客提供绿色产品、绿色服务和一种仿生态、有益于健康、清新舒适的旅居环境,使顾客在住宿期间获得享受自然、保护自然的经历与教育。生态宾馆要求通过对环境的有效保护从而达到生态环境保护标准的无污染性标志。包括保护自然环境和自然资源、社会环境和生活质量等任务。因此生态宾馆必须具备生态性的、满足可持续性发展要求的宾馆,与传统

宾馆相比,其突出的特点在于清洁化生产、生态化服务、厉行节约资源的原则和生态企业文化。从旅游循环经济理论出发,生态宾馆应从建筑材料、电能供应能源消耗的节约废弃物处理等全方位实施全新的管理,使宾馆的经营走可持续发展之路。

总之,生态宾馆或绿色宾馆是指能为社会提供舒适、安全、有利于人体健康的产品,并且在整个经营过程中,以一种对社会、对环境负责的态度,坚持合理利用资源,保护生态环境的饭店。生态宾馆的设计要求达到对环境影响最小化的目标,应尽量采用有益于环境保护的技术,如太阳能技术、雨水收集和使用、废气物最小化和循环利用技术、利用自然风进行通风的技术(代替空调机)、食品自给技术(利用当地果园、生态农场等)、就地取材的本土技术以及把建筑的形状与自然环境有机地结合起来等技术[25]。

1.强调清洁生产

①使用清洁能源。第一,尽量使用可再生能源,如太阳能等;第二,保持清洁的生产过程。宾馆使用的物品与食品的生产尽量少用或不用有污染有毒的原材料与中间产品,减少生产过程中的具有高风险的生产环节,如高温、高压、易燃、易爆、噪声等,所使用的原材料与中间产品还应回收利用。第三,要提供清洁产品。在产品制造过程以及使用后,以不危害人体健康和生态环境为主要考虑因素;少用贵重或稀有原料,以免加速该资源的锐减,如不用珍稀动植物做菜,宾馆里的生活用品强调使用寿命,经久耐用,如一次性牙刷、一次性筷子消耗了大量的原材料,不宜提倡。②提供生态化服务。生态宾馆必须提供生态化服务,包括服务产品和服务过程的生态化。服务产品应全部是无公害产品、绿色食品或有机食品等。在服务过程中,要兼顾企业和旅游者的利益,如在就餐时,力求让旅游者做到经济实惠,营养配置合理,资源不浪费;在就餐后,必须根据环保要求对快餐容器等进行有效处理,若游客有剩余食物时还必须提供周到的"打包"服务。③遵循循环、减量原则。生态宾馆要用减量化、再使用、再循环、再修复、可替代、重管理等原则来指导资源的利用。减量原则是指宾馆用较少的原料和能源投入,通过产品体积小型化、质量轻型化、包装简朴化的途径,做到既降低成本又减少垃圾,从而实现既定的经济效益和环境

效益目标。再使用原则要求宾馆在确保设施和服务不降低标准的前提下,物品尽可能地反复使用,把一次性使用变为多次反复使用或调剂使用,例如旅游地生活废水可直接用于浇灌植物园等。再循环原则就是在物品完成其使用功能之后,将其回收,把它重新变成可以利用的资源,应将废弃物分类收集,便于无害化。可替代原则是为了节约资源,减少污染,使无污染物品或再生物品,作为某些有害物品的替代物,例如使用纸质餐具替代塑料餐具,以减少污染。

2.生态宾馆设计原则

由于边疆高原山区的经济落后、交通不便等,在发展旅游循环经济时应注重小型生态宾馆的设计和经营。这种小型化的、乡土气息浓郁的农村小宾馆在边疆高原山区的生态旅游景区符合当地实际,又具有特色,受游客欢迎。它不仅鼓励了当地居民的参与,并且给当地人民带来了客观的经济效益,还有助于改善当地人民的生活状况,提高人民的生活水平。同时又因其接待容量小,无须使用大型设施,产生的废弃物数量小而有利于环境保护。另外,因为能完全融入当地的村落,建筑风格质朴简约,和当地的自然环境、人文环境完全一致,具有较高的审美价值,在一定程度上还成为一种辅助景观。小型化宾馆还能使游客轻松自然地接触当地的风俗习惯,能与当地人民进行友好的直接接触和交流,从而赢得游客与当地居民之间的相互尊重和理解。这样一方面可以加强和完善旅游服务功能,另一方面还可以为国家建造大型的配套设施齐全的豪华宾馆吸引跨国资金的投资。

小型宾馆的设计要遵循以自然为基础的建筑设计,它不仅要求宾馆的整个运营对环境的影响达到最小化,还要求大量使用对生态环境有益的技术,如太阳能技术、雨水的收集和使用技术、废弃物最小化和循环利用技术、利用自然风进行通风的技术(代替空调机)、食品自给技术(利用当地果园、生态农场、水产品养殖场等)、地下布线、采用当地可利用的建筑材料、本土或当地技术以及把建筑的形状与自然环境有机地结合起来等技术,为游客提供一个健康的休息之地和舒适的环境。

3.生态宾馆的选址原则

为了保障生态宾馆能够给游客提供一种陌生的、与环境和当地文化亲和的机会,暂且忘记那些由钢筋水泥包围的所谓现代文明,注重生态宾馆的选址是必要的。生态宾馆的选址必须要符合生态景区内旅游功能的总体布局规划,不要将它们建造在核心敏感区域内。因此,在选址时一定要注意:宾馆与周边环境之间的关系;与其他基础设施和功能区之间的关系;避免繁复、过多的装饰和其他有关成分;保障形式与功能之间的统一;规模、高度、密度和容量要适当;设计时要考虑当地可资利用的资源的限制;在经济、人文、技术和资源等价值之间寻求平衡;明确技术要求(如规模、数量、标准、气候条件、交通的便捷成本等);建造生态宾馆时,要避免砍伐树木,破坏植被,把对自然特征的影响降至最低点;要考虑到残疾人的方便使用等。

总之,生态宾馆的选址应该有利于野生动物的活动规律和森林的生长。对宾馆的照明设施要进行限制和控制,防止对野生动物昼夜间的活动产生干扰。另外可以通过植树来遮阴,控制土壤侵蚀,美化环境,为鸟类和其他野生动物提供栖息地。

4.生态宾馆的相关技术

生态宾馆从建设到运营,整个过程都必须要重视技术的利用才能保证生态宾馆的健康发展,并且还可以提高生态旅游宾馆的声誉。

在建筑技术和建筑材料方面,应该考虑其长期的环境效益,尽可能地采低含量的技术方案。要尽可能地采用当地木材、可回收材料和无毒材料,反映出对环境的关注。尽量不要使用红木、黑檀木等珍贵的木材做家具或建筑材料。

在水资源、能源节省技术和废弃物处理技术方面对宾馆的经营也非常重要。这些技术的采用不仅可以极大地减轻当地的环境压力,还能降低经营成本,这对边疆高原山区旅游循环经济的发展来说非常重要。在宾馆内部尽量采用低流量的冲水马桶、无水厕所、特备的淋浴喷头和水龙头等。巧用节水节能技术不仅提高企业的形象,还可以增加企业的收益。

能源高效利用技术是生态宾馆设计时应该考虑的主要问题。宾馆不仅是一个水资源大量利用的企业还是一个能源大量利用的地方。因此在设计时应合理利用大自然赋予我们的能量,比如在北半球,房屋坐北朝南、大面积采用可以储存能量的建筑材料、设置直接利用太阳能来烧水、使用隔热水箱、采用太阳能电池来供电、使用空气交换器,把灰水即洗涤用过的水经过加温消毒后再用,地热的储存和供给也是有效的节能技术,还可以安装瓦数较小的或能自动开关的感应开关、种植落叶乔木等,这些都可以起到节能的效果。

鼓励采用自然通风技术。空调机不仅耗电大、噪声高,而且不利于健康,所以应减少使用量,尽可能利用地形因素来强化自然通风效果。如果当地气温非常高的话,可以安装屋顶吊扇。食品储藏室的制冷可以利用当地的主风、遮阴设计和自然隔热技术等。

生态宾馆的设计还应考虑雨季、旱季和太阳的直射角度等因素,门窗等都应该绝缘,以便减少能量损耗;用遮阳伞、百叶窗和遮日篷等来降温。

（二）生态交通

交通是人流、物流和信息流的主要通道,在整个生态旅游活动中起着支配作用,是人们实现旅游活动的必要手段。现代交通促进了社会经济的发展,但同时也带来了诸多的环境问题,如噪声污染、大气污染、水污染和土壤污染,以及对土地的直接占用,对周边生态系统和生物多样性的干扰等问题,交通也是一个重要的污染源和干扰源。因此,发展边疆高原山区的旅游循环经济必须加强对交通的生态化建设。

生态旅游所要求的绿色交通对现有的交通设施提出了更高的要求。生态交通是指按照自然生态、人文生态和经济生态原理进行规划、建设和管理的由交通网络、交通工具、交通对象和交通环境组成的生态型交通系统。发展生态交通的基本标准"以人为本"和"对生态环境友好"。"舒适、安全、无污染、便捷"是生态交通建设的基本要求。因此,生态交通不仅要具备游览性、舒适性、快捷高效,而且应具备环保性、自然性、地方特色性,以减少对环境的压力,更加贴近自然和生活,更好地融入当地的人文环境和自然环境之中。旅游地生态交通包括交通网络及其空间布局、道路密度选择、生态交通工具、生态化道路、交通标识等方面的内容。

1.开展旅游地的绿色生态游览线路规划

在规划和建设绿色生态景区时,对基础设施的规划和限制常常被忽视,出现永久性的基础设施破坏了良好景致,结果导致了与旅游者的旅游动机相违背,破坏了旅游者的游览心情。因此,为了使生态旅游区内的人为影响能减至最小,应根据旅游人口容量、旅游景点的空间布局等确定道路密度、道路等级以及交通线路的空间布局。在设计绿色生态游览线路基础设施时,应充分考虑以下方面:

①道路和人行小径不应很显眼,尽可能利用原有斜坡、树木、小丘等自然地形特征和原生地貌保持一致,有利于水土保持。②旅游线路不宜修在山脊线上,应修在较低的山坡上,否则将严重破坏自然生态景观;游路应修在某些景点靠近河流,但不宜长段沿河流修路。③合理修筑连续的、在路的一侧有停车设施的单环线,供一组建筑物共同使用,有利于加快客流量。④在设计停车场时,注意对周围环境产生的不利影响和对生长有植物的地表土层的保护。在修路、修停车场之前,应把那些影响交通基础设施建设的植物和土层分门别类地移走,等完工后应该原样恢复。⑤人行道设计应根据不同的需要,采用相应的道路建设材料和建设方式,如可选用板石、人造石或水泥板等铺设或者采用石料、鹅卵石、木质材料以及其他新型健康材料,尽量少使用水泥路面和沥青路面,另外应注意色彩要自然,最好是裸露的骨材或表面经向有裂线的材料。⑥道路建设时,要加强道路的两旁绿化和安全设施以及交通标识的建设,提示游人欣赏自然环境和美景,明确行为标准,并保证这些标识要尽量与周边环境相协调。⑦在景区要确立是否有必要修路,若要修路,拟修的道路规模应该多大。⑧要设计配套的交通枢纽中心和公共交通系统。⑨车行道应远离景区、生态脆弱区以及野生动物生活区。⑩在人行小径设计时要尽量不影响野生动植物的栖息地和活动规律。人行小径的长度要合理,步行时间在0.5—1小时内;要注意安全设施和水土保持设施的建设;休憩点、垃圾箱、标识牌、排水渠、栈桥野餐、公共卫生设施、安全防护栏都要合理布局;人行小径要有利于欣赏风景,且富于变化,避免全部直线,也要避免走回头路;人行小径要安全干净,维修良好,使用材料最好就地取材。

2.加强生态交通方式和交通工具的选择

在旅游地尽量选择资源节约型的交通方式和交通工具,如采用徒步、畜力运载工具(如马、牛、大象、骆驼、驴等)轿子、三轮车、自行车、电动车以及水上生态型运输工具（如脚踏船、手划船、木筏、独木舟、乌篷船、羊皮筏、漂流筏、电力游览船、潜水装备、救生装备）等。在旅游区内原则上不应使用机动车辆，如要使用必须对其加强管理。

使用机动车辆应遵循以下原则：严格禁止在公路以外行车，违者重罚；使用专用观光车辆；推广使用无铅汽油，减少尾气排放；在景区内的公路要设置弯道和起伏用来限制速度；在热带地区使用浅色车辆，以反射更多的阳光，使用有色玻璃，把对空调的需求量降到最低点，既降低了能源消耗，又减少了污染；鼓励游人在雨季参观游览生态旅游区，减少在旱季旅游时对环境带来的影响；全年接待游客，减少高峰期的客流量和拥挤程度；鼓励使用小型运输车辆和新型燃料；保持发动机过滤器的清洁干净，以确保其高效工作；确保与当地/地区/国家的污染排放标准一致；确保车辆使用推荐使用的汽油和汽油标号；保持合适的轮胎压力系数，以实现燃料的高效燃烧；设置车辆停泊、往返服务区、停车场等设施；在等待客人期间，司机一定要关掉发动机以降低污染等。

（三）生态产品

生态产品是基于生态环境保护与可持续发展的角度提出来的，它是指从原材料采集到产品生产、加工、储运消费及使用后报废处理整个生命周期与生态环境协调，对环境影响最小，产生废物最少的产品，通常是指有形的物质产品[26]。

生态产品的开发强调生命周期设计，即从产品设计开始。生态产品设计主要体现在产品对人友好和对环境友好两个方面。对人友好是指它应当有利于人的身心健康，有利于改善人际关系、家庭关系、社会关系、精神心理问题和社会问题等。对环境友好主要体现在产品寿命期限和材料方面。生态产品设计通常包括几个方面的内容：

①注重材料性能的设计；②与环境友好的设计；③安全可靠的设计；④耐久性的设计。

因此，生态产品设计可看成是面向环境的设计，在倡导适度消费的原则下，使产品在生命周期的各个阶段得到合理的资源配置，优化设计过程，合理利用材料或资源，尽可能减少对环境的负面影响。

旅游生态产品也是以对生态环境友好和以人为本为基本出发点,它包括有形的旅游生态产品和无形的生态服务产品。其中有形的物质产品包括供人观赏的自然生态景观、供人娱乐休闲的生态化人工设施、供游客购买的环境友好性旅游商品(工艺品、日常用品、地方特色产品等)、供游人通行的生态交通、供游人住宿的生态住宅以及供游客蚕因的生态食品(如无害食品、绿色食品、有机食品)等,有形的旅游生态产品必须符合产品生命周期设计原则。无形的生态服务产品是指在整个旅游消费过程中游客获得的心理上和精神上的享受、知识的获取以及相关的附加服务,如信息咨询、导游服务、优惠条件等。

旅游生态商品是旅游生态产品中的一类重要的有形产品。旅游生态商品是指资源耗用低的、亲和环境、健康安全,且具有审美价值和一定实用价值的天然商品或人工制成品,其开发设计一般要突出"四性"——地方性、环保性、使用性和方便性。地方性是体现特色的关键,地方性越强,越能带给游客长久的回忆,其纪念意义就越深远,主要表现地方性的原材料、地方性的文化内涵、地方性的艺术风格以及地方性的包装。环保性要求生态商品的制作及包装要求在保证特色的前提下加以改进,使之无污染、无公害,符合环保、卫生的标准,品质更加优良。实用性要求旅游商品做到使用化,能够满足旅游者的需要,如旅游商品要软包装,洗刷用品要小型化、系列化,旅游鞋帽要舒适、轻便、安全等。方便性是指商品不宜重、大、笨、粗,包装应牢固轻便,以便于携带。

(四)生态建筑

生态建筑或生态住宅,是根据当地的自然生态环境,运用生态学和建筑学的基本原理,合理安排并组织建筑与其他相关因素之间的关系,使建筑和环境之间成为一个有机的结合体;同时,具有良好的室内气候条件和较强的生物气候调节能力。它具有节地、节水、节能、改善生态环境、减少环境污染、延长建筑物寿命等诸多好处。生态建筑以循环经济为原理,意在寻求自然建筑和人三者之间的和谐统一。"舒适、健康、高效、清洁、和谐、美观"是生态建筑的基本要求。生态建筑具有一定的建设标准(见表10.3)。

表 10.3　一般生态住宅的建设技术要求

建设内容	具体技术要求
能源系统	要求对电、煤气、煤等常规能源进行结构优化、改造提升,避免多条动力管道入户。对住宅的围护结构和供热、空调系统要进行节能设计,建筑节能至少要达到 50% 以上,同时鼓励采用新能源和绿色能源,如太阳能、风能、地热、水能、废热资源,全年日照在 2500 小时以上的地区,普遍要装太阳能设备
水环境系统	在室外系统中要设立排水处理后重复利用和雨水收集利用系统。污水达标排放率 100%,小区绿化、景观、洗车、道路喷洒、公共卫生等用水使用中水或雨水,室内节水器具使用率达到 100%
气环境系统	室外空气质量要求达到二级标准,室内保持自然通风,卫生间有通风换气设施,厨房有烟气集中排放系统,异味气体能在瞬间散发,达到室内空气质量标准
声环境系统	包括室内外和对小区以外噪声的阻隔措施。室内设计应满足:日噪声小于 50dB,夜间小于 40dB。室内声环境,日噪声小于 40dB,夜间小于 35dB
光环境系统	要求室内设计应满足日照常数,尽量采用自然光,注意避免光污染,在室外公共场地采用节能灯具,提倡新能源提供的绿色照明
热环境系统	应满足人体的热舒适度要求和建筑节能要求以及环保要求,冬季室内温度 20—24℃,夏季 22—27℃。住宅采暖、空调应采用清洁、绿色能源,并因地制宜采用新能源和再生能源
绿化系统	在生态环境方面,小区绿地通过光合作用使空气清新,调节温湿度保护生物多样性的功能;在休闲活动方面小区绿化覆盖率不低于 40%,无裸露地面,要求卫生整洁,使用安全,景色优美,设施齐全;在景观方面,通过园林空间、植物配置、小品雕塑等提供视觉景观享受和文化品位欣赏
废弃物管理与处理系统	包括收集、处置,生活垃圾要分类收集,全部袋装,密封容器存放,收集率达到 100%,分类率达 50%。处理应以"无害化、减量化、资源化"为原则,就地处理,最大程度的化废为宝,循环利用
生态建材系统	要求使用 4R 材料(可减少对环境的影响和节能、可重复使用、可循环使用、可再生使用),同时选用无毒、无害、无污染、无放射性、无挥发性、有益健康的绿色材料

资料来源:杨淑红:《论生态住宅》,《呼伦贝尔学院学报》2005 年第 13 期。

（五）生态形象

　　形象已经成为当今社会的核心概念之一。在市场经济社会,人们对形象的依赖简直已成为一种生存状态。随着旅游业市场竞争的加剧,旅游地形象对旅游者的影响与吸引力逐渐为人们所重视。我国旅游业的发展目前正在从产品驱动时代走入形象驱动时代。由于旅游产品本身具有无形性,旅游产品的流通只能以旅游产品信息的传递而引起旅游者的流动并表现出来,所以旅游地形象已成为吸引旅游者最关键的因素之一。

旅游地形象(tourism image)是在一定时期和一定环境下,人们对旅游地及其提供的旅游服务的各种感知印象、看法、感情和认识的综合体现[27]。简而言之,旅游形象是人们对旅游地的综合认识和总体评价。李长秋在 2002 年将旅游地形象分为三类:

第一是本底感知形象,是人们长期以来耳闻目睹形成的关于某一地理区域及其自然景观的总体印象或认识。这种认识不仅会影响人们的旅行决策,也会影响人们的旅游行为。旅游地本底感知形象的形成及其传播途径很广泛,学校、家庭和社会的教育、个人及其生活经历、一般性的非旅游方面的大众传播信息等,都可能影响他对某个地域的形象认知。

第二是决策感知形象,它是旅游者在每一次具体的旅游购买之前形成的,旅游者通过主动收集关于目的地的旅游信息形成对该次旅行比较明确的预想和期望。在这个阶段,旅游者形成目的地信息源和渠道主要包括商业广告来源、人际信息来源和公共旅游信息。

第三是实地感知形象,旅游者从离开居住地这一刻起,特别是到达目的地以后,开始了对异地的直接认知和感受,旅游者通过各种感觉器官和知觉过程形成对旅游地的感知形象以及对本次旅行的感知结论。

生态形象是旅游形象的一项重要内容。它要求旅游地在形象定位、形象设计和形象传播等方面应贯穿生态学思想或生态理念,体现生态文化底蕴。生态形象的塑造对进一步提升旅游地的整体形象具有重要作用。生态形象贯穿于"吃、住、行、游、购、娱"每一个旅游环节,渗透在旅游生态产品和各种生态服务之中。旅游地绿色认证、绿色标识、生态消费、生态行为等都是生态形象建设的重要内容。

(六)生态服务

旅游业从其基本特性来讲,是一个综合性的服务行业。旅游心理学把旅游划分为功能服务和心理服务。其中,向游客介绍风景名胜、讲述故事、组织旅游活动、办理住宿手续等,这种程序式的服务称为功能服务;而在服务过程中,导游或服务人员对游客所表达的情感态度等则属于心理服务。在整个旅游服务流程中,功能服务与心理服务都是同时进行的,而且二者相互影响。服务人员表情的热情与冷淡会直接影响游客的情绪,同时游客的情绪也会反映服务人员的态度和情绪。倘若双方在不和谐的情绪氛围中打交道,矛盾纠纷就会随时发生,旅游活动也可能终止。可见,心理服务十分重要。

生态服务是旅游服务中的一项新的内容。从广义上讲,它是旅游地为游客提供舒适的生态环境服务(优美自然风光、新鲜空气、适宜的温湿度条件等)、生态化的设施服务(如生态宾馆、生态餐厅、生态交通)、生态产品服务(如绿色食品、健康食品)等有形服务,以及在旅游过程中服务人员向游客传播的生态文化、生态知识、生态理念与文明行为等无形的精神文化服务。导游在旅游循环经济的文化传播和旅游者行为引导方面起到十分重要的作用。

(七)其他

生态能源要求旅游区内的有关设施的运营应注重对具有生态效益的能源开发和使用。结合实际,大力倡导风能、沼气和太阳能等清洁能源。

生态工程要求旅游交通沿线可以植树造林,形成绿化带,美化环境,缓解因开辟道路形成的环境恶化效应,还可以起到阻隔噪声的作用等。

五、加强国际合作,加快高新技术的引进与推广应用

加强国际合作是当前科学技术迅速发展的必然选择。在保持和加强自主研发的前提下,积极参与国际合作,分享和吸纳国外的先进技术与前沿理论,增强自主创新能力;积极探索和参与相关科学技术标准等新规则的制定,为边疆高原山区旅游循环经济的发展创造更为有利的条件和机遇。

(一)加强与国际间共性技术的研究、开发和转让

当前,人类面临的人口激增、粮食短缺、资源耗竭、能源匮乏、环境污染等危机的困扰越来越严重,而这些威胁不仅仅局限于一个国家、一个地区,已经成为全球性问题。既然问题的存在范围和影响是不受国界限制的,那么,解决问题的途径和方法就应该在国家间采取广泛的合作。发展边疆高原山区的旅游循环经济也必须要在国际间开展广泛的合作,尤其是在科学技术研究与开

发方面的合作。

首先是组织国内外先进科技的交流,鼓励政府、企业与国际之间的合作。边疆高原山区旅游循环经济的健康发展需要政府和企业积极组织、协调和促进国内外先进科学技术的合作研究与交流,引进国内外在旅游循环经济方面比较成熟的先进应用新技术、新设备。其次,制订有利于促进国际合作的政策议。制订关于边疆高原山区旅游循环经济发展的长远战略计划,加强自身的能力建设,并同国际一起努力提高科技水平,增强竞争力。制定一些有利于鼓励中外双方的旅游循环经济技术转让的优惠政策,如减免技术和高效能技术的进口税等。制订具体的循环经济技术培训计划,开展具体领域的培训,使从事旅游循环经济发展的有关工作人员从培训中获得管理、设计、生产等多方面的必备技能。

促进国际间的科技合作,引进和借鉴国外的先进技术和管理经验,发展边疆高原山区的旅游循环经济,走旅游可持续发展道路是边疆高原山区旅游健康发展的必然选择。

(二)完善旅游循环经济技术的开发、推广和应用

加快旅游循环经济先进技术的推广,重视试验,组织重大示范项目,进一步深化边疆高原山区的生态旅游、循环经济试点和示范工作是发展边疆高原山区旅游的必由之路。一方面,由于边疆高原山区的旅游业还处于发展阶段,旅游资源比较丰富,但周边居民的思想意识比较落后,旅游发展的基础设施和相关技术条件比较贫乏,因此应选择经济效益突出、旅游资源丰富、环境清洁优美、基础设施相对较好的旅游景区,进行环境友好的生态旅游景区示范。推动高原山区旅游循环经济发展的生态旅游示范区、国家环保模范示范区等建设工作。

另一方面,由于边疆高原山区旅游循环经济的发展存在技术落后、管理水平低下、监督机制不完善等问题,因此应加强对边疆高原山区的生态旅游示范区和循环经济示范区建设的技术指导和监督管理。通过发布国家生态旅游示范区和循环经济示范区的指标体系和验收标准,规范试点和示范工作;通过组织制定生态旅游和循环经济的规划建设技术指南,指导各类试点和示范工作;

通过加强对各类试点和示范单位的管理,包括现场监督检查,确保试点和示范单位能够通过持续改进,改善旅游景区的环境质量等;通过及时总结其他地区旅游循环经济试点的开发建设经验,推广旅游循环经济先进典型,加快边疆高原山区旅游循环经济的健康顺利进展。

　　总之,旅游循环经济是知识经济发展的结果,技术进步是旅游循环经济发展的基础。边疆高原山区发展旅游循环经济要结合循环经济的基本原理,做好以下几点:①确定边疆高原山区发展旅游循环经济的关键技术和急需并在短期内难以突破的技术,组织力量重点引进,重点突破,即把边疆高原山区发展旅游循环经济迫切需要解决的、带有全局性、方向性、基础性的问题作为研究重点,如废弃物治理技术等;②大力推广使用国内已经成熟而且资源又短缺的技术项目,如节水技术、节能技术等;大力推广使用发展旅游循环经济的一般技术工具,如物流分析方法、生命周期评估、环境设计、生态产业园区、可持续生产和消费等;③加强科研合作,积极组织重大技术示范项目,以解决高原山区旅游循环经济发展中的共性和关键技术为重点,选择具有广泛推广前景的先进技术等。

第四节　边疆高原山区旅游循环经济发展的
人才吸引、宣传教育策略

　　21世纪是一个经济全球化、网络普及化、交通现代化、需求个性化的时代。随着时代的进步、经济的发展,人们的生活水平不断提高,同时人们的人生观、世界观、价值观及思维方式、生活需求等都有了新的变化。旅游作为人们生活的必要组成部分也在随着人们的需求变化而变化。这就需要从旅游工作人员着手,调整旅游人才培养目标和人才的素质结构,改革和创新旅游人才培养和引进机制,适应旅游循环经济发展的需要。另外,发展旅游循环经济要求人们改变消费观念,提倡绿色消费观,提倡旅游的精神文化消费、适度的物质消费,尽力做到消费文明化、消费减量化和无害化,提倡合理、健康、有限量的消费行为,努力使旅游消费行为不破坏生态系统的良性循环,使人类与自然之间建立起亲密的伙伴关系等。因此应要采取合理的人才培养和引进机制,进行循环经济科学理念的宣传教育,提倡绿色消费等。

一、人才培养和吸引策略

边疆高原山区是一个旅游人才严重缺乏的地方,要坚持以实施人才战略为关键,树立人才资源是第一资源的观念和新的育才、用才观,制定和实施人才战略,大力培养、引进和用好人才。建立有利于人才脱颖而出、人尽其才的机制,努力营造吸引人才、用好人才的良好环境,形成尊重知识、尊重人才、鼓励创业的社会氛围,全面提高劳动者素质,培养出具有远见和战略思维、熟悉循环经济、懂得现代化经营管理和具有操作先进技术能力的综合优秀旅游人才。

(一)树立人才培养的新理念和多元化人才培养的新思维

在边疆高原山区旅游循环经济的不断发展过程中,旅游人才的需求量会越来越大,同时不同旅游部门和企业所需要的人才规格有很大的不同,不同职业间的人才需求又有较大的差异,因此在旅游人才的培养过程中要打破狭隘的人才教育观,根据旅游循环经济发展的需要,遵循循环经济思想,树立科学的现代旅游人才新理念、新观念,发挥社会各类旅游人才培养机构在旅游人才培养方面的积极性和主动性,实施全方位创新人才培养,多元化、多渠道培养旅游人才,为旅游业的快速发展夯实基础。针对边疆高原山区而言,应针对不同文化层次的当地居民建立多方面、多层次的劳动就业培训中心,提高社区居民的参与意识和参与能力,增大村民的就业机会,鼓励和支持村民参与到旅游循环经济发展中去。针对高等院校而言,应采用最新的教育理念吸引人才,培养人才。高校应用先进的设备装备实验室,创造较好的科研条件,留住本地科研人才,吸引外地科研人才。针对政府而言,应多方位、多角度、多领域组织人员到发达地区学习先进知识,培训管理技能,不但要组织科研人员和技术人员到发达地区学习循环经济的先进知识和先进技术,更重要的是组织企业经营管理者到发达地区学习先进的管理经验,与此同时,多请外地专家到边疆高原山区来传授有关循环经济的先进知识和先进技术。

（二）根据市场需求重点培育人才,完善人才引进机制

旅游业是一个综合性的、开放性的行业,在旅游人才培养上理应采取更开放的教育。首先,旅游院校应根据市场需要实施重点人才优先和重点培养战略,开设旅游业规划、理论研究等方面的专业,培养拥有可转移技术的旅游从业人员,对重点紧缺人才重点培养。在教学上更进一步以开放的姿态走出校门、省门甚至国门,与国际、国内有关的旅游教育机构和旅游企业加强交流与合作,资源共享,共同促进旅游教育的发展。有计划地加强中、高级职业技术人员的教育、培训,为正在发展和将要发展的边疆高原山区旅游循环经济的发展源源不断地输送各类专业技术人员,如组织内地游客到云南或东南亚国家旅游及组织东南亚国家游客到云南或内地景区旅游,就要培养既了解国内自然风光、民族风情、人文景观等旅游知识,又懂周边国家语言、文化等方面的导游人员。其次是要建立起一套完整的旅游人才培养、引进、竞争、激励机制,推进旅游人才开发的市场化,为旅游循环经济的快速发展提供源源不断的、高素质的人才资源。完善旅游人才引进机制,合理调整和配置人才资源;改革旅游教育培训形式和方法,充分运用远程教育、网络教育等现代化教育手段,提高旅游教育的科技含量。

（三）全面推进素质教育,提高旅游人才培养的质量

旅游和旅游业的发展不仅可以增加政府税收,平衡地区经济发展,缩小地区差异,还可以带来相关行业的发展和就业机会的增加。这意味着旅游业的就业岗位层次众多,旅游和旅游业的健康快速发展对人才的需求量也越来越大。为了保证旅游业的服务质量,应根据市场需求的不同和不同旅游部门、企业所提供的服务不同,所需要的人才规格及职业要求的不同,提倡走多元化人才培育的道路,密切关注旅游行业发展动态。旅游人才的培养一定要与旅游循环经济的发展相适应,与边疆高原山区的特点相结合,了解行业对人才的需求,积极鼓励和支持社会各界参与旅游人才的培养,多渠道全方位培养人才,同时要加强旅游与教育行政部门的沟通,加强人才的交流与学习,加强创新精神的培养等。

（四）充分利用本地人才，积极引进外地人才

边疆高原山区旅游循环经济的顺利发展必须要科技先行。一方面要充分挖掘并大胆使用本地人才，提高他们的待遇，参照全国各地引进人才的优惠政策，使本地人才享受同等或更好的待遇，以调动其积极性，加快边疆高原山区经济建设、科技创新的步伐。另一方面，参照其他地区引进人才的优惠政策，制定比其他地区更优惠的政策措施，引进人才应侧重于边疆高原山区急需的清洁生产技术、废水废弃物处理技术、旅游企业管理等方面。此外，建立科技创新投资基金和科技创新风险基金，吸引国内外的人才到边疆来创业，建立科技创新奖励基金，奖励对边疆高原山区的国民经济发展和人民生活有较大贡献的科研项目和科技人员，充分体现科学技术是第一生产力，争取实现一批科技成果产业化的项目，以点带面，增强边疆高原山区的科技创新意识，推动边疆高原山区的科技进步。充分发挥边疆高原山区的气候优势和旅游资源的独特魅力，兴建一些适应国际消费潮流、吸引国内外游客的大型娱乐性项目如跑马场等；支持申办一些国际和全国性的大型会议、体育赛事和文化、旅游节等。

边疆高原山区大部分居住的是少数民族，他们贫穷落后，科技文化水平比较低，因此政府应尽全力采取多形式、多途径、多层次方式，培养少数民族人才。通过短期培训、挂职锻炼等形式，加大对少数民族公务员队伍的培训力度，使地县级少数民族干部能到上级国家机关轮训。继续加强学历教育，使少数民族县级以上干部达到大专以上学历。借助院校合作等多种形式，大力培养少数民族旅游业的经营管理人才和旅游循环经济的专业技术人才，为民族地区的发展和进步建立人才保障。

二、社会教育宣传策略

边疆高原山区基础设施比较落后，教育、通信设施等也不完善，人民的整体综合素质相对其他地区较低。因此发展边疆高原山区的旅游循环经济关键是要帮助边疆高原山区的人民了解旅游循环经济的基本理念、内涵，完善旅游循环经济的宣传教育体系，落实相关宣传教育措施；重视教育和培训，积极参加国际交流，提高循环经济的社会教育宣传水平。

（一）完善宣传教育体系，落实相关宣传教育措施

鉴于边疆高原山区种种独特的地区特点，我们首先应支持建立包括学校、企业、机关团体、社区在内的覆盖城市和郊区、生产和消费等各领域的宣传教育网络，抓好旅游循环经济的宣传教育工作，重视和长期坚持旅游循环经济有关知识的宣传教育，这是治本措施。帮助边疆高原山区人民了解旅游循环经济的基本理念、内涵，进行生态、法律教育和道德养成教育，这是构建循环经济型社会的三大基础之一。

加强对旅游循环经济发展的利益相关者的循环经济宣传教育，提高他们参与旅游循环经济的能力。对旅游者，应以旅游消费道德教育为主；对旅游从业人员，应加强环保素质教育；对旅游区领导干部，要强调环境管理能力教育；对当地居民，则应以环保参与和法制教育为重点。另外要不断创新宣传教育方式，加强针对性，提倡方式的多样性；宣传材料要有层次性、可读性，突出重点，深入浅出：①要充分发挥新闻媒体的特殊作用，引导人们的环保行为和绿色活动，发挥公众舆论的监督作用；②采用各种生动活泼的形式，向公民进行旅游循环经济的环保教育、环保法制教育，提高人民的环境保护意识，增强循环利用资源的观念；③完善旅游解说系统，它具有特殊教育和服务功能。旅游目的地到处都应有环保标志和提示，随时提醒人们的环保行为。导游在解说中要坚持面对面的旅游循环经济的环保宣传教育，在旅游现场开展环保教育，会产生更生动、更直接、更具有说服力的效果。

针对边疆高原山区落实宣传教育的具体措施如下：

（1）在幼儿园、小学、中学、高校普遍进行旅游循环经济基本内容教育，作为全体教职员工行为规范内容之一。特别是在高校可适当组织志愿者队伍，参加幼儿园、小学、社区的宣传教育工作。在边疆高原山区推广"社区绿色课堂"，带动"三化进社区"活动，推进消费体系旅游循环经济发展的社会化。

（2）政府相关职能部门组织力量分别编写旅游循环经济"干部读本"、"居民读本"和"学生读本"，针对不同层次、不同对象、不同重点进行差别化教育。要求做到干部必修、居民必知、学生必读，奠定发展旅游循环经济的公众参与基础。

（3）在边疆高原山区确定若干旅游循环经济的宣传教育示范社区或村镇，落实不同示范内容，依托基层组织，开展旅游循环经济工作试点，不断总结经验，在全区推广。被选定试点的单位，该项工作的进展情况作为年终考核内容之一。

（4）政府相关职能部门组织力量加强对重点企业、重点项目、重点单位的宣传教育，并加强执法监督、检查力度，将旅游循环经济的宣传教育落到实处。将旅游循环经济的宣传教育与科学技术的普及相结合，与社区活动相结合，与"七不"行为规范相结合，与重大活动相结合，与法制宣传教育相结合等，形成发展旅游循环经济的强大声势和舆论[27]。目前国际上的标准化建设范围集中在滑雪、潜水、水疗、接待服务、安全规范等领域，标准化重点集中在术语、服务规程等方面[28]，未来在旅游循环经济领域也应该推行标准化。

（5）各级政府应积极引导绿色消费，优先采购经过生态设计或通过环境标志认证的产品，以及经过清洁生产审计或通过 ISO14000 环境管理体系认证的企业的产品。

（6）树立和推广一批发展旅游循环经济的正面典型，营造推动旅游循环经济发展的有利的舆论环境。引导消费者转变消费观念，努力倡导节约型消费和绿色消费，树立有利于节约资源和保护环境的生活方式和消费方式。

（二）加强交流，重视教育和培训

加强对广大青少年、企业工作人员、各级决策者、企业领导人等的生态意识和生态道德教育和培训，进一步提高旅游循环经济发展的素质教育是发展循环经济的重要环节。在此过程中，生态道德和意识教育的实现方法尤其重要，因为"生态道德教育实现方法的拓展和丰富，一方面，为生态道德教育理论的发展和生态道德教育实践推进提供理论基础条件，另一方面，对于社会、经济的可持续发展、和谐社会的构建以及生态文明的建设等方面来说，都具有重要的实践意义，也有利于促进人的全面发展，以及实现人们对生态道德教育内容从知到行的转化"[29]。制订旅游循环经济培训计划，把循环经济和环保指标纳入员工政绩考核指标体系。根据实际需要增设专题短期培训班，并作为干部年度考核内容之一。大力宣传科学的发展观和政绩观，提高各级员工的可持续生产与消费的意识。

　　各级环保部门要转变观念和工作思路,向政府和企业宣传旅游循环经济的理念,宣传创建旅游循环经济示范区、生态旅游示范区、旅游环保模范景点、环境友好旅游企业等的成功经验。加强政府、企业、公众及利益相关者之间的交流,针对旅游循环经济发展的利益相关者之间的不同需求和不同旅游服务层次人员的不同要求,分类制订旅游循环经济的教育和培训计划,对旅游循环经济试点和示范区的有关服务人员进行培训。政府应根据需要组织地方环保部门和旅游循环经济试点单位赴旅游循环经济发展较好的国家实地考察学习,召开国际循环经济高层研讨会,广泛交流国内外的成功经验。各级环保部门要充分利用各种国际合作渠道,引进国外循环经济领域内的先进经验和技术,加强人员交流,提高推进旅游循环经济发展的能力。

　　(三)加强与旅游循环经济相关的科普宣传教育

　　循环经济是人类社会文明进步的标志之一,是目前当代人应该具备的起码的思想、文化素质。提高公众的循环经济意识是社会主义精神文明建设的一个重要组成部分,也是党中央国务院文件中多次强调的。发展边疆高原山区的旅游循环经济,我们应调动公众参与科技教育的自觉性,提高公众参与发展旅游循环经济的能力;调动企业参与技术研发和应用的积极性,使其真正成为高新技术的创新主体、利益主体和风险主体;转变社会公众的消费模式与消费观、价值观。

第五节　边疆高原山区旅游循环
经济发展的规划策略

　　旅游循环经济的发展规划应遵循以生态经济系统的优化运行为目标,针对产业链的全过程,通过对旅游产业结构的重组与转型,达到系统的整体合理。以人与自然和谐发展的理念和与环境友好的方式,利用自然资源和环境容量,实现经济体系向提供高质量产品和功能性服务的生态化方向转型,力求生态经济系统在环境与经济综合效益优化前提下的可持续发展。这要求我们在发展循环经济时要加强规划,提高科技利用水平。有规划才能保障旅游循环经济的健康有序发展,发展旅游循环经济同样要发挥规划的指导作用。

一、旅游规划策略

有规划才能有长期的、有序的发展,规划先行是国内外旅游开发的成功经验之一。边疆高原山区的旅游循环经济的发展同样需要发挥规划的指导作用才能保障旅游循环经济的健康有序发展。

(一)认识规划在旅游循环经济中的作用

(1)区域的发展基础与生态评估(资源开发、能源利用、社会经济发展、科技贡献等地域基础;生态循环服务价值估算、生态足迹分析、生态环境容载力确定等),为制定边疆高原山区旅游发展规划奠定基础。

(2)认识旅游循环经济在区域产业与行业系统中的层次(物质、能量、信息、资源、废弃物流动的国际循环、国内循环、区域循环及园区内的大、中、小循环系统层次;产业循环发展的横向耦合纵向闭合和区域耦合),由此指导科学的层次设计。

旅游循环经济具体体现在旅游经济活动的三个重要层面上,分别通过运用"6R"原则实现三个层面的物质闭环流动:一是企业层面上的小循环,即根据生态效益的理念,推行清洁生产,减少产品和服务中的物料和能源的使用量,实现污染排放的最小量化,要求企业做到:①减少产品和服务的物料使用量;②减少产品和服务的能源的使用量;③减少有毒物质的排放;④加强物质的循环使用能力;⑤最大限度利用可再生资源;⑥提高产品的耐用性;⑦提高产品和服务的强度。二是区域层面上的中循环,即按照旅游生态学的原理,通过旅游业各行业企业间的物质集成、能量集成和信息集成,形成行业间企业间的共生关系,建立旅游生态园区。三是社会层面上的大循环即通过废旧资源的再生利用,实现消费过程中和消费过程后物质和能量的循环。

(3)旅游循环经济的产业链(体系)构建,即第一产业链、第二产业链、第三产业链、综合产业链以及产业链的节点、产业链的流线、产业链的辐射面和产业链的网络等。由于边疆高原山区远离客源中心,经济科技等相对落后,因此发展旅游循环经济必须与第一、第二、第三产业相结合,加快构建网络体系,积极与外界沟通,充分利用自己的优势,挖掘边疆高原山区的潜力,为旅游循环经济的发展铺平道路。

（4）合理安排旅游循环经济建设的时空布局,比如以循环经济为核心的生态经济体系、可持续利用的自然资源保障体系、山川秀美的生态环境体系、人与自然和谐的人口生态体系和科学高效的能力支持保障体系等建设;生态旅游产业示范区建设、生态旅游产业园建设、旅游产业生态化建设;旅游产业循环发展区划、三次产业时空发展时序、产业循环发展时空部署等。

（二）旅游循环经济的主要规划策略

（1）制定长远发展目标:立即着手研究制定发展旅游循环经济的战略目标和总体规划,将提高资源利用效率、减少资源总量消费、减少污染产生量纳入边疆高原山区旅游循环经济发展战略目标中。

（2）加强行业技术研究:将旅游循环经济各方面的研究纳入边疆高原山区中长期科技发展规划,提出加以重点研究的关键技术,重点大幅度提高能源和资源利用效率的技术,先进的与环境友好的旅游业关键技术,以废弃物为原材料的新型技术和体系。

（3）制定可操作性方案:制定旅游循环经济推行与实施的方案和计划,特别是旅游业各方面的专项规划,从根本上创造循环经济的动力机制。

（4）调整产业结构和能源结构:坚决淘汰技术落后、浪费资源、污染严重、市场混乱的设备,调整产业结构和能源结构,率先解决结构性污染;减少旅游资源的过度开采,将开发可再生能源(如太阳能、水能、地热能等)列入边疆高原山区发展规划。大力发展旅游循环经济要以知识为特征的创新创意产业、以高科技为主的先进产业为重点,以产业集聚为主导,推进生态旅游产业链和生态园区的建设,挖掘减物质化的潜力。

（5）做好旅游行业垃圾管理的规划:随着垃圾管理思路的转变,垃圾处理设施的规划和建设要在研究确定目前和今后垃圾的产生量、垃圾的成分和构成以及垃圾的分布特点的基础上,按照旅游循环经济理念统筹规划、科学建设垃圾处理设施。

加快高技术产业化,积极推进信息化,采用高新技术和先进适用技术改造传统产业和传统工艺,淘汰落后设备、工艺和技术。

参考文献

[1]左铁镛:《推动循环经济发展的政策建议》,《建设科技》2005 年第 5 期。

[2]杨晓玲、于杨曜:《浅谈政府对我国循环经济立法的政策导向和宏观调控》,《环境立法与可持续发展国际论坛论文集》2005 年第 10 期。

[3]韩国元:《循环经济理念下的绿色保障制度体系》,《科技资讯》2006 年第 3 期。

[4]舒小林、明庆忠、李庆雷:《旅游循环经济发展战略初探》,《经济问题探索》2006 年第 10 期。

[5]骆华松:《区域旅游环境影响评价》,《云南师范大学学报》2002 年第 3 期。

[6]刘坚、黄金贤、钟太洋:《江苏省循环经济发展预警系统研究》,《四川环境》2006 年第 2 期。

[7]伏晓东、罗剑朝:《借鉴国外先进经验大力发展我国政府绿色采购制度》,《西北工业大学学报(社会科学版)》2006 年第 3 期。

[8]高红武:《城市生活垃圾处置的现状及对策研究》,《昆明冶金高等专科学校学报》2005 年第 1 期。

[9]中国科学院可持续发展战略研究组:《中国可持续发展战略报告》,科学出版社 2004 年版。

[10]徐娟:《我国循环经济法律制度的完善研究》,西北农林科技大学硕士学位论文,2012 年。

[11]吕静、张思锋:《论我国循环经济的法制保障》,《改革与战略》2007 年第 5 期。

[12]刘洋:《循环经济的科学技术支撑条件分析》,东北师范大学硕士学位论文,2005年。

[13]明庆忠、李庆雷:《发展旅游循环经济的科技支撑研究》,科学出版社2008年版。

[14]田华:《浅析以循环经济促进可持续发展》,《经济视角(上)》2009年第2期。

[15]朱菲、杨文娟、明庆忠等:《发展旅游循环经济重点领域的遴选体系构建初步研究\》,《北京第二外国语学院学报(旅游版)》2008年第3期。

[16]杨艳生:《我国南方红壤流失区水土保持技术措施》,《水土保持研究》1999年第2期。

[17]陈勇、王亚丽:《我国东南丘陵区水土保持技术措施》,《华南热带农业大学学报》2003年第2期。

[18]章家恩、徐琪:《恢复生态学研究的一些基本问题探讨》,《应用生态学报》1999年第1期。

[19]肖前斌、王海宁:《城市垃圾填埋的问题及对策》,《科技情报开发与经济》2007年第2期。

[20]高续鸿、徐亚男:《浅论城市生活垃圾资源化》,《河北建筑科技学院学报(社科版)》2005年第1期。

[21]周锋、吴浩汀、曾苏:《小区生活污水处理与回用技术》,《污染防治技术》2003年第4期。

[22]贾宏宇、孙铁珩、李培军等:《污水土地处理技术研究的最新进展》,《环境污染治理技术与设备》2001年第1期。

[23]杜兵、司亚安、孙艳玲:《生态厕所的类型及粪污处理工艺》,《给水排水》2003年第5期。

[24]姜永军、丁敏、丁磊:《水体富营养化控制因子及其污染途径研究》,《甘肃科技》2003年第10期。

[25]王晓洋:《试论我国绿色酒店发展中存在的问题及发展策略》,《湖北经济学院学报(人文社会科学版)》2008年第5期。

［26］章家恩主编:《旅游生态学》,化学工业出版社 2005 年版。

［27］何建民:《论旅游服务的国际标准及我国的接轨方式》,《北京第二外国语学院学报》1995 年第 3 期。

［28］张凌云、朱莉蓉:《中外旅游标准化发展现状和趋势比较研究》,《旅游学刊》2011 年第 5 期。

［29］徐莹:《生态道德教育实现方法研究》,山东师范大学博士学位论文,2013 年。

后　记

　　本书是在国家社科基金项目"边疆高原山区旅游循环经济的发展战略及对策研究——以云南省为案例"研究报告基础上撰写而成的研究专著。本书针对边疆高原山区的实际，以云南省为案例，在对旅游循环经济的概念起源与发展理念进行研究的基础上，对边疆高原山区发展旅游循环经济的基础条件、基本战略、重点领域、关键技术、评价体系进行了探讨。并选取云南省的香格里拉市、丘北县普者黑旅游区、大理市、西双版纳傣族自治州四个有代表性的地区进行了个案研究，总结出边疆高原山区发展旅游循环经济的策略与对策。较为全面地回答了边疆高原山区如何发展旅游循环经济这一现实问题，从观念、政策、法律、资金、科技、人才、宣传、教育等方面提出了发展旅游循环经济的战略与对策，对促进边疆高原山区制定科学的发展战略、发挥民族生态文化的现代价值、运用先进适用的科学技术、出台激励与约束政策以发展旅游循环经济、实现旅游可持续发展具有重要的指导作用，对全国其他地区发展旅游循环经济具有较高的借鉴价值。可为旅游地建设资源节约型、环境友好型社会提供可借鉴的系统实现模式及途径，为自然保护区、世界遗产地等生态敏感型旅游地的环境保护提供管理策略，为建立绿色旅游品牌、增强核心竞争力提供可资借鉴的范式。对于保障边疆高原地区生态安全、推进经济发展方式转变、落实"建设生态文明"的发展理念与现实任务具有重要现实价值。

　　我们运用产业生态学、生态经济学、旅游学、政策学等相关学科的思想、理论与方法对边疆高原山区旅游循环经济的发展战略及对策进行了系统、深入的研究，提出了"旅游循环经济是实现旅游可持续发展的必由之路"、"旅游产业生态学是旅游循环经济研究的理论基础"、"旅游循环经济生态系统是发展旅游循环经济的基石"、"旅游生态学的研究核心是旅游产业生态学"、"发展旅游循环经济的 6R 原则"、"发展旅游循环经济的新思维与系统模式"等新观点。对旅游循环经济的产生背景、发展历程、起源、理论基础、分析方法、基本理念、战略思路、运行框架、基本模式、规划设计、运营管理、评价体系进行了深入而系统的研究,构建了旅游循环经济学的学科体系,初步构思并提出了旅游产业生态学,为边疆高原山区旅游循环经济的发展战略及对策研究提供了可靠的理论基础,为提升学科发展的理论水平提供了实际的研究案例。

我们开展了全面的分层、分类因地制宜的系统研究,从不同层面(企业层面、区域层面和社会层面),针对重点问题(科学技术、重点领域、政策制度等),结合不同类型,按照自然地理地区(以香格里拉市为代表的高山峡谷区、以丘北县普者黑旅游区为代表的高原湿地区、以大理市为代表的高山湖泊区、以西双版纳傣族自治州为代表的高原边缘区),分为不同的专题进行了深入分析,为总结边疆高原山区旅游循环经济的发展战略及对策奠定了坚实的实践基础。采用理论与实证、宏观指导与实践应用相结合的系统研究方法,遵循系统性、针对性、实用性的原则,集成总结边疆高原山区发展旅游循环经济的战略思想、战略目标、战略重点、战略模式、战略部署、战略对策、实施策略,并就其地域应用、类型应用、科技运用等作了实证研究,可较好地指导边疆高原山区旅游循环经济的发展,实现旅游可持续发展的目标。同时,拓展性地提出了旅游产业生态学,对旅游生态产业集群、旅游区循环经济产业生态系统、旅游产业生态系统等与旅游循环经济紧密相关、对于旅游业生态发展具有重要价值的前沿性内容进行了拓展研究,在为后续研究和旅游产业发展提供了富有学术价值的重要线索的同时为今后的延伸性研究提出了发展的新方向。

旅游循环经济需理论指导,更需付诸实践。为此,我们积极推进科研方法创新,采取理论探讨+应用研究+实践推进的模式,充分利用实地考察、学术会议、旅游教育与培训、旅游管理咨询与规划等机会大力推进旅游循环经济人从理论走向实践。结合云南省"七彩云南保护行动"、高原湖泊保护、建设绿色经济强省、普者黑旅游循环经济示范区建设进行了力所能及的宣传、教育、咨询、规划等实际工作。本书部分内容曾作为发展建议被云南省旅游局纳入到上报国家发改委批准实施的《云南省旅游产业综合改革与发展规划实施方案》之中,在云南省抚仙湖生态建设与旅游改革发展试验规划中也加以应用,取得了良好的社会效益。

　　本书主要完成者:明庆忠 刘宏芳、高大帅、鲁芬、幸岭、杨坤武、娄思元、冯莹、李庆雷、苏章全、王峰、杨敏、朱菲、李秋艳、陈建波等。

责任编辑:王彦波

图书在版编目(CIP)数据

边疆高原山区旅游循环经济的发展战略及对策研究/明庆忠 等著. —北京:
　　人民出版社,2016.7
ISBN 978 - 7 - 01 - 016465 - 6

Ⅰ.①边…　Ⅱ.①明…　Ⅲ.①山区-旅游业-可持续性发展-研究
　Ⅳ.①F592

中国版本图书馆 CIP 数据核字(2016)第 168817 号

边疆高原山区旅游循环经济的发展战略及对策研究
BIANJIANG GAOYUAN SHANQU LÜYOU XUNHUAN JINGJI DE FAZHAN ZHANLÜE JI DUICE YANJIU

明庆忠　等著

人民出版社 出版发行
(100706　北京市东城区隆福寺街99号)

北京明恒达印务有限公司印刷　新华书店经销

2016 年 7 月第 1 版　2016 年 7 月北京第 1 次印刷
开本:710 毫米×1000 毫米 1/16　印张:23.5
字数:350 千字

ISBN 978 - 7 - 01 - 016465 - 6　定价:58.00 元

邮购地址 100706　北京市东城区隆福寺街 99 号
人民东方图书销售中心　电话 (010)65250042　65289539